COLLECTION SCIENCES ET TECHNIQUES BIOLOGIQUES

Dirigée par Jean Figarella

Françoise Maréchal - Dubroca
Professeur
au lycée « Le Castel » - Dijon

Thierry Dubroca
Professeur technique.
Lycée « Le Castel » - Dijon.

Maintenance et Hygiène des Locaux

Les techniques de la propreté

Editions Jacques Lanore

© DELAGRAVE ÉDITION - 2002 ISBN 2-206-03135-3
15 rue Soufflot, 75005 Paris ISSN 1 159 747 X

LES TECHNIQUES
de MAINTENANCE et HYGIÈNE DES LOCAUX...
... et les métiers du nettoyage et de la propreté

Le nettoyage moderne : un métier à part entière

Autrefois méprisé ou négligé, le nettoyage est devenu une véritable profession dont l'utilité n'est plus contestée.

Depuis 1991, les entreprises de nettoyage se nomment **entreprises de propreté.**

La valorisation de la profession dans l'esprit du public progresse sans cesse car :

- on sait maintenant qu'il peut y avoir corrélation entre l'état de propreté des locaux et la santé des usagers ;
- la qualité du nettoyage est un facteur d'agrément et de confort ;
- les progrès techniques réalisés dans ce domaine rendent le métier à la fois plus intéressant, moins pénible à exercer et plus scientifique.

Le nettoyage, c'est désormais une affaire de spécialistes

En effet, les travaux de nettoyage industriel ne peuvent de nos jours être menés à bien qu'en utilisant :

- des techniques adaptées à chaque cas et qui ne s'improvisent pas ;
- des matériels souvent très évolués du point de vue technologique et dont le maniement requiert un savoir-faire certain ;
- des produits de nettoyage de grande efficacité dont l'emploi exige de bonnes connaissances techniques.

Quant aux problèmes de sécurité, ils ne peuvent être maîtrisés qu'en s'appuyant sur une connaissance scientifique des techniques, des produits et des matériels utilisés.

Bien nettoyer, c'est d'abord réfléchir :

- Quel genre de salissure veut-on éliminer ?
- Quelles est la nature des supports à traiter ?
- De quels moyens peut-on disposer ?
- Quelle(s) méthode(s) va-t-on mettre en application ?

Les connaissances théoriques ne suffisent donc pas, il faut aussi faire preuve d'esprit d'analyse et de réflexion.

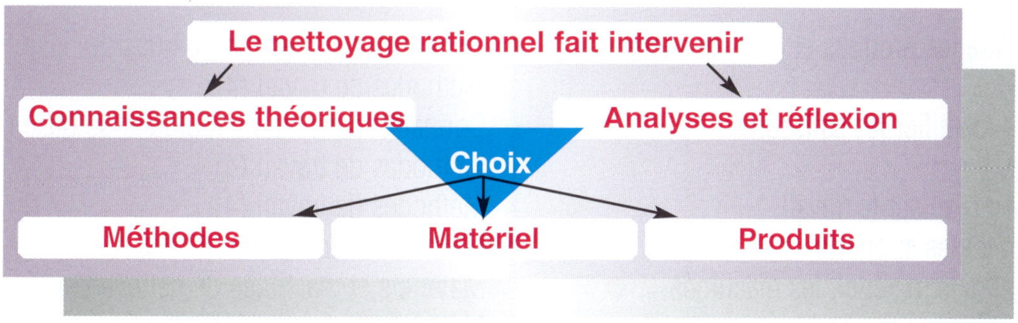

Le but recherché est d'obtenir **l'état de propreté**.

Mais il ne faut pas confondre :

- la propreté apparente qui peut n'être que le fruit d'une illusion (« ça brille, donc c'est propre ! »),
- la propreté réelle, résultat d'une maintenance suivie et efficace,
- la propreté microbiologique, obtenue grâce aux procédés de désinfection et qui permet d'obtenir un degré d'hygiène élevé.

La bonne conduite d'un chantier de propreté requiert la mobilisation de nombreuses connaissances théoriques et de nombreux savoir-faire.

A quelque niveau que ce soit, tout mauvais choix peut entraîner l'échec et avoir des conséquences graves.

Le diagramme ci-dessous indique les conditions à réunir pour réussir.

Chantier de nettoyage d'entretien de remise en état

Choisir les bonnes techniques
- Pour être efficace
- Pour obtenir des résultats de qualité
- Pour respecter les cadences (temps imparti)
- Pour ne pas risquer d'endommager les supports

Savoir identifier les salissures
- Pour choisir les produits adaptés
- Pour choisir les bonnes méthodes d'élimination

Connaître les supports
- Pour ne pas les endommager
- Pour leur appliquer les méthodes les mieux adaptées

Savoir organiser le travail
- Au niveau de la préparation du chantier
- Pendant la réalisation

Connaître le matériel, les machines
- Pour les utiliser à bon escient
- Pour ne pas les endommager
- Pour ne pas endommager les supports
- Pour éviter les pertes d'efficacité dues à des mauvais choi
- Pour en effectuer correctement la maintenance

Connaître les produits et leurs dosages
- Pour les utiliser à bon escient
- Pour n'employer que ce qui est nécessaire (respect de l'environnement, prix de revient du chantier)

Savoir évaluer la qualité de la prestation
- Pour être en mesure d'apporter les corrections nécessaires
- Pour reconduire les choix reconnus pertinents

Comment utiliser les informations contenues dans cet ouvrage ?

L'utilisateur devra rechercher les informations nécessaires dans les différentes parties. Dans de nombreux cas concrets, il lui faudra faire la synthèse des informations par rapprochement des données contenues dans plusieurs documents. Les exercices placés à la fin du livre donnent des exemples d'utilisation de l'information.

Pour	*Se référer à...*
Connaître les produits et leurs dosages	Connaissances technologiques de base (1) Méthodes de travail (4)
Savoir identifier les salissures	Connaissances technologiques de base (1) Méthodes de travail (4)
Savoir organiser le travail	Méthodes de travail (4)
Connaître les supports	Les matériaux (2)
Connaître le matériel, les machines	Matériels et machines de nettoyage (3)
Choisir les bonnes techniques	Méthodes de travail (4)
Savoir évaluer la qualité de la prestation	Méthodes de travail (4) (Contrôles de la qualité de la prestation)

Sommaire

Le cours se subdivise en 4 parties qui peuvent être étudiées séparément mais qui sont complémentaires :

1. CONNAISSANCES TECHNOLOGIQUES DE BASE
2. ETUDE DES SUPPORTS : LES MATÉRIAUX
3. MATÉRIELS ET MACHINES DE NETTOYAGE
4. MÉTHODES DE TRAVAIL

PARTIE 1
CONNAISSANCES TECHNOLOGIQUES DE BASE

PARTIE 2
LES MATÉRIAUX

PARTIE 3
MATÉRIELS ET MACHINES DE NETTOYAGE

PARTIE 4
MÉTHODES DE TRAVAIL

N° 1 à 25 : Fiches Méthode
N° 26 à 39 : Fiches Application
N°40 à 45 : Fiches Gestion

Sommaire

1

Connaissances technologiques de base

I - Le principe général du nettoyage

II - Les salissures et leur élimination

III - Les composants des produits utilisés dans les opérations de nettoyage et d'entretien

I - Le principe général du nettoyage

1. Pourquoi nettoyer ?

De nos jours, l'importance de l'environnement n'est plus à démontrer. La qualité de la vie dépend pour une large part du degré de propreté apparente et d'hygiène des locaux dans lesquels on travaille, on se distrait, on mange et on se repose.

La propreté visuelle qu'il ne faut pas confondre avec la propreté au sens microbiologique, est surtout un facteur d'esthétique, donc de bien-être.

La propreté microbiologique d'un local, d'une surface peut s'évaluer selon des critères ayant trait à l'empoussièrement de l'air ambiant et des surfaces, à la présence en quantités significatives de micro-organismes, etc.. Il s'agit du degré d'hygiène qui s'évalue de façon objective par des moyens de contrôle normalisé (cf. FM 37 et 38)

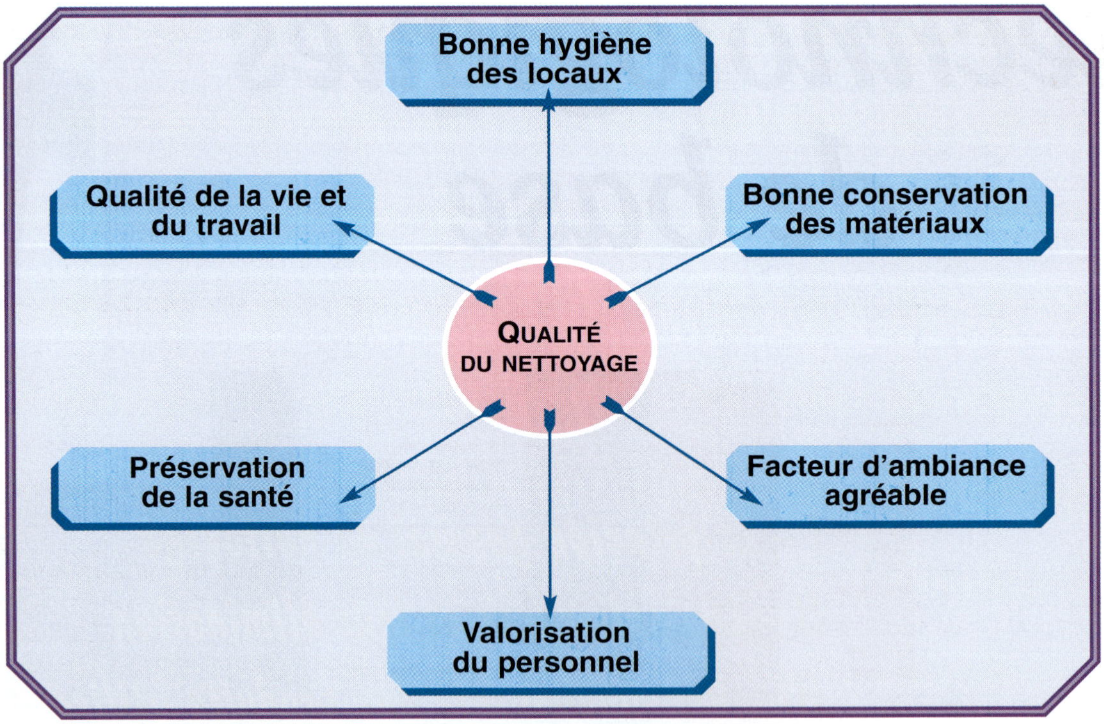

Il convient donc, pour préserver à la fois la santé et le bien-être des personnes, de maintenir les locaux en état de salubrité.

C'est là le rôle essentiel du nettoyage.

Dans certains cas particuliers, la qualité du nettoyage conditionne très fortement la qualité du travail et des résultats obtenus (domaine agro-alimentaire, salles à empoussièrement contrôlé dans l'industrie aérospatiale ou optique, fabrication des composants électroniques,...). Si l'on prend l'exemple de l'élimination des poussières, il faut savoir qu'un gramme de poussière peut abriter environ 1 500 000 micro-organismes. Le balayage à sec provoque la mise en suspension dans l'air ambiant de ces poussières et l'on peut compter alors jusqu'à 85 000 micro-organismes dans 1 cm^3 d'air ambiant. Si le balayage est pratiqué selon la méthode du "balayage humide", la même mesure ne dénombre plus qu'environ 8000 micro-organismes par cm^3 d'air.

2. Les différents facteurs qui interviennent dans les opérations de nettoyage

Le cercle de Sinner

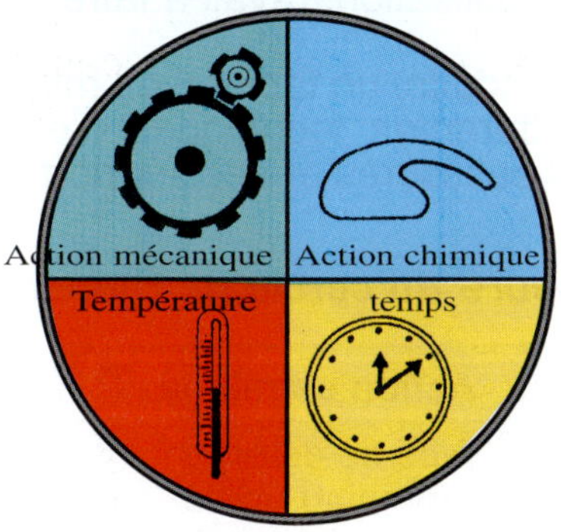

Quatre facteurs (ou paramètres) variables sont à prendre en compte : **le temps, la température, l'action mécanique, l'action chimique**

On représente couramment une opération de nettoyage au moyen du cercle factoriel, dit « Cercle de SINNER ».

La diminution d'importance ou l'absence d'un facteur doit être compensée par l'augmentation d'un ou plusieurs autres si l'on veut maintenir la qualité finale du nettoyage.

Le temps

Le temps fait souvent défaut (problème lié à celui des rendements et des cadences). Il est pourtant évident que la plupart des réactions chimiques nécessitent un certain temps pour pouvoir s'accomplir de façon satisfaisante.

Par ailleurs, les machines de lavage mécanique des sols sont conçues pour aller très vite et le temps d'action des produits est alors très bref.

La température

Il est rare de disposer d'eau chaude sur les chantiers de nettoyage. En outre, de nombreux matériaux supportent difficilement, voire pas du tout, des températures élevées. Cependant, on sait que l'élimination des salissures grasses est facilitée par la chaleur.

L'action mécanique

Elle est mise en œuvre par de nombreuses machines de nettoyage mais doit être limitée dans certains cas en raison du risque de détérioration du matériau constitutif de la surface à nettoyer. De toute façon, l'action mécanique est rarement suffisante à elle seule.

L'ACTION CHIMIQUE

C'est sur elle que repose le plus souvent l'essentiel des opérations de nettoyage. Plus l'action chimique sera efficace et plus il sera possible de réduire les 3 autres facteurs.

La conception d'un produit de nettoyage ou d'entretien doit prendre en compte, en plus du résultat recherché (disparition des salissures), les interactions dues aux revêtements et aux machines.

Les produits doivent être aptes à éliminer toutes sortes de salissures sans toutefois nuire à l'homme et à son environnement et sans endommager les supports (matériaux traités).

Il existe à l'heure actuelle une très grande variété de produits dont l'efficacité est en général excellente, à condition toutefois qu'ils soient employés à bon escient.

Il faut donc :

CHOISIR LE BON PRODUIT

- celui qui est adapté au travail à faire

L'UTILISER CORRECTEMENT

- le doser correctement et respecter les consignes d'utilisation.travail à faire

__Remarque :__ on trouvera à la fin du Chapitre 3 (les produits) un tableau de mise en relation des produits avec les différentes techniques d'entretien et de nettoyage en fonction des salissures et des supports.

__Substrat :__ désigne ici, la surface du matériau que l'on nettoie.

__Le brûlage :__ de la surface nettoyée, intervient lorsque la température devient excessive du fait d'une friction prolongée sur le support.

Explication des différents facteurs du cercle de Sinner

Action mécanique	Action chimique
Pression spécifique au sol (monobrosse) Abrasion (ponçage) Brossage (tapis) Débit d'eau } nettoyage haute pression Angle d'attaque } nettoyage haute pression ...Vitesse de rotation (monobrosse)	Type de détergent (produit) utilisé Dosage exact Quantité d'eau (rinçage) (Lavage) Neutralisation Dureté de l'eau Adaptation des produits aux substrats et aux salissures
Temps d'action	**Température**
Durée de l'action mécanique Temps d'action chimique des produits Séchage d'un autolustrant	Température idéale d'action Température minimum Température maximum Brûlage de la surface nettoyée

3. Importance de l'eau dans les opérations de nettoyage

A elle seule, l'eau assure une bonne partie de l'action chimique évoquée dans le cercle de Sinner. En effet, la plupart des opérations de nettoyage ne peuvent pas être réalisées sans eau. Le plus souvent l'eau sera employée pour constituer une solution détergente, afin de solubiliser souillures et salissures, de les capturer, et enfin de les éliminer.

3.1. La tension superficielle

Fig. 1

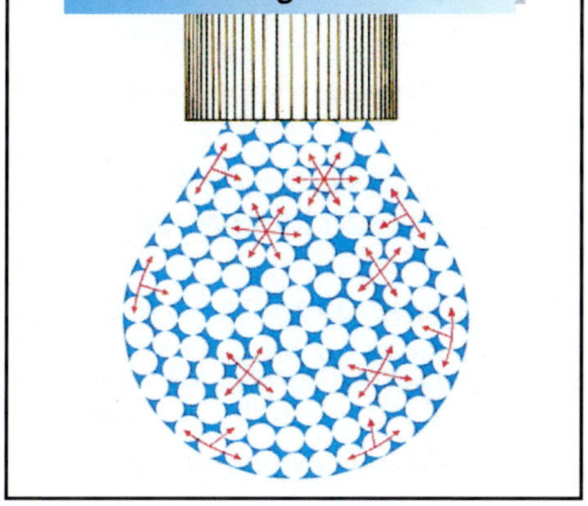

Fig. 2

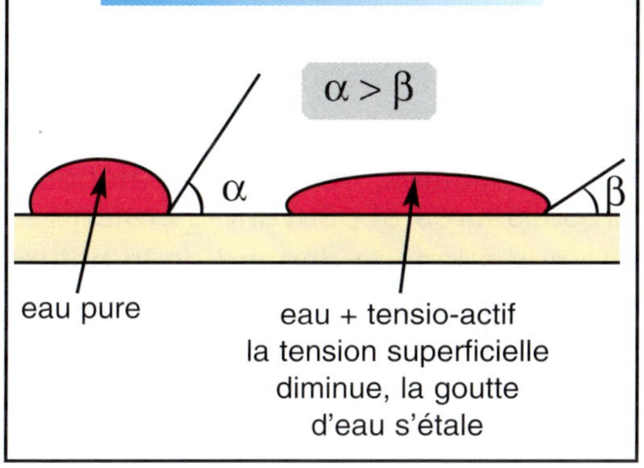

Il est facile d'observer que l'eau à l'état pur ne mouille qu'imparfaitement les objets ou surfaces. De ce fait, elle n'a pas un grand pouvoir de lavage. Ce phénomène est dû à la **tension superficielle** (fig. 1).

Explication

L'eau est composée de molécules chargées électriquement qui s'attirent fortement entre elles : ce sont les forces d'attraction, qui agissent dans toutes les directions. De ce fait, la goutte d'eau est maintenue dans un état d'équilibre réduisant au minimum sa surface.

Conséquence : pendant le lavage cette tension superficielle empêche l'eau de venir en contact étroit avec la surface à nettoyer et avec la salissure. Paradoxalement, l'eau mouille mal.

Pour pallier cet inconvénient, il faut modifier l'état de surface de l'eau, en lui ajoutant un produit tensio-actif. Celui-ci a pour effet de réduire la tension superficielle, en brisant les forces d'attraction entre les molécules d'eau, ce qui permet d'accroître le pouvoir mouillant du liquide.

Expérience (fig. 2)

La goutte d'eau posée sur une surface lisse prend une forme sphérique presque parfaite.

La même goutte d'eau additionnées d'un produit tensio-actif s'étale largement sur la surface.

3.2. Les propriétés de l'eau dans les opérations de nettoyage

- **Le pouvoir mouillant :** considérablement renforcé par les tensio-actifs (détergents), il est à base de toute opération de lavage.

- **Le pouvoir diluant :** l'eau permet de diminuer la concentration des solutions de lavage. En effet, les produits de nettoyage sont assez rarement employés purs. (voir fiche méthode n°41). Exemple : diluer à 2 %.

- **Le pouvoir hydrolysant :** c'est l'aptitude de l'eau de décomposer des substances chimiques comme les protéines (albumine, sang...).

- **Le pouvoir de dissolution** s'exerce sur la plupart des composés polaires hydrosolubles (comme les taches sucrées par exemple).

- **Le pouvoir de rinçage et d'évacuation** des salissures et des produits de nettoyage. L'eau entraîne les salissures, impuretés, micro-organismes : elle est le véhicule des souillures dans les opérations de lavage. Ceci permet de comprendre l'importance du rinçage en général.

II - Les salissures et leur élimination

Salissure est synonyme de souillure. Il s'agit d'un apport indésirable en surface et/ou à l'intérieur du substrat (support) et qui altère certains caractères d'aspect ou de toucher des surfaces propres.

Aux salissures « classiques » d'origine minérale, végétale ou animale que l'on trouve habituellement en milieu urbain comme en milieu rural, sont venues s'ajouter, avec l'avènement de l'ère industrielle, des salissures dues à la pollution de l'air (ou des eaux) par les effluents industriels.

Les souillures peuvent être de nature très diverse selon : leur dimension (de quelques µm à quelques cm), leur masse volumique, leur consistance, leur nature chimique.

Comment les salissures se déposent-elles sur les supports ?

• Par l'action de la gravité

Les microsalissures les plus légères peuvent mettre plusieurs heures à se déposer (ou redéposer).

• Du fait de l'électricité statique

Toutes les surfaces, même verticales, celles des plafonds y compris, attirent les microsalissures et peuvent les retenir.

L'adhésion des salissures aux supports dépend de la nature des souillures et des caractéristiques du support (rugosité, porosité, traitements de protection,...).

1. Les principales salissures

Macrosalissures et débris divers	Papiers, mégots, débris végétaux, miettes, épingles, trombones.	Ce sont des déchets de la vie quotidienne ou professionnelle. Chaque type de local a ses salissures spécifiques.
Particules lourdes	Gravier, éléments telluriques, sable, boue...	Salissures de provenance extérieure, généralement amenées par les chaussures.
Particules légères	Poussières, cendres, poils d'animaux, cheveux, squames, débris textiles, duvets...	Résultent de phénomènes d'abrasion ou d'arrachement. Sont déplacées par les mouvements de l'air et se fixent par le fait de l'électricité statique.
Taches grasses	Corps gras d'origine animale, végétale ou minérale.	Fuel, goudrons, huiles, beurre, cosmétiques, produisent des taches qui pénètrent les supports et sont difficiles à éliminer.
Taches non grasses	Eau (sels dissous), matières végétales, métaux et sels métalliques, vins, sucres...	Taches souvent difficiles à éliminer. Nécessitent des traitements adaptés (cf. fiche méthode n° 14).
Taches dues aux acides	Acides minéraux. Acides organiques.	Ac. chlorhydrique, sulfurique, nitrique,... Ac. citrique, oxalique,...
Taches dues aux matières protéiques	Coagulables. Non coagulables.	Sang, albumine, œuf,... Urine,...
Produits divers	Chewing-gum, etc.	

Autres salissures

*<u>*Revêtement à 2 dimensions :</u>*
sol lisse : longueur, largeur.

*<u>*Revêtement à 3 dimensions :</u>*
sol textile : longueur, largeur, épaisseur.

Certains matériaux peuvent engendrer eux-mêmes des salissures :

- **les sols en ciment brut** ont tendance à « poudrer » ; particulièrement quand ils sont de fabrication récente (cf. fiche méthode n° 25 « Traitement et entretien des sols en ciment ») ;
- **certains carreaux de terre cuite non vernissée** peuvent laisser apparaître en surface des traces blanchâtres quand ils sont posés sur un support très humide. Il s'agit là de remontées de sels solubles vers la surface (« fleurettes de ciment ») ;
- **les revêtements de sol en bois (parquets),** s'ils ne sont pas correctement protégés, peuvent être irrémédiablement tachés par de simples aspersions d'eau : il s'agit alors d'un phénomène de solubilisation des tanins du bois. Ces taches ne traduisent pas un état de non-propreté mais sont très inesthétiques.

2. L'élimination des salissures

C'est l'objet même de toute action de nettoyage.

De nombreuses méthodes existent, faisant appel à des produits et à des matériels efficaces et adaptés à chaque cas, à chaque type de salissure, à chaque type de local et de supports.

Les différentes fiches «méthode» présentées dans ce manuel illustrent et expliquent les techniques adaptées à chaque cas.

Méthodes (1)	Produits (2)	Types de salissures	Observations
Balayage humide	Agglutinants.	Particules légères poussières, cheveux, squames...	Concerne aussi le mobilier (essuyage humide).
Lavage manuel	Détergents divers.	Salissures adhérentes grasses et non-grasses.	Méthode applicable aux revêtements à 2 dimensions* (carrelages, PVC,...).
Lavage mécanisé	Détergents divers.	Salissures très adhérentes grasses et non-grasses.	Méthode convenant aux surfaces importantes et/ou fortement encrassées.
Spray méthode	Émulsions spéciales pour spray.	Microsalissures adhérentes, taches, traces de chaussures.	Sols lisses, faiblement encrassés.
Spray moquette	Détergents spécifiques.	Salissures légères sur la partie supérieure des sols textiles.	Méthode d'entretien « intermédiaire ».
Aspiration		Débris divers, particules.	Sur tous types de sol.
Shampooings, injection, extraction	Détergents spécifiques.	Particules légères, taches, salissures grasses ou non.	Concerne les revêtements textiles (3 dimensions)*.
Lavage à haute pression	Détergents spécifiques.	Salissures grasses et/ou salissures très adhérentes.	Ne convient pas aux supports fragiles.
Canon à mousse	Détergents très dégraissants et/ou désinfectants.	Salissures grasses et contaminantes (domaine agro-alimentaire).	Méthode très spécifique.
Détachage	Divers.	Taches rebelles.	Revêtements textiles (3 dimensions)*.

(1)Se reporter aux fiches « méthode ».
(2)Se reporter au chapitre consacré à l'étude des produits.

III - Les composants des produits utilisés dans les opérations de nettoyage et d'entretien

1. Rappels de chimie

1.1. Les acides et bases - la notion de pH

Le pH (ou « potentiel Hydrogène ») permet d'exprimer le degré d'acidité ou d'alcalinité d'une solution aqueuse suivant une échelle allant de 0 (très acide), à 14 (très basique), en passant par 7 (pH neutre).

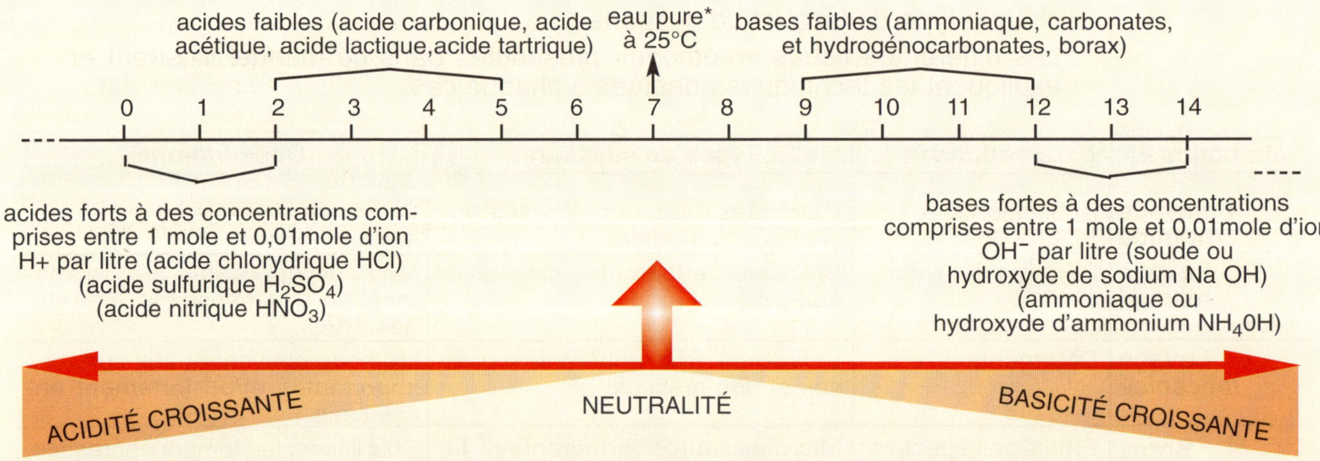

- Ce diagramme indique la correspondance entre la nature et la concentration des acides et des bases et l'échelle des pH correspondants.
- A concentration égale, un acide fort a un pH plus petit qu'un acide faible. De la même façon à concentration égale, une base forte a un pH plus élevée q'une base faible. Plus l'on dilue un acide, plus son pH augmente (moins il est acide).Plus l'on dilue une base, plus son pH diminue (moins elle est basique).

Le pH peut être mesuré de plusieurs manières :
- avec un pH-mètre (il existe des modèles de coût modique et fiables : précision environ 0,1),
- avec des languettes de papier réactif, dit « papier pH » (précision faible : environ 1).

<u>L'eau pure</u> est de l'eau distillée et bouillie (pour éliminer le CO_2 et donc l'acide carbonique.

Lors des différentes opérations de nettoyage, des solutions détergentes sont utilisées pour éliminer les salissures. Il est important de connaître le pH de ces solutions, car il conditionne souvent l'efficacité des techniques mises en œuvre (exemple : élimination des dépôts de calcaire sur les appareils sanitaires par une solution de détergent acide). Le respect des supports nettoyés peut dépendre aussi du pH (cas des revêtements de sols textiles en laine qui craignent les solutions basiques).

1.2. La dureté de l'eau

Une eau est dite « dure » lorsqu'elle contient en quantité importante des sels de calcium (Ca) et de magnésium (Mg) dissous qui, sous l'action de la chaleur, se transforment en carbonates insolubles qui précipitent.

L'eau dure peut nuire de façon très sensible à la qualité du nettoyage. C'est pourquoi beaucoup de produits de nettoyage et/ou d'entretien contiennent des séquestrants (ou complexants) qui permettent de diminuer la dureté de l'eau en « piégeant » les ions calcium et magnésium.

Le titre hydrotimétrique (Th)

Il permet de quantifier la dureté de l'eau : il s'exprime en degrés hydrotimétriques (1 degré hydrotimétrique français correspond à 4 mg de calcium/litre) ou 10 mg de carbonate de calcium Ca CO_3/litre d'eau.

Pour évaluer rapidement (mais de façon approximative) la dureté de l'eau, on peut utiliser une bandelette papier « TH », qui permet la lecture immédiatement après trempage dans l'eau à contrôler :

TH français	Dureté de l'eau	Papier TH
5	eau très douce	
10	eau douce	
20	eau moyennement dure	
30	eau dure	
> à 40	eau très dure	

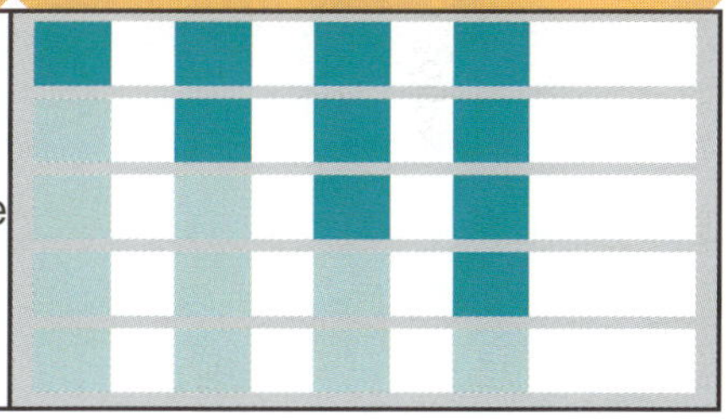

2. Les composants des produits de nettoyage et d'entretien

Les produits de nettoyage et d'entretien, de protection, de désinfetion sont toujours le résultat d'un mélange plus ou moins complexe de différents composants, dont l'association confère aux produits les qualités attendues. Le diagramme suivant illustre les différents composants pouvant être associés dans la formulation des différents produits.

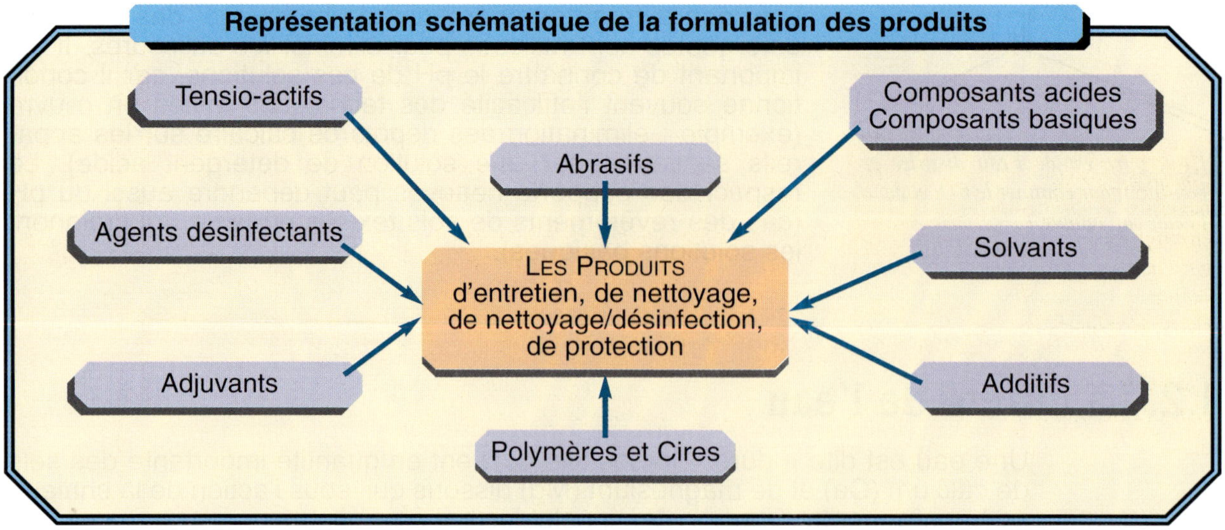

2.1. Les solvants

<u>Un solvant</u>
est une substance liquide permettant la dissolution d'autres substances liquides ou solides.

L'eau

L'eau est le plus universel de tous les solvants. Elle est présente dans la formulation de la plupart des produits liquides sous forme déminéralisée, voire même désionisée dans les produits employés pour l'entretien des salles à empoussièrement contrôlé ainsi que dans le secteur de l'ultra-propreté.

Son pouvoir de dissolution s'exerce sur la plupart des composés dits polaires à des degrés divers il est vrai, en fonction des conditions de température, de pression, de durée.

<u>Remarque :</u> l'eau ne dissout ni les corps gras ni les cires qui sont des composés apolaires (graisses et cires).

Les solvants des composés apolaires (graisses et cires)

De nombreux produits de nettoyage et d'entretien contiennent un ou plusieurs solvants, destinés à solubiliser les composés apolaires.

- **l'essence minérale** obtenue par distillation du pétrole, est utilisée comme diluant des cires car elle sèche très rapidement ;
- **le white spirit**, lui aussi produit par distillation du pétrole, est employé pour la dilution des peintures ;
- **l'essence de térébenthine** (partie volatile de l'oléorésine tirée de certains arbres conifères) : employée pour solubiliser les corps gras, entre dans la composition de cires et encaustiques, etc. ;
- **le toluène** (ou méthylbenzène), solvant très agressif ;
- **le xylène** (ou diméthylbenzène), lui aussi très agressif ;

<u>Composés polaires :</u>
molécules assimilables à un dipode électrique (un côté de la molécule porte une charge électrique positive, l'autre côté de la molécule porte une charge électrique négative).

<u>Composés apolaires :</u> molécules non chargées électriquement.

- **le trichloréthylène et le perchloréthylène**, excellents solvants des graisses en général, ils doivent être employés avec précaution en raison de leur forte agressivité chimique. Ils sont utilisés, au même titre que le benzène (essence dite « légère «), dans la fabrication de nombreux produits de détachage pour tapis et moquettes, ainsi que dans celle de décapants pour les sols cirés ;
- **alcool ordinaire** (éthanol) **et alcool isopropylique** (isopropanol). Ils présentent l'intéressante propriété de dénaturer de nombreux colorants. A ce titre, ils font partie des produits spécifiques de détachage. Ils ont également des propriétés désinfectantes (limitées).

Tous ces produits sont toxiques et dangereux. Leur utilisation est réglementée.

2.2. Les tensio-actifs (ou surfactants)

Les tensio-actifs sont des molécules organiques qui possèdent une partie polaire hydrophile et une partie apolaire hydrophobe (chaîne hydrocarbonée) :

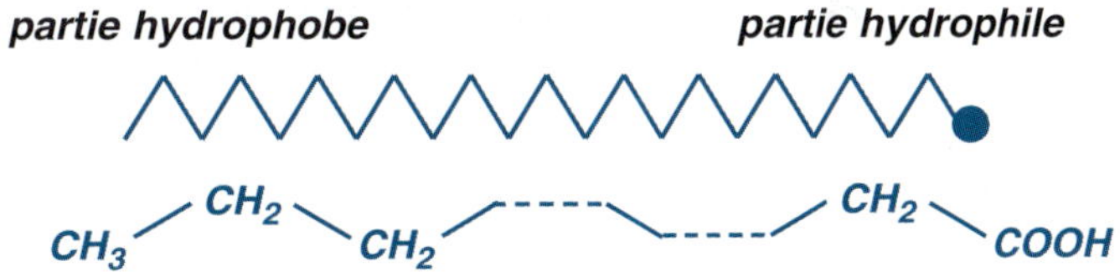

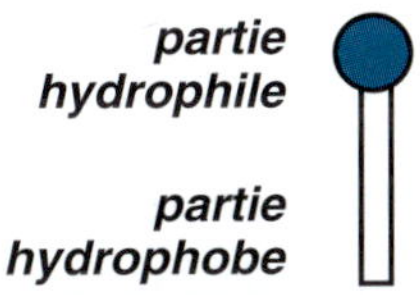

Quel que soit le type de tensio-actif utilisé, le processus d'action vis-à-vis des salissures grasses reste le même : le radical lipophile fuit l'élément « eau » dans lequel il n'est pas soluble et va se fixer sur les souillures et salissures grasses.

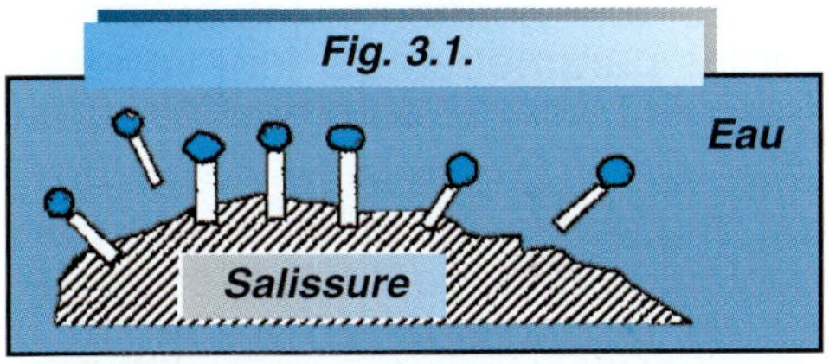

Fig. 3.1.

Pouvoir mouillant et d'étalement *(Fig.3.1.)*

Fixation du groupe apolaire sur les salissures grasses.

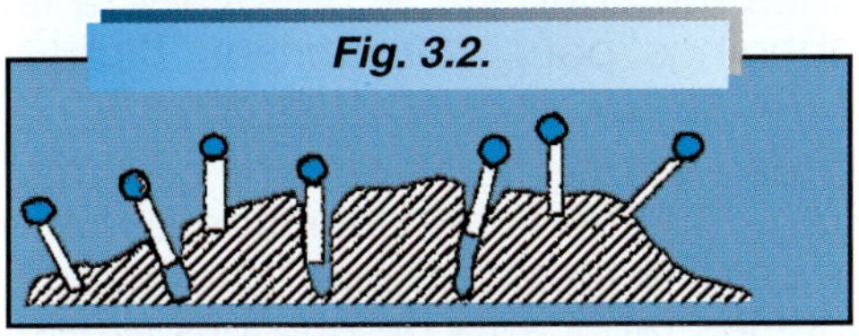

Fig. 3.2.

Pouvoir pénétrant *(Fig.3.2.)*

Désagrégation partielle des salissures.

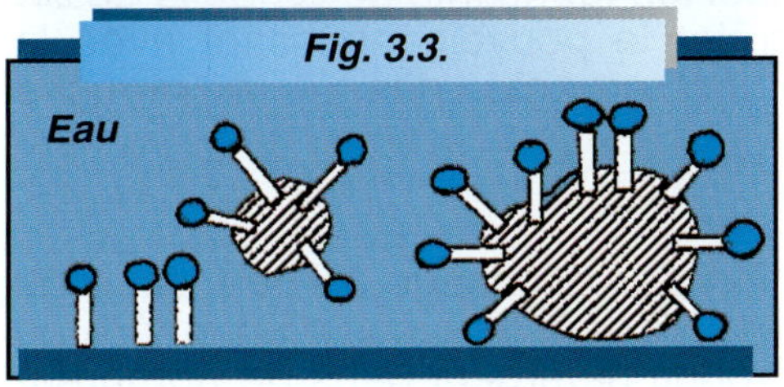

Fig. 3.3.

Pouvoir émulsifiant et dispersant *(Fig.3.3.)*

Désagrégation finale de la salissure en fragments et mise en suspension dans l'eau.

Fig. 3.4.

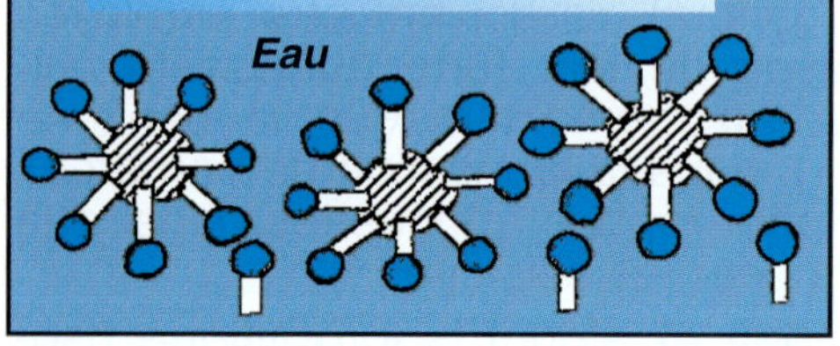

Pouvoir dispersant et anti-redéposition *(Fig.3.4.)*
Obtention de particules grasses enveloppées de tensio-actifs : ce sont des micelles ; la salissure grasse apolaire devient donc polaire sur sa périphérie et peut alors être entraînée par rinçage à l'eau.

Les propriétés des détergents (tensio-actifs)

Le pouvoir mouillant (voir fig. 3.1.)

Les molécules de tensio-actif (détergent) s'insinuent entre les molécules d'eau et rompent les forces de tension superficielle. Ceci permet d'accroître très sensiblement les propriétés solvantes et réhydratantes de l'eau.

Le pouvoir émulsifiant (voir fig. 3.3.)

Les particules de graisse et autres salissures grasses sont attirées par les parties apolaires des molécules de détergent tandis que l'eau est fixée sur les parties polaires. Les particules de salissures sont donc enveloppées de molécules de détergent, qui sont elles-mêmes solidaires de l'eau. Le décollement des salissures du support devient donc facile et les particules grasses flottent dans le liquide sans retomber : il s'agit d'une émulsion.

Le pouvoir dispersant et anti-redéposition (voir fig.3.4.)

Les particules insolubles doivent être maintenues en suspension dans l'eau afin de les empêcher de se redéposer ce qui nuirait grandement à la qualité finale du nettoyage.

Le pouvoir moussant

La mousse peut être considérée comme une émulsion d'air dans un liquide. Les solutions de tensio-actifs fortement agitées, brassées ou compressées produisent de la mousse en quantité variable.

L'équilibre physique des forces qui « tendent» les bulles de tensio-actif est très subtil et les paramètres qui font varier le pouvoir moussant d'un détergent sont à contrôler avec un maximum de précision.

En effet, dans certains cas, la mousse est utile car elle permet de mieux mettre en contact le détergent avec les surfaces à nettoyer (voir cours de technologie sur le canon à mousse, (ainsi que les fiches méthode sur le nettoyage à la mousse et sur les shampooings pour sols textiles (fiches n° 8 - 21).

Dans d'autres cas, la mousse est particulièrement gênante dans l'opération de nettoyage (méthode de l'injection-extraction pour le nettoyage des sols textiles, technique du lavage mécanisé...). C'est pourquoi les fabricants de produits détergents s'attachent à contrôler le pouvoir moussant avec la plus grande précision (détergents dits « à mousse contrôlée »).

La rinçabilité

C'est la facilité d'élimination par le rinçage à l'eau claire du produit chargé d'impuretés. Il s'agit, là aussi, d'un critère de choix très important du produit détergent dans de nombreuses opérations de nettoyage.

La biodégradabilité

C'est la propriété que présente un composé de pouvoir subir une dégradation chimique sous l'action d'organismes vivants présents dans les milieux naturels et qui utilisent ces composés comme aliments (qui les « digèrent »).

La législation en vigueur impose aux détergents une biodégradabilité supérieure à 90 %.

Le classement des tensio-actifs

Tensio-actifs et détergents sont souvent synonymes. Un détergent contient en effet des composants tensio-actifs qui lui donnent ses propriétés essentielles. Mais un détergent contient aussi des complexants, des mélanges tampons et des additifs divers.

Les différents tensio-actifs

Composition	Avantages	Inconvénients	Utilisations
Les anioniques Sels d'acides gras Palmitates Stéarates Oléates **Savons**	Excellents détergents. Grand pouvoir mouillant, moussant et émulsifiant. Bon pouvoir dispersant.	Inopérants en milieu acide. pH 10 minimum indispensable. Moussent beaucoup. Précipitation des sels de Ca et de Mg en eau dure.	Ce sont les tensio-actifs les plus utilisés.
Alcools gras sulfonés Alkylaryls sulfonates Alkylbenzène sulfoné	Insensibles à la dureté de l'eau. Détergents efficaces. L'alkylbenzène sulfoné a un bon pouvoir mouillant et un bon pouvoir moussant.	Non dégradables (si la chaîne carbonée est ramifiée).	Poudres. Cosmétologie. Lavages textiles fragiles.
Alkyls sulfates alkyl éther sulfates	Bon pouvoir mouillant. Très moussants. Produits bon marché.	Non dégradables.	Liquides. Gros nettoyages.
Alkyls sulfonates	Peu sensibles à l'eau dure. Très moussants. Bon pouvoir anti-redéposition.	Pouvoir détergent assez faible.	Shampooings. Lavages délicats.
Les cationiques Sels d'ammonium quaternaires	Insensibles eau dure. Bon pouvoir mouillant. Bactéricides et fongicides.	Prix de revient assez élevé.	Désinfection en milieu hospitalier. Laiteries, Industries agro-alimentaires.
Les non ioniques Saponines naturelles Alkyl phénols Éthoxyles	Très grand pouvoir mouillant, détergent, dispersant et anti-redéposition. Peu moussants, insensibles à l'eau dure. Non irritants. Très actifs, même à faible dosage.	Prix de revient assez élevé.	Nettoyage à la haute pression. Poudres à laver. Liquides « séchage » pour lavage vaisselle.
Les amphotères (ampholytes) - acides aminés et dérivés d'acides aminés (dérivés de l'acide aminoleutique).	Désinfectants, propriétés antistatiques. Peu agressifs.	Prix de revient élevé.	Lavage des mains.

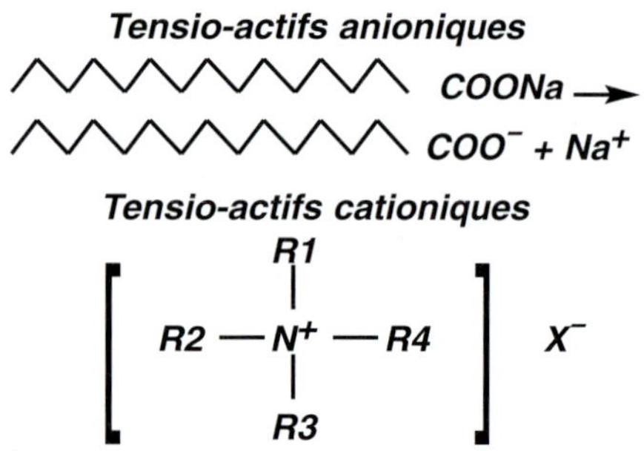

C'est le cation qui est la partie tensio-active.

Les tensio-actifs sont classés en fonction de la charge électrique portée par le radical organique en solution aqueuse. On distingue ainsi :

- **les tensio-actifs anioniques** (ils portent une charge négative) : la partie hydrophile est en général un radical « acide » ; c'est le cas des savons ; ils s'ionisent dans l'eau en libérant un anion qui possède un pouvoir tensio-actif ;
- **les tensio-actifs cationiques** (ils portent une charge positive) : ce sont principalement des sels d'ammonium quaternaire ;
- **les tensio-actifs non ioniques** (sans charge électrique) ;
- **les tensio-actifs amphotères ou ampholytes** (la charge est soit positive, soit négative, en fonction du pH et du milieu d'utilisation).

2.3. Les adjuvants

Les séquestrants (ou complexants)

Dans la plupart des régions de France (à l'exception du Massif Central, de la Bretagne) l'eau distribuée par les réseaux urbains est dure, voire même très dure (Cf. 1.2.). Or, le pouvoir mouillant, ainsi que le pouvoir émulsifiant de la plupart des tensio-actifs sont fortement diminués par la présence des ions calcium et magnésium dans l'eau de dissolution (solution de lavage). Cela entraîne de mauvais résultats des opérations de nettoyage ce qui oblige à surdoser les produits pour compenser leur perte d'efficacité. Il faut donc « séquestrer » ou « complexer » ces ions calcium et magnésium par des molécules : ce phénomène est appelé « chélation » ou « séquestration » .

Les polyphosphates et métaphosphates peuvent remplir ce rôle. De plus, ces molécules participent à la fonction antiredéposition des salissures. Elles ont également un bon pouvoir émulsifiant des graisses.

Malheureusement, les polyphosphates présentent l'inconvénient d'être très polluants. Les fabricants de lessive ont mis au point des substituts : **les orthophosphates et le silicate de sodium**.

Les complexants que l'on rencontre actuellement le plus fréquemment dans les produits élaborés destinés aux opérations de nettoyage sont de deux types :

- le **tripolyphosphate de sodium,**
- l'**E.D.T.A.** (sel disodique de l'acide éthylène diamine tétra-acétique).

Le chlorure de sodium

A faible dose (moins de 2 %), il renforce le pouvoir émulsifiant des tensio-actifs à base de savon.

2.4. Les résines synthétiques et les cires

Ce sont des polymères c'est-à-dire des macromolécules constituées par la répétition en très longues séquences d'une même unité de base appelée « monomère ».
Ces polymères sont introduits dans la composition des produits de protection de sols lisses (ou de mobilier). Ainsi protégés, ces sols deviennent résistants aux différentes agressions (usure, liquides,...) et leur esthétique est sensiblement améliorée (brillance, satiné).

Les résines

On utilise 4 familles de polymères :

- **les polystyrènes** : donnent des films durs et brillants,
- **les acrylates** : apportent de la souplesse au film,
- **les copolymères acryliques et styréniques** : combinent les propriétés des deux précédents et ne jaunissent pas,
- **les complexes organo-métalliques** : toujours présents dans les émulsions métallisées, ils apportent une excellente résistance au film et sont faciles à éliminer avec des décapants appropriés.

Les cires

Utilisées dans le traitement des sols, elles sont de deux sortes.

- **Les cires naturelles**
  - d'origine animale (cire d'abeille, blanc de baleine...),
  - d'origine végétale (carnauba, candelilla...),
  - d'origine minérale (cire de pétrole ou paraffine).
- **Les cires synthétiques**
  - microcires, ozokérite, polyéthylène, acryl,...

Carnauba : *cire fournie par un palmier du Brésil.*

Candelilla :
cire végétale présente dans les écailles de certaines plantes sauvages du nord du Mexique.

2.5. Les composants acides et basiques

Ils sont présents dans de très nombreux produits de nettoyage et d'entretien.

Les composants acides

Leur présence dans un produit détermine un pH inférieur à 7.

- **L'acide chlorhydrique**. Il a une action désincrustante et on l'emploie souvent pour éliminer les traces de chaux (mise en état après les chantiers de construction).
- **L'acide sulfamique**. Plus faible que le précédent, son emploi est moins dangereux pour les opérateurs. On le rencontre dans les produits désincrustants présentés en poudre (*Taski R 70*), ainsi que dans des produits détartrants présentés sous forme de poudre (*Henkel A 30*).

- **L'acide phosphorique**. Il entre dans la composition de la plupart des produits « détergents acides» employés en tant que détartrants (entretien des locaux et supports à dépôts « calcaires » : piscines, sanitaires...) (*Henkel A 40*).
- **L'acide acétique**. Cet acide faible est couramment employé en dilution dans les eaux de rinçage pour neutraliser les résidus de produits basiques (cf. FM n°13).

LES COMPOSANTS BASIQUES

Leur présence dans un produit détermine un pH supérieur à 7.

- **La soude caustique** (hydroxyde de sodium). Produit extrêmement corrosif et dangereux, à utiliser avec précaution, employé dans les opérations de décapage et qui entre dans la composition de nombreux produits de nettoyage et d'entretien industriels.
- **La potasse caustique** (hydroxyde de potassium) : mêmes observations.
- **L'ammoniaque** : il entre dans la composition des détergents ammoniaqués, en association avec un ou plusieurs agents tensio-actifs. Favorise l'élimination des salissures grasses.
- **Les silicates** : ce sont de bons tensio-actifs qui, grâce à leur pH basique (de 10 à 12), hydrolysent bien les salissures organiques. Ils sont moins agressifs que les précédents.
- **Les phosphates** : voir paragraphe « les adjuvants » . Ils agissent principalement en tant qu'agent séquestrant.

2.6. Les différents agents désinfectants*

Spectre d'activité :
ensemble des micro-organismes sur lesquels le désinfectant considéré a une action destructrice.

Les molécules employées le plus souvent par les industriels dans la formulation des produits désinfectants et détergents-désinfectants sont les suivantes :

- **les aldéhydes** (formaldéhyde, glutaraldéhyde, glyoxal...). Leur spectre d'activité est très large ;
- **les phénols** (alkylphénols, arylphénols, phénols halogénés, triclosan...) ;
- **les ammoniums quaternaires** (sels lauryl diméthyl benzyl ammonium, chlorure de benzalkonium...) ;
- **les molécules de type ampholyte ;**
- **les dérivés halogénés** (notamment chlorés et iodés).

L'eau de Javel (Na ClO) fait partie de cette famille. C'est un puissant désinfectant dont le spectre d'activité est très étendu et le coût modique.

Il est fréquent que plusieurs principes actifs soient associés dans la formulation d'un produit afin d'augmenter son spectre d'activité.

(*) *Cf. Microbiologie générale et appliquée générale G. Leyral, J. Figarella, M. Terret, Éditions J. Lanore, Partie2, « Les désinfectants».*

2.7. Les abrasifs

<u>*Abrasif :*</u>
substance plus ou moins dure capable d'user et de polir par frottement.

Les tampons à récurer et les disques de nettoyage pour monobrosses sont constitués de fibres dans lesquelles sont inclus des grains d'abrasif de dureté contrôlée (cf. chap. 10, point 10.4.3.).

Afin d'augmenter l'efficacité de l'action mécanique du nettoyage manuel, certains produits contiennent des abrasifs. Les salissures adhérentes seront éliminées plus facilement à condition bien entendu qu'elles ne pénètrent pas dans le support.

L'inconvénient des abrasifs est qu'ils peuvent facilement endommager les matériaux formant le support. C'est pourquoi il faut être vigilant à la fois dans le choix des produits contenant des abrasifs et dans leur utilisation.

Un abrasif se caractérise selon 3 paramètres :

- **La dureté**, que l'on évalue selon l'échelle de MOHS, graduée de 1 à 10.

1. Talc.
2. Blanc d'Espagne, gypse.
3. Pierre ponce, calcite.
4. Spath fluor (sédiments siliceux).
5. Poudre de verre.
6. Orthoclase.
7. Quartz.
8. Émeri, topaze.
9. Corindon (oxyde d'aluminium et sesquioxyde de fer).
10. Diamant.

- **La granulométrie** : la dimension des particules peut varier de quelques micromètres à 500 µm.
- **La qualité** : elle dépend avant tout de la régularité du calibrage des grains d'abrasif. La présence de quelques particules de forte granulométrie peut suffire à provoquer des rayures sur le support.

2.8. Les additifs

<u>*Odeur rémanente :*</u>
odeur qui subsiste après la fin des opérations de nettoyage et d'entretien.

Il s'agit là essentiellement des parfums présents dans la plupart des produits de nettoyage industriels. Leur rôle est d'en rendre l'emploi plus agréable et également de rendre plus perceptible la réalité des opérations de nettoyage (par le biais de l'odeur rémanente). En effet, de la même façon que l'on associe inconsciemment les mauvaises odeurs à la non-propreté, on a tendance à considérer qu'un local qui sent bon est propre. Malheureusement, la réalité est moins simple et il n'est pas rare que des défauts de nettoyage, donc de propreté, ne soient dissimulés par les senteurs apportées par l'emploi de bombes aérosols désodorisantes.

Il faut également citer ici les colorants dont le seul intérêt est d'améliorer l'identification du produit par les utilisateurs.

3. Les produits élaborés

3.1. Les produits de nettoyage

On désigne ainsi l'ensemble des produits dont le rôle principal est de concourir à l'élimination des salissures et des taches, quelle qu'en soit l'origine.

Le constituant essentiel de cette classe de produits est toujours un agent tensio-actif, associé à d'autres composants dont la nature est fonction de la destination particulière du produit considéré.

On trouve ainsi dans cette catégorie :

- les savons naturels (savon de Marseille),
- les détergents de synthèse (issus de la pétrochimie),
- les détergents-désinfectants,
- les solvants dégraissants (détersolvants),
- les décapants,
- les désincrustants détartrants,
- les détergents acides.
- les agglutinants
- les produits détergents spécifiques pour la vitrerie,
- les produits destinés à l'entretien des matériels de bureautique et d'informatique (à propriétés antistatiques)

3.2. Les produits de protection

Ce sont les produits dont le rôle essentiel est de protéger les revêtements de sol (homogènes) par un film résistant. La présence de ce film facilite l'entretien ultérieur et procure un aspect esthétique.

Dans cette catégorie de produits, on trouve :

- les émulsions (on dit parfois : dispersions),
- les cires dures ou liquides, naturelles ou synthétiques,
- les bouche-pores,
- les vernis et peintures.
- les produits spécifiques pour entretenir les surfaces en acier inoxydable

Chaque produit de protection est spécifique du sol à traiter.

Les fabricants indiquent toujours avec précision les applications de chaque produit. Il est essentiel de respecter scrupuleusement les directives d'application.

3.3. Les produits mixtes

Produits combinés de nettoyage-entretien

Ce sont des produits qui sont formulés pour présenter deux actions complémentaires, voire plus.

• Les sprays

Ils contiennent un détergent et une cire, plus un agent émulsifiant. Leur application permet de nettoyer, de protéger et de faire briller le sol en une seule opération, ceci au moyen d'une monobrosse et d'un disque approprié (voir fiche méthode n°18 « la méthode spray » .

• **Les détergents cirants**

Ils sont destinés au même usage mais la méthode d'application peut être manuelle ou mécanique (laveuse) : balai faubert, chariot de lavage.

Les détergents désinfectants

En plus de leur action nettoyante, ils présentent des propriétés désinfectantes plus ou moins étendues : bactériostatiques, bactéricides, sporicides, virucides (cf. *Microbiologie générale et appliquée* - J. Lanore).

3.4. Quels produits... pour quelles techniques ?

Les pages suivantes présentent un tableau de mise en relation des différentes techniques de nettoyage et d'entretien avec les produits adaptés à chaque opération.

Opérations	Supports, locaux	Salissures	Produits
Balayage Dépoussiérage humide Balai trapèze Balai à franges non-tissés Gazes textiles	Sols homogènes durs ou souples + parois horizontales et verticales	Poussières et macrosalissures non adhérentes	• **Eau.** • **Agglutinant à base de :** - huile minérale, huile de pin, - acétate d'isobornyle, - essence de térébenthine. *(Wetrok Fit pH 8)*
	Les mêmes, mais en milieux contaminés.	Idem ci-dessus	• **Eau javellisé** (2%) : - détergents désinfectants, - désinfectants. *(Cf. Chap. décontamination/désinfection)*
Lavage manuel Lavettes Balai faubert Balai rasant Chariot de lavage Pads,...	Sols homogènes, durs ou souples ne craignant pas l'eau (attention aux joints) + plans et parois	***Faible encrassement :*** salissures grasses et non grasses. ***Fort encrassement :*** (avec salissures grasses).	• **Détergents universels** A base de tensio-actifs ammoniaques et non ioniques - phosphates, eau, parfum, ammonium quaternaire. *(Wetrok Efitol pH 7) ;* • **Détergents alcalins** Tensio-actifs, solvants organiques, eau, parfum. *(Sanisol Calypso pH 9) ;* • **Détergent fortement alcalin** *(pH 14)* ; - soude caustique, - polyphosphates, - tensio-actifs. *(Karsher RM 311).*
	Appareils sanitaires Lavabos Douches Baignoires... Murs carrelés	***Encrassement + tartre*** concrétions et dépôts calcaires.	• **Détergents désinfectants** *(Cf. Chap. décontamination/désinfection) ;* • **Poudres et crèmes à récurer** Tensio-acif, poudre de silice, agent alcalin, colorant, parfum. • **Détergents acides** *(Wetrok Calexan pH 1).*
	WC, urinoirs	Concrétions urinaires	• **Détergents/Détartrants spécifiques** : gels, mousses, poudres... • **Détartrant WC à base de :** - tensio-actifs, - acide sulfurique dilué, - agent gélifiant. *(Wetrok Caletin pH 1)*
Bio-nettoyage (procédé manuel)	Mêmes supports mais en milieux contaminés : SECTEUR HOSPITALIER	Salissures adhérentes	• **Détergents désinfectant** à base de : - formaldéhyde, - glyoxal, - ammonium quaternaire, - biguanide, - tensio-actif non ionique, - eau et parfum, *(Taski Combatan DS)*
	Mêmes supports, en SECTEUR AGRO-ALIMENTAIRE	Salissures grasses et non grasses, + salissures organiques	• **Détergents désinfectants alimentaires :** - tensio-actifs non ioniques, - tensio-actifs cationiques (sels lauryl diméthyl benzyl ammonium), - sels tampons, - séquestrants. *(Rochex Dominal pH 8)/(Colgate Actisène)*

Opérations	Supports, locaux	Salissures	Produits
Désinfection/ Décontamination des surfaces Raclette Mouilleur Vaporisateur	Milieux contaminés ➡ sect. hospitalier : équipements, sols, parois.	(Opération sur supports déjà nettoyés).	• **Détergents désinfectants** à base de : - tensio-actifs, - ammonium quarternaire, - agent anticalcaire. *(Colgate Actisène S200 pH 7)*
	➡ sect. agro-alimentaire équipements, machines et toutes surfaces.	(Opération sur supports déjà nettoyés).	• **Détergents désinfectants** à base de : - tensio-actif non ionique, - ammonium quaternaire, - sels alcalins, - agents anticalcaires *(Colgate Actisène C100 pH 11)* • **Désinfectants.**
Lavage mécanisé des sols Autolaveuse ou Monobrosse + Aspirateur à eau	Sols homogènes durs ou souples. Idem mais en milieux contaminés.	Salissures adhérentes. Salissures diverses.	• **Détergents non moussants neutres, alcalins ou solvantés.** *(Henkel Néomat)* • **Détergents désinfectants** (voir ci-dessus).
Lavage vitrerie Mouilleur Raclette	Verres lisses ou à reliefs.	Poussières, salissures grasses, déjections d'insectes, etc.	• **Détergents universels** à base de : - tensio-actifs anioniques, - solubilisant, - eau. *(Colgate Hexagon pH7)* • **Détergent spécifique vitrerie** à base de : - tensio-actifs, - solvant, alcool, - eau. *(Wetrok Brillant)*
Trempage/Dégraissage Bacs de trempage Pulvérisateurs	Éléments filtrants de hottes aspirantes, éléments d'appareils de cuisson, cuves de friteuses.	Condensats de buées grasses, graisses cuites.	**Solvants dégraissants.** • **Détergents fortement alcalins** à base de : - soude caustique, - polyphosphates, - tensio-actifs. *(Kärcher RM 311 pH 14)*
Lavage à la haute pression Nettoyeurs haute pression	Nettoyage bassins et piscines.	Salissures calcaires.	• **Détergents acides** à base de : - tensio-actifs, - acide phosphorique, - eau, - désinfectant. *(Rochex Saniclair pH 1)*
	Nettoyage cuisines (sols et parois), locaux industriels, secteur alimentaire (sols et parois, plans de travail).	Salissures grasses.	• **Détergent alimentaire basique** *(Kärcher RM 32 et RM 31)*
		Salissures faibles.	• **Détergent neutre désinfectant et non toxique** (agréé). *(Kärcher RM 35)*
Nettoyage à la mousse Canon à mousse	Industrie agro-alimentaire, cuisines (sols et parois), équipements, machines,...	Salissures diverses grasses et non grasses.	• **Détergents alcalins moussants** à base de : - tensio-actifs, - composés basiques. *(Kärcher RM 58)*
	Industrie agro-alimentaire, cuisines (sols et parois), équipements, machines,...	Salissures diverses grasses et non grasses.	• **Détergents moussants désinfectants** (homologué ministère de l'Agriculture) à base de : - hydroxyde de potassium, - tripolyphosphate de sodium, - hypochlorite de sodium. *(Henkel Sirafan mousse chloré pH 13)*
	Piscines, établissements thermaux (sols et parois).	Dépôts calcaires.	• **Détergent acide moussant.**

Opérations	Supports, locaux	Salissures	Produits
Injection extraction Injecteur-extracteur avec ou sans sabot brosseur	Sols homogènes durs ou souples + parois horizontales et verticales	Poussières et macrosalissures non adhérentes	• **Eau.** • **Agglutinant à base de** : - huile minérale, huile de pin, - acétate d'isobornyle, - essence de térébenthine. *(Wetrok Fit pH 8)*
	Revêtements de sol textiles, parois textiles, revêtements textiles de mobilier.	Salissures plus ou moins incrustées, taches diverses (grasses, non grasses et colorées).	• **Détergents injection extraction** à base de : - mélange de tensio-actifs, - retardateur d'encrassement (rési nes fluorées), - eau. *(Sanisol Aérosteam pH 7)* • **Anti-mousse** à base de : - émulsions de silicones, - térébenthine, - butylglycol. *(Wetrok Foam-stop pH 5)* • **Shampooings moquette** à base de - agents tensio-actifs moussants - polymères, - eau. *(Sanisol Aéro-foam pH 7)*
Détachage des revêtements textiles	Idem ci-dessus.	Idem ci-dessus.	• **Mallettes de détachage** compre nant : - 1 solvant, - 1 bombe réfrigérante (pour l chewing-gum). • **Divers produits chimiques** (se reporter à la fiche méthode).
Shampooing-poudre Brosseuse électrique	Sols textiles.	Salissures diverses et taches.	• **Poudre spéciale pour tapis.** *(Sebo)*
Spray moquette Monobrosse équipée d'un disque textile Vaporisateur	Sols textiles.	Idem ci-dessus.	• **Détergents spray moquette** à bas de : - agents tensio-actifs, - solvants, - retardateur d'encrassement, - parfum. *(Sanisol Aéro-net)*
Shampooing mousse Monobrosse avec ou sans compresseur à mousse	Sols textiles, éléments d'ameublement.	Idem ci-dessus.	• **Shampooings moquette** à base de - agents tensio-actifs moussants - polymères, - eau. *(Sanisol Aéro-foam pH 7)*
Traitements de protection des sols textiles Vaporisateur	Sols textiles, éléments d'ameublement.	Pas de salissures (nettoyage préalable obligatoire).	• **Produits protecteurs** à base de : - résines fluorées. *(3M CP 94)*
Décapage au mouillé Monobrosse Disques (pads) Aspirateur à eau	Revêtements de sol en linoléum, caoutchouc ou thermoplastiques, sols grès cérame et pierres.	Émulsions anciennes (mise à nu du revêtement).	• **Produits décapants** à base de : - tensio-actifs non ioniques, - phosphate de sodium, - butylglycol, - EDTA, - eau. *(Wetrok Rémat pH 14)* N.B. : le linoléum ne supporte pa tous les décapants, attention au choi du produit.

Opérations	Supports, locaux	Salissures	Produits
Décapage à sec ou Spray de rénovation Monobrosse Disque bleu ou marron	Idem ci-dessus.	Idem ci-dessus.	• **Produits décapants à sec** à base de : - 10% de glycols, - tensio-actifs, - complexants, - eau. *(Taski Stripo)*
Bouche porage ou **Traitement de base** ou **Imprégnation** Pince d'application Balai rasant Faubert...	Revêtement de sol : - en bois (parquets), - linoléum, thermoplastiques, vinyl-amiantes, caoutchoucs ; - terres cuites.	Pas de salissures (décapage préalable à l'opération).	• **Produits « bouche-pores »** à base de : - polymères acryliques avec ou sans solvant. *(Wetrok Porosol)*
Protection des sols Pince d'application Balai rasant Faubert...	- thermoplastiques, - linoléum, - caoutchoucs, - bois (parquets), - pierres.	Pas de salissures (décapage préalable à l'opération).	• **Émulsions autobrillantes** *(Taski Brillant E 100) (Wetrok Mepol)* • **Émulsions polissables** *(Wetrok Elf)* • **Produits de protections** à base de : - copolymère acryle à liaison métallique, - émulsion de cire de polyéthylène, - plastifiant, - eau. *(Wetrok Mépol H pH 9)* • **Cire liquide** *(Taski P 11)* • **Cire à chaud** *(Taski P 33)*
Cristallisation Monobrosse lente et lourde Disque en laine d'acier	Sols en marbre et pierres calcaires.	Pas de salissures (sol mis à nu avant le traitement).	• **Produits de cristallisation** à base de : - acide fluosilicique, - cires, - émulsifiants, - inhibiteur de corrosion. *(Taski Carrare pH 1)*
Vitrification Pinceau	Parquets.	Idem ci-dessus.	• **Vitrificateurs** à base de : - émulsion acrylique, - polyuréthane.
Fluosilicatation Monobrosse + Brosse rilsan	Sols neufs en ciment ou sols anciens décapés.	(Dépoussiérage préalable).	• **Acide fluosilicique.**
Spray Méthode Monobrosse Disque V.S. rouge Vaporisateur Monobrosse H.V. + disque vert amande	Sols homogènes durs ou souples, protégés ou non.	Salissures adhérentes, traces de pas...	• **Produits pour spray méthode** à base de : - cire polyéthylène, - térébenthine, - alcool, - tensio-actifs, - eau. *(Wetrok Elf spray pH 9)*

3.5. Sécurité et utilisation des produits

Document 1

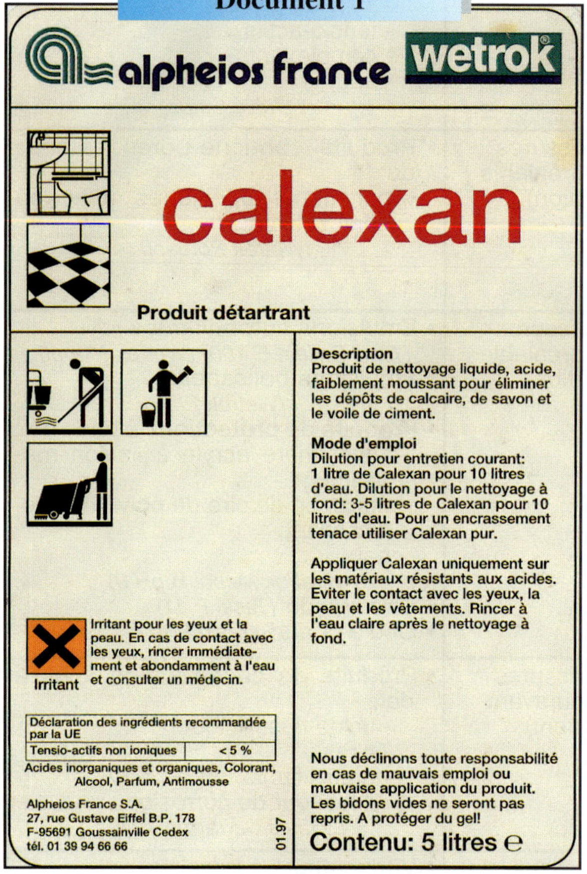

Les fabricants tiennent secrètes les formulations exactes des produits qu'ils commercialisent, ceci pour d'évidentes raisons de protection par rapport à leurs concurrents.

Cependant, ils sont tenus d'apporter aux utilisateurs les informations indispensables pour utiliser les produits de façon rationnelle et en toute sécurité.

Ces informations sont apportées par trois types de documents :

- **l'étiquetage des contenants**
(exemple : document 1)

- **les fiches techniques d'utilisation**
(exemple : document 2)

Sur ces deux types de documents, la plupart des fabricants font usage de pictogrammes destinés à faciliter l'identification du produit et son emploi en toute sécurité par les utilisateurs.

Ces pictogrammes peuvent être classés en trois catégories : domaine d'application, méthode d'application, symboles de sécurité. (voir document annexe ALPHEIOS France) (document 3).

- **les fiches de données de sécurité**
Dont l'obligation est instituée par le décret 92-1261 du 03/12/1992).

Document 2

Produit détartrant

Irritant pour les yeux et la peau.
En contact avec les yeux, laver immédiatement et abondamment avec de l'eau et consulter un spécialiste

Description
Calexan est un détergent liquide acide et concentré, faiblement moussant avec propriété hydrofuge, pour l'élimination des dépôts de calcaire, des concrétions d'urochrome, des graisses et des savons dans les installations sanitaires.
Calexan convient aussi pour éliminer le voile de ciment sur les sols et les parois en carrelage résistant aux acides.
Valeur du pH à l'état pur : < 1
Valeur du pH en dilution à 1% : 1,6 – 2,6

Utilisation
Calexan est utilisé dans les piscines, douches, salles de bain. Calexan ne peut être utilisé que sur des matérieux résistant aux acides, tels que carrelage, faïences murales, lavabos, urinoirs, (robinetterie rinçage obligatoire). Ne pas utiliser sur des matériaux à base de calcaire, tels que le marbre et le travertin.
Ne pas mélanger avec de l'eau de javel.

Mode d'emploi et dosage
Calexan s'emploie en appareil de lavage, monobrosse, autolaveuse ou manuel avec un chariot de lavage.
Dosage pour 10 litres d'eau froide :
Nettoyage entretien courant : 100 ml à 1 litre (1 à 10%)
Remise en état : 1 à 3 litres (10 à 30 %)
Elimination de voiles de ciment : non dilué.
Laisser agir brièvement la solution de Calexan, bien rincer.
Lors d'un dosage important, neutraliser.
Les joints sensibles aux acides doivent être mouillés à l'eau avant l'application du Calexan. Ne convient pas pour les revêtements en calcaire et l'émail.

Consommation
1 litre de Calexan suffit pour 100 à 800 m²

Conditionnement
Carton de 2 x 5 litres

Déclaration des ingrédients selon la recommandation de l'UE	
Tensioactifs non ioniques	< 5%

Contient en plus : alcool, colorants, parfum, anti-moussant, acides organiques, acides anorganiques et eau.

Alpheios France décline toute responsabilité en cas de mauvaise utilisation ou mauvaise application du produit.

Document 3

Produits Chimiotechniques

Tous les produits Wetrok sont pourvus d'une étiquette reprenant de manière standardisée les prescriptions d'utilisation.
Des symboles indiquent où utiliser quels produits.
Les pictogrammes que vous voyez sur cette feuille sont toujours repris dans le même ordre sur les étiquettes :
1) domaine d'application
2) méthode d'application
3) symboles avertisseurs
Selon les recommandations européennes, il y a une déclaration d'ingrédients par produit, indiquant les matières premières utilisées.

La couleur reprise sur l'information du produit détermine la famille à laquelle le produit concerné appartient.
Cette couleur correspond également à celle reprise sur l'étiquette du bidon.
Les avantages pour vous sont :

- *la rapidité de trouver le produit idéal pour résoudre votre problème de nettoyage*
- *lors d'une formation, l'information sur ces produits est largement facilitée*
- *ces informations sont déjà disponibles si des lois en exigeaient la présence.*

(Sous réserve de modification de produits)

Sur simple demande, on peut vous envoyer les Fiches de données de sécurité des produits que vous utilisez.

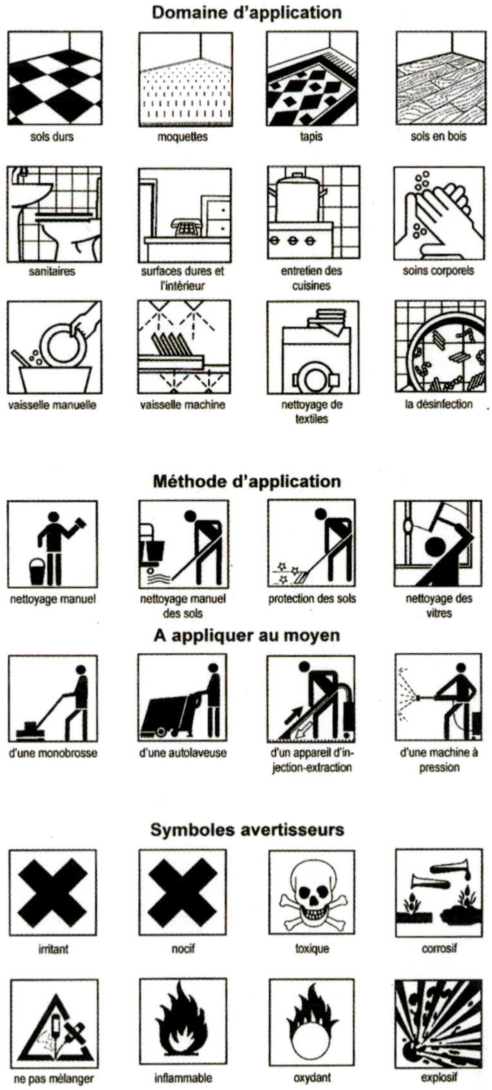

alpheios france
27, rue Gustave Eiffel - B.P. 178
95691 GOUSSAINVILLE Cedex
Téléphone : 01 39 94 66 66
Télécopie : 01 34 04 92 79

3.6. Quelles qualités doit-on attendre d'un bon produit ?

Un bon détergent doit être :

- efficace aux dosages préconisés,
- non toxique pour l'utilisateur, aux dilutions d'emploi habituelles,
- non toxique pour l'environnement (biodégradabilité > 90 %),
- non agressif vis-à-vis des supports nettoyés et des machines de nettoyage,
- facile à diluer,
- facile à rincer,
- peu sensible à la dureté de l'eau.

2

Les matériaux (étude des supports)

I - Les revêtements textiles
II - Les revêtements plastiques
III - Le linoléum
IV - Le caoutchouc naturel et synthétique
V - Le bois
VI - Le verre
VII - Les produits céramiques
VIII - Le ciment (béton)
IX - L'asphalte
X - Les métaux et alliages
XI - Le marbre et les pierres marbrières
XII - Les pierres non marbrières
XIII - Les peintures, vernis, papiers peints

Les matériaux : étude des supports

Dans le cadre du cours de « Maintenance et Hygiène des locaux », l'étude des supports (matériaux et revêtements) doit être conduite selon 3 axes :

1. La présentation du (des) matériau(x)

Cette présentation a pour objectif de rendre possible la **connaissance** et donc l'**identification** du matériau sous les différentes formes qu'il peut présenter et que l'ouvrier nettoyeur peut donc rencontrer.

2. Les caractéristiques du matériau ayant une incidence sur les techniques d'entretien

Composition, porosité, dureté, sensibilité à certains produits chimiques...

C'est en fonction de ces caractéristiques que devront être choisies les techniques d'entretien, si l'on veut éviter de provoquer la dégradation des revêtements.

L'étude de la fabrication des revêtements n'a d'intérêt ici que dans la mesure où elle permet de discerner les caractéristiques du matériau qui ont une incidence sur les méthodes d'entretien.

3. Les conséquences du système de pose sur le choix des méthodes d'entretien

Les revêtements de sol peuvent parfois être posés selon différentes techniques.

Il doit être tenu compte du système de pose au moment où l'on choisit une méthode de nettoyage, d'entretien ou de rénovation.

Les classements des matériaux

La qualité de la résistance à l'usure, au trafic, au feu, etc. des matériaux a été définie par le C.S.T.B. (Centre Scientifique et Technique du Bâtiment).

Classement au feu (tenue au feu)

La tenue au feu est déterminée d'après les résultats d'essais réalisés en laboratoire selon un protocole précisément défini.

Les matériaux sont classés en 6 catégories, repérées par la lettre « M » suivie d'un indice :

M_0	Totalement incombustible (matériau dit « non feu »).
M_1	Non inflammable.
M_2	Difficilement inflammable (pas de propagation de la flamme).
M_3	Moyennement inflammable.
M_4	Facilement inflammable.
M_5	Très facilement inflammable.

Classement "U.P.E.C."

Le classement UPEC est établi pour chaque type de local en fonction des contraintes liées à son usage. Le choix du revêtement de sol doit donc tenir compte de ce classement.

Ex. : une cuisine professionnelle est classée U_4 P_3 E_3 C_3 les revêtements de sol seront donc choisis en fonction de ce classement. Le classement UPEC d'un revêtement doit être au moins égal à celui du local concerné.

Il définit les indices de résistance des revêtements de sol aux différentes causes d'agression dont ils peuvent être l'objet.

U — Résistance à l'usure

U_1	Résistance légère	locaux à usage privé individuel
U_2	Résistance normale	
U_2S	Résistance élevée	
U_2S	Résistance modérée	locaux à usage collectif
U_3	Résistance normale	
U_4	Résistance élevée	

P — Résistance au poinçonnement

P_1	Résistance faible
P_2	Résistance moyenne au mobilier mobile lourd
P_3	Bonne résistance au mobilier mobile lourd

E — Résistance à l'eau

E_0	Ne supporte pas l'eau. Entretien à sec exclusivement
E_1	Peut supporter occasionnellement un nettoyage humide
E_2	Nettoyage habituel par lavage
E_3	Peut être lavé à grande eau

C — Résistance aux produits chimiques

C_0	Aucune tenue aux agents chimiques (ne rien employer)
C_1	Résistance à la présence accidentelle de produits alimentaires, pharmaceutiques ou ménagers
C_2	Résistance normale aux produits alimentaires, pharmaceutiques ou ménagers
C_3	Excellente résistance à tous les produits

I - Les revêtements textiles

Voir également
Technologie des matériels
- L'aspirateur à poussière
- L'aspiro-brosseur
- La monobrosse et ses accessoires
- L'autolaveuse à moquette
- L'injecteur-extracteur

Voir fiches méthode
n°19 - 20 - 21 - 22 - 23

Il existe une très grande variété de revêtements textiles disponibles sur le marché.

Leur emploi est très répandu dans toutes sortes de bâtiments et malheureusement pas toujours à bon escient car ces revêtements sont très salissants. En effet, en raison de leur nature fibreuse et de leur épaisseur, ils absorbent la poussière ainsi que toutes sortes de microsalissures.

Par contre, ils sont très appréciés pour leurs qualités de bonne isolation thermique et acoustique ce qui les rend irremplaçables dans de nombreuses applications.

Suite Hôtel Bristol - Paris

1. Présentation des matériaux

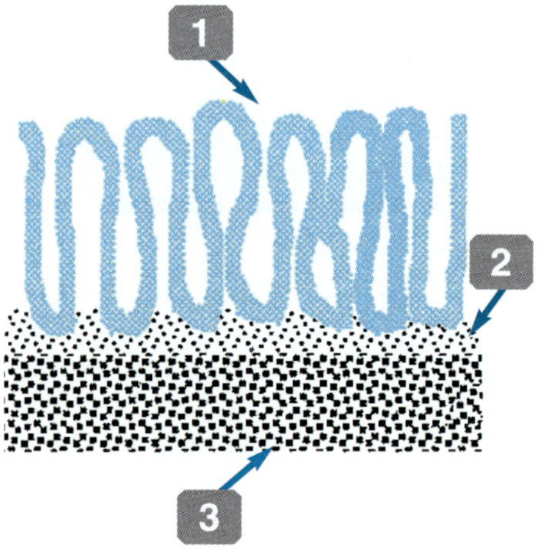

Les revêtements textiles se rencontrent sous plusieurs formes :

- **les tapis** qui sont essentiellement des éléments de décoration et d'ameublement,
- **les revêtements muraux**, parfois appelés « moquettes murales »,
- **les moquettes,** comme revêtements de sol. Elles sont généralement constituées de trois parties :
  1 - **la couche d'usage ou « velours »,** constituée de fibres naturelles, artificielles ou synthétiques (cf. infra) et qui peuvent se présenter sous différentes longueurs et être fixées au dossier de différentes façons (cf. technologie de fabrication) ;
  2 - **le dossier**, parfois appelé support qui constitue l'armature du revêtement et sur lequel est fixé le velours ;
  3 - **la sous-couche**, cet élément n'étant pas forcément présent dans toutes les moquettes.

1.1. Les matières premières textiles

Ce sont les mêmes qu'il s'agisse de tapis, de moquettes, ou de revêtements muraux. Lorsqu'il s'agit de moquette :

1. La couche d'usage ou velours

Elle peut être constituée de :

Fibres naturelles

- **La laine** : pour la fabrication de moquettes de très belle qualité, très résistantes à l'usure, assez peu salissantes, très esthétiques, mais coûteuses.
- **Les poils d'animaux** (porc, chameau, chèvre, cheval, etc.) employés en association avec des fibres artificielles (viscose notamment).
- **La soie :** n'est guère employée que dans la fabrication de tapis précieux, très coûteux et pouvant être considérés comme de véritables objets d'art.
- **Le coton et le jute** : ne sont employés qu'en tant que sous-couche de tissage.
- **Le sisal, le coco** (fibres végétales) pour la fabrication de tapis plats et de revêtements muraux.

Fibres synthétiques

- **Les polyesters :** ils imitent bien l'aspect de la laine (on peut les identifier par le test du brûlage) et présentent une très bonne résistance à l'usure.
- **Les polypropylènes :** résistent bien à l'abrasion ; sont employés pour la fabrication du dossier, comme du velours.
- **Les acryliques :** permettent la confection de moquettes qui ressemblent parfois beaucoup à celles en laine mais leur résistance à l'usure est réduite.

  Elles sont très employées, notamment en mélange avec d'autres fibres naturelles ou de synthèse.
- **Les polyamides :** sont employés dans la fabrication de revêtements qui résistent bien à l'usure mais ont tendance à s'encrasser.
  - Le Nylon est une marque déposée par la société *Du Pont de Nemours* en 1936 et qui est en fait un polyamide 6-6.

D'autres fibres 100 % polyamide se partagent actuellement le marché :

- Antron Excel (*Du Pont de Nemours*) est une fibre creuse à plusieurs canaux de très grande résistance, antistatique et qui est conçue pour diminuer sensiblement le potentiel d'encrassement.
- Timbrelle *(I.C.I. Chimie)* parfaitement antistatique et de grande résistance convient aux bureaux informatisés.

Fibres naturelles :
elles sont d'origine purement animale (laine, soie,...) ou végétale (coton, sisal,...).

Fibres synthétiques : *elles sont synthétisées chimiquement à partir de divers produits de base :*
- *Acides et alcools*
  → ***Polyesters*** *(tergal)* ®
- *Acétylène et azote*
  → ***Acryliques*** *(orlon, crylor)* ®
- *Phénols ou huile de ricin*
  → ***Polyamides*** *(nylon, rilsan)* ®
- *Acétylène et chlore*
  → ***Polyvinyliques*** *(rhovyl)* ®

- Nylfrance *(Rhône Poulenc)* est employée dans la fabrication des moquettes très solides, bien adaptées aux locaux à fort trafic et exposés aux salissures.

Fibres artificielles :
elles sont produites à partir de la cellulose, par transformation chimique. La viscose et l'acétate de cellulose sont les deux grandes sortes de fibres artificielles.

FIBRES ARTIFICIELLES

- **Les viscoses et acétates :** pour les moquettes de basse qualité, peu résistantes et très bon marché.

Remarque : certains revêtements de sol textiles sont fabriqués à partir d'une seule sorte de fibre (ex. : moquette en pure laine), d'autres à partir de mélanges de plusieurs fibres de façon à associer leurs qualités respectives.

2. Le dossier

Il est constitué le plus souvent de polypropylène tissé ou non, parfois de toile de jute (pour les moquettes tissées de pure laine) ou d'une nappe de fibres synthétiques noyées dans une matière plastique assurant la liaison.

3. La sous-couche

Elle peut être constituée de mousse de latex alvéolée ou non, de bitume (surtout en ce qui concerne les dalles « plombantes »), de mexphalt, de caoutchouc, de P.V.C...

Sa raison d'être est :
- d'accroître la stabilité dimensionnelle du revêtement (augmenter sa résistance à la déformation) ;
- de faciliter la pose.

1.2. Caractéristiques et propriétés des fibres

Le test du brûlage proposé pour l'identification des différentes fibres, n'est vraiment indicatif que dans le cas où le revêtement est constitué en totalité (ou en quasi-totalité) de la même fibre (moquettes 100% laine, etc.).

L'identification est beaucoup moins facile en ce qui concerne les revêtements textiles constitués d'un mélange de différentes fibres.

Test du brûlage

1. Prélever en les arrachant une petite quantité de fibres en un endroit peu visible de la moquette (derrière une porte par exemple).
2. Déposer l'échantillon sur une coupelle en verre ou en métal et faire brûler ces fibres avec la flamme nue d'une allumette ou d'un briquet.
3. Observer :
   - l'odeur qui se dégage lors de la combustion,
   - la façon dont se fait cette combustion,
   - les résidus qu'elle laisse.

Fibres	Comportement au test *(comment la reconnaître)*	Caractéristiques, propriétés
Laine (Label Woolmark) VELOURS PURE LAINE VIERGE WOOLMARK	- brûle mal, - pas de propagation de la flamme, - laisse des cendres très noires, friables, - dégage une odeur de corne brûlée,	- **la laine craint l'eau chaude** (> 40°C), qui met en péril sa stabilité dimensionnelle, - **la laine craint les détergents basiques** (même faiblement), qui provoquent son jaunissement, - **les revêtements textiles en pure laine présentent une médiocre résistance à l'action mécanique** (brosseurs électriques) qui provoque le boulochement.
Polyamide (PA) polyamide 6-6 (Antron ®, Excel ®, Timbrelle ®, Nylfrance ®, nylon...)	- fond vers 260°C, en formant une boule collante, - puis brûle en dégageant une odeur qui rappelle celle du céleri,	- **insensible à l'eau chaude,** - **excellente résistance à l'usure,** - accumule l'électricité statique. Des traitements spéciaux sont appliqués lors de la fabrication des moquettes polyamide pour les rendre antistatiques ; - **très sensible aux solvants** tels que l'acétone et tous ses dérivés, - **sensible à tous les colorants en solution alcoolique** (teinture d'iode, éosine, méthylène, etc.). En général, ces taches deviennent indélébiles au bout de 2 heures, - **peu sensible aux acides et aux bases faibles.**
Polypropylène (PP) (Méraklon ®)	- fond vers 149°C, - puis brûle à 170°C, lentement et en dégageant une odeur de bougie sans pratiquement laisser de résidus.	- **excellente résistance à l'usure,** - **insensible à l'eau chaude,** - convient particulièrement bien à la fabrication des moquettes tuftées, - n'absorbe pratiquement pas l'eau.
Polyester (PE) (Tergal ®, Dacron ®...)	- fond, - puis brûle en dégageant une odeur aromatique,	- excellente résistance mécanique, - **très bonne résistance à la plupart des agents chimiques.**
Polyacryliques ou Polyacrylonitriles (Orlon ®, Dralon ®, Crylor ®, Redon ®...)	- brûle difficilement en produisant une fumée noire et en dégageant une odeur âcre, - puis forme une boule noire très dure de résidus,	- ressemble à la laine mais **ne feutre pas et ne bouloche pas**, même en présence d'humidité, - **très résistante aux acides** faiblement dosés **ainsi qu'aux solvants,** - **sensible aux bases fortes.**

Remarque : le classement au feu (M_0, 1, 2, 3, 4, 5...) d'un revêtement textile est établi en fonction d'essais de combustion selon une procédure normalisée. C'est pourquoi le classement de chaque fibre n'est pas indiqué dans ce tableau, étant donné qu'il serait sans intérêt. En effet, le classement d'un revêtement sera établi selon ses performances lors des tests et celles-ci ne peuvent qu'être la résultante des performances des différentes fibres qui le composent.

1.3. Les différents types de moquettes

1. Procédés de fabrication (voir p 47)

Fiche technique FLOTEX *DALLES 3*

	Dalles 3 (souples à coller)
Dimensions des dalles	50 x 50 cm
Conditionnement	Cartons de 12 dalles
Poids kg/m²	2,4 environ
Épaisseur totale	5,2 mm
Hauteur des fibres	2 mm
Densité des fibres	80 millions de fibres/m² env.
Composition des fibres	Nylon 6.6
Certification NF UPEC	Dalles 3 : 308T-003.1.00 Dalles 3s : 308T-004.1.00
Classement UPEC	U3/3sP3E2C* ❶
Classement européen	N-4-LC2
Aptitude à l'emploi sous sièges à roulettes	Oui
Classement feu	M3 - PV n° 9695-01
Antistaticité	< 2 kV (bureautique)
Absorption phonique αW / 2 500 Hz	0,10 (H) / 0,26
Bruit de choc	ΔLw19dB
Qualité acoustique N.R.A. 1995 (projet 2000)	AC 1 (ES 3)
Sols chauffants / Résistance thermique	Oui / 0,064 m².K/W
Stabilité dimensionnelle à la chaleur	≤ 0,25%
Solidité des coloris à la lumière	≥ 5
Propriétés fongistatiques et bactériostatiques	Inhérentes à la structure du produit
Garantie	10 ans (sous réserve du respect des règles professionnelles de pose et d'entretien et des indications du fabricant)

© Bonar Floors

C'est souvent ce qui détermine l'appellation commerciale du produit :

- les moquettes **tissées,**
- les moquettes **floquées** (fabriquées par flocage électrostatique),
- Les moquettes **tuftées,** bouclées ou à « velours coupé »,
- les moquettes **nappées**,
- les (moquettes ou) tapis **aiguilletés ou tapis plats.**

Voir en document annexe à cette leçon un aperçu des différentes techniques de fabrication des revêtements textiles.

Schéma d'une moquette flockée

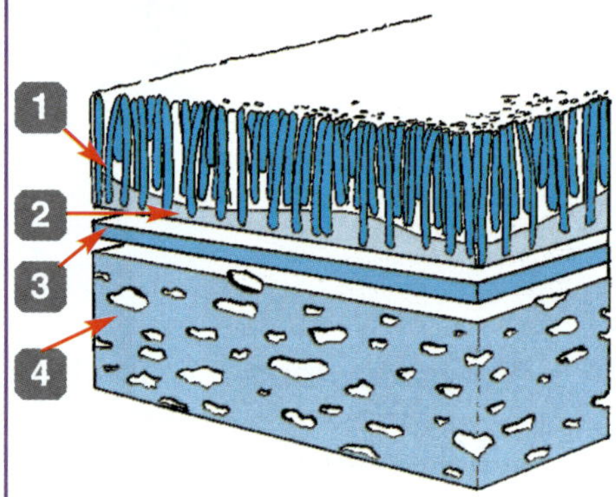

Composition

1. Velours 100 % nylon
2. Adhésif PVC
3. Grille de verre
4. PVC expansé haute densité

2. Présentations commerciales

En lés de 2 à 4 mètres de large.

En dalles rectangulaires (20 x 30 cm à 40 x 60 cm), ou **carrées** (30 x 30 cm à 60 x 60 cm).

3. Différents traitements spéciaux

Traitement anti-électrostatique

Certaines fibres sont électrostatiques par nature, il est possible d'atténuer très sensiblement, voire même de faire disparaître le phénomène d'électricité statique en vaporisant des produits spéciaux sur les moquettes. L'efficacité reste cependant limitée à quelques mois.

Traitement antimites

Les revêtements de sol textiles en laine sont presque toujours traités antimites lors de leur fabrication.

Il est possible de renforcer (ou réactiver) l'action de ces traitements en ajoutant des produits spécifiques dans les solutions de nettoyage (ex. : Eulan de Bayer).

Traitement bactéricide

Les moquettes sont un lieu de prédilection pour le développement des micro-organismes.

Lors du nettoyage, il est possible d'ajouter à la solution de nettoyage des produits bactéricides très efficaces (ex. : Eulan-Asept).

Traitement bactériostatique

Il se fait par vaporisation régulière d'un produit approprié qui empêche le développement des bactéries.

Traitement anti-acariens

Se fait par vaporisation d'une bombe aérosol spéciale directement sur la moquette, après nettoyage très soigné (aspiration, injection-extraction).

1.4. Les traitements "antitaches"

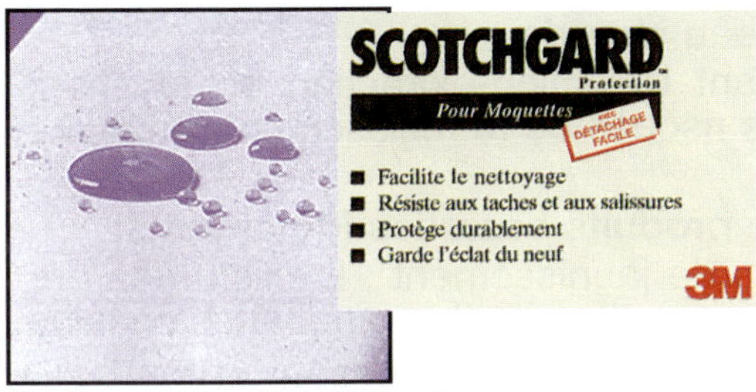

Scotchgard, (société *3M) est une marque déposée de la société Minnesota Mining & Manufacturing Company*
(*Teflon Soft*, société *Du Pont de Nemours*).

Il faut mentionner ici l'existence des procédés qui consistent à traiter préventivement les textiles de toutes sortes (et par conséquent les tapis et moquette) contre les taches et salissures sans modifier en rien l'apparence et le toucher des fibres.

Le principe de base consiste à protéger la fibre elle-même lors de sa fabrication, au moment des opérations de teinture, par imprégnation d'une résine.

Les moquettes ainsi traitées sont d'un entretien beaucoup plus facile et leur longévité est accrue.

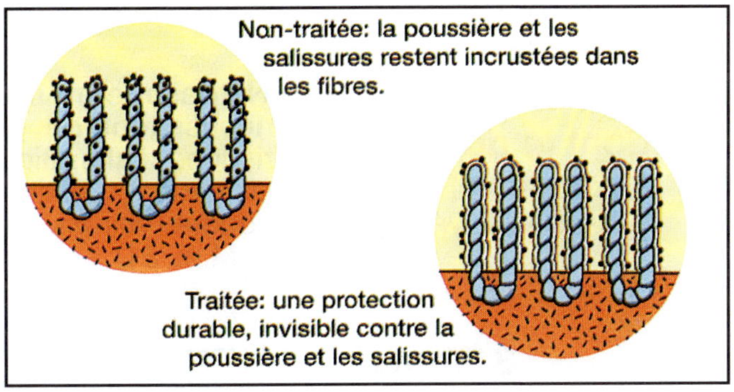

© 3M Innovation

1.5. Les domaines d'utilisation

© Bonar Floors

Les revêtements textiles procurent une bonne isolation acoustique et participent à l'isolation thermique. Pour cette raison, on les emploie dans :

- l'habitat individuel (chambres, salles de séjour),
- l'hôtellerie (emploi obligatoire dans les chambres pour répondre aux normes de classement en 2 * et plus),
- les locaux collectifs administratifs et commerciaux (bureaux, etc.).

Mais leur structure les rend particulièrement sensibles à toutes les causes de salissure et assez peu faciles à bien nettoyer. On ne peut donc pas les employer dans :

- le secteur hospitalier,
- les locaux collectifs accueillant les jeunes enfants (crèches, etc.),
- et d'une façon générale tous les endroits donnant accès direct à l'extérieur.

2. Les techniques d'entretien

2.1. Incidence des caractéristiques et propriétés

1. Moquettes en pure laine ou avec une proportion importante de laine

- **Ne pas employer d'eau chaude** (> 40°C) en pratiquant l'injection-extraction ou le shampooing, en raison des risques de rétrécissement du revêtement.
- **Ne pas employer de produits basiques (détergents)** en raison des risques de jaunissement ; Il existe des produits spécifiques pour le nettoyage des moquettes en laine.
- **Éviter l'emploi fréquent de l'aspiro-brosseur et de la monobrosse** (shampooing) en raison de la propension de ce type de revêtement à boulocher sous l'effet de l'action mécanique.

2. Moquettes dont le dossier craint l'eau (toile de jute...)

- **Ne pas mettre en œuvre de techniques de nettoyage qui nécessitent de grandes quantités d'eau** en raison des risques d'altération irréversibles du revêtement et de rétrécissement. Pratiquer la spray moquette ou le shampooing poudre (voir F.M. n°22 et 23) ou shampooing mousse sèche (F.M. n°21)

3. Tapis aiguilletés

- **Éviter de pratiquer des shampooings poudre.** En raison de la difficulté d'éliminitation de la poudre sur ce type de revêtement.

4. Moquettes murales

- **Ne pas appliquer d'autre technique d'entretien qu'un dépoussiérage par aspiration, à l'aide d'un suceur spécial. Ne jamais mouiller.** Ce type de revêtement est en effet presque toujours constitué d'une sous-couche en papier.

5. Moquettes en dalles

(Sous-couche bitume ou à sous-couche mousse)

- **N'employer les solvants organiques qu'avec précaution et toujours après avoir procédé à un essai.** En effet, la plupart des solvants attaquent et décomposent aussi bien le bitume que les sous-couches en mousse.

6. Revêtements textiles de toute nature

- Ils sont très sensibles aux taches de part leur nature même, il est donc indispensable de les détacher au fur et à mesure (voir FM n°19).

2.2. Incidence des systèmes de pose

1. Pose libre *(semi-libre)*

La moquette est simplement posée au sol avec éventuellement fixation par de l'adhésif « double face » au niveau des seuils et des plinthes.

➨ Toutes les techniques d'entretien risquent de poser problème, en raison de l'instabilité dimensionnelle du revêtement. Il faut donc procéder avec circonspection.

Techniques possibles : aspiration, aspiro-brossage, injection-extraction, shampooing poudre avec brosseuse spéciale.

Techniques déconseillées : toutes celles qui nécessitent l'emploi d'une monobrosse.

2. Pose collée

La moquette est collée au sol sur la totalité de sa superficie.

➨ Toutes les techniques d'entretien sont applicables, sous réserve bien entendu de leur bonne adéquation avec la composition textile de la moquette.

3. Pose tendue

La moquette est tendue entre les bandes d'ancrage munies de pointes et fixées le long des plinthes. Ce procédé nécessite une thibaude de feutre entre le sol et la moquette.

➨ Toutes les techniques d'entretien sont applicables, sous réserve de ne pas détremper la moquette (attention en pratiquant l'injection-extraction) à cause de la sous-couche de feutre qui pourrait absorber de grandes quantités d'eau, ainsi que du risque de rétrécissement.

Pose tendue

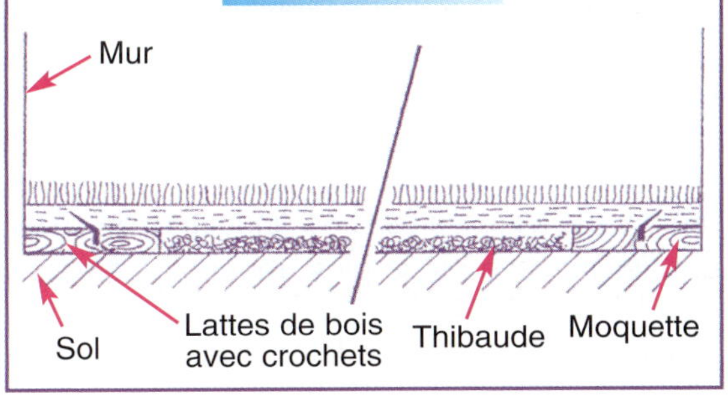

4. Pose de dalles juxtaposées

La moquette est constituée de dalles carrées ou rectangulaires qui sont juxtaposées sans le moindre jeu sur un support de planéité parfaite (ragréé au besoin).

➨ Toutes les techniques d'entretien peuvent être appliquées, sous réserve :

- que les produits employés conviennent à la nature des fibres de la moquette en dalles ;
- d'éviter les apports d'eau trop importants, afin de ne pas endommager la sous-couche «plombante».

Pour cette raison, le shampooing mousse est souvent préconisé.

5. Moquettes posées à même un parquet de bois ou une chape de ciment

La moquette est soit collée, soit posée semi-libre.

Si l'apport d'eau est trop important pendant le nettoyage, le risque existe de voir la moquette se colorer par endroit à cause de la remontée des sels de ciment ou des tanins du bois.

Il faut donc, dans ces cas-là, choisir une méthode de nettoyage apportant un minimum de liquide (voir fiches méthode n° 21, 22, 23).

Différentes techniques de fabrication des revêtements de sols textiles

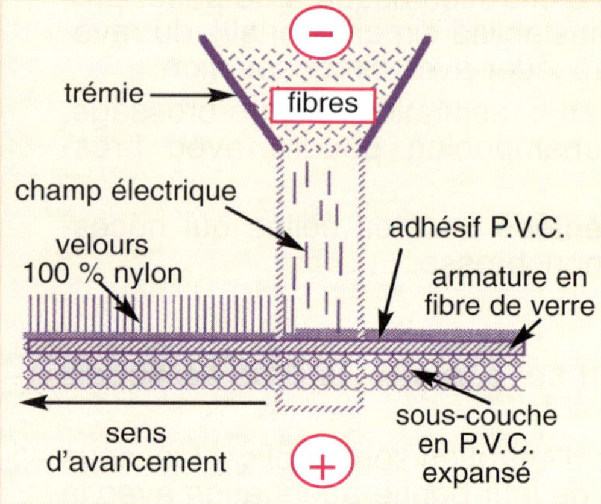

Les revêtements floqués

Le procédé de flocage électrostatique consiste à implanter par collage des fibres de nylon sur un support, en les soumettant à un champ électrique intense (100 000 V) qui les oriente toutes selon la même direction et les pique profondément dans la couche de colle.

Ce procédé confère une très grande densité au matelas fibreux.

La plupart des moquettes floquées recoivent le classement U_3, voire même U_4 moyennant certains aménagements périphériques.

Leur imperméabilité parfaite leur permet d'obtenir le classement E_2.

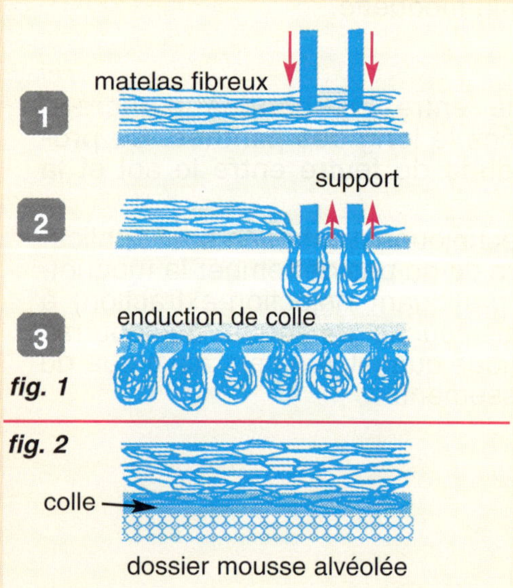

Les aiguilletés

Le principe de l'aiguilletage consiste à faire enchevêtrer inextricablement des fibres réparties en une nappe d'épaisseur régulière.

Tapis aiguilletés bouclés (Fig. 1)

L'aiguilletage se fait sur un support, qui peut être un tissage de polypropylène : les aiguilles à barbes traversent la nappe et forment des boucles, qui seront fixées par une enduction de colle sur l'envers.

Tapis aiguilletés en nappe (Fig. 2)

L'aiguilletage se fait sans support, et les fibres sont étroitement enchevêtrées par les aiguilles à barbes.

La stabilité de l'ensemble est assurée par une enduction de colle.

L'assemblage sur dossier mousse est le plus fréquent, même s'il n'est pas rigoureusement obligatoire.

La technique de l'aiguilletage est, de très loin, la plus employée dans la fabrication des revêtements textiles muraux.

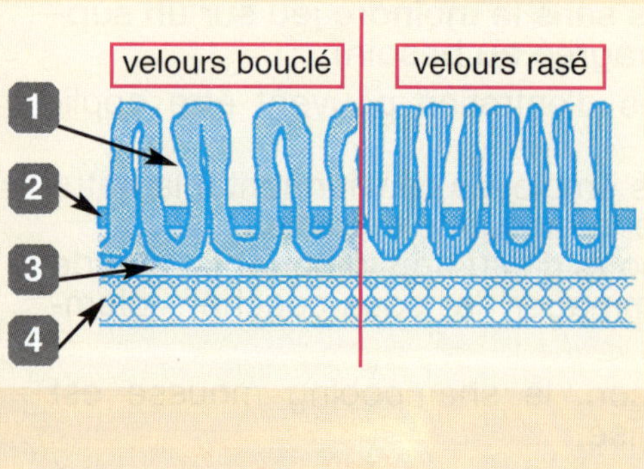

Moquettes tuftées

Les fibres constituant le velours (1) sont piquées dans un dossier (2) en polyester ou polypropylène (tissé ou non tissé) selon le principe de la machine à coudre. Après piquage, le velours ressort normalement bouclé. Le velours rasé est obtenu par découpe des fibres au moyen d'un couteau.

La fixation des fibres dans le dossier est assurée par une enduction (3) (le plus souvent du P.V.C.). Une sous-couche de mousse expansée (4) (latex, polyuréthane, P.V.C.) est généralement collée dessous pour améliorer à la fois le confort et la stabilité dimensionnelle de la moquette.

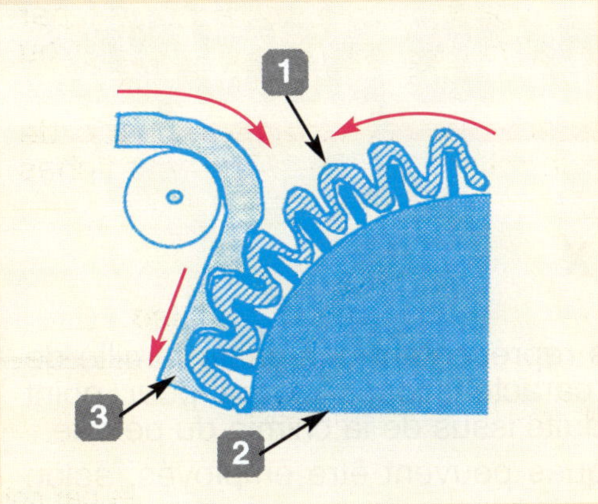

Moquettes nappées

Le velours (1) est constitué d'une nappe de fibres placée en «accordéon» sur une machine rotative (2). Simultanément, une enduction de P.V.C. (3) est collée sur la face interne de la nappe, de façon à stabiliser l'ensemble.

Pour réaliser des moquettes nappées à velours rasé, la nappe en accordéon est enduite sur les deux faces simultanément, puis un couteau sépare le tout en deux.

Ce procédé de fabrication permet d'abaisser sensiblement le prix de revient, mais ces moquettes nappées ne sont pas d'une grande résistance. Il suffit en effet de tirer sur un « fil » pour que le reste de la fibre suive, provoquant ainsi des dégâts irréparables.

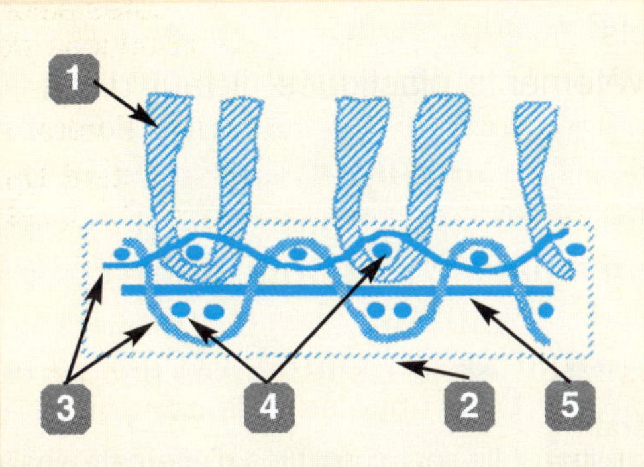

Moquettes tissées

Ce procédé, réservé aux moquettes de très belle qualité, requiert l'emploi d'un métier à tisser.

Le dossier (2) est formé de l'entrecroisement de fils de chaîne (3) et de « duite » (4), eux-mêmes ancrés sur une « chaîne de force » (5).

Le velours (1) est fixé pendant le tissage, et peut être soit bouclé, soit rasé.

La stabilité dimensionnelle des moquettes ainsi réalisées est très bonne.

II - Les revêtements plastiques

1. Présentation des matériaux

Voir fiches méthode

n°1 - 2 - 3 - 11 - 12 - 13 - 14 - 15 - 16 - 18 - 34

Technologie des matériels

- Matériel de balayage humide
- Aspirateur à poussière et mixte
- Monobrosse et accessoires
- Laveuse

Les matières plastiques représentent une vaste famille de matériaux à multiples caractéristiques, ayant pour point commun d'être des produits issus de la chimie du pétrole.

Les revêtements plastiques peuvent être employés, selon les cas :

- sur les parois,
- en habillage des sols.

Parmi les nombreux revêtements plastiques, il faut distinguer :

Les thermoplastiques

Ils se déforment sous l'effet de la chaleur ou d'une contrainte mécanique. La grande majorité de ces revêtements est constituée de PVC (polychlorure de vinyle). Les thermoplastiques sont employés dans la fabrication des revêtements de sol (en dalles ou en lés).

Exemple

Le P.V.C. est obtenu en faisant réagir l'éthylène sur du chlore, ce qui permet d'obtenir le chlorure de vinyle (= monomère). Après polymérisation de ce monomère, on obtient du polychlorure de vinyle (PVC)= résine

A cette matière première sont ajoutés divers adjuvants, en fonction des caractéristiques que l'on souhaite conférer au produit final :

- **plastifiants gras** → souplesse.. ;.
- **stabilisants** → (plomb, étain) : pour limiter les dégradations dues au vieillissement ;
- **matières de charge** → (poudre de verre, poudre d'ardoise...) : elles augmentent la résistance à l'usure et abaissent le coût de fabrication.
- **colorants** : leur emploi permet d'obtenir des revêtements très esthétiques, avec une variété particulièrement remarquable donnant d'excellents effets décoratifs.

Certains revêtements P.V.C. sont conçus pour éliminer de façon permanente les charges électrostatiques (ils sont qualifiés d'électroconducteurs). On les emploie dans les salles informatiques, dans les salles à empoussièrement contrôlé et partout où l'électricité statique peut constituer un problème.

Les thermodurcissables

Leur fabrication se fait à température élevée. Après refroidissement, ils ne sont plus déformables. Leur résistance est élevée. Ces matières plastiques sont employées dans la fabrication des stratifiés (panneaux, parois...).

Exemple

Les stratifiés sont constitués d'une superposition de feuilles de papier kraft imprégnées de résines thermodurcissables, appliquées sur un support (panneau), l'ensemble étant soumis à une forte pression sous une température élevée.

On trouve ce genre de matériau comme plans de travail, meubles, bureaux, équipements de collectivités, parois modulaires pour salles propres (en raison de leur faible taux de relargage de particules).

Exemples : *Formica, Polirey, Stratinor...* (marques déposées).

Les sols coulés encore appelés sols continus

Ils sont constitués d'une pâte épaisse qui durcit après façonnage au sol par réglage et spatulage et qui se compose de résine époxyde (liant), de matières minérales de charge et de colorants. Ce même matériau est disponible sous forme de **dalles plombantes** (30 x 30 ou 50 x 50) à poser par juxtaposition, sans collage.

Exemple

Revêtement décoratif granuleux et brillant : granulat de silices de quartz (2 à 4 mm) roulés mélangés à des résines époxydes à 2 composants, coulé uniformément sur le sol (épaisseur env. 8 mm) sans joints, avec possibilité de relevage sur les plinthes. Il existe aussi : les dalles plombantes qui se posent simplement sur support bien plan.

Exemple : *Gravicolor* (marque déposée).

Un revêtement plastique épais pour murs (intérieur et extérieur) à base de granulats de marbre et d'un liant composé de copolymères acryliques en émulsion dans l'eau.

Exemple : *Déco décor marbre* (marque déposée).

1.1. Les présentations commerciales des revêtements vinyliques

Ils se présentent soit en dalles carrées de 30 cm de côté à 80 cm de côté, soit en lés de 1 m, 1 m 50, 2 m de large pour la plupart.

Plusieurs procédés de façonnage existent :

- Le moulage à chaud et sous pression pour dalles, lés, dalles conductrices dissipatrices (UPEC U_4P_3 $E_{2/3}$ C_2).
- Le calandrage à chaud ou sous pression pour des lés ou des dalles flexibles, colorés dans la masse (UPEC $U_{3/4}$ P_3 $E_{2/3}$ C_2).
- Le calandrage doublage à chaud pour les revêtements vinyliques sur couche isolante vinyle liège (UPEC $U_{3/4}$ $P_{2/3}$ E_2 C_2).
- L'enduction pour les sols multicouches vinyliques en lés ou en dalles composés d'une couche d'usure en P.V.C. compact traité anti-encrassement (vernis polyuréthane photo réticulé, d'une armature en fibre non tissée, d'une sous couche en P.V.C. compact et expansé (voir document ci-dessous BONAR)

On trouve des vinyles sur mousse qui comportent 4 couches ; des vinyles expansés qui améliorent l'isolation phonique et des vinyles chargés de matières minérales.

1.2. Les domaines d'utilisation des revêtements plastiques

Les sols plastiques sont lisses donc faciles à dépoussiérer. Ils ne craignent pas l'eau et se prêtent donc bien à tous les types de lavage.

Par ailleurs, ils sont résistants et décoratifs. C'est pourquoi on les rencontre très souvent dans les collectivités scolaires, hospitalières, du troisième âge, dans les locaux administratifs, etc.

2. Les techniques d'entretien

2.1. Incidence des caractéristiques et propriétés

1. Les thermoplastiques

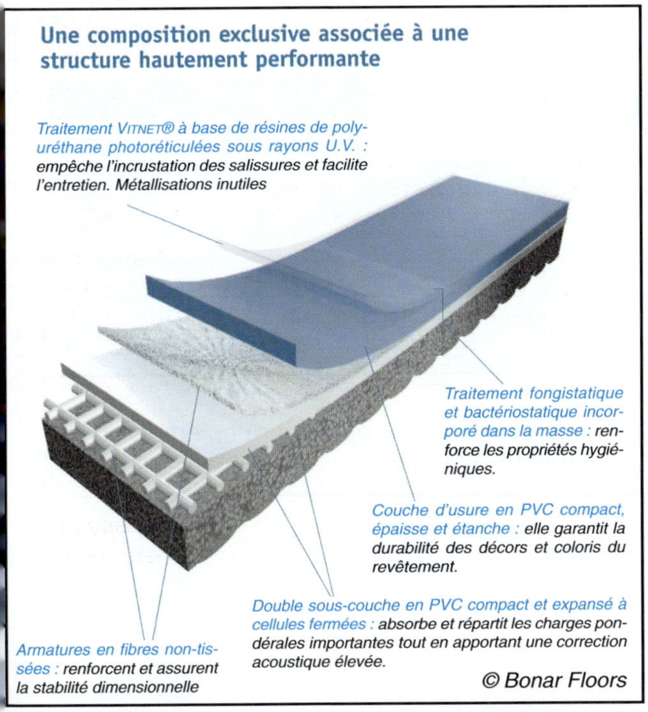

➡ Certains présentent une surface parfaitement lisse, non poreuse (couche d'usage en vinyle vitrifié).

- Ils se prêtent donc parfaitement à la technique du balayage humide.
- Ils sont faciles à désinfecter, par application de détergents désinfectants adaptés à chaque cas.

Par ailleurs, certains fabricants (ex. : Bonar et Flotex) réalisent à la demande des traitements fongistatiques et bactériostatiques (traitements «sanitized») sur certains produits de leur gamme (Chocflex).

➡ Certains présentent une surface « grainée », ou pointe de diamant

- L'entretien courant se fera donc par aspiration, suivie ou non d'un lavage manuel ou mécanisé.

Ils sont insensibles à l'eau, car parfaitement imperméables (voir aussi : incidence du système de pose)

- Cette qualité intrinsèque ne se vérifie que dans le cas des revêtements thermoplastiques posés en lés soudés (UPEC > - E_2).

Toutes les opérations de lavage sont possibles.

Les remises en état se font par décapage (thermoplastiques non vitrifiés) :

- monobrosse vitesse standard équipée en lavage, disque vert ou noir selon préconisation du fabricant,
- détergent basique dilué à 2 % à 6 % selon encrassement.

Selon les cas, ils sont sensibles ou non aux infiltrations d'eau.

- Lorsqu'ils recouvrent de vastes surfaces, sans joints, ils sont imperméables et on peut donc les laver sans craindre d'infiltrations d'eau.
- Lorsqu'ils sont posés en dalles collées, l'eau stagnante peut s'infiltrer au niveau des joints entre les dalles.

Les remises en état peuvent alors se faire par décapage à sec (thermoplastiques non vitrifiés) :

- monobrosse V.S. + disque marron,
- décapant spécifique, (cf. F.M. n° 14).

Cette méthode, qui est relativement agressive à l'égard du revêtement ne peut être appliquée qu'avec précaution.

Dans tous les cas, ces revêtements sont bien adaptés à la méthode spray

Ils sont sensibles aux solvants organiques, à certains produits chimiques.

Lors des opérations de mise en état (locaux neufs, fins de chantier), il faut être très prudent pour l'élimination des taches de colle ou de peinture : Il est conseillé d'éliminer le maximum de salissures (colle ou peinture) au moyen d'un grattoir, en veillant à ne pas provoquer de griffures ou éraflures, irréversibles sur ce genre de revêtement. On pourra ensuite procéder au détachage, en tamponnant doucement la surface à traiter avec un textile imprégné du solvant choisi.

D'une façon générale, employer seulement les produits indiqués dans le tableau de détachage ci-dessous et toujours après avoir procédé à un essai sur une zone cachée (derrière une porte par exemple) ou sur un échantillon.

Le classement C2 est décerné aux revêtements pouvant supporter couramment le contact des produits d'entretien ménagers.

TABLEAU DE DÉTACHAGE

Produits interdits	Produits autorisés	Pour éliminer...
- Trichloréthylène. - Acétone. - Benzène.	- Eau de Javel diluée, ou eau oxygénée + quelques gouttes d'ammoniaque.	Taches d'encre, de mercurochrome, vinaigre, tomate, moutarde, sang, urine, excréments...
	- Acide oxalique.	Taches de rouille.
	- Alcool, essence C, White spirit, détergents purs.	Graisses lourdes, peintures, traces de caoutchouc, stylo, corps gras alimentaires.

Cas particulier des brûlures de cigarette

Frotter légèrement au papier abrasif fin pour éliminer la partie carbonisée, puis appliquer une émulsion de protection ou quelques gouttes de soudure à froid (pour les produits à couche d'usure transparente).

Source Gerland

L'entretien courant des sols thermoplastiques se fait par la méthode spray qui permet de nettoyer tout en renouvelant le film protecteur (cf. F.M. n° 15 - 16 - 16bis - 18).

Fiche technique CHOCFLEX RESIST *LÉS*

	Lés Resist N (Normal) = U3	Lés Resist T (Trafic) = U4
Largeur	150 cm	150 cm
Longueur des pièces	30 ml env. soit 45 m²	30 ml env. soit 45 m²
Épaisseur totale	3,3 mm	3,45 mm
Épaisseur de la couche d'usure	0,62 mm	0,75 mm
Masse surfacique totale	2,745 kg/m²	2,895 kg/m²
Classement européen		
• Usage domestique élevé (23)	23	23
• Usage commercial très élevé (34)	34	34
Certification NF UPEC.A (Résistance à l'Usure, au Poinçonnement, à l'Étanchéité et aux produits Chimiques / Performances acoustiques)	U3P3E2/3C2 - △Lw17dB Unis : PV n°308-005.1.00/00 Décors : PV n°308-007.1.00/00	U4P3E2/3C2 - △Lw17dB Unis : PV n°308-006.1.00/00 Décors : PV n°308-008.1.00/00
Poinçonnement rémanent après 24h	0,07 mm	0,07 mm
Aptitude à l'emploi sous sièges à roulettes	Oui	Oui
Classement au feu	M3 - PV n°993913L	M3 - PV n°993914L
Groupe d'abrasion	T	T
Qualité acoustique N.R.A. 1995 (projet 2000)	ST 3 (ES 3)	ST 3 (ES 3)
Absorption phonique αW / 2 500 Hz	0,05 (H) / 0,13	0,05 (H) / 0,12
Antistaticité NFP62001 / 1996	Classe 2 - PV n°17503010	Classe 2 - PV n°16969010
Sols chauffants	Oui (0,037 m².K/W)	Oui (0,040 m².K/W)
Pouvoir calorifique supérieur	21628 KJ/kg	21278 KJ/kg
Stabilité dimensionnelle à la chaleur	≤ 0,40%	≤ 0,40%
Solidité des coloris à la lumière	≥ 6	≥ 6
Traitement anti-encrassement photoréticulé	VITNET ❶	VITNET ❶
Résistance aux bactéries	Traitement fongistatique et bactériostatique standard sur toutes les références	
Résistance aux produits chimiques	Voir tableau p 103	
Garantie	5 ans (sous réserve d'une pose, d'une utilisation et d'un entretien conformes aux prescriptions de Bonar Floors)	

NB : Proscrire les embouts et roulettes en caoutchouc qui entraînent un marquage indélébile par migration chimique avec tous les PVC (DTU 53-2).
Ne pas mélanger les lots.
❶ Ne pas utiliser de matériels ou produits d'entretien abrasifs qui endommagent le traitement Vitnet (voir p 103).

© Bonar Floors

Ils résistent bien à l'abrasion (usure)

- Cependant, le bel aspect du neuf ne dure pas sur les zones subissant un trafic important. Il faut donc appliquer une émulsion de protection sur les sols non vitrifiés, qui apportera en outre des qualités d'esthétique très appréciées des utilisateurs.

Certains sont conducteurs-dissipateurs d'électricité

- Il convient donc de n'appliquer sur ces revêtements que des émulsions-métallisations conductrices (en une seule couche) qui permettront la conservation de cette qualité.

Ils craignent les fortes températures

Certains revêtements sont sensibles dès 85°C.

- C'est pourquoi il faut être attentif lorsqu'on emploie des monobrosses très haute vitesse. Dans le cas contraire, des traces de surchauffe dues à la friction du disque (pad) peuvent facilement apparaître si la machine est maintenue au même endroit, même pendant un temps assez bref.

2. Les thermodurcissables *(éléments de mobilier, parois)*

Solvants d'usage domestiques : *essence de thérébentine, White spirit, essence C.*

Leur surface est parfaitement lisse

- Ils se prêtent donc parfaitement bien à la technique de l'essuyage humide.

Ils ne craignent pas les solvants d'usage domestique

Ils sont imperméables et imputrescibles

- Lavage eau + détergent.

Ils sont sensibles aux rayures et aux abrasifs, même peu agressifs

- Il faut donc éviter l'emploi des tampons à récurer (autres que les blancs), ainsi que des poudres abrasives.

3. Les sols plastiques coulés

Ils recouvrent de vastes surfaces, sans joints et sont parfaitement imperméables

- On peut donc les laver sans craindre d'infiltrations d'eau.

Ils ne craignent pas les détergents basiques

Ils sont attaqués par le trichloréthylène

- Produit interdit, car ce type de sol, par sa structure même, est difficilement réparable en cas de dégradation ponctuelle.

Ils sont tachés par les acides, même faibles (ac. acétique).

2.2. Incidence des systèmes de pose sur les techniques d'entretien

1. Les thermoplastiques

Soudure à chaud

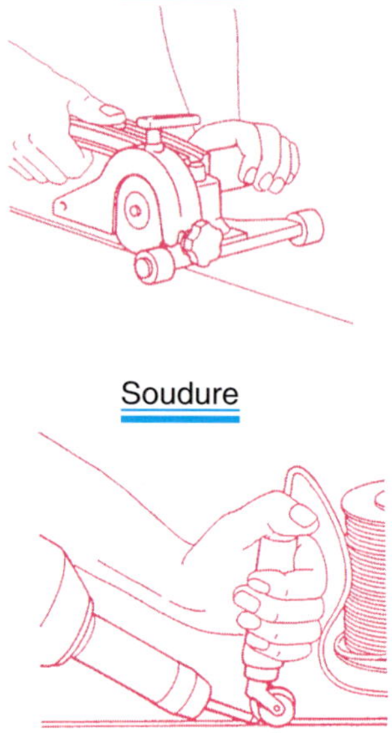

(Doc. Sommer)

Les revêtements de sol plastiques en lés collés

Ils sont généralement soudés entre chaque lé. Deux types de soudures existent :

- **par traitement à froid :** en fait, il s'agit d'un simple collage dont la stabilité dans le temps peut parfois laisser à désirer. Ce type de soudure ne peut se pratiquer que sur des matériaux obtenus par enduction. Pour les revêtements muraux, il n'y a pas d'autre possibilité ;
- **la soudure à chaud avec cordon d'apport**, procédé certainement meilleur, mais qui demande un outillage spécialisé : Après fraisage des bordures, un cordon de matériau de 4 mm de diamètre est déposé et soudé à l'aide d'un chalumeau à air chaud. La matière en excès est enlevée après refroidissement.

➡ Ainsi posés, ces revêtements ne craignent pas les infiltrations d'eau et peuvent donc subir sans dommage toutes les opérations de lavage et de décapage. Il convient cependant de faire attention si le revêtement n'est pas relevé en plinthe ou si la finition au niveau des bordures ne comprend pas de joint spécial d'étanchéité.

La soudure des lés augmente la résistance mécanique en traction et à ce titre elle permet d'obtenir le classement P_3.

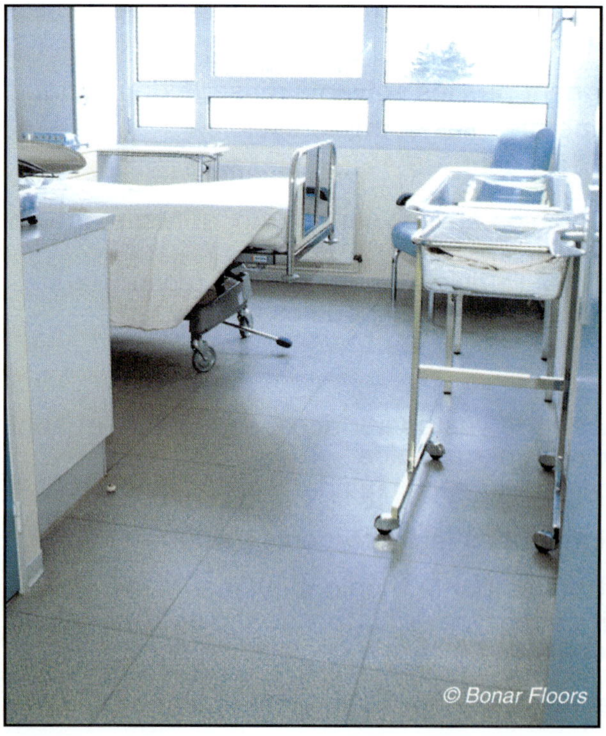

Les revêtements plastiques en dalles collées

Elles craignent, bien évidemment, les infiltrations d'eau, à moins que les dalles ne soient soudées entre elles. Selon les cas, il sera ou non possible de procéder à des lavages et à des décapages à grande eau.

Le classement E3 ne peut être obtenu que si l'étanchéité est assurée aussi bien au niveau des lés qu'au niveau des rives (le long des plinthes).

2. Les sols coulés et dalles *(type Gravicolor)*

De façon générale, ce type de revêtement craint les solvants et les acides.

Les revêtements lisses coulés

La nature même de ces sols les rend étanches et imputrescibles. Les opérations de lavage et de décapage sont donc possibles sans restrictions.

Les revêtements coulés a forte granulométrie

La surface présentant une forte discontinuité, il n'est pas possible de les entretenir en apportant de l'eau en grande quantité qui s'infiltrerait dans l'épaisseur du revêtement.

On préconise donc :

➡ **Pour l'entretien courant**

- **Aspiration.**
- **Lavage au faubert ou au balai rasant** avec détergent neutre.

➡ **Dans le cadre des nettoyages approfondis**

Injection extraction (en employant un appareil offrant une excellente valeur de dépression).

Les dalles type Gravicolor

Leur surface est discontinue, les infiltrations d'eau sont donc possibles.

➡ **Pour l'entretien courant**

- **Aspiration.**
- **Lavage au faubert ou au balai rasant** avec détergent neutre.

➡ **Dans le cadre des nettoyages approfondis**

Injection-extraction, shampouinage (brosse souple) avec shampouineuse à moquette équipée d'une lame caoutchouc au niveau du suceur.

III - Le linoléum

1. Présentation du matériau

Voir Fiches méthode
n°1 - 2 - 3 - 11 - 12 - 13 - 14 - 15 - 16 - 17- 18 - 27
Technologie des matériels
- Matériel de balayage humide.
- Aspirateur à poussière.
- Monobrosse.

Le linoléum est un revêtement de sol mince, d'odeur caractéristique (quand il est neuf et non protégé) extrêmement résistant et désormais disponible dans des présentations esthétiques et variées.

Ce matériau, après plusieurs années de quasi oubli, connaît un regain de faveur certain (marché européen estimé à 25 millions de m²/an en 1992) ce qui s'explique par les nombreuses qualités dont il peut se prévaloir.

1.1. Composition, fabrication

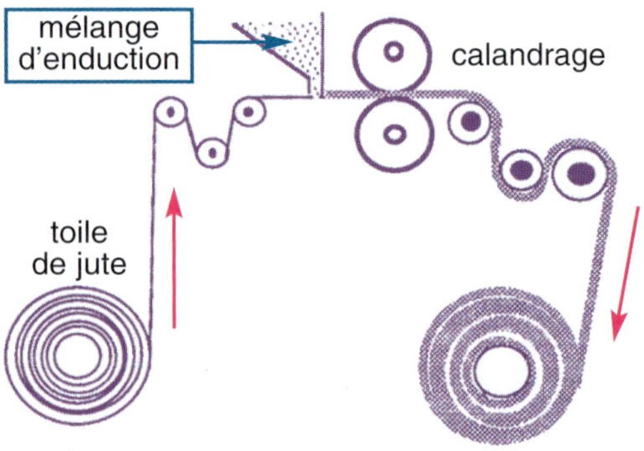

Inventé en 1862 en Angleterre, le linoléum est constitué d'un mélange de :
- huile de lin oxydée (linoxyne),
- matières de charge (poudre de liège et de bois),
- résines naturelles ou synthétiques,
- colorants.

Ce mélange est calandré à chaud et sous forte pression sur une nappe de toile de jute.

Pression et chaleur se conjuguent pour rendre le revêtement très homogène.

1.2. Les domaines d'utilisation

© Forbo Sarlino

Ce revêtement présente d'indéniables qualités :
- **forte résistance à l'usage** (et par conséquent) **longévité** : certaines réalisations sont encore en service après plus de 50 ans d'usage),
- **résistance aux brûlures de cigarette (anti-braise),**
- **facilité d'entretien,**
- **revêtement esthétique, non glissant.**

A quoi il faut ajouter des **propriétés antibactériennes** dûes à la libération lente d'acides gras volatils (naturellement bactéricides), qui le font souvent préférer à d'autres revêtements de sol en milieu hospitalier.

On va donc le rencontrer dans les lieux collectifs :
- moyens de transports (autobus, trains, bateaux),
- locaux collectifs à fortes contraintes d'usage (lycées, salles omnisports, etc.),
- secteur hospitalier,
- locaux administratifs.

1.3. Présentation commerciale

Exemple de caractéristiques de sols linoleum

Sols limoléum

	Artoleum
• Présentation	Lés
• Dimension	Larg. 2 m
• Conditionnement	30-32 ml
• Epaisseur	2,0 (Scala)-2,5 mm
• Poids total moyen	2,3 - 2,9 kg/m2
• Protection de surface	ETC
• Classement UPEC	U2sP2 et U3P3-U4P3(1)
• Spécifications NE EN	548
• Classification européenne EN 685	23/32/41-34/42
• Classement Feu	M3
PV du CSTB	n°RA97.193-1
• Performance acoustique	
• △ Lw (NF EN ISO 717-2)	6 dB
• △ L (NF S 31-053)	5dB(A)
• Propriétés électrostatiques	Antistatique-Classe1

Source Forbo Sarlino

Le linoléum se commercialise en rouleaux de largeur variable (lés de 2 à 4 m) ou en dalles de dimensions variables et de diverses épaisseurs (2 - 2,5 - 3,2 - 4 mm).

La palette des coloris proposés est très étendue et comprend de nombreux motifs (jaspé, moiré, ombré, marbré...).

2. Les techniques d'entretien

2.1. Incidence des caractéristiques et propriétés

• Le matériau devient poreux en vieillissant.

→ Application d'un bouche-pore.

• Il est sensible à l'eau de Javel.

→ Éviter l'emploi de ce produit.

• Il est sensible aux produits basiques.

→ Employer des produits spécifiques pour le linoléum (surtout pour les décapages) (ex. : WETROK RELINO).

• Il est insensible aux solvants.

→ Possibilité d'utiliser du white spirit pour éliminer les traces de chaussures.

Remarque : le linoléum est sensible au poinçonnement. Il convient donc de le protéger des meubles dont les appuis au sol sont pointus ou tranchants (employer des protections en feutre ou matière plastique).

2.2. Incidence du système de pose

Ragréage : *opération consistant à redonner au sol une surface parfaitement lisse, par apport de matière.*

Soudure à chaud :
cf. schéma p.50

Le linoléum se pose par collage (colles latex-résine synthétique en émulsions) sur supports bien plats et secs (effectuer un ragréage au besoin) et parfaitement dépoussiérés. Il est préférable de souder (à chaud) les lés entre eux pour une utilisation de type E_2 (cf. classement UPEC page 37).

➥ Toutefois, il faut éviter de laisser stagner de grandes quantités d'eau pendant les opérations de lavage ou de décapage au mouillé, afin de ne pas courir le risque de provoquer des décollements dus aux infiltrations d'eau.

IV - Le caoutchouc

Voir Fiches méthode n°1 - 2 - 3 - 11 - 12 - 13 - 14 - 15 - 16 - 18 - 28

Technologie des matériels

- Matériel de balayage humide.
- Aspirateur à poussière.
- Balayeuse aspirante.
- Monobrosse.

Le caoutchouc synthétique est fréquemment employé comme revêtement de sol, sous diverses présentations.

Ses qualités le rendent très adapté aux utilisations dans les locaux collectifs à usage intensif.

1. Présentation du matériau

1.1. Le caoutchouc naturel

Il est élaboré à partir du latex, qui est la sève de l'hévéa, arbre tropical (Indonésie, Indochine, Amazonie...). Cette sève laiteuse est une dispersion d'hydrocarbures dans une solution aqueuse de protéines, acides gras et glucides.

La fabrication du caoutchouc naturel

- Filtration du latex.
- Dilution (pour amener la concentration à 15 % de caoutchouc).
- Coagulation (par l'acide acétique ou formique).

↓

PATE DE CAOUTCHOUC (gluante)

↓

- Laminage.
- Déchiquetage.
- Lavage.

↓

CAOUTCHOUC PUR ou CRÊPE DE CAOUTCHOUC

- Séchage.
- Fumage (pour prévenir les attaques des bactéries et champignons qui provoqueraient rancissement et moisissure du crêpe).

Les caoutchoucs naturels spéciaux

Ils sont obtenus en faisant agir des produits chimiques sur du caoutchouc naturel, pour lui faire acquérir des propriétés particulières. Sous l'effet du chlore, par exemple, le caoutchouc devient plus résistant aux acides.

1.2. Les caoutchoucs synthétiques

Obtenus par polymérisation d'hydrocarbures monomères (butadiène, isoprène, isobutylène), ils présentent les mêmes caractéristiques que les caoutchoucs naturels, principalement en ce qui concerne le poly-isoprène, appelé « caoutchouc naturel synthétique ».

1.3. Présentations commerciales

Les revêtements de sol en caoutchouc peuvent se présenter :

- soit sous forme de **lés** de différentes largeurs (rouleaux obtenus industriellement par calandrage),
- soit sous forme de **dalles** de dimensions variables (500 x 500 mm à 1 000 x 1 000 mm) (obtenues par calandrage et découpe).

La surface de ces revêtements peut être soit lisse, soit à relief :

- pastillage en disques, en carrés, rectangles,
- pastillage ovale, asymétrique, etc.

L'épaisseur des « pastilles » est elle-même fort variable (1 à 3 mm).

L'épaisseur totale du revêtement varie de 2,5 à 4,5 mm (usages industriels).

Les différents fabricants proposent actuellement un choix très vaste de coloris, de pastillages ce qui rend l'intégration de ces revêtements de sol de plus en plus fréquente dans les locaux collectifs.

Attention : seuls les revêtements de caoutchouc noirs présentent une tenue correcte aux rayonnements ultraviolets directs.

1.4. Les domaines d'utilisation

La principale qualité de ce matériau est sa **trés grande résistance à l'usure, aux chocs et aux rayures**. C'est pourquoi le caoutchouc pastillé est souvent choisi pour les lieux collectifs à fort trafic (aéroports, gares, couloirs du métro...) et d'une façon générale dans les endroits où le revêtement de sol aura à supporter de très sévères contraintes, tout en apportant des qualités de confort :

- **insonorisation, souplesse à la marche, non glissance.**

A quoi il faut ajouter une très bonne résistance à la «braise» (brûlures de cigarette).

2. Les techniques d'entretien

2.1. Incidence des caractéristiques et propriétés

• Il est imperméable et imputrescible.

Le lavage mécanisé est donc possible.

• Il est sensible aux produits basiques.

Ne pas utiliser d'eau de Javel fortement dosée.

Ne pas employer de décapants autres que ceux préconisés pour le caoutchouc.

• Il est sensible aux solvants.

Ne les employer qu'avec précaution.

En cas de doute, procéder à un essai dans un endroit peu visible.

Remarque : il existe une particularité concernant les revêtements de caoutchouc neufs. La présence d'un « agent de démoulage », (enduction des matrices dans lesquelles le caoutchouc est moulé à très forte pression), rend le décapage indispensable.

A la monobrosse + brosse à récurer et avec un décapant adapté, se reporter aux instructions du fabricant du produit).

2.2. Incidence du système de pose

Le caoutchouc, en lés comme en dalles, se pose par collage sur supports secs, parfaitement plans et lisses (effectuer le ragréage si nécessaire).

Il convient d'éviter de détremper longuement les revêtements en dalles pour ne pas risquer de provoquer des décollements partiels du revêtement dus à des infiltrations d'eau.

© Antix

V - Le bois

1. Présentation du matériau

Les bois utilisés en menuiserie et dans l'habitat proviennent des troncs d'arbres feuillus ou résineux.

Bois feuillus	Bois résineux
Chêne Châtaignier Hêtre, érable Bouleau, frêne Noyer, merisier	Pin des Landes Mélèze Sapin Épicéa, pitchpin Pin d'Orégon

Voir Fiches méthode
n°1 - 2 - 16 - 17 - 26

Technologie des matériels
- Matériel de balayage humide.
- Aspirateur à poussière.
- Monobrosse.

Structure

Le bois est un matériau fibreux. Les essences dont les fibres sont fines ont une structure compacte (hêtre).

Les autres ont une structure plus lâche (peuplier par exemple).

Le « grain » est l'impression visuelle produite sur une coupe transversale :
- grain grossier : le chêne,
- grain fin : le hêtre, l'érable.

1.1. Les utilisations du bois

Le bois est employé dans la construction pour la fabrication des charpentes et des planchers (gros œuvre), des lambris et des parquets (second œuvre), ainsi que les huisseries (portes et fenêtres).

En ce qui concerne le second œuvre, c'est surtout au niveau des sols que ce matériau est employé. Après une assez longue période d'abandon, les revêtements de sol en bois connaissent de nouveau la faveur des constructeurs (habitat individuel, lieux destinés à accueillir le public : locaux commerciaux, musées, salles omnisports).

Plus qu'un phénomène de mode, il faut voir là une reconnaissance des qualités de ce matériau qui est à la fois sain (car d'entretien facile, ce qui n'est pas le cas des sols textiles), esthétique, confortable et durable.

Ses deux inconvénients majeurs sont d'une part le fait qu'il coûte relativement cher à l'achat (mais pas plus cependant que certaines moquettes), et d'autre part qu'il est inflammable (classement au feu : M_5).

1. Les lambris

Ce sont des revêtements muraux constitués de bois.

Dans l'habitat ancien, il n'est pas rare de rencontrer les murs entièrement lambrissés. Ces parois peuvent faire l'objet de rénovations complètes.

Dans l'habitat moderne, il s'agit surtout de frisette posée sur les murs ou au plafond.

2. Les parquets

Différents types d'assemblage des parquets

A l'anglaise-à joints perdus

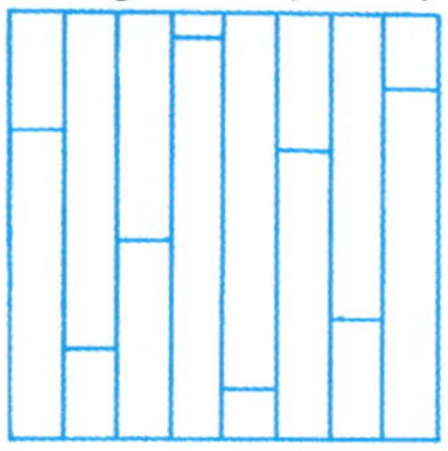

A point de hongrie

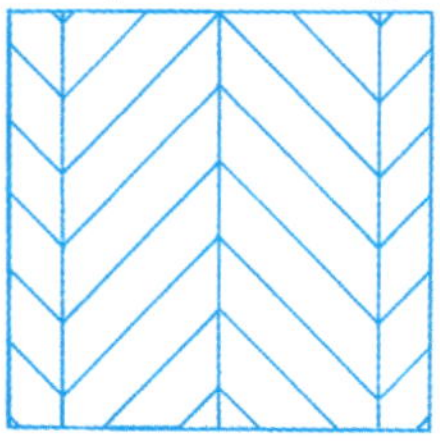

A baton rompu

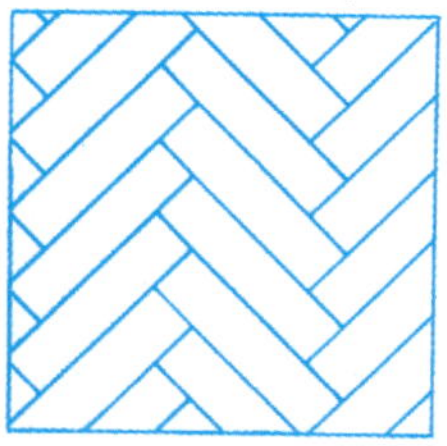

Joints réguliers ou coupe de pierre

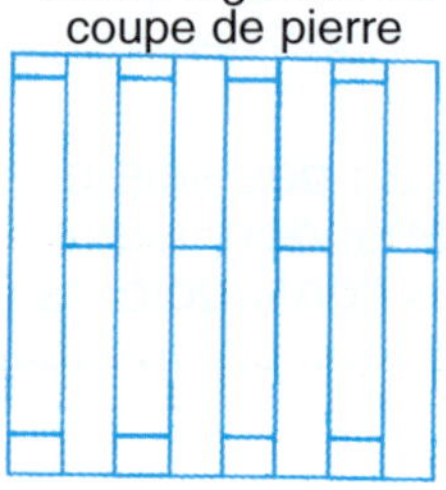

Définition et dispositions courantes

Les parquets sont constitués de lames de bois juxtaposées qui peuvent être assemblées de différentes manières de façon à obtenir des motifs décoratifs (voir illustrations ci-contre).

Parquets massifs

Ils sont constitués de lames de bois massif dont l'épaisseur n'est jamais inférieure à 30 mm. Chaque lame est encochée d'un côté et présente une languette de l'autre ce qui permet l'emboîtement ainsi que le clouage invisible, lame par lame.

Parquets préfabriqués

Ils sont constitués d'un assemblage (par collage sous pression) de plusieurs couches de bois (3 le plus souvent). Le principe retenu est toujours le même et consiste à associer une couche dite « d'usure » en bois noble à plusieurs sous-couches, en croisant à chaque fois le sens des fibres pour augmenter les qualités de résistance mécanique et de stabilité de l'ensemble.

La couche d'usure est parfaitement poncée et vernie en usine (jusqu'à 10 couches).

On trouve actuellement sur le marché une grande variété de produits de ce genre. La diversité porte sur différents points :

- nature de la couche d'usure : presque toutes les essences de bois sont employées,
- épaisseur de la couche d'usure : elle peut varier de 4 à 8 mm. Il faut ici remarquer que seuls les parquets dont la couche d'usure est assez épaisse pourront faire l'objet d'un surfaçage ultérieur,
- nombre et nature des sous-couches : certains produits bon marché sont simplement constitués d'une sous-couche en bois aggloméré.

LES ESSENCES UTILISÉES DANS LA FABRICATION DES PARQUETS

Quel que soit le type de parquet (massif ou préfabriqué) la plupart des essences citées au début du chapitre peuvent être employées, y compris les bois exotiques (teck, merbau, angélique...).

1.2. Caractéristiques et propriétés du bois

1. Dureté

Dureté de bois

ESSENCE	COEFFICIENT BRINELL* BILLE DE 10 MM
Angelique, *Dicorynia guianensis Amsh.*	5,0
Orme, *Ulmus glabra Huds.*	3,1
Frêne, *Fraxinus excelsior L.*	4,0
Hêtre, *Fagus Silvatica.*	3,8
Bouleau, *Betula verrucosa Ehrh.* *Betula pubescens Ehrh.*	2,6
Chêne Fumé, *Quercus cerris L.*	5,6
Chêne suédois, *Quercus robur L.*	3,7
Pin, *Pinus silvestris L.*	1,6
Sapin, *Picea abies (L.) Karsten.*	1,3
Érable canadien, *Acer saccharum Marsch.*	4,8
Iroko kambala, *Chlorphora excelsa Benth.*	3,5
Merbau, *Intsia bijuga o. Ktze.*	4,9
Mutenye, *Guibourtia arnoldiena J.L.*	5,0
Panga Panga, *Milletia stuhlmanii Toub.*	5,6

Plus un bois est dur et mieux il résiste aux rayures, aux chocs d'impact et au poinçonnement. Cette caractéristique est particulièrement importante dans le choix d'un parquet : pour les lieux de fort trafic, il faudra choisir des essences dures et résistantes. On distingue :

- les bois durs : chêne, érable, frêne, hêtre ;
- les bois mi-durs : cerisier, noyer (ameublement) bouleau, orme, châtaignier ;
- les bois tendres : l'épicéa, le pin, le sapin, le mélèze.

La dureté peut être mesurée par le « coefficient Brinell » (voir tableau ci-contre).

2. Pouvoir absorbant et porosité

Il s'agit d'un matériau poreux et perméable qui absorbe l'humidité de l'air ainsi que l'eau. Il peut donc soit gonfler, en présence d'eau, soit se rétracter en cas de sécheresse excessive.

Cette propriété de retenir l'humidité présente un côté intéressant : les parquets et lambris, par leur seule présence dans un local, participent à la régulation du taux d'hygrométrie ambiante.

Le bois étant très sensible aux taches, il est indispensable de le protéger (vitrification, etc.). Voir fiche sur les méthodes de protection (cf. FM n°15 - 16- 17 - 26).

3. Sur le plan de l'hygiène

A partir du moment où il a été posé de façon correcte (absence de joints importants) et s'il a été bien protégé (vitrification), le bois est considéré comme un revêtement de sol sain car il est facile à entretenir et il ne retient pas les poussières.

1.3. Différents systèmes de pose

1. La pose clouée

Elle peut se faire sur solives, sur lambourdes scellées.

La pose clouée est le plus souvent réservée aux parquets massifs mais les parquets préfabriqués peuvent eux aussi être posés ainsi, à condition toutefois d'être suffisamment épais (22 mm au moins). Chaque lame est emboîtée dans la précédente et une pointe est placée au niveau de chaque lambourde.

Parquet mosaïque collé

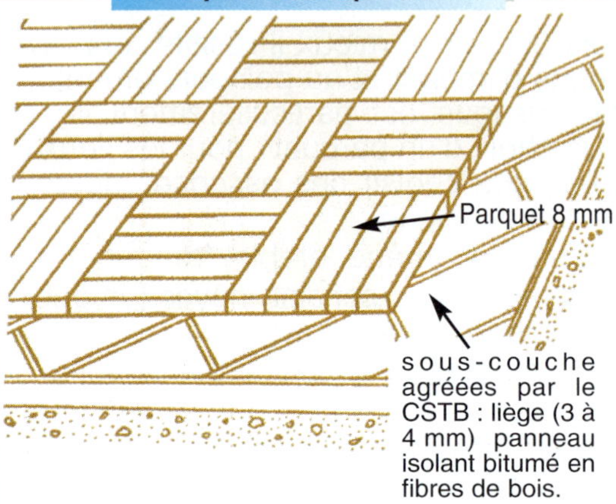

2. La pose collée

Ce sont surtout les « parquets en dalles » qui sont ainsi posés. Le support doit être parfaitement plan ce qui suppose le plus souvent un ragréage. L'encollage peut se faire « en plein » (enduction de colle sur toute la surface) ou en « cordon ». Les éléments sont emboîtés les uns dans les autres.

Pose flottante

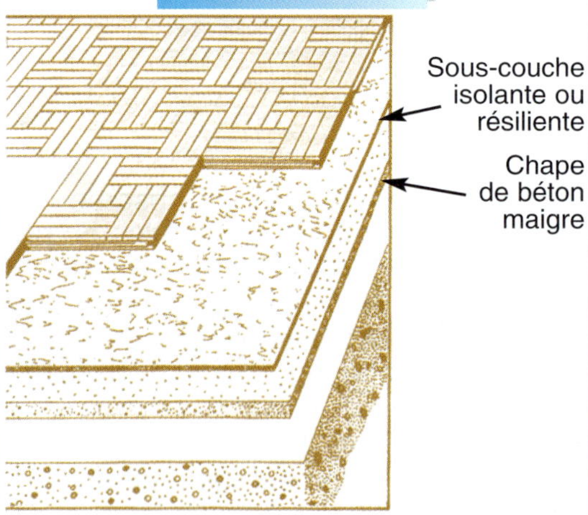

3. La pose flottante

Ce système de pose exige la présence d'une sous-couche, dite « résiliente », consituée soit de papier goudronné, de phaltex, de nappe de feutre. Sauf dans les cas de sols très irréguliers, cette sous-couche rend le ragréage inutile. On peut aussi poser sur une ancienne moquette ou tapis aiguilleté (à nettoyer au préalable).

Les lames ou dalles sont simplement collées entre elles et emboîtées les unes dans les autres au fur et à mesure de la pose (chaque lame comporte une rainure et une languette).

Un joint de dilatation de 8 mm environ doit être ménagé sur tout le pourtour de la pièce. Ce joint est dissimulé soit par une baguette de finition, soit par une plinthe.

2. Les techniques d'entretien

2.1. Incidence des caractéristiques et propriétés

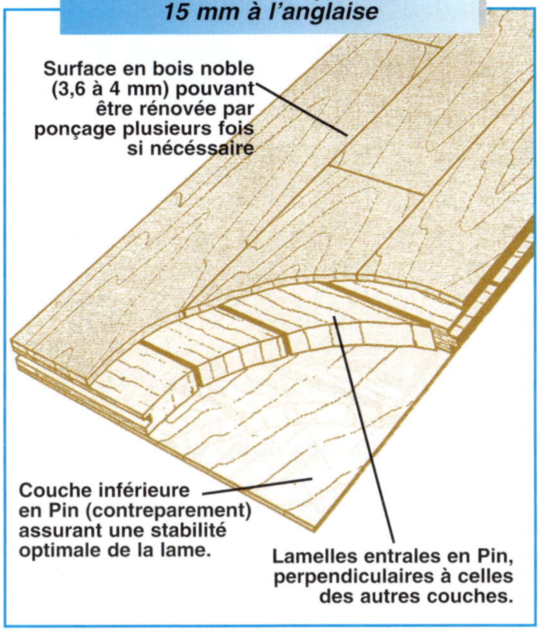

Parquet préfabriqué Schéma de construction des modèles d'épaisseur 15 mm à l'anglaise

Dureté

Le bois est, quelle que soit son essence, un matériau suffisamment tendre pour permettre le surfaçage (voir F.M. n°26). Ceci rend possible la remise en état des parquets abîmés par un usage intense ou peu précautionneux.

Mais affleurage ou surfaçage reviennent à diminuer l'épaisseur totale du parquet par abrasion de la couche superficielle (dite également « couche d'usure »).

Il faut donc, avant de décider de pratiquer une remise en état, s'assurer de la nature exacte du parquet :

→ parquet genre « **massif** », **en pose clouée : ponçage et surfaçage** possibles sans restrictions.

→ parquet **préfabriqué, en pose clouée**
→ parquet **préfabriqué, en pose collée**
→ parquet **préfabriqué en pose flottante**

} **Surfaçage possible** si l'épaisseur de la couche d'usure est au moins égale à 5 mm. Cette opération ne peut être renouvelée que dans la mesure où l'épaisseur de la « couche d'usure » restante le permet.

2.2. Porosité et pouvoir absorbant

La très grande porosité de ce matériau le rend particulièrement fragile, puisque même l'eau peut le tacher (en provoquant la migration des tanins dans la masse).

Il est donc très important de le protéger. Différentes techniques existent :

- **cire à chaud,**
- **cire liquide,**
- **pose d'une émulsion de protection, avec ou sans bouche-porage préalable,**
- **cire à froid,**
- **Vernissage** (vitrification).

(Pour plus de détails, se reporter aux fiches méthode n°16 - 17- 26).

VI - Le Verre

Voir fiches méthode
n°4 - 5

Technologie des matériels

- Le matériel d'entretien de la vitrerie.

Dans les métiers du nettoyage, l'entretien des surfaces en verre occupe une place de plus en plus importante en raison du nombre toujours croissant d'édifices dont les façades sont revêtues de ce matériau, soit partiellement, soit en totalité.

1. Présentation du matériau

© Bonar Floors

Le verre est obtenu par fusion à haute température (1 400°C) d'un mélange de :

- 72 % de « vitrifiants » (sables siliceux), constituant la matière première,
- 14% de fondants (carbonate de sodium, sulfate de sodium),
- 14% d'éléments stabilisants (magnésie, alumine, carbonate de chaux) dont le rôle est d'accroître la résistance du verre aux agents chimiques (notamment aux produits basiques).

Lorsque la **fusion** est réalisée, le chauffage est prolongé afin d'obtenir l'élimination complète des bulles de gaz que peut renfermer la pâte.

Plusieurs techniques de « **formage** » (mise en forme) des verres plats existent :

Etirage

Une feuille de verre est tirée verticalement et de façon continue du bain de verre en fusion. On obtient alors une plaque de verre fin et transparent. C'est ainsi qu'est le plus souvent fabriqué le verre à vitres ordinaire.

Laminage

La pâte de verre est dirigée entre deux rouleaux qui la façonnent à l'épaisseur voulue. On obtient ainsi le verre « coulé » qui est translucide mais non transparent car sa planéité est imparfaite.

C'est par laminage que sont obtenus les verres dits « spéciaux » (imprimés, à relief, verres « cathédrale »...)

FLOTTAGE

__Procédé de la trempe :__
le verre ordinaire est réchauffé à 750°C puis brusquement refroidi par des jets d'air à 20°C.

La pâte de verre en fusion est coulée sur la surface d'un bain d'étain en fusion.

Le matériau se stabilise, du fait de son propre poids, en une feuille de planéité parfaite et d'épaisseur régulière.

C'est par flottage que sont obtenus les glaces et vitrages d'épaisseur importante.

Un refroidissement trop rapide et mal contrôlé peut rendre le verre très fragile. Pour éviter cet inconvénient, on procède à la « **recuisson** » du verre, en le portant à une température de 500°C environ. Par la suite, le refroidissement se fait dans un tunnel spécial où la température est très précisément régulée.

La « **trempe** » est un procédé thermique qui permet d'obtenir des verres spéciaux (« Sécurit », « Duralex », etc.). Ces verres présentent des qualités particulières de solidité, élasticité, rupture sous forme de fragments non coupants, etc.

2. Caractéristiques et propriétés Incidence sur les techniques d'entretien

• Le verre est imperméable, non poreux et parfaitement imputrescible

Son entretien peut donc se faire par lavage (cf. Fiche méthode n°4).

• Le verre est transparent (sauf les verres à relief)

Les traces de nettoyage et coulures sont donc très apparentes et la technique de nettoyage doit donc être parfaitement maîtrisée.

• Bien que très dur, le verre est rayé par de nombreux matériaux

Dans les opérations de nettoyage, il faut donc éviter d'employer les abrasifs usuels (tampons à récurer...) et leur préférer les lames de rasoir (montées sur support spécial) pour décoller en raclant les salissures adhérentes. Ces lames sont à employer avec méthode et précaution car elles peuvent aussi rayer les vitres.

• Le verre est pratiquement inattaquable et inaltérable

Il ne craint que l'acide fluorhydrique.

Il est donc possible d'employer de nombreux solvants pour l'élimination des traces de colle, taches de peinture et autres souillures de diverses origines sans risquer d'endommager le support.

• Le verre est fragile

Il se brise dès que la limite de résistance est atteinte. Il convient de tenir compte de cette fragilité dans les opérations d'entretien.

VII - Les produits céramiques

Voir fiches méthode
n°1 - 2 - 3 - 8 - 9 - 11 - 12 - 15- 16 - 18

Technologie des matériels
- Matériel de dépoussiérage.
- Aspirateur poussière et mixte.
- Monobrosse, laveuse, canon à mousse.
- Nettoyeur haute pression.

Il s'agit d'une famille de revêtements de sol et de parois durs, homogènes, lisses ou non et dont le point commun est d'être tous fabriqué à base de terre (argile).

1. Présentation des matériaux

Cette famille se subdivise en plusieurs matériaux de fabrication et de caractéristiques très différentes :

CÉRAMIQUES

Terres cuites	Faïences	Grès
Pour les sols : - tomettes, dalles. Autres emplois : - tuiles, briques...	Carrelages muraux. Autre emploi : vaisselle	Carrelages de sol, grès cérame, grès émaillés, grès polis Appareils sanitaires.

Les produits céramiques changent de nom, de caractéristiques et de dureté selon l'origine des argiles dont ils sont constitués, en fonction du type de fondant employé dans leur fabrication et de la température de cuisson.

1.1. Les différents composants

1. Les argiles
(matières premières)

Elles sont extraites du sol où on les trouve en abondance dans les terrains sédimentaires. On distingue :

- les argiles calcaires ou argiles grasses, encore appelées marnes,
- les argiles riches en mica et quartz ou argiles vitrifiables, encore appelées argiles à grès,
- le kaolin, argile blanche et très pure avec lequel on fabrique les porcelaines uniquement.

© Saloni cerámica

2. Les dégraissants

Ce sont des adjuvants dont le rôle est d'empêcher le fendillement lors de la dessiccation de la pâte (séchage).

3. Les fondants *(feldspath et calcaires)*

Ils fondent à haute température et confèrent à la pâte sa résistance et sa dureté.

L'émaillage et la coloration sont le résultat de la fusion à très haute température (+ de 1 000°C) d'un mélange de **vitrifiant** (silice + acide borique), de **fondant** (soude, potasse, plomb) et de **colorant(s)** (oxydes métalliques).

1.2. Les caractéristiques des produits céramiques

1. Les terres cuites

Elles peuvent être mates ou vernissées en surface, se présenter sous forme de pavés ou de carreaux (tomettes), employés comme revêtements de sol.

Élaborées à partir d'argile rouge (argiles dites « calcaires » ; marnes ou argiles « grasses »), elles sont cuites à des températures comprises entre 800 et 1 000°C. Elles sont poreuses et sensibles au gel, elles se tachent et se brisent facilement. Il faut citer ici les terres cuites émaillées ou grésées qui sont cuites à température plus élevée (1 000° à 1 100°C) ce qui les rend moins poreuses, plus résistantes au choc comme à l'abrasion.

• **Identification**

Apparence rustique, surface irrégulière, aspect flammé, cassure poreuse.

2. Les faïences

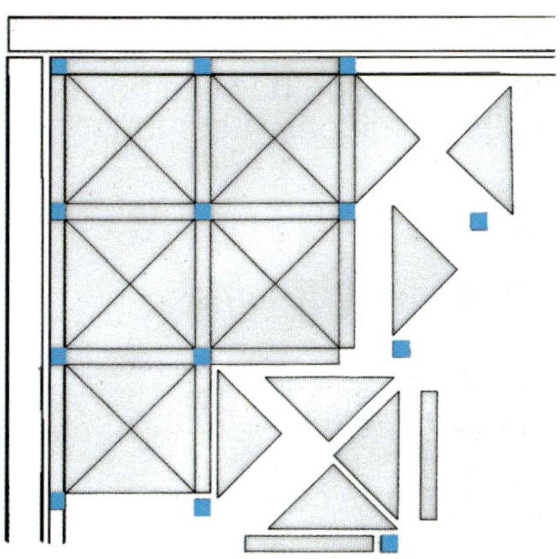

Il s'agit de terres cuites recouvertes d'un émail afin d'en vitrifier la surface pour les rendre parfaitement imperméables et insensibles à la plupart des produits chimiques (acides et basiques).

Elles sont très sensibles aux chocs ainsi qu'aux abrasifs durs.

Élaborées à partir d'argile calcaire, elles subissent deux cuissons : la première à 800°C et la deuxième à 1 000°C environ pour assurer l'émaillage.

Les carreaux de faïence sont essentiellement employés pour le revêtement des murs et parois dans les pièces « humides ».

• **Identification**

Surface lisse et brillante, cassure poreuse et très coupante au niveau de la couche émaillée.

3. Les grès

Grès cérames

Ils sont constitués d'un mélange d'argile vitrifiable (riches en mica et en quartz) et de fondant, avec éventuellement un colorant (oxyde métallique). La pâte ainsi obtenue est pressée ou étirée et cuite à température élevée (1 250 à 1 380°C).

Les éléments (carreaux) ainsi obtenus sont d'une parfaite régularité, d'une extrême dureté (plus que l'acier) et d'une très grande résistance à l'usure (abrasion) ainsi qu'à la corrosion.

Leur très faible porosité les rend non gélifs.

- **Identification**

Surface extrêmement dure, parfois conçue pour être antidérapante, aspect plutôt mat, cassure d'apparence uniforme, non poreuse car vitrifiée dans la masse. La couleur de la surface est identique à celle de l'intérieur du carreau.

Grès émaillés

Ce sont des grès cérames recouverts d'un émail opaque et coloré ce qui permet d'obtenir tous les effets décoratifs par la très grande variété des couleurs qu'il est possible d'employer.

Leur surface émaillée les rend sensibles à l'usure (abrasion).

- **Identification**

Surface brillante ou satinée, cassure d'apparence uniforme, non poreuse, car vitrifiée dans la masse.

Grès polis

Ce sont des grès cérames de haute qualité, façonnés en carreaux de dimensions souvent importantes (de 20 cm x 20 cm à 50 cm x 50 cm), et polis mécaniquement en usine, en fin de fabrication, de façon à leur conférer une surface parfaitement lisse et brillante. La résistance à l'usure est très importante.

- **Identification**

Surface très brillante (polie « miroir »), cassure d'apparence uniforme, non poreuse, de même couleur que la surface.

1.3. Les domaines d'utilisation des produits céramiques

Les revêtements à base de produits céramiques présentent une parfaite résistance à l'eau et une excellente résistance aux produits chimiques. Leur longévité est remarquable.

A l'exception des carreaux de faïence, la résistance des céramiques à l'abrasion (usure) est excellente.

Ceci explique le classement UPEC qui leur est généralement décerné : $U_{(3/4)}$ $P_{(2/3)}$ E_3 C_2.

On va donc rencontrer ces revêtements dans :
- les pièces humides : cuisines collectives ou privées, salles de bains,
- les piscines, établissements de thermalisme,...
- les lieux de fort passage : halls d'entrée, couloirs, centres commerciaux,...
- les ateliers de fabrication, usines, entrepôts,...

La très grande diversité des produits céramiques présents sur le marché permet d'adapter au mieux le revêtement choisi en fonction des contraintes spécifiques du local.

2. Les techniques d'entretien

2.1. Incidence des caractéristiques et propriétés

1. Les terres cuites ordinaires

- **Elles sont poreuses**

Cela les rend particulièrement sensibles aux taches (huiles, graisses, liquides alimentaires divers, produits chimiques : acides, bases, solvants,...).
Il faut donc les protéger (Cf. F.M. n°15, 16-16 bis) afin de les rendre imperméables et de faciliter les opérations d'entretien (dépoussiérage, lavage manuel ou mécanisé, méthode spray).

2. Les terres cuites émaillées et faïences

- **Elles sont parfaitement imperméables mais sensibles aux abrasifs durs.**

La seule précaution consiste donc à éviter l'emploi, lors des opérations d'entretien de pads abrasifs trop agressifs. Attention également lors de l'emploi de poudres ou crèmes à récurer. A cette réserve près, toutes les méthodes de lavage sont possibles.

3. Les grès

- **Ce sont des matériaux extrêmement résistants et d'une porosité quasiment nulle.** Classement UPEC : U_4 P_3 E_3 C_2.

Ils ne posent donc aucun problème particulier d'entretien, acceptent toutes les méthodes de nettoyage, tous les produits d'emploi courant.
Les grès sont des revêtements qui présentent une grande résistance aux taches.
Malgré cela, certaines substances ont un pouvoir d'adhérence élevé et doivent donc être éliminées sans attendre. Dans certains cas, le chiffon humide ne suffit pas et il faut donc recourir à des procédés mieux adaptés aux salissures :

Taches grasses - produits à base de cire	Produits de détachage
- huiles usagées, graisses de lubrification . .	- térébenthine, trichloréthylène.
- cirages foncés	- benzine, térébenthine, white spirit.
- rouge à lèvres.	- térébenthine, white spirit.
Taches rebelles	**Produits de détachage**
- encre.	- white spirit.
- crayon feutre soluble dans l'eau.	- eau + poudre à récurer.
- crayon feutre non soluble dans l'eau	- térébenthine.
- traces de rouille.	- produit à base d'acide phosphorique.
- goudron, bitume, traces de caoutchouc . .	- acétone, chlorure de méthyl.
- iode.	- ammoniaque dilué.
- sang	- eau oxygénée, eau de Javel.
- café, thé, taches alimentaires diverses. . .	- lavage avec détergent neutre + eau chaude, puis eau de Javel diluée.
- éosine, mercurochrome	- solution diluée d'eau de Javel.

(Sources : Royal Mosa Nederlands et Cerdisa Spa Italy)

2.2. Incidence des systèmes de pose

Tous les revêtements céramiques, de sol comme de paroi, se présentent sous forme d'éléments ou carreaux dont les dimensions peuvent varier considérablement (de 15 mm x 15 mm à 500 mm x 500 mm, ou même davantage). Plusieurs systèmes de pose sont possibles, en fonction de la nature des revêtements, de celle des supports et des contraintes techniques inhérentes à chaque chantier :

- pose sur chape « molle » de mortier,
- pose collée au mortier colle sur sols anciens,
- pose des carrelages muraux au mortier fin,
- pose murale avec colle spécifique selon les supports.

Quel que soit le système de pose mis en œuvre, les éléments ne sont jamais juxtaposés sans que soit ménagé un espace entre eux dont la largeur est de quelques millimètres. Cet interstice est obturé au moyen d'une pâte spéciale à base de ciment ou dans certains cas avec de la « barbotine » de ciment pur : les joints.

Ces joints sont le point de fragilité essentiel des revêtements en matériaux céramiques.

Du fait de la parfaite résistance à l'eau des grès, toutes les méthodes de lavage et de récurage, manuelles ou mécanisées, peuvent être appliquées.

Il faut cependant signaler ici deux restrictions :

1) l'usage régulier de l'aspirateur à eau finit, à la longue, par venir à bout des joints les mieux exécutés et les arrache.
2) le nettoyage à la haute pression est à utiliser avec précaution en raison de la grande force hydrodynamique déployée dans ce procédé qui attaque très rapidement les joints des surfaces carrelées dès lors que la pression dépasse 50 à 60 kg/cm^2. Il est évident que l'altération des joints est de nature à favoriser l'apparition de biocontaminations multiples contre lesquelles il est fort difficile de lutter. Dans ses recommandations concernant l'entretien des cuisines et locaux de fabrication agro-alimentaires, la direction des Services Vétérinaires souligne cet inconvénient et préconise de préférer le nettoyage au canon à mousse plus efficace et moins agressif pour les supports (cf. F.M. n°8).

VIII - Le ciment

1. Présentation du matériau

Voir fiches méthode
n°1 - 2 - 3 - 11 - 12 -15 - 16 - 25

Technologie des matériels
- Aspirateur à poussière.
- Aspirateur mixte.
- Laveuse.
- Monobrosse.

Les ciments, encore appelés « liants hydrauliques » sont des poudres très fines constitués principalement de silicates et aluminates de chaux, de calcaire, de fer. Le ciment réagit au contact de l'eau en durcissant. Il est usuellement employé en mélange avec d'autres éléments : sable de granulométrie variable, graviers, autres agrégats :

Dénomination	Composition	Utilisations, applications
Mortier	1/3 ciment, 2/3 sable, eau (la finesse du mortier dépend de la granulométrie du sable employé).	- Scellements. - Enduits de parois. - Finition des chapes en béton.
Béton	Mortier + agrégats (les agrégats, en général du gravier, ont une granulométrie comprise entre 6 et 70 mm, selon les usages auxquels le béton est destiné).	- Grosses fondations, travaux de gros œuvre, poutres, chaînages,... - Béton banché (coulé entre les plaques) pour la construction des murs porteurs. - Dalles et chapes.

Les revêtements de sol à base de ciment peuvent se présenter de plusieurs façons :
- **enduit lisse de finition** « taloché », « bouchardé », « glacé » ou « calandré »,
- **carreaux** (ou « planelles ») de ciment,
- **béton « lavé »** (dalles dans lesquelles sont incorporés des gravillons),
- **béton durci ou blindé** (encore appelé « **polybéton** »), qui comprend des inclusions de diverses pierres (quartz, basalte, granit, etc), des colorants et des résines durcisseuses.

Où touve-t-on ce type de sol ?

Essentiellement dans les entrepôts, halls de fabrication, usines, garages pour les enduits de finition au mortier et pour les planelles (éléments préfabriqués).

Le béton lavé sous forme de dalles (de 30 x 30 à 60 x 60) est souvent mis en œuvre dans la finition des terrasses et abords de bâtiments.

Le béton blindé est employé dans les locaux industriels à fort trafic et contraintes sévères de roulement car sa résistance est importante. On peut aussi le trouver dans les locaux commerciaux (surfaces de vente) car il peut être teinté à volonté et permettre ainsi de réaliser à peu de frais des effets décoratifs intéressants.

2. Les techniques d'entretien

2.1. Incidence des caractéristiques et propriétés

1. Les enduits lisses de mortier carreaux de ciment

- **Ces sols génèrent de la poussière très fine**

Il faut les « stabiliser ». La méthode par fluosilicatation est recommandée (Cf. Fiche méthode n° 25).

Après cette opération , on peut appliquer une protection par imprégnation ou « bouche-porage » (Cf. F.M. n° 15).

2. Le béton lavé

- **Après la pose, un voile de ciment apparaît en surface**

A éliminer par le passage d'un produit acide suivi d'une neutralisation avec un produit basique.

- **La surface est inégale et par conséquent se prête mal aux techniques d'entretien**

Appliquer 2 couches d'émulsion acrylique à l'aide d'un rouleau spécial.

Renouveler l'application de l'émulsion aussi souvent que nécessaire.

- **Ce type de sol ne craint pas l'eau**

Pratiquer des lavages mécanisés réguliers (monobrosse, laveuse).

3. Le béton durci ou polybéton

- **La finition de ces sols les rend lisses**

On peut appliquer en surface une protection par une ou deux couches d'émulsion autobrillante.

L'entretien peut alors se faire par simple balayage humide.

Lavage manuel ou lavage mécanisé.

2.2. Incidence du système de pose

Tous les sols en ciment sont posés par coulage (à l'exception des planelles ou dalles de ciment qui sont posées comme des carrelages, le plus souvent sur chape molle). Par nature, ces revêtements ne craignent pas l'eau. Aucune incidence sur les techniques d'entretien n'est donc à signaler.

IX - L'asphalte

1. Présentation du matériau

Voir fiches méthode
n°1 - 2 - 3 - 11 - 12 - 29
Technologie des matériels
- Matériel de balayage humide.
- Aspirateur à poussière.
- Balayeuse aspirante.
- Monobrosse.

L'asphalte est un matériau naturel, de la famille des bitumes (hydrocarbures), que l'on extrait par chauffage de certaines roches sédimentaires (bitumes naturels).

Les bitumes artificiels sont des résidus de la distillation du pétrole brut.

Dans les bâtiments, les sols en asphalte peuvent se présenter sous deux formes :

Asphalte coulé

Étendu à chaud, il durcit en refroidissant. Son faible prix de revient le fait choisir pour les vastes entrepôts, les parkings...

Il est parfois coloré avec des colorants minéraux.

Il peut être additionné de matières de charge minérales (sable, fins graviers...) ou végétales (débris de bois...).

Dalles d'asphalte

Épaisses (20 à 30 mm), elles sont moulées ou calandrées sous forte pression puis découpées.

Elles sont posées par juxtaposition, sans joints et parfois traitées dès l'origine pour résister aux huiles. Plus coûteuses que l'asphalte coulé, elles peuvent être remplacées individuellement, ce qui permet de maintenir le sol en bon état.

2. Les techniques d'entretien

- **L'asphalte craint l'eau très chaude (> 60°C)**

  Éviter tout lavage ou récurage à température supérieure à 35°C.

- **Il est attaqué et endommagé par les huiles minérales** (élaborées à partir de pétrole) **ainsi que par les corps gras.**

  L'application d'une protection (bouche-pore + émulsion) est conseillée s'il y a risque de contact avec ce genre de produits.

- **Il est attaqué par les solvants organiques** (qui peuvent l'endommager gravement).
  - Ne pas employer de détersolvants.
  - Ne pas employer de solvants organiques.
  - Ne pas employer de cires contenant des solvants organiques.

- **Il est insensible à l'eau**

  Lavage/récurage mécanisé possible.

- **Il est insensible aux acides comme aux bases**

  Il est donc possible d'employer des produits détergents acides ou basiques.

➡ L'asphalte est parfaitement insensible à l'eau quand il est coulé en nappe.

Quand il se présente en dalles posées (non collées), il convient d'éviter les gros apports d'eau (en cas de lavage/récurage), pour ne pas risquer de détériorer le substrat.

X - Les métaux et alliages

Voir fiches méthode
n° 7 - 33

Les métaux sont des corps chimiques simples, généralement bons conducteurs de la chaleur et de l'électricité et qui tous possèdent la propriété de donner au moins un oxyde basique par combinaison avec l'oxygène. A température ordinaire, les métaux sont solides (à l'exception du mercure).

Ne sont traités ici que les métaux employés dans la construction et l'aménagement des locaux, ainsi que dans le mobilier : fer, aluminium, cuivre, nickel, chrome.

Les alliages sont des produits de caractère métallique qui résultent de l'incorporation d'un ou plusieurs éléments à un métal, afin d'en modifier les propriétés.

Sont traités dans ce chapitre les aciers inoxydables et spéciaux, le bronze, le laiton et les alliages à base de nickel.

1. Les métaux : caractéristiques liées à l'entretien

1. L'aluminium

© "Bâtiment-entretien" sept-oct 1998 n°199

Il s'agit d'un métal réducteur ce qui explique qu'il s'oxyde facilement au contact de l'oxygène de l'air. Pour éviter cet inconvénient, l'aluminium est traité par anodisation (oxydation anodique) dès sa fabrication. Une couche d'alumine homogène de grande dureté est ainsi formée en surface, ce qui lui confère une excellente résistance à la corrosion. Il existe 4 classes d'épaisseur d'anodisation (norme NF A 91 450) :

- classe 5 (épaisseur de 5 à 9 µm),
- classe 10 (épaisseur de 10 à 14 µm) : ces deux classes sont réservées aux usages de décoration intérieure ;
- classe 15 (épaisseur de 15 à 19 µm) : pour les utilisations en architecture extérieure, dans des conditions climatiques peu sévères ;
- classe 20 (épaisseur de plus de 20 µm) : application en architecture extérieure en milieu marin, industriel ou en conditions climatiques très difficiles.

Entretien

Se reporter à la fiche méthode n° 7.

L'aluminium craint les acides et les bases forts, de même que le chlore et les dérivés chlorés. C'est pourquoi l'eau de Javel ne doit pas être utilisée sur ce métal.

2. Le cuivre

Exposé à l'air et à l'humidité, il se recouvre rapidement d'une couche de « vert de gris » (carbonate). Il est durement attaqué par les bases fortes (ammoniaque) et forme des sels toxiques avec l'acide acétique et les acides gras alimentaires.

Le cuivre pur est peu employé dans la construction à l'heure actuelle (sauf en plomberie), ce qui n'est pas le cas de ses alliages : le bronze et le laiton (cf. infra).

Entretien

Employer au besoin un produit spécifique pour le nettoyage et l'avivage du cuivre et du laiton (produits faiblement basiques).

3. Le chrome

C'est un métal dense et dur, inoxydable (à température ordinaire) que l'on emploie souvent pour recouvrir, par électrolyse, des pièces métalliques afin de les mettre ainsi à l'abri de la corrosion.

Entretien

- essuyage humide,
- lavage avec détergent neutre (salissures ordinaires),
- lavage avec détergent détartrant acide (si concrétions calcaires),
- pour éviter tout risque de rayures, éviter l'emploi des abrasifs durs (pads noirs).

4. Le nickel

C'est un métal dur, très résistant, employé surtout dans la fabrication d'ustensiles de laboratoire qui doivent supporter sans dommage les nettoyages les plus vigoureux. Il ne s'oxyde pas aux températures ordinaires.

Deux alliages de nickel sont assez couramment employés dans les laboratoires : le « Monel » (70 % nickel, 30 % cuivre) présente une très bonne résistance aux acides ainsi qu'à l'eau de mer.

Le « Duranickel » (93,7 % nickel, 4,5 % aluminium, 1 % silicium).

2. Les alliages : caractéristiques liées à l'entretien

1. Les aciers inoxydables

Ces produits de la métallurgie sont d'emploi extrêmement fréquent. Parmi tous les alliages, nous pouvons citer :

- **l'acier inoxydable «18/8»** (18 % de chrome, 8 % de nickel).
  On l'emploie surtout pour la fabrication des instruments de laboratoire. Il est dur, résiste bien à l'abrasion, ne s'oxyde pas à l'air, ni en atmosphère humide.
- **l'acier inoxydable «18/8 Mo»** (18 % chrome, 8 % nickel, 2 % molybdène).
  On l'emploi dans la fabrication d'instruments de laboratoire et sa résistance à la corrosion est encore accrue par la présence de molybdène.

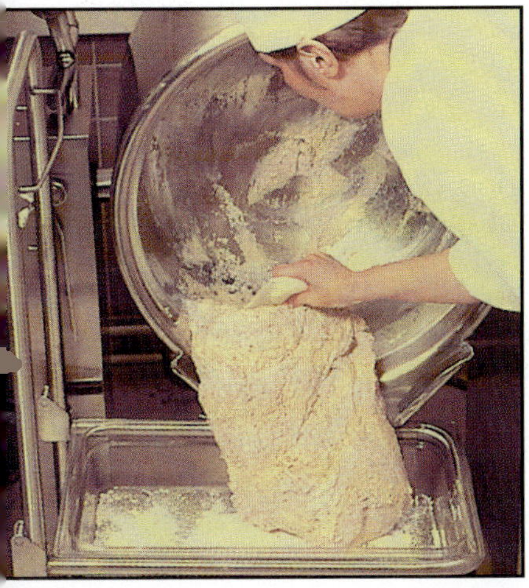

- **l'acier inoxydable «18/10»** (18 % de chrome, 10 % de nickel).

  C'est celui qui est employé pour la fabrication du matériel de cuisine (fourneaux et autres appareils de cuisson) ainsi que des ustensiles de cuisson.

  Sa résistance aux acides alimentaires est excellente, il n'est pas davantage attaqué par les produits basiques utilisés dans les opérations de nettoyage.

  Sa grande dureté fait qu'il résiste bien à l'abrasion.

- **les aciers spéciaux :**
  - le « Nicral D » est un acier réfractaire, à basse teneur en carbone et qui contient 25 % de chrome et 20 % de nickel, 0,5 % de manganèse et 0,4 % de silicium. Sa stabilité et son inaltérabilité sont excellentes ;
  - l'Invar contient 36 % de nickel et son coefficient de dilatation est presque nul ;
  - les Atomimphy R1 et R2 sont des alliages réfractaires présentant des qualités de résistance mécanique remarquables. A ce titre, ils sont employés pour construire des autoclaves à très haute température (jusqu'à 600°C). Ils se composent de moins de 15 % de fer, 60 % de nickel ou de cobalt, 17 % de chrome et moins de 1 % de titane et d'aluminium ;
  - les « Hastelloy B » sont également employés dans la construction des autoclaves. Ils résistent particulièrement à l'acide chlorhydrique et se composent de 61 % de nickel, 28 % de molybdène, 5 % de silicium, plus du chrome, du cobalt et du fer.

Entretien des surfaces en acier inoxydable

- essuyage humide,
- lavage avec détergent neutre (salissures ordinaires),
- lavage avec détergent détartrant acide (si concrétions calcaires),
- nettoyage avec produits spécifiques de l'acier inoxydable,
- pour éviter tout risque de rayures, éviter l'emploi des abrasifs durs (pads noirs ou même verts).

2. Le bronze

C'est un alliage de cuivre et d'étain.Il est très employé dans la fabrication d'articles de quincaillerie d'ameublement, ainsi que d'objets d'art (statues, pendules, chandeliers, etc.).

Le **bronze d'aluminium** (2 à 5 % d'étain et 5 à 10 % d'aluminium) présente une excellente résistance à la corrosion.

3. Le laiton

C'est un alliage de cuivre et de zinc (20 à 40 %). Le laiton craint, comme le bronze, le contact avec l'ammoniaque.

Entretien

Employer au besoin un produit spécifique pour le nettoyage et l'avivage du bronze et du laiton.

XI - Le marbre et les pierres marbrières

Voir fiches méthode
n° 1 - 2 - 3 - 11 - 12 - 15 - 16 - 24

Technologie des matériels
- Matériel de balayage humide.
- Aspirateurs.
- Monobrosse et accessoires.

Le marbre et les pierres marbrières naturelles ou artificielles (pierres reconstituées) sont utilisés dans la réalisation des sols de très belle apparence. Il s'agit, dans tous les cas, de matériaux de prix élevé mais dont la beauté et la longévité sont exceptionnelles. Il convient donc de bien connaître ces revêtements pour bien les entretenir.

Ces deux catégories de matériaux sont des pierres calcaires.

1. Présentation des matériaux

1.1. Les différentes sortes de marbres et de pierres marbrières

1. Les marbres naturels

Roches métamorphiques, cristallisées. Les marbres sont une variété de pierres calcaires compactes et cristallines comportant au moins 80 % de calcite

ORIGINES

Ce sont des roches calcaires. Plusieurs gisements existent en Europe. Parmi les plus connus, il faut citer Carrare (Italie) (pour les marbres blancs les plus estimés), Gavarnie, Campan (Pyrénées françaises). De nombreux sites d'extraction existent en France, en Provence, dans le Jura, dans le Nord, en Mayenne, etc.

COMPOSITION

D'un gisement à l'autre, d'une variété à l'autre, la proportion peut changer, mais on trouve toujours les mêmes éléments :
- **Carbonate de calcium** sous forme cristallisée (calcite) + de 80 %.
- **Carbonate double de calcium et de magnésium** (dolmite ou dolomite).
- **Oxydes métalliques** (responsables de la coloration) : alumine, oxydes de cuivre et de fer, de manganèse. Ces constituants donnent à la pierre ses couleurs et ses veinures caractéristiques du gisement d'extraction.

2. Les pierres marbrières naturelles

Roches sédimentaires calcaires composées d'au moins 50 % de calcite, de faible dureté (3 sur l'échelle de Mohs)

Il en existe une assez grande variété parmi lesquelles on doit citer, comme étant les plus fréquemment employées dans l'habitat :

Le travertin

D'origine italienne (« travertino », ou pierre de Tivoli), cette roche sédimentaire jaunâtre se reconnaît facilement aux nombreuses inclusions végétales qu'elle renferme (empreintes de feuilles), ainsi qu'aux cavités laissées par la disparition des débris végétaux inclus à l'origine dans la pierre.

Le comblanchien

Cette pierre est extraite en Bourgogne (les carrières sont situées à quelques kilomètres au sud de Dijon). Diverses qualités sont commercialisées qui correspondent à des gisements différents. Plusieurs nuances existent, du jaune sable au rouge rosé (Corton).

3. Marbres et pierres marbrières artificiels reconstitués

Ces revêtements se présentent sous forme de dalles obtenues en usine à partir de poudre et/ou d'éclats de pierres marbrières ou de marbre de granulométrie fort variable et liés par un ciment (auxquels sont parfois associées des résines). L'ensemble est poncé pour obtenir des éléments de planéité parfaite qui présentent un très beau brillant d'origine.

Le « granito » ou « terrazzolith » est élaboré à partir de granulats dont le diamètre est compris entre 3 et 5 mm.

La « mosaïque de marbre » est fabriquée à partir de granulats dont le diamètre est de 30 mm environ.

Le « brèche de marbre » est constitué de morceaux de 20 à 60 mm.

1.2. Les domaines d'utilisation de ces matériaux

Le revêtement de sol ou de parois de marbre ou de pierre marbrières sont des matériaux coûteux, tant en ce qui concerne le prix d'achat, que les frais de pose et même de maintenance et d'entretien. Par contre, ils présentent de grandes qualités d'esthétique et de solidité. On les rencontre donc partout où sont recherchées avant tout ces qualités :

En revêtement de sol

- Centres commerciaux, halls d'entrée, couloirs, escaliers et tous les lieux de fort passage.
- Habitat privé : entrées, salles de séjour, salles de bain.

En revêtement de parois intérieures

- Entrées d'immeubles administratifs, de cliniques, hôpitaux,...

En revêtement de façades

- Devantures de magasins, façades d'immeubles.

2. Les techniques d'entretien

2.1. Incidence des caractéristiques et propriétés

- **Les pierres marbrières et les marbres sont polissables.**
- **Ces pierres sont toujours poreuses.**

  Ce qui les rend sensibles à la quasi totalité des causes de salissure.
- **Elles se rayent facilement.**

  En effet, ce ne sont pas des pierres dures. Il convient donc de leur faire subir un traitement approprié afin de :
  - leur conférer un brillant à la fois esthétique, durable,
  - diminuer sensiblement leur porosité en surface,
  - augmenter la dureté de la pierre (en surface également), tout ceci permettant de faciliter les opérations quotidiennes d'entretien.

  Cela est d'autant plus nécessaire que ces revêtements de sol sont également posés dans les lieux de passage intense.

  Trois techniques peuvent être mises en œuvre pour obtenir un brillant durable :

1. La cristallisation
(cf. F.M. n°24)

Cette technique peut être appliquée sur des sols dont la planéité est très bonne, mais dont le brillant a été diminué par le fait d'un important trafic. Elle procure des résultats remarquables, même sur des sols passablement usés.

Principe

La cristallisation est le résultat d'une réaction physico-chimique sur le carbonate de calcium (constituant principal de la pierre). Seules les pierres en contenant au minimum 80 % peuvent subir ce traitement avec succès. Il met en jeu une **réaction chimique** entre l'acide fluosilicique ou le fluosilicate de magnésium et le carbonate de calcium (calcaire) ainsi qu'une **action mécanique** résultant de la rotation d'un disque de laine d'acier, ayant pour effet un léger ponçage de la surface, le fer jouant par ailleurs le rôle de catalyseur de la réaction.

$$2\ CaCO_3 + SiMgF_6 \longrightarrow SiO_2 + 2\ CaF_2 + MgF_2 + 2\ CO_2$$

$2\ CaCO_3$	$SiMgF_6$	SiO_2	$2\ CaF_2$	MgF_2	$2\ CO_2$
Carbonate de calcium	fluosilicate de magnésium	oxyde de silicium	fluorure de calcium	fluorure de magnésium	
MARBRE	ACIDE	ABRASIF TRÈS FIN	DURETÉ ET BRILLANCE		

Le résultat obtenu est une transformation de la structure moléculaire de la pierre en surface, sur une épaisseur de quelques centaines de micromètres. Cette transformation se traduit par :

- **un durcissement important** de la pierre,
- **une diminution très sensible de sa porosité,**
- ainsi qu'une remarquable **augmentation de sa brillance.**

Les pierres reconstituées peuvent elles aussi être cristallisées, à condition toutefois que la quantité de pierres présente en surface soit nettement plus importante que la quantité de liant.

2. La glacification

Il s'agit d'un procédé basé lui aussi sur une réaction chimique et qui nécessite un matériel spécialisé.

Au contraire de la cristallisation, toujours précédée d'un lavage à la monobrosse, la glacification ne nécessite pas de séchage préalable.

La monobrosse est équipée d'un plateau et d'un disque blanc.

On répand alors sur le sol une poudre spéciale composée de silice et d'aluminofluorures. Une fois mouillée, cette préparation est d'un pH de 3. Le travail avec la monobrosse et le disque blanc vont permettre d'obtenir simultanément un bouche-porage, un polissage et une « montée en brillance ». Le travail ne doit pas être conduit à sec, il faut donc s'assurer en permanence qu'il y a de la poudre et suffisamment d'eau.

La cadence de travail est inévitablement lente (12 à 15 m^2/heure).

On terminera par un lavage à grande eau, suivi d'un séchage soigné à l'aspirateur à eau.

Après complet séchage, pratiquer un lustrage à la monobrosse équipée d'un disque blanc.

La glacification présente, par rapport à la cristallisation, l'avantage de permettre des rendements plus élevés (10 à 15m^2/heure avec une monobrosse 150 T/min. ou 15 à 20 m^2/ heure avec une monobrosse 400 T/min.).

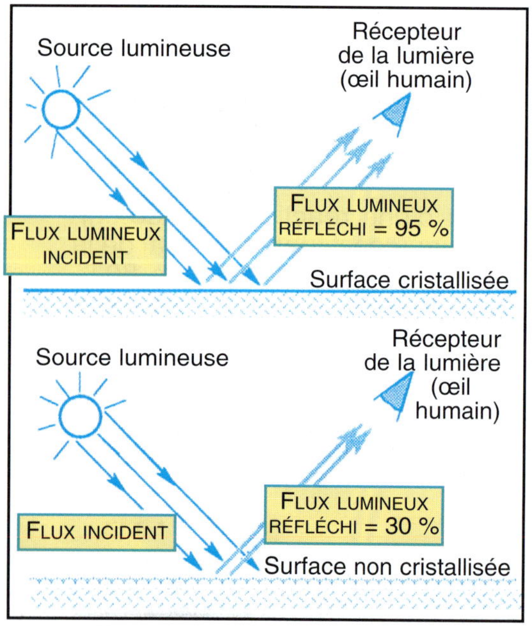

Incidence de la cristallisation sur la brillance des sols

C'est par la mesure de l'intensité du flux lumineux réfléchi que l'on peut évaluer le gain considérable de brillance apporté par la technique de la cristallisation : la quasi totalité du flux lumineux est réfléchie par la surface cristallisée.

La surface non cristallisée d'un revêtement de pierre calcaire présente des aspérités et des irrégularités telles que la lumière est très médiocrement réfléchie par la surface du revêtement.

3. La pose d'émulsion précédée ou non d'un bouche-porage

Si la cristallisation ne peut être réalisée, on peut avoir recours à la pose d'une émulsion.

Se reporter aux fiches méthode 15 - 16 - 16 bis.

- **Même cristallisés, ces sols sont sensibles aux taches**

  Les quelques indications ci-dessous pourront permettre de remédier à quelques causes d'altération.

Origine des taches	Techniques de détachage
Bougie	• Gratter doucement à la spatule, puis appliquer un papier absorbant sur la tache et chauffer au fer à repasser pour faire migrer le corps gras.
Graisse - Huile	• Préparer une pâte composée à parts égales d'acétone, d'acétate d'amyle ou de trichloréthylène et de craie blanche en poudre. Etendre sur la partie tachée. Laisser sécher puis éliminer la pâte. Renouveler l'opération au besoin. Ne jamais employer de térébenthine ou de white spirit.
Goudron - Rouille - Encre	• Préparer une pâte avec acide oxalique et eau chaude. Étendre sur la tache. Laisser agir quelques minutes. Laver avec une solution de détergent neutre à 5%.
Café	• Préparer un mélange à parts égales de glycérine chaude et eau chaude puis frotter avec un pad blanc. Rincer à l'eau chaude puis sécher.
Sang	• Humecter à l'eau froide puis saupoudrer avec un produit à base d'enzyme puis laver.
Iode	• Frotter à l'ammoniaque jusqu'à disparition de la tache.

• **Ce sont des matériaux sensibles aux rayures** (leur dureté est 24 fois plus faible que celle du quartz).

L'emploi des produits abrasifs est donc déconseillé, ainsi que celui des disques contenant des abrasifs durs en raison des altérations de surface possibles.

Lors des opérations d'entretien courant, il convient donc de n'utiliser que des disques blancs (lustrage).

Le brillant sera maintenu plus longtemps si les abords des locaux dont le sol a été cristallisé sont protégés par des tapis spéciaux destinés à retenir le sable et les salissures abrasives.

• **Ils sont attaqués par les acides même faibles ou fortement dilués.**

Ces altérations chimiques laissent facilement des traces irréversibles et impossibles à dissimuler. Lors des opérations de nettoyage, il faut donc éviter l'emploi de tous produits acides : désincrustants et détartrants.

• **Les sols de marbre ou pierre marbrière ne craignent pas l'eau.**

Il est donc possible de les entretenir par lavage (manuel ou mécanisé) en veillant bien cependant à n'utiliser que des solutions détergentes neutres.

1.2. Incidence des systèmes de pose

Plusieurs systèmes de pose sont possibles en fonction de la nature des supports et des contraintes techniques inhérentes à chaque chantier :
- pose sur chape « molle » de mortier,
- pose collée au mortier colle sur sols anciens.

Quel que soit le système de pose mis en œuvre, les éléments ne sont jamais juxtaposés sans que soit ménagé un espace entre eux dont la largeur est de quelques millimètres. Cet interstice est obturé au moyen d'une pâte spéciale à base de ciment ou avec de la « barbotine » de ciment pur.

Quel que soit le procédé d'entretien ou de nettoyage retenu, il convient de s'assurer que celui-ci ne présente aucun risque de détérioration des joints.

• **Lavage manuel ou mécanisé, spray méthode.**

Remarque : pour des raisons surtout liées au très long temps de séchage des dallages de marbre après la pose, il est conseillé d'attendre au moins trois mois avant de pratiquer une cristallisation.

XII - Les pierres non marbrières

Voir fiches méthode
n°1 - 2 - 3 - 11 - 12 - 16

Technologie des matériels
- Matériel de balayage humide.
- Aspirateurs.
- Monobrosse et accessoires.

Mis à part le marbre et les pierres marbrières, sont utilisés dans l'habitat, comme revêtements de sol :
- les ardoises (schiste),
- les granites.

1. Présentation des matériaux

1. Le schiste ardoisier

C'est une roche ayant pour origine la sédimentation de vases au cours des ères géologiques.

Cette transformation ayant requis des températures élevées et de fortes pressions, il en résulte que :
- la roche est très compacte,
- son grain est d'une grande finesse.

Ses autres caractéristiques sont les suivantes :
- sa couleur la plus fréquente est le gris anthracite mais on trouve aussi des schistes bleus, verts et même rouges, selon les gisements ;
- il est possible de le scier en dalles minces ;
- le schiste présente une bonne aptitude au polissage ;
- ce matériau résiste bien aux acides ;
- sa porosité est quasiment nulle ce qui explique que ce matériau est non gélif ;
- il est parfaitement insensible à l'action des rayonnements ultraviolets.

Les principaux sites d'extraction sont situés en Anjou, en Bretagne, en Corse et dans les Ardennes.

On réalise avec le schiste ardoisier de très beaux revêtements de sol, d'extérieur comme d'intérieur, on l'utilise également pour les toitures.

2. Le granite *(ou granit)*

C'est une roche très dure, très résistante aux contraintes mécaniques comme aux agressions chimiques et qui est de plus en plus utilisée dans le bâtiment :
- comme **parement de façades**, sous forme de plaques de faible épaisseur, parfaitement polies posées par agrafage sur chassis métalliques ;

- comme **revêtement de sol**, particulièrement dans les lieux de passage à fort trafic où l'on veut allier esthétique et facilité d'entretien.

Sa porosité est parfaitement nulle.

Sa dureté s'explique par sa composition : essentiellement quartz et feldspath, plus mica (ce qui lui confère sont aspect « scintillant » caractéristique.

C'est une roche qui se prête très bien au polissage et dont le brillant est d'une grande résistance.

Il existe en plusieurs couleurs, du gris foncé au rose clair, en passant par plusieurs nuances de vert et de gris-bleuté. De ce fait, son emploi autorise d'excellents effets décoratifs.

2. Les techniques d'entretien

- **Ces matériaux sont parfaitement imperméables.**

  Il est donc possible des les laver à grande eau et d'employer toutes les techniques de lavage mécanisé et manuel.

- **Le polissage les rend parfaitement lisses.**

  L'entretien courant se fait donc par simple balayage humide ou par aspiration.

- **Leur surface, bien que très dure, peut perdre son brillant du fait d'un usage très intense.**

  Dans ce cas, une opération de polissage sera nécessaire pour retrouver l'état de surface initial. Un matériel spécial est nécessaire (monobrosse lourde + galets de polissage).

XIII - Les peintures, vernis et papiers peints

Voir fiche méthode n° 1 - 2 - 6

Peintures et vernis peuvent être considérés comme des produits assurant la protection des matériaux (bois, métal, béton...) sur lesquels on les applique en couches minces. Ils forment sur ceux-ci un revêtement.

1. Présentation des produits

Selon la norme AFNOR T-30-001, **une peinture** est «un produit pigmenté donnant par application un film opaque, ayant des propriétés protectrices, décoratives ou techniques particulières».

Selon la même norme, **un vernis** est « un produit mixte composé de liants, solvants, diluants, sans pigments, donnant par application des films insolubles dans l'eau, adhérents et durs, généralement lisses et brillants, ayant des propriétés protectrices, décoratives ou techniques particulières ».

Trois sortes de constituants de base entrent dans la composition des peintures et vernis :

Les solvants et diluants	Les liants	Les colorants
Ils servent à fluidifier la peinture de façon à ce qu'elle soit facile à appliquer. Étant volatils, ils commencent à s'évaporer dès que la peinture est étalée ce qui prévient les « coulures ». Parmi les solvants et diluants les plus souvent employés, il faut citer : - le white spirit, - l'essence minérale, - l'essence de térébenthine, - l'alcool, - l'eau.	Constituants essentiels du mélange, qui vont donner à la peinture ses qualités de souplesse, adhérence, dureté, imperméabilité, résistance aux agents chimiques... On distingue : **• Les résines** Elles peuvent être végétales (collophane), mais actuellement elles sont pratiquement toujours synthétiques : acryliques, vinyliques, glycérophtaliques, phénoliques, époxydes, à base de silicone, de polyuréthane. **• Les huiles et siccatifs** **Les huiles siccatives** comme l'huile de lin, s'oxydent à l'air et sèchent en formant une pellicule souple adhérente. **Les siccatifs** accélèrent l'oxydation des huiles ce qui abrège la durée du séchage.	Leur présence rend la peinture opaque et lui confère sa couleur. Ce sont des pigments, souvent constitués d'oxydes métalliques comme le blanc (oxyde de zinc ou d'antimoine) le jaune (oxyde de fer), ou élaborés à partir de métaux (cobalt, fer, plomb, cuivre...) ou de procédés chimiques (aniline...).

1. Les propriétés particulières des peintures

Outre leur fonction décorative, de nombreuses peintures possèdent des propriétés spécifiques dues à la présence dans leur composition d'adjuvants appropriés. C'est ainsi que certaines peintures peuvent être :

- hydrofuges (elles s'opposent à toute pénétration d'humidité dans le support qu'elles protègent) ;
- fongicides (elles préviennent toute apparition de moisissures) ;
- hydrorégulatrices (elles laissent s'évaporer l'humidité contenue dans le bois) ;
- antirouille (elles protègent le fer de la corrosion) ;
- insecticides (elles protègent le bois des atteintes des insectes parasites destructeurs).

2. Les différentes présentations des peintures

Les fabricants proposent trois sortes de peintures qui correspondent à des finitions différentes :

Les peintures mates

Employées uniquement en décoration intérieure, elles procurent un très beau fini, mais leur surface est fragile (elles «marquent» facilement) et elles se prêtent très mal à toute opération d'entretien autre que le dépoussiérage.

Les peintures satinées

En principe réservées aux applications intérieures, elles sont lavables et plus « solides » que les peintures mates.

Les laques (peintures brillantes)

Après séchage, elles présentent une surface dure et brillante. Ce sont les plus résistantes aux agressions (chocs, intempéries...) et leur domaine d'application est universel (extérieur et intérieur en conditions difficiles).

Les peintures spéciales

Pour répondre à des besoins spécifiques, l'industrie de la peinture a développé des produits adaptés. Parmi les plus employées, on peut citer :

- **Les peintures « étanches » spéciales pour façades**

Parfois appelées improprement « peintures caoutchoutées », elles ont pour propriété de former un film épais, élastique et qui bouche les fissures, tout en conservant après séchage une élasticité qui prévient le fissurage ultérieur.

- **Les peintures pour sols**

Généralement à base de polyuréthane-monocomposant, elles forment par polymérisation un film de grande résistance et présentent de remarquables qualités d'accrochage.

2. l'entretien des peintures

Les peintures mates

- **Entretien courant :** simple dépoussièrage avec un non-tissé très légèrement humide.
- **Lessivage « à refaire » :** cf. Fiche méthode n°6.

Les peintures satinées

- **Entretien courant :** essuyage humide, lavage avec détergent dilué à 2 %.
- **Lessivage « à refaire » :** cf. Fiche méthode n°6.

Les laques

- **Entretien courant :** dépoussiérage humide, lavage avec détergent neutre dilué à 2 %.

→ éviter l'emploi de tampons abrasifs qui rayent de façon irrémédiable la surface de la peinture laquée.

- **Lessivage « à refaire » :** cf. Fiche méthode n°6.

3. Les papiers peints

Sous cette dénomination, on regroupe une très grande variété de produits qui ont tous en commun d'être destinés à être collés sur les murs et cloisons intérieurs dans un but décoratif.

Les papiers peints ordinaires

Leur nature même les rend très fragiles et ils ne peuvent accepter en guise d'entretien qu'un simple dépoussiérage, pratiqué avec un non-tissé aussi peu humide que possible (pratiquer un essai).

Les papiers peints lavables

Ils sont conçus pour accepter d'être nettoyés avec un apport d'eau réduit, sans adjonction de détergent.

Les papiers peints lessivables

Ils peuvent être lavés avec une solution détergente « légère » (détergent neutre dilué à 1 à 3 %). Toujours pratiquer un essai préalable sur une zone peu visible.

Les papiers peints vinyliques

Ils sont constitués de plusieurs couches (au moins deux), la surface étant en vinyle. Leur solidité est grande et ils se prêtent sans aucun problème au lavage avec détergent.

Les papiers peints spéciaux (paille japonaise, textiles à coller, etc.)

Leur structure, aussi bien que les matériaux dont ils sont constitués, les rend très sensibles. Ne pratiquer que des opérations de dépoussiérage à l'aspirateur, avec embout spécial.

Explication des symboles

~ épongeable	≈ lavable	≋ lessivable

3

Matériels et machines de nettoyage

I - Le matériel de balayage humide
II - Le chariot de lavage
le balai faubert-balai rasant
III - Le chariot de maintenance (ou de ménage)
IV - Le matériel d'entretien de la vitrerie
V - L'aspirateur à poussière
VI - L'aspirateur mixte
VII - L'aspiro-brosseur
VIII - La balayeuse aspirante
IX - L'aspirateur à déchets
X - La monobrosse
XI - L'autolaveuse
XII - Le nettoyeur à haute pression
XIII - Le canon à mousse
XIV - L'injecteur-extracteur
XV - L'autolaveuse à moquette
XVI - La shampouineuse à moquette
XVII - La brosseuse électrique

I - Le matériel de balayage humide

Voir fiches méthode
n°1 - 3 - 11 - 12 - 13 - 17 - 18 - 24 - 26 - 27 - 30 - 31

- Principe général du nettoyage
- Les produits

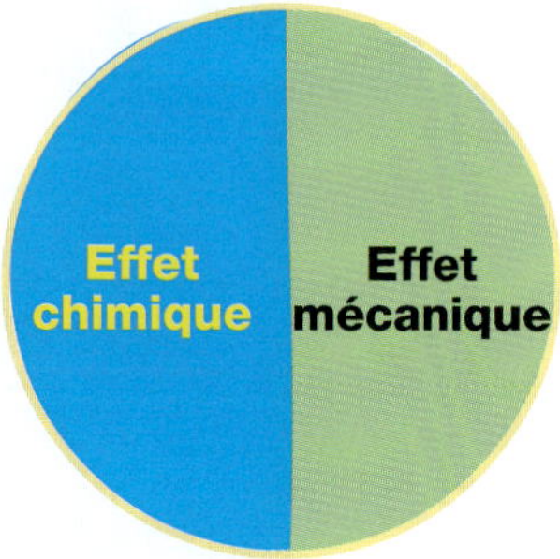

La technique du balayage humide est appliquée très fréquemment dans les locaux collectifs. Elle est rapide, efficace et hygiénique.

L'effet mécanique participe à la qualité du résultat puisque c'est le déplacement du matériel qui permet de capter les poussières et salissures.

L'effet chimique est dû à l'élément agglutinant (eau ou produit spécifique) qui retient avec une très grande efficacité les salissures et poussières les plus fines qui échappent au balayage traditionnel.

1. Description du matériel

1.1. Le balai à franges

Il se compose :
- d'un **manche en aluminium** (rigidité, légèreté, hygiène),
- d'un **cadre métallique** servant de **support** à la partie textile (la frange),
- d'une **frange en coton** bouclé, conçue pour s'adapter au cadre.

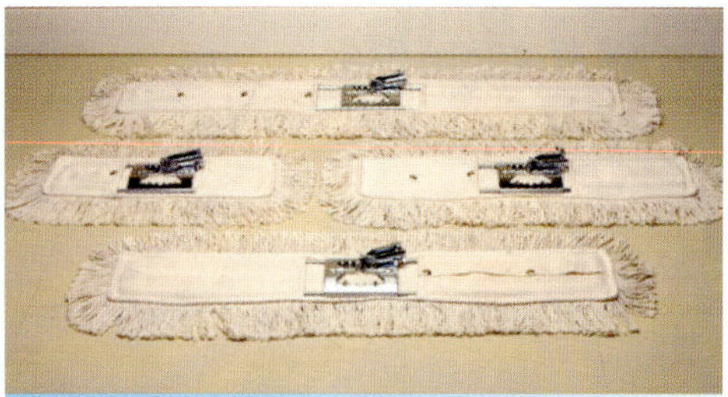
Doc. Allo DICS

Deux types de liaisons mécaniques entre le manche et le cadre peuvent se rencontrer :

- **Articulation mobile en tous sens** (type « à la cardan ») qui rend le balai particulièrement adapté au balayage des surfaces encombrées.
  En effet, on peut faire pivoter la frange par un simple mouvement de torsion du manche.
  Les balais articulés mesurent de 35 à 100 cm de largeur.
- **Articulation « fixe »** (une seule rotation possible, dans l'axe du manche).
  Ces balais, dont certains mesurent jusqu'à 180 cm de large, sont employés pour le balayage «au poussé» sur les vastes surfaces bien dégagées.
  Afin de retarder l'encrassement de la frange coton, il est possible de l'entourer d'une gaze textile, dont l'entretien est plus facile. Par ailleurs, l'efficacité du balayage est sensiblement améliorée.

1.2. Le balai "ciseau"

Doc. Bernard

Il est conçu pour le balayage des surfaces bien dégagées (halls, couloirs).

L'armature est souvent constituée d'acier chromé.

Il est formé de **deux balais à franges (1) reliés chacun à un manche par une rotule métallique (2).** Les deux manches se croisent en une articulation (3) qui autorise le mouvement en tous sens. Les deux manches se terminent chacun par une poignée (4). Ce dispositif permet d'excellents rendements et il s'adapte bien à la configuration des lieux, puisque sa largeur est, par définition, variable.

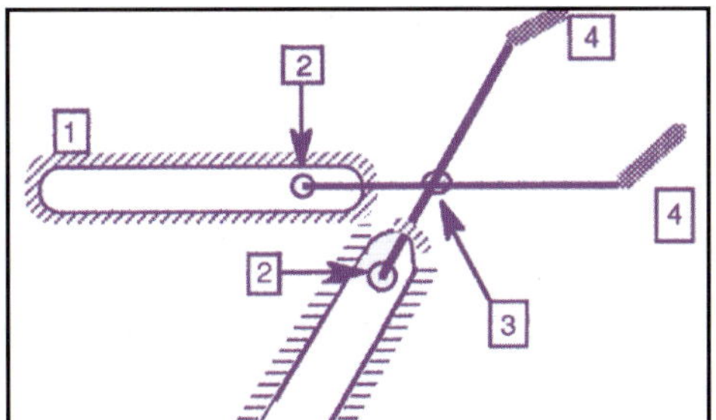

Balai "ciseaux"

1.3. Le balai trapèze

Par sa maniabilité et sa forme, il convient au balayage des surfaces encombrées aussi bien que des espaces libres.

Il se compose :

- d'un **manche**, le plus souvent en aluminium, parfois en matière plastique et au bout duquel une **rotule d'articulation** permet la fixation :
- d'une **plaque en plastique** (polypropylène) résistante, munie de 2 ou 4 points d'ancrage destinés à fixer la gaze de balayage.

Sous la plaque, on peut rencontrer plusieurs garnissages de semelle :

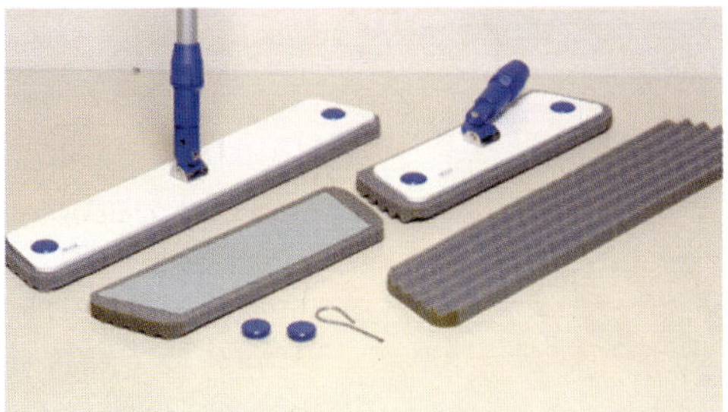

Balai "trapèze" *Doc. Allo DICS*

- une **couche de mousse non amovible** : à déconseiller car d'entretien quasiment impossible ;
- une **nappe de fibres synthétiques** dont l'aspect évoque celui d'un tampon à récurer, maintenue à la plaque par un accrochage de type « Velcro » ;
- une **plaque de caoutchouc** à surface lisse ou nervurée et amovible ;
- une **nappe de mousse de polyuréthane**, non amovible, sculptée de plusieurs lamelles très flexibles qui épousent parfaitement les irrégularités de surface et augmentent l'efficacité du procédé.

Les balais trapèzes existent en plusieurs largeurs, de 25 cm (entretien des escaliers) jusqu'à 100 cm environ.

1.4. Les gazes

Il existe plusieurs sortes de gazes :

1. Les gazes textiles (coton) réutilisables

(après lavage et désinfection)

Elles sont plutôt utilisées en association avec les balais à franges.

Cependant, pour des raisons d'ordre économique, certains utilisateurs les emploient également avec les balais trapèze.

On trouve différentes qualités de gazes, selon la technique de tissage et le poids du tissu au m^2.

Pour être efficaces, ces gazes textiles demandent à être imprégnées de produits dits « agglutinants » et dont certains présentent en même temps des qualités désinfectantes.

2. Les gazes textiles réutilisables (100 % polyester)

Spécialement destinées à l'équipement des balais trapèzes, ces bandes textiles présentent une capacité d'absorption tout à fait exceptionnelle. De plus, elles glissent parfaitement bien et rendent ainsi le balayage plus facile.

Le lavage à 90°C est possible (jusqu'à 500 fois), ainsi que la javellisation ce qui va dans le sens d'une meilleure hygiène.

3. Les gazes jetables (non tissées)

Elles sont généralement imprégnées lors de leur fabrication et conditionnées en emballages hermétiques ce qui garantit leur humidité (ces emballages doivent être maintenus bien fermés en cours d'utilisation).

Balai Trapèze

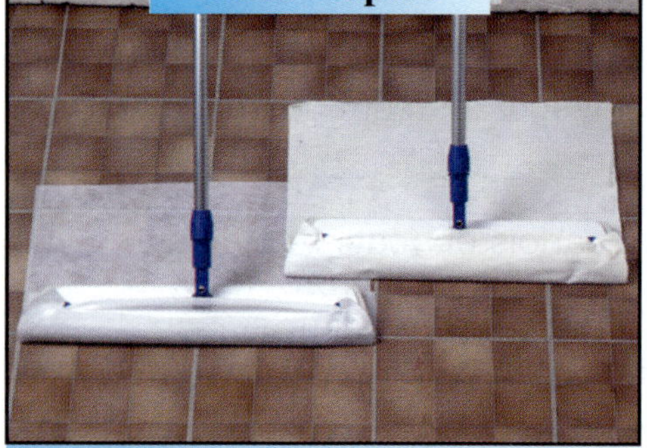

Doc. Bernard

Deux sortes d'imprégnations existent : ordinaire et bactéricide (destinée au secteur hospitalier).

Par ailleurs, les différents fabricants proposent en général deux qualités de non-tissés :

- **qualité standard** (env. 20 à 35 g/m²) pour le balayage quotidien facile des surfaces peu poussiéreuses,
- **qualité renforcée** (env. 65 g/m²) pour usage intensif sur des surfaces très poussiéreuses ces gazes sont très résistantes à la déchirure et très absorbantes.

Enfin, il faut citer les **non-tissés antistatiques**, non imprégnés, le captage des poussières se faisant par effet électrostatique (le support non-tissé est recouvert de fibres de polyéthylène, grammage 70 g/m²).

2. Entretien et maintenance

Par sa fonction même, le matériel de balayage humide se salit énormément. On comprendrait mal que l'entretien des sols soit fait au moyen de matériel d'apparence sale et mal tenu.

Régulièrement

- Laver les franges en machine. Les sécher et entreposer à l'abri de la poussière.
- Essuyer au chiffon humide les manches et poignées de préhension.
- Faire tremper dans une solution détergente tiède (ou mieux, détergente et bactéricide) les articulations, les cadres de balais à franges, les plaques des balais trapèzes, puis brosser, rincer et laisser sécher.

En cas de besoin

Resserrer les divers vis et écrous des articulations, fixations de rotules, etc.

II - Le chariot de lavage le balai faubert - le balai rasant

Voir fiches méthode
n°3 - 30- 31 - 32
- Principe général du nettoyage
- Les produits

Le chariot de lavage, associé au balai « faubert » ou au balai « rasant », permet de réaliser dans de bonnes conditions le lavage manuel des sols imperméables.

L'effet chimique est prépondérant, comme dans tout lavage. Il résulte à la fois du pouvoir solvant de l'eau et de l'effet de détergence des produits employés.

L'effet mécanique n'est pas sans importance, bien que la pression exercée sur le sol soit faible. Cet effet est plus important dans le cas d'emploi du balai rasant.

L'effet de la température n'existe que dans le cas où l'on peut employer de l'eau chaude, toujours préférable à l'eau froide, mais souvent absente des chantiers de nettoyage.

L'action du temps est fort réduite (et variable).

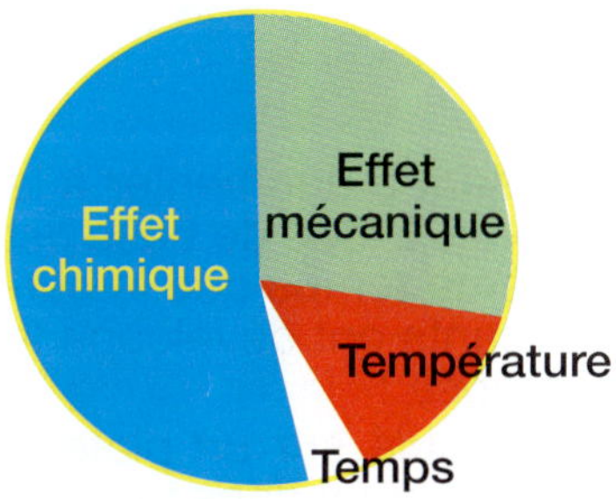

Ces matériels représentent un très gros progrès par rapport à l'antique couple seau + serpillière :

- le travail se fait dans de bien **meilleures conditions d'hygiène**, puisque l'opérateur n'a pas à prendre de serpillière dans ses mains pour l'essorer et l'existence d'un deuxième seau évite de mélanger solution détergente et eau sale ;
- **l'ergonomie** du système est bien étudiée, il en résulte plus d'efficacité et moins de fatigue pour l'opérateur, ainsi qu'une meilleure sécurité grâce à la presse (pas de risque de blessures aux mains) ;
- le **rendement** est nettement meilleur.
- la **qualité** du résultat est supérieure.

1. Description du matériel

1. Le chariot à seau unique

Il se compose d'un « berceau » métallique (acier inoxydable, aluminium ou même A.B.S. : matière plastique dure mais non cassante) sur roulettes, dans lequel vient s'insérer un seau plastique dont la contenance est généralement de l'ordre de 15 à 25 litres.

Sur la partie supérieure vient se fixer par emboîtement la presse-essoreuse à faubert. Un manche avec poignée permet de déplacer le chariot sans avoir à se baisser.

Le chariot à seau unique est utilisé pour le lavage des escaliers.

Chariot à deux seaux

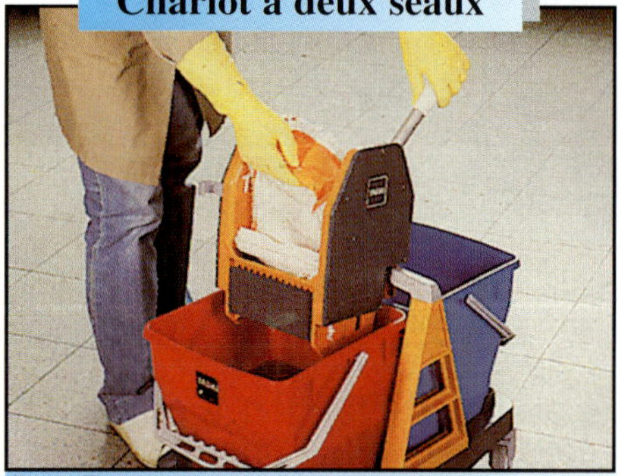

Doc. Taski

2. Le chariot à deux seaux

Il est conçu comme le précédent, mais comprend deux seaux de couleur différente entre lesquels vient prendre place la presse. Sur certains modèles, celle-ci est pivotante afin de pouvoir essorer la frange faubert dans un seau aussi bien que dans l'autre.

Le “faubert

Doc. Allo Dics

3. Le “faubert”

Il se compose d'un manche assez long (en aluminium) terminé par un système de pince permettant la fixation de la frange.

Plusieurs sortes de franges existent : coton pour le lavage, acrylique pour les poses d'émulsion, coton-polyester...

Balai rasant

Doc. Allo Dics

4. Le balai de type “rasant”

Il s'agit d'une évolution technique visant à augmenter à la fois le rendement et la qualité du travail. L'idée de base est d'accroître la pression au sol, en même temps que la surface de contact. Pour cela, les fabricants ont développé le balai de lavage « à plat », il se compose :

- d'un **manche en aluminium**, articulé sur un plateau par une rotule permettant le mouvement dans tous les sens ;
- d'un **plateau** servant de support à la frange, articulé en son milieu pour permettre la mise en place de celle-ci ;
- d'une **frange spéciale**, en coton bouclé ou en coton-polyester dont la conception permet une application très efficace sur la surface à laver.

Il existe des chariots de lavage spécifiques pour le balai rasant, munis de seaux larges et de presse plate permettant d'essorer la frange sans avoir à plier le balai.

L'emploi des chariots de lavage ordinaires reste possible en ajoutant un accessoire à la presse (cale) afin d'en diminuer la profondeur.

D'autres chariots, plus spécialement destinés au secteur hospitalier, sont équipés de seaux larges et d'une simple grille d'égouttage du balai rasant. Ils permettent de mettre en application la méthode de désinfection des sols qui nécessite 2 franges par chambre : 1 pour étaler la solution désinfectante au sol, l'autre pour récupérer l'excédent de celle-ci (méthode *Floor Dress, HenkelGV*).

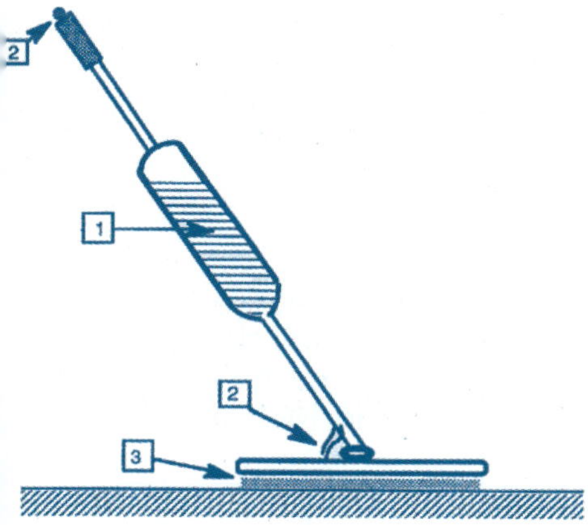

5. Le balai applicateur

Pour nettoyage et désinfection en milieu hospitalier. Plusieurs fabricants commercialisent des balais trapèzes intégrant un réservoir à produit désinfectant **(1)** et un système d'écoulement contrôlé (par gravité) du produit **(2)** dans la semelle. Celle-ci est revêtue d'une bande textile spéciale amovible **(3).**

Ce système permet de déposer rapidement et uniformément sur le sol un film très fin de produit de désinfection. Il est facile à employer et économique. On l'utilise selon la méthode « à la godille », comme le balai rasant ou le faubert (cf. FM n°1).

Frottoir

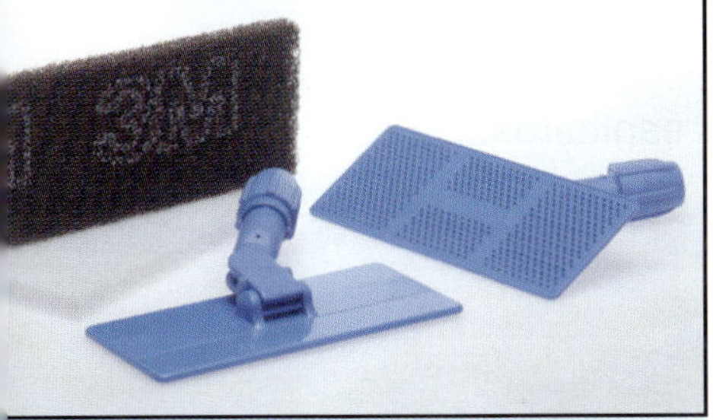

Doc. Allo Dics

6. Les frottoirs porte-pad

Ils permettent de décoller les salissures les plus adhérentes et existent en trois duretés abrasives : noir, marron, vert (du plus abrasif au moins abrasif).

Le frottoir a main

Il est constitué d'une plaque rectangulaire en ABS (25 x 15 cm) avec poignée sur laquelle on fixe un morceau de tampon à récurer.

Le frottoir a manche

La poignée est remplacée par un manche monté sur rotule d'articulation ce qui permet d'atteindre les endroits les plus difficiles d'accès et de nettoyer efficacement les plinthes.

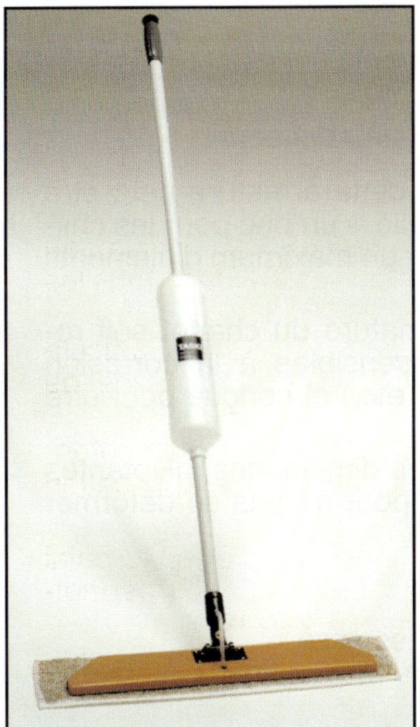

Doc. Diversey Lever-Taski

L'applicateur DS TASKI permet d'effectuer aisément le nettoyage, la désinfection et l'entretien en une seule opération. Le produit de nettoyage et de désinfection contenu dans le réservoir est appliqué uniformément et avec un dosage précis sur le sol.

2. Entretien et maintenance

Après chaque utilisation

- Nettoyer (laver, brosser au besoin) seaux, presse, chassis.
- Laver les franges (en machine autant que possible), les sécher et ranger à l'abri de la poussière.

Périodiquement

- Vérifier et resserrer si besoin, écrous et vis.
- Lubrifier les axes des roulettes et de la presse.

III - Le chariot de maintenance

Voir fiches méthode
N° 30 - 32 - 35

- Principe général du nettoyage
- Les produits

Ces chariots encore appelés chariots de ménage permettent de regrouper divers éléments de matériel de nettoyage manuel, en les disposant de façon à ce qu'ils soient aisément accessibles et de transporter le tout facilement (sur le plan horizontal).

Les chariots de maintenance étant par définition modulaires, ils peuvent se présenter de diverses façons afin de répondre aux besoins précis des utilisateurs ayant à effectuer les différentes tâches de nettoyage et d'entretien :

- vidage des corbeilles, des cendriers,...
- balayage humide,
- lavage du sol,
- dépoussiérage du mobilier,
- entretien des appareils sanitaires...

1. Description du matériel

Les chariots de maintenance se composent des éléments suivants :

UNE ARMATURE MONTÉE SUR ROULETTES

Pliable ou non selon les modèles, cette armature peut être très simple (1 support de sac poubelle + un bac pour les chiffons) ou être conçue pour regrouper un maximum d'éléments (chariots dits « hospitaliers »).

Dans tous les cas, il faut que l'armature du chariot soit robuste, constituée de matériaux insensibles à la corrosion (acier inoxydable, ABS, aluminium, etc.) et conçue pour être facile à nettoyer.

Les roulettes doivent être de bonnes dimensions, pivotantes (les 4) et suffisamment résistantes pour ne pas se déformer à l'usage.

DIFFÉRENTS ACCESSOIRES

Le support de sac poubelle

➡ De préférence muni d'un couvercle rigide sur charnières, il est indispensable dans la plupart des cas, puisque l'ouvrier nettoyeur a toujours des déchets à ramasser. Les contenances de ces sacs poubelles vont de 60 à 130 litres.

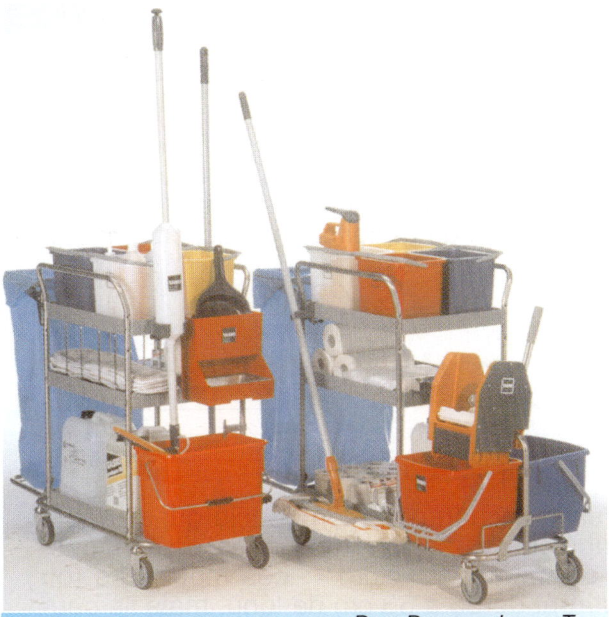

Doc. Diversey Lever-Taski

Les pinces d'accrochage pour balais et porte-accessoires

➥ Elles permettent de fixer verticalement les balais de nettoyage sur le cadre.

Les supports de seaux de lavage + presse à faubert

➥ C'est l'équivalent du chariot de lavage mais intégré au chariot de maintenance.

Les paniers grillagés et les boîtes plastiques

➥ Ils permettent de placer les divers produits nécessaires au nettoyage (agglutinant, détergent, désinfectant, etc.) ainsi que les lavettes, tampons à récurer, etc.

Les supports de seaux et les seaux (petits formats)

➥ Ils permettent de placer, généralement dans la partie supérieure du chariot, un ensemble de 2 ou 4 petits seaux (environ 5 litres) de couleurs différentes, afin de différencier le matériel de lavage et/ou d'essuyage des parois selon les zones (milieu hospitalier).

Les boîtes à usages multiples

➥ Elles permettent de recueillir divers petits éléments.

Les accessoires spécifiques

➥ Tels que seaux longs et grille d'égouttage pour balai rasant, panier de stockage des franges propres, seau de collecte des franges utilisées,...

Cette liste ne se veut pas exhaustive, chaque fabricant proposant sa gamme de chariots de maintenance avec les accessoires permettant de les équiper selon les besoins.

2. Entretien et maintenance

Se reporter aux indications données pour le chariot de lavage.

IV - Le matériel d'entretien de la vitrerie

Voir fiches méthode n°4- 7
- Principe général du nettoyage
- Les produits

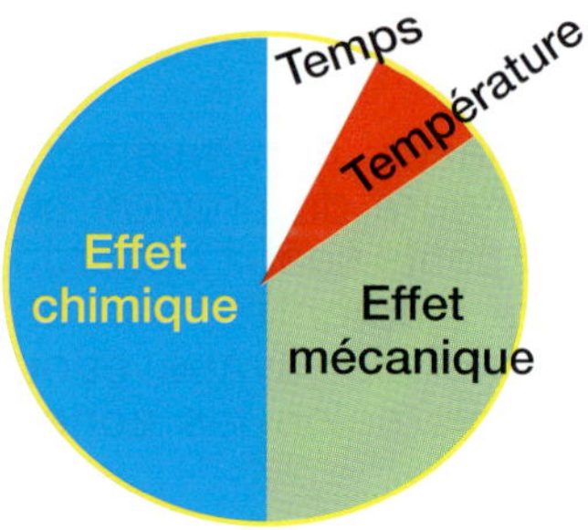

L'effet chimique est prépondérant et résulte à la fois du pouvoir solvant de l'eau et du pouvoir détergent des produits employés en solution dans l'eau de lavage.

L'effet mécanique est très important également puisque il intervient deux fois : au moment du lavage, par la friction du mouilleur et au moment du raclage, par celle de la raclette en caoutchouc.

L'effet de la température n'intervient que dans la mesure où le lavage est fait à l'eau chaude.

L'action du temps est peu importante.

Doc. Bernard

Le nettoyage professionnel des vitres ne peut se faire qu'au moyen d'un matériel simple, il est vrai, mais très adapté aux exigences de rapidité et d'efficacité.

1. Decription du matériel

Le mouilleur en coton

Il est constitué d'un manchon de coton bouclé qui s'adapte sur un support tubulaire et se fixe au moyen de boutons-pression, parfois de bandes « velcro ». Les mouilleurs (ou humecteurs) mesurent de 35 à 55 cm de long, mais ils peuvent être plus étroits ou plus larges.

Pour l'entretien des surfaces vitrées en hauteur, on peut adapter une canne télescopique au mouilleur.

Les raclettes à vitre

Elles existent en différentes longueurs mais sont toutes faites selon le même principe : une lame de caoutchouc très lisse est insérée dans une gouttière métallique qui lui confère la rigidité.

La raclette est pourvue d'un manche épais revêtu de caoutchouc strié pour une meilleure préhension.

Sur certains modèles de raclettes, le manche ne fait qu'un avec le support de lame caoutchouc.

D'autres modèles, sans aucun doute plus pratiques, permettent de changer la lame rapidement.

Comme les mouilleurs, les raclettes peuvent accepter un manche téléscopique.

Les autres accessoires

- **un seau** est indispensable pour préparer la solution détergente puis pour tremper le mouilleur ;
- **les lames à gratter et support de lames**, pour décoller les salissures fortement incrustées ;
- **échelle spéciale « laveur de vitres »**, en plusieurs éléments emboîtables, avec embout d'appui en caoutchouc ;
- **les perches télescopiques,** (de 2 à 4 m) avec ou sans coude articulé, permettent d'atteindre les vitres les plus hautes.

2. Entretien et maintenance

- Laver les mouilleurs coton aussi souvent que cela est nécessaire.
- Remplacer les lames caoutchouc dès qu'elles laissent sur les vitres des traces dues à l'usure.

V - L'aspirateur à poussière

Voir fiche méthode n° 2

- Principe général du nettoyage
- Les salissures et leur élimination

C'est un appareil de nettoyage conçu pour éliminer efficacement et rapidement de grandes quantités de poussières et de déchets de diverses sortes, pourvu qu'ils soient de petites dimensions.

Tous les types de revêtements de sol peuvent être nettoyés par aspiration, au moyen d'accessoires appropriés, ainsi que les meubles, parois, plafonds, faux plafonds, tuyaux, grilles, matériels divers, etc.

Effet mécanique

L'effet mécanique est seul en cause dans ce procédé de nettoyage. Il résulte de l'aspiration due à un puissant courant d'air qui entraîne les salissures et les dirige vers un sac de collecte (conteneur filtrant).

Aspirateur à poussières TASKI BORA 12

DOC. DIVERSEY LEVER TASKI

Descriptif technique

(le modèle représenté est de type «sans by-pass», voir page suivante).

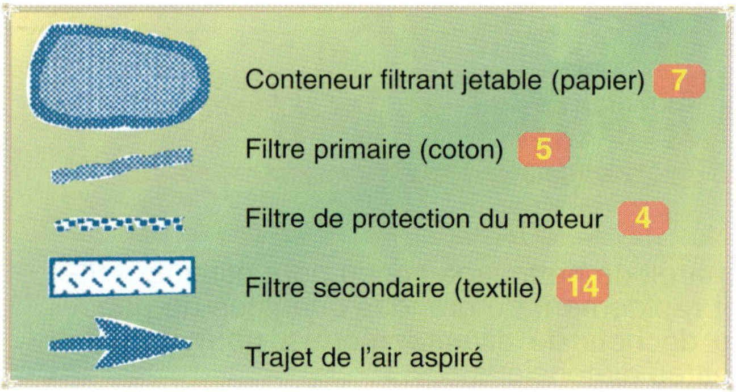

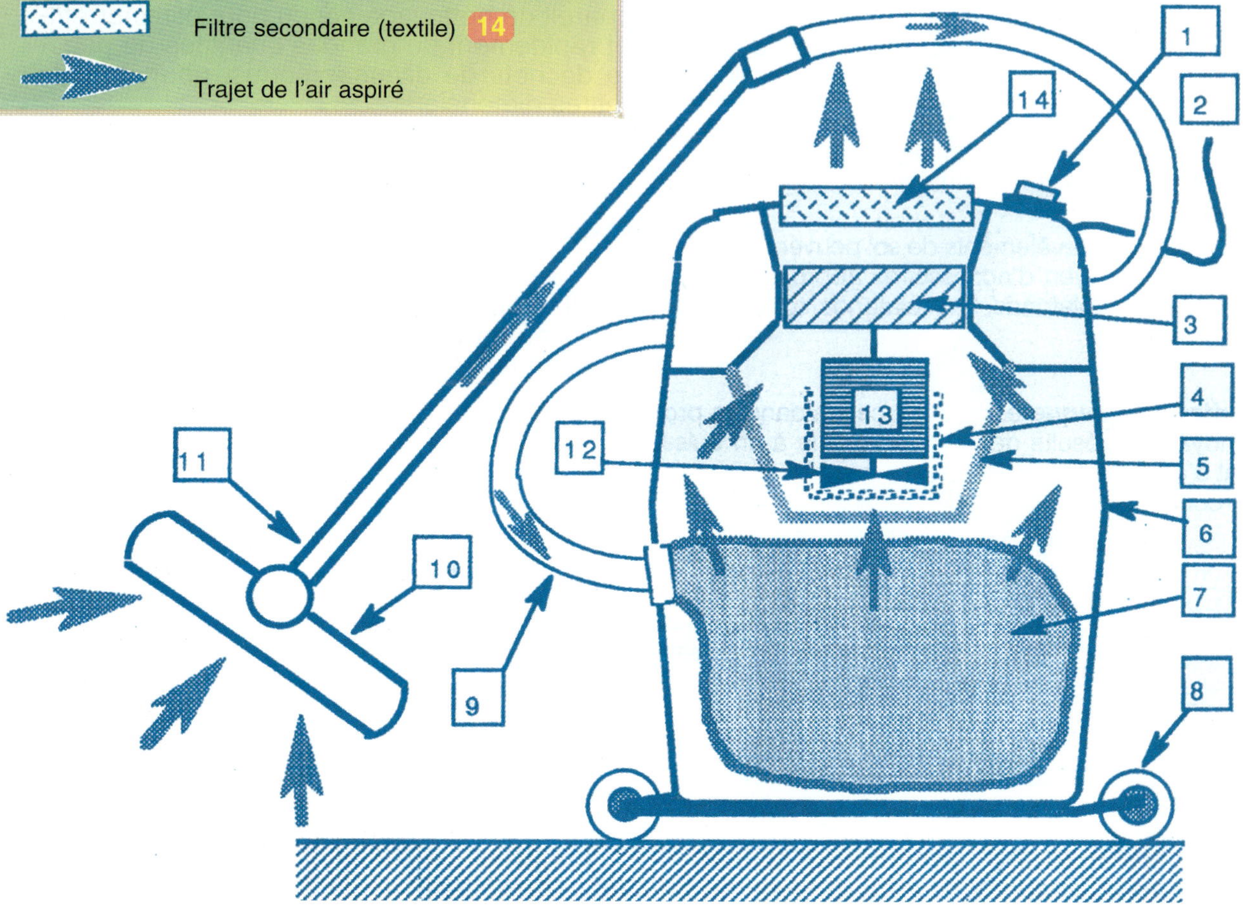

1 Interrupteur
2 Câble d'alimentation
3 Turbine d'aspiration
4 Filtre de protection du moteur
5 Filtre primaire
6 Cuve de l'aspirateur
7 Conteneur filtrant (sac papier) jetable
8 Support sur roulettes
9 Tuyau flexible d'aspiration
10 Patin d'aspiration
11 Canne d'aspiration
12 Turbine de refroidissement
13 Moteur
14 Filtre secondaire

Principe de fonctionnement

Le moteur électrique entraîne la turbine d'aspiration qui crée un courant d'air à fort débit, induisant ainsi une forte dépression au niveau du patin d'aspiration (ou du suceur).

L'air entraîne avec lui la poussière et les déchets de petite dimension qui sont arrêtés par le conteneur filtrant jetable.

L'air aspiré est rejeté à l'extérieur de l'appareil après avoir subi au minimum une double filtration.

Le moteur est lui-même protégé par un filtre antipoussière et refroidi en permanence par une petite turbine accessoire.

1. Technologie des aspirateurs à poussière

Les constructeurs d'aspirateurs peuvent utiliser deux techniques différentes pour réaliser leurs appareils :
- le système sans by-pass,
- le système avec by-pass.

1.1. Le système sans by-pass

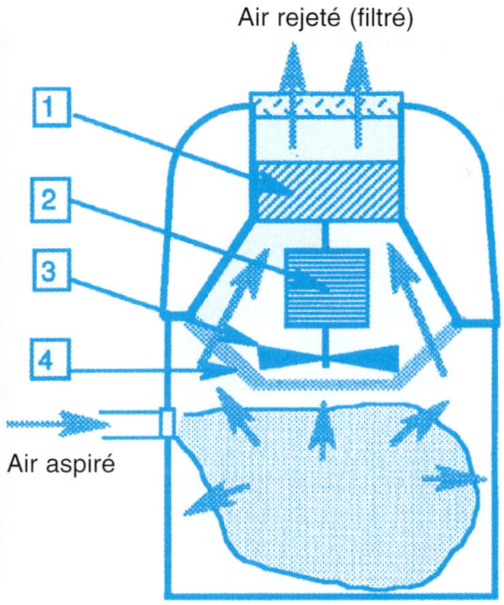

Il est fréquemment mis en œuvre dans la construction des aspirateurs à poussière.

La turbine d'aspiration (1) est entraînée par le moteur (2) placé immédiatement au-dessous d'elle.

Le refroidissement du moteur lui-même est assuré par une turbine auxiliaire (3).

Avantage

Dans cette configuration, les pertes de charge (ralentissement des flux d'air) sont réduites au minimum ce qui, à puissance égale, autorise des rendements plus élevés.

Inconvénient

Le moteur étant placé sur le trajet du flux d'air, il est exposé à recevoir les fines poussières qui ont pu traverser le filtre primaire (4). Pour cette raison, le moteur doit être protégé par une paroi filtrante.

1.2. Le système avec by-pass

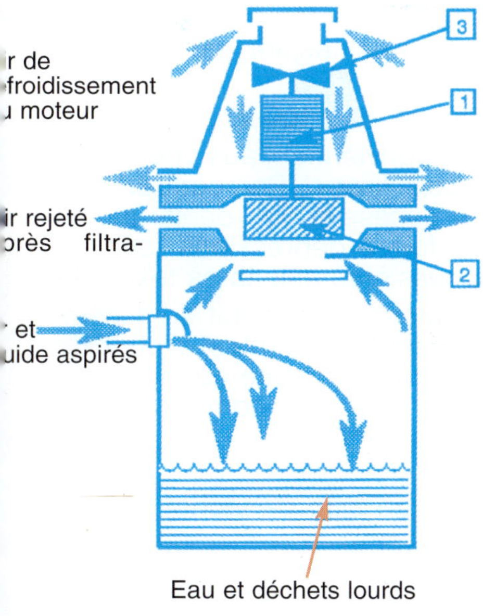

C'est la technologie retenue pour les aspirateurs mixtes (liquides et poussières).

Dans cette configuration, la partie moteur (1) est totalement isolée de la partie turbine d'aspiration (2) ce qui est indispensable dans le cas d'un aspirateur mixte.

Le refroidissement du moteur est assuré par une turbine à un ou plusieurs étages (3) située dans le même compartiment.

2. Les paramètres de l'aspiration

L'aspiration est caractérisée par la valeur de la **dépression** et par l'importance du **débit d'air**.

Ces deux paramètres dépendent :
- des performances de la turbine d'aspiration,
- de la « géométrie » des conduites d'air (rigides et flexibles),

- de la forme des capteurs (suceurs, patins d'aspiration),
- de la forme de la partie supérieure de l'aspirateur qui favorise plus ou moins le bon écoulement de l'air vers la turbine, limitant ainsi les pertes de charge.

2.1. La dépression

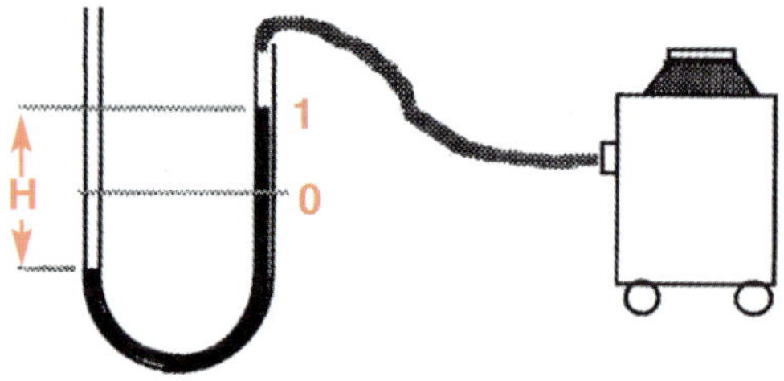

C'est la différence entre la pression ambiante (pression atmosphérique) et la pression dans la cuve de l'aspirateur.

La dépression devrait toujours être exprimée en Pascal (ou en kPa).

Plusieurs constructeurs d'aspirateurs utilisent cependant d'autres unités :

- le millibar ou les millimètres d'eau « à la colonne » (mm C.E.).

Cette façon d'exprimer la dépression évoque le mode de mesure classique de cette valeur :

O = niveau de l'eau à l'équilibre (aspirateur arrêté).

1 = niveau de l'eau quand l'aspirateur fonctionne.

H = mesure de la dénivellation = hauteur de la colonne d'eau (plus la dépression est importante, plus cette valeur est grande).

Plus la dépression est importante, plus la force « d'arrachement » au niveau du suceur est grande. C'est pourquoi on privilégie la dépression dans les aspirateurs à liquides. Pratiquement, la dépression des aspirateurs industriels varie de 1 100 à 2 400 mm C.E.

Fiche technique d'un aspirateur à poussières NILFISK GM 80

Tension en volts	230
Puissance consommée normalisée en watts	1 100
Puissance maximale en watts	1 300
Indice de protection	IP40
Classe de protection	II
Débit d'air avec tuyau en l/s	35
Dépression, orifice fermé en kPa	22,2
Puissance aéraulique utile avec tuyau, en watts	230
Niveau sonore à 150 m en dB/20μPa	61
Surface filtrante en cm^2	2 100
Surface filtre HEPA en cm^2	3 300
Surface filtre ULPA en cm^2	4 600
Capacité d'ensachage, sac filtrant, en l	9,25
Diamètre du flexible en mm	38/32
Dimensions, hors tout, nu (h x l x L) en cm	41 x 30 x 30
Poids en kg	7,1
Longueur du câble en m	10
Ø 32 mm 3 usages	

2.2. Le débit

C'est le volume d'air (en litres) aspiré par unité de temps (seconde).

Selon les modèles, il varie de 40 à 100 litres/seconde.

Les débits d'air importants conviennent aux opérations de dépoussiérage des sols lisses. Par contre, l'aspiration des sols textiles nécessite des débits moins importants mais de plus fortes dépressions (afin de mieux « arracher » les poussières aux fibres textiles).

Il faut remarquer que dépression et débit sont deux valeurs liées (elles sont interdépendantes) : pour un appareil donné, la dépression augmente quand le débit d'air diminue (on peut s'en rendre compte en plaquant le suceur sur le sol).

La conception des différents accessoires (suceurs spécifiques adaptés à chaque type de tâche) met en pratique cette observation.

3. La filtration

Le système de filtration est un élément essentiel de tout aspirateur. En effet, ces appareils peuvent déplacer jusqu'à 6m³ d'air à la minute. Il faut donc que l'air rejeté soit débarrassé des impuretés et particules de façon aussi complète que possible. Si cette condition n'est pas remplie, il y a mise en suspension dans l'atmosphère de grandes quantités de poussières, qui vont se redéposer lentement. Pour améliorer l'efficacité du système de filtration, les aspirateurs sont conçus selon deux principes :

- La vitesse du flux d'air aspiré est brisée à l'entrée de la cuve par un déflecteur qui oblige l'air à tourner en volutes. Il y a alors une centrifugation des particules qui tend à les plaquer aux parois de la cuve ou du sac jetable.
- Le passage du flux d'air aspiré d'un tuyau de faible diamètre à un réservoir beaucoup plus large provoque une chute brutale de la vitesse du courant d'air ce qui favorise la décantation des particules et facilite la filtration ultérieure.

Granulométrie des poussières et particules

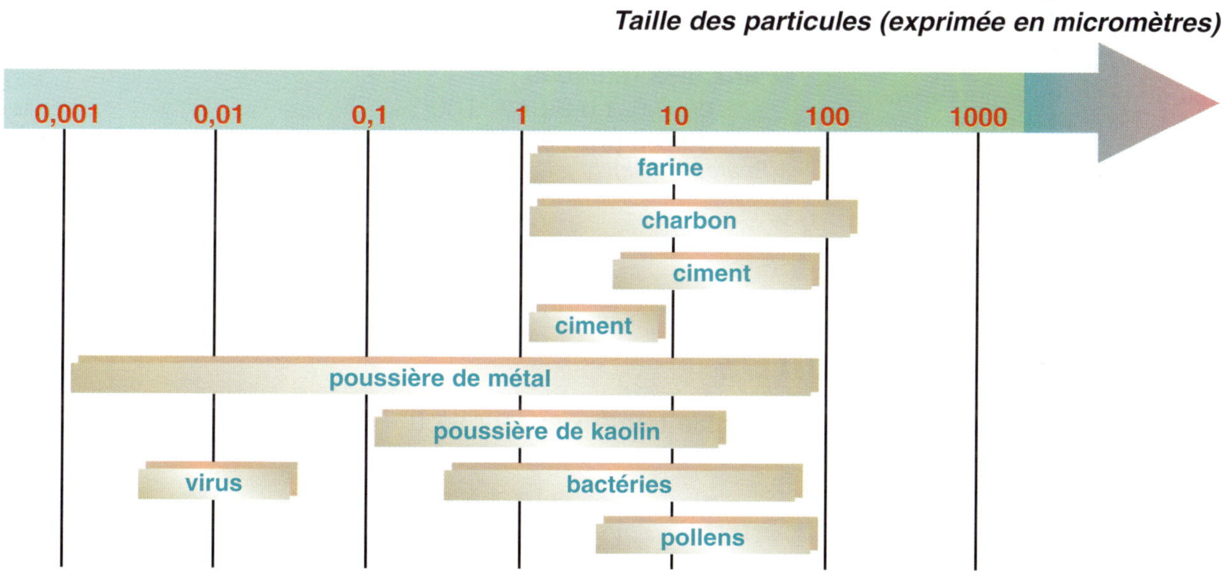

(Source : documentation NILFISK)

Ainsi que le fait apparaître ce diagramme, la majorité des poussières présente une granulométrie comprise entre 0,1 µm et 100 µm.

Les aspirateurs professionnels ordinaires ne retiennent que les poussières et particules de granulométrie supérieure à 1 micromètre, avec une efficacité le plus souvent au moins égale à 99,9 %. Ce paramètre se calcule ainsi :

$$\text{Efficacité en \%} = \frac{\text{quantité de poussières retenues}}{\text{quantité de poussières arrivant au filtre}} \times 100$$

Cahier des charges :
document contractuel précisant les obligations de l'entreprise de propreté, les limites de ses interventions et les résultats à obtenir.

Donneur d'ordre :
le client signataire du contrat.

Caractéristiques techniques
(selon modèles)

Puissance absorbée par la turbine : 800 à 5 500 W.

Débit d'air aspiré : 40 à 190 litres/seconde.

Dépression : 2000 à 2300mm C.E.

Surface filtrante : 850 à 40 000 cm^2.

Capacité de la cuve à poussière : 8 à 65 litres.

Les opérations d'entretien de certains sites peuvent nécessiter l'emploi d'aspirateurs capables de retenir des poussières de dimension inférieure à 1 micromètre.

C'est notamment le cas des salles d'ordinateurs, des laboratoires de recherche, des ateliers de micromécanique, de construction optique, de construction électronique... Dans ces cas-là, le **cahier des charges** établi par le donneur d'ordre peut préciser que les aspirateurs utilisés dans les opérations de nettoyage devront être équipés de **cellules de filtration absolue.**

Il peut également être nécessaire de **protéger le personnel** travaillant dans les industries où sont émises des poussières dangereuses car génératrices de maladies professionnelles (amiante, plomb et ses dérivés, silice...). Les aspirateurs munis de cellules de filtration absolue permettent de répondre à de telles exigences.

A titre d'exemple, voici les caractéristiques techniques et les performances de la cellule de filtration absolue que propose un constructeur en option avec ses aspirateurs.

Caractéristiques

- média filtrant : fibre de verre,
- surface filtrante : 3 200 cm^2,
- diamètre de la cellule : 130 mm,
- hygrométrie tolérée : 100 %.

Performances

Particules retenues :

- de 0,6 à 0,9 µm : 100 %,
- de 0,3 µm : 99,99 %.

(Source Nilfisk)

4. Les accessoires

On utilise indifféremment le terme « suceur » ou « embouchure ».

Le suceur ou "patin d'aspiration"

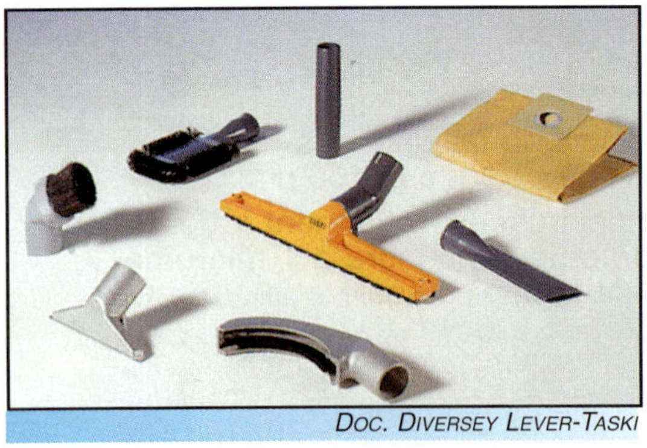

Doc. Diversey Lever-Taski

Il en existe différents modèles, mais tous ont la particularité de pouvoir s'adapter à plusieurs types de sol :

- une double rangée de brosses à poils très courts peut être sortie pour l'aspiration des sols lisses et durs ;
- la rétraction de ces brosses permet d'aspirer les sols textiles et revêtements textiles de parois.

Le patin d'aspiration à roulettes

Sa hauteur par rapport au sol est généralement réglable, ce qui le rend apte à traiter tous les types de sol. De plus, il facilite le maniement de la canne d'aspiration.

DOC. DIVERSEY LEVER-TASKI

LES SUCEURS SPÉCIFIQUES

Ils s'adaptent directement sur la canne rigide d'aspiration ou sur le flexible et sont utilisés pour des tâches bien spécifiques. Parmi les très nombreux articles que proposent les fabricants, on peut citer :

- **suceur-brosse** pour le dépoussiérage des éléments de mobilier, des appareils de bureautique, des machines, etc. ;
- **suceur souple** en caoutchouc pour permettre l'accès aux recoins ;
- **suceur courbe** à brosse pour le dépoussiérage des tuyaux et conduites ;
- **suceur pour sièges en tissu**, rigide et de faible largeur ;
- **suceur pour radiateurs** : plat et large, il est pourvu de petites brosses dures ;
- **suceur plat rigide** pour aspirer dans les endroits d'accès difficile.

LES CANNES-ALLONGES

Elles permettent de dépoussiérer les endroits inaccessibles à l'opérateur. Les cannes les plus longues (jusqu'à 4 mètres en plusieurs tronçons emboîtables) sont constituées d'aluminium afin de rester manœuvrables.

5. La sécurité

ISOLATION

La plupart des aspirateurs industriels sont construits selon **la norme d'isolation « classe II »** : le moteur et les autres éléments sous tension sont placés sous **double isolation**.

Le symbole ▣ est gravé sur la plaque d'identification de l'appareil.

Dans ce cas, le câble d'alimentation est constitué de deux fils (+ et -) et ne comporte pas de fil de terre.

Cette disposition se justifie par le fait que, dans la plupart des cas, on ne dispose pas de prises électriques reliées à la terre. Il est donc logique que ceux qui construisent ces appareils en tiennent compte, pour que soit assurée la sécurité des utilisateurs.

PROTECTION DU MOTEUR

Un disjoncteur thermique (parfois appelé «rupteur thermique») coupe automatiquement l'arrivée du courant quand le moteur atteint une certaine température. Ces cas de surchauffe peuvent se produire lorsque le sac à poussière est plein ou lorsque le tuyau ou la canne sont accidentellement obstrués.

6. Entretien et maintenance

Entretien

Après chaque utilisation

- Nettoyer (essuyage humide) l'extérieur de l'appareil ainsi que le câble électrique.
- Débarrasser le patin d'aspiration des fibres, cheveux et autres bourres fibreuses qui s'y accumulent.
- Contrôler l'état du sac papier.

Régulièrement

Changer le sac papier sans attendre qu'il soit plein (plus le sac est chargé et plus la turbine d'aspiration peine).

Essuyer (laver si besoin) l'intérieur de la cuve.

Nettoyer les suceurs (brosses).

Décolmater le filtre primaire (coton) en le secouant ou mieux : à l'aide d'un autre aspirateur.

Attention : certains filtres peuvent être lavés et d'autres non, sous peine de perdre leurs qualités. Se reporter aux indications du fabricant de l'aspirateur.

Important : toute perforation du filtre primaire doit entraîner son changement immédiat.

- Dépoussiérer par aspiration le filtre de protection du moteur.
- Vérifier l'étanchéité du raccord flexible-cuve.

Maintenance

Régulièrement

(toutes les 15 à 20 heures d'utilisation).

- Démonter la tête d'aspiration pour nettoyer les ailettes de la turbine de refroidissement du moteur.
- Contrôler le serrage des cosses électriques et des autres éléments de visserie.

Annuellement

(toutes les 400 à 500 heures d'utilisation).

- Contrôler les roulements de la turbine (absence de jeu).
- Dépoussiérer les éléments d'insonorisation (en mousse).
- Vérifier les différents joints d'étanchéité.
- Graisser les roulettes de transport.
- Contrôler l'interrupteur de mise sous tension.
- Contrôler le rupteur thermique de protection du moteur.

En cas de besoin

- Remplacer les charbons du moteur.

VI - L'aspirateur mixte "eau et poussière"

Voir fiches méthode n°2 - 11 - 13

- Principe général du nettoyage
- Les salissures et leur élimination

C'est un appareil conçu pour aspirer indifféremment les liquides répandus (en faible épaisseur) sur le sol et les éléments solides (poussières, débris et déchets de petite taille).

Les liquides étant de masse volumique importante, il est nécessaire de mettre en œuvre une forte dépression pour les aspirer.

- Sur les modèles conventionnels, le simple changement d'un élément permet de transformer l'aspirateur :
  - avec le flotteur, l'appareil peut aspirer les liquides,
  - avec le filtre primaire en coton (plus un sac poussières), l'appareil peut aspirer sur les sols secs.
- Les aspirateurs mixtes de nouvelle génération ne nécessitent pas ce changement d'accessoires et peuvent aspirer indifféremment liquides et/ou poussières.

Effet mécanique

L'effet mécanique est seul en cause dans l'action de cet appareil.

Il résulte de la forte dépression appliquée au niveau du suceur.

L'aspirateur mixte est indispensable dans toute opération de lavage mécanisé (à la monobrosse) et pour les opérations de décapage au mouillé.

Aspirateur mixte

Doc. Diversey Lever-Taski

1. Les paramètres de l'aspiration

Pour être efficace, un aspirateur mixte doit pouvoir engendrer une dépression importante.

La quasi totalité des modèles professionnels affiche des valeurs de dépression au moins égales à 1 800 à 2 000 mm C.E. (colonne d'eau).

Un autre facteur d'efficacité important est le bon positionnement du suceur par rapport au sol, ainsi que le bon état des lamelles souples (plastique ou caoutchouc) qui assurent l'étanchéité.

L'accessoire « support fixe de suceur » permet d'améliorer l'efficacité de l'aspirateur à eau en réglant le suceur à la bonne position et en l'y maintenant. Ce dispositif est appelé « aspiration directe au sol » ou A.D.S.

Descriptif technique

L'appareil qui représente un modèle conventionnel est reproduit ici avec son embouchure fixe sur support.

(Système « A.D.S. »)

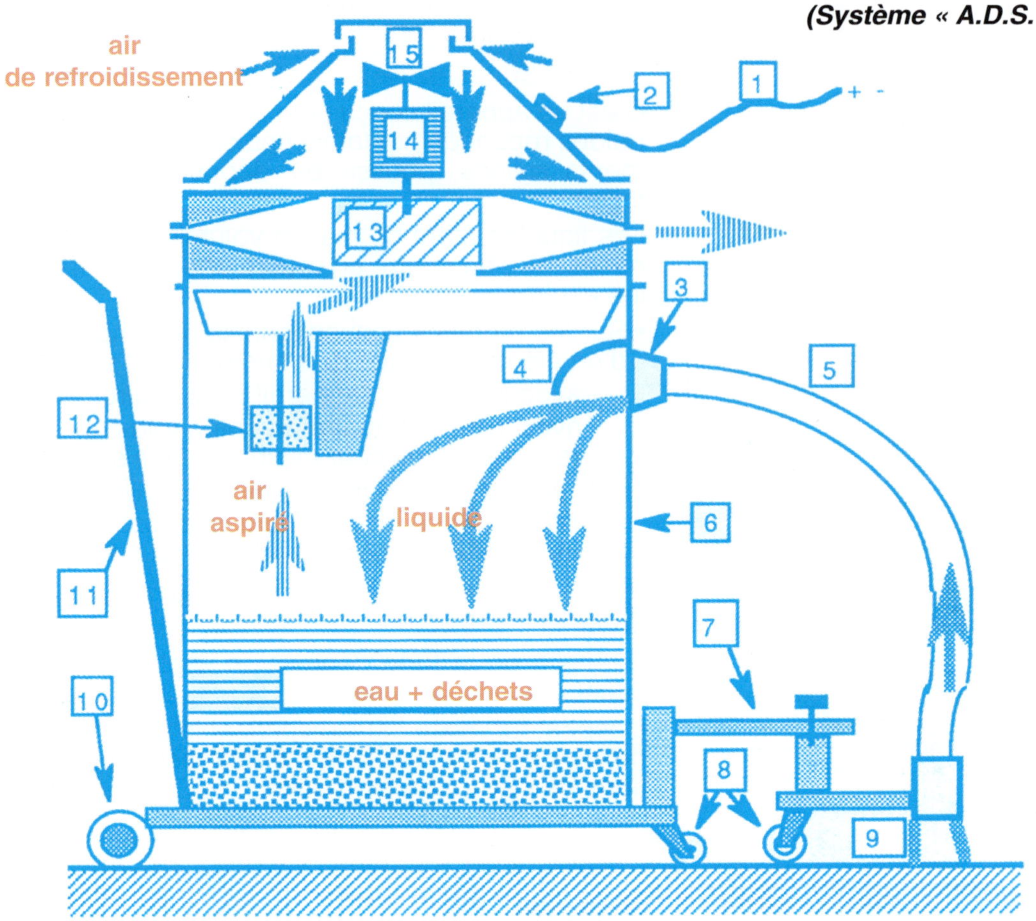

1	Câble d'alimentation
2	Interrupteur de mise sous tension
3	Anneau de fixation du tuyau souple
4	Déflecteur du flux aspiré
5	Tuyau flexible d'aspiration
6	Cuve de l'appareil
7	Support de fixation de l'embouchure fixe (avec possibilité de réglage)
8	Roulettes mobiles
9	Lèvres en caoutchouc du suceur
10	Roulette fixe de transport
11	Barre de guidage
12	Flotteur coulissant sur tige (organe de sécurité)
13	Turbine d'aspiration
14	Moteur d'entraînement
15	Turbine de refroidissement du moteur

Principe de fonctionnement

La turbine d'aspiration crée une forte dépression dans la cuve ce qui permet d'aspirer l'eau au niveau du suceur plaqué sur le sol soit par l'opérateur (tuyau souple + canne d'aspiration), soit par le support fixe.

Le déflecteur placé à l'entrée de la cuve dirige le flux aspiré vers le fond. Le flotteur (sensible aussi au niveau de mousse) remonte en coulissant sur son axe et vient obstruer l'orifice d'aspiration quand le niveau maximum est atteint, obligeant ainsi l'opérateur à vider la cuve. Sur les modèles récents, le flotteur est remplacé par une sonde électronique.

Caractéristiques techniques

Puissance absorbée
par la turbine d'aspiration :
600 à 1 100 W.

Débit d'air :
40 à 60 litres/seconde.

Dépression :
1800 à 2400mm C.E.

Capacité de la cuve :
10 à 60 litres.

Disjoncteur différentiel

Il s'agit d'un organe de sécurité qui coupe instantanément l'arrivée du courant en cas de chute brutale de la différence de tension entre la phase et le neutre protégeant ainsi l'utilisateur du risque d'électrocution.

2. La sécurité

L'opérateur ayant souvent les pieds dans l'eau, l'isolation électrique de ces appareils doit être particulièrement soignée.

Les plaques d'identification portent les symboles :

(double isolation électrique)

(isolé contre les projections d'eau)

Il est cependant conseillé de s'assurer que le circuit électrique équipant le local dans lequel on travaille est construit selon les normes de sécurité en vigueur (présence de disjoncteurs différentiels).

En cas de non conformité ou même simplement de doute, il est facile d'interposer entre le circuit et l'appareil (sur la prise électrique murale), un disjoncteur différentiel portatif.

Cette précaution, associée au port obligatoire de bottes antidérapantes en caoutchouc, met les opérateurs à l'abri des accidents électriques dont les conséquences sont presque toujours très graves.

3. Entretien et maintenance

Doc. Alpheios-Wetrok

Pour l'essentiel, les aspirateurs mixtes doivent subir les mêmes opérations d'entretien et de maintenance que les aspirateurs à poussière.

Les opérations spécifiques à ces matériels sont peu nombreuses :

APRÈS CHAQUE UTILISATION (aspiration de liquide)

- Nettoyer les accessoires (suceur, tuyau) et les rincer.
- Vider complètement la cuve.
- La rincer soigneusement à l'eau claire.
- La retourner pour l'égoutter.
- Essuyer intérieur et extérieur.

Il est recommandé de ne pas remonter immédiatement la tête d'aspiration sur la cuve. En effet, malgré toutes les précautions que l'on peut prendre, des restes d'humidité subsistent qui peuvent entraîner la corrosion de certaines pièces de l'aspirateur (dans le moteur ou la turbine notamment).

VII - L'aspiro-brosseur

Voir fiche méthode n°2
- Principe général du nettoyage
- Les salissures et leur élimination

Doc. Diversey Lever-Taski

Caractéristiques
(selon modèle)

Puissance du moteur d'aspiration : 550W à 850W.

Puissance du moteur des brosses : 150 W à 250 W (1 ou 2 brosses contra-rotatives selon modèles)

Débit d'air : 40 l/s à 120 l/s.

Dépression à la colonne d'eau : 1 500 mm à 1 800 mm.

Largeur (utile) de travail : 300 mm à 700 mm.

Volume du sac-filtre : 4 l à 8 l.

L'aspiro-brosseur est un aspirateur spécifiquement conçu pour le dépoussiérage en profondeur des sols textiles. Cet appareil permet d'obtenir d'excellents résultats et autorise des rendements élevés.

L'effet mécanique est donc seul en jeu dans cette méthode de nettoyage. Il résulte de la combinaison simultanée :

- **d'un brossage rotatif énergique** au niveau du pied suceur ce qui ouvre le velours, écarte les fibres textiles et permet la remontée des salissures les plus lourdes (sable, petits graviers...) ;
- **d'une puissante aspiration** qui assure une récupération très importante des micro et macrosalissures.

1. Description du matériel

La quasi-totalité des aspiro-brosseurs sont alimentés (en 220 V) par un câble électrique. Il faut cependant signaler l'existence d'un modèle *(Windsor Maximatic)* qui fonctionne sur batteries, donc en 24 V courant continu.

Dans la plupart des cas, le brossage assuré par deux brosses contra-rotatives permet de conserver l'efficacité de l'appareil aussi bien en avançant qu'en reculant ce qui correspond au maniement habituel de l'aspiro-brosseur.

Avantages

- **L'aspiro-brosseur est une machine de grande efficacité dans le dépoussiérage des revêtements de sol textiles** car le brossage du velours favorise la remontée des salissures les plus lourdes très difficilement captées par l'aspiration ordinaire (sans brossage associé). Cependant, les résultats sont nettement meilleurs sur les moquettes velours que sur les aiguilletés, en raison de la structure très enchevêtrée de ce type de revêtement qui est peu sensible à l'effet d'ouverture du brossage.
- **Les rendements obtenus avec l'aspiro-brosseur sont élevés** et dépendent des caractéristiques de la machine (largeur de travail, puissance d'aspiration : dépression et débit).
- **L'ergonomie de l'appareil est excellente :** l'opérateur fatigue beaucoup moins que lorsqu'il utilise un aspirateur ordinaire, ceci principalement en raison de la translation facile de l'appareil sur ses roues.

Inconvénients

- Par sa conception même, l'aspiro-brosseur convient surtout au nettoyage des surfaces dégagées car tout élément d'encombrement au sol restreint la possibilité d'effectuer d'amples mouvements d'allées et venues avec l'appareil.
- Le brossage vigoureux provoque un arrachement des fibres textiles, ce qui peut constituer à la longue un facteur d'usure du revêtement de sol. Il est donc conseillé d'alterner les opérations d'aspiro-brossage avec des opérations de simple aspiration.

1 Poignée (guidage de l'appareil).
2 Levier de déverrouillage du timon.
3 Timon.
4 Sac-filtre (coton ou papier).
5 Filtre de protection de la turbine.
6 Turbine d'aspiration.
7 Moteur d'entraînement de la turbine.
8 Moteur d'entraînement de la brosse.
9 Courroie de transmission.
10 Brosse rotative.
11 Roulette réglable en hauteur.
12 Conduite d'aspiration.
13 Roue de portage.
14 Carter en fonte d'aluminium.
15 Conduite flexible de raccordement.
16 Pivot du timon.
17 Interrupteur de mise sous tension.
18 Capot en P.V.C.

Description technique

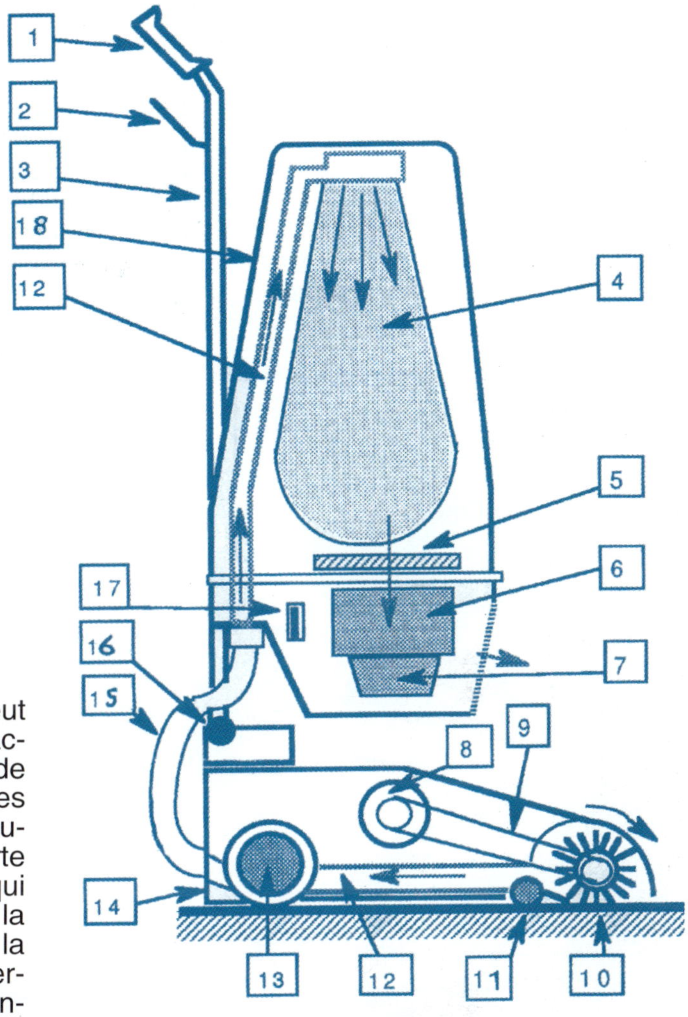

Principe de fonctionnement

La brosse placée à l'avant du pied suceur peut être réglée en hauteur en fonction des caractéristiques du revêtement textile. La rotation de cette brosse ouvre le velours en écartant les fibres, ce qui facilite la remontée des salissures. La turbine d'aspiration crée une forte dépression au niveau de la brosse ce qui entraîne les salissures dans le sac-filtre via la conduite d'aspiration. Un micro-filtre protège la turbine et le moteur des poussières. Sur certains appareils, un tube télescopique prolongeant un flexible permet d'atteindre les recoins inaccessibles à la machine (angles, plinthes...).

2. Entretien et maintenance

Régulièrement

- Nettoyer les brosses pour éliminer les « bourres » de fibres qui en diminuent l'efficacité.
- Vider le sac-filtre à poussières (ou remplacer le sac papier).
- Contrôler le bon état de la fiche électrique et du câble.
- Contrôler l'état du filtre de protection de la turbine, le nettoyer ou le remplacer si besoin.

Si nécessaire

- Remplacer la (ou les) courroie(s) d'entraînement des brosses.

VIII - La balayeuse aspirante

Les balayeuses motorisées autotractées ou à conducteur porté sont des machines de nettoyage qui mettent en œuvre simultanément l'action énergique d'un (ou de plusieurs) balai(s) mécaniques(s) rotatif(s) et d'un puissant système d'aspiration.

Ces appareils n'utilisent ni eau, ni produits détergents ou autres.

Voir fiche méthode n°2
- Principe général du nettoyage
- Les salissures et leur élimination

Effet mécanique

L'effet mécanique est donc seul en jeu dans cette méthode de nettoyage. Il résulte de la combinaison :
- **du brossage rotatif** qui soulève et projette salissures et poussières vers la cuve de récupération,
- **et de l'aspiration à très fort débit** qui capte les poussières dans un violent flux d'air dirigé vers des éléments de filtration.

Doc. Prodim

Domaines d'application

On les utilise essentiellement pour le nettoyage des « zones sèches » (surfaces couvertes ou semi-couvertes) :
- usines,
- halls de fabrication,
- entrepôts et magasins de stockage...

Les sols de ces zones peuvent être constitués de béton, béton blindé antidérapant, asphalte, ciment peint ou revêtu de résine époxy, divers carrelages.

Les salissures à éliminer sont les poussières, les débris métalliques ou végétaux (sciure, copeaux...) ainsi que des morceaux de papier, carton, etc.

1. Description du matériel

(les balayeuses non motorisées ne sont pas décrites dans cette étude).

1.1. Les balayeuses autotractées

Elles sont animées :
- soit par un moteur thermique (le plus souvent 4 temps monocylindre dont la puissance varie de 1,5 à 6 kW),
- soit par un moteur électrique dont la puissance peut varier de 0,25 à 1,5 kW, alimenté par des batteries de traction.

Le rendement de ces machines dépend surtout de leur largeur de travail (largeur de la zone balayée à chaque passage : 0,90 m environ), ainsi que de leur vitesse d'avancement (3 à 4 km/h) :

Selon les modèles, on constate des rendements compris entre 2 500 et 5 000 m²/h.

Descriptif technique

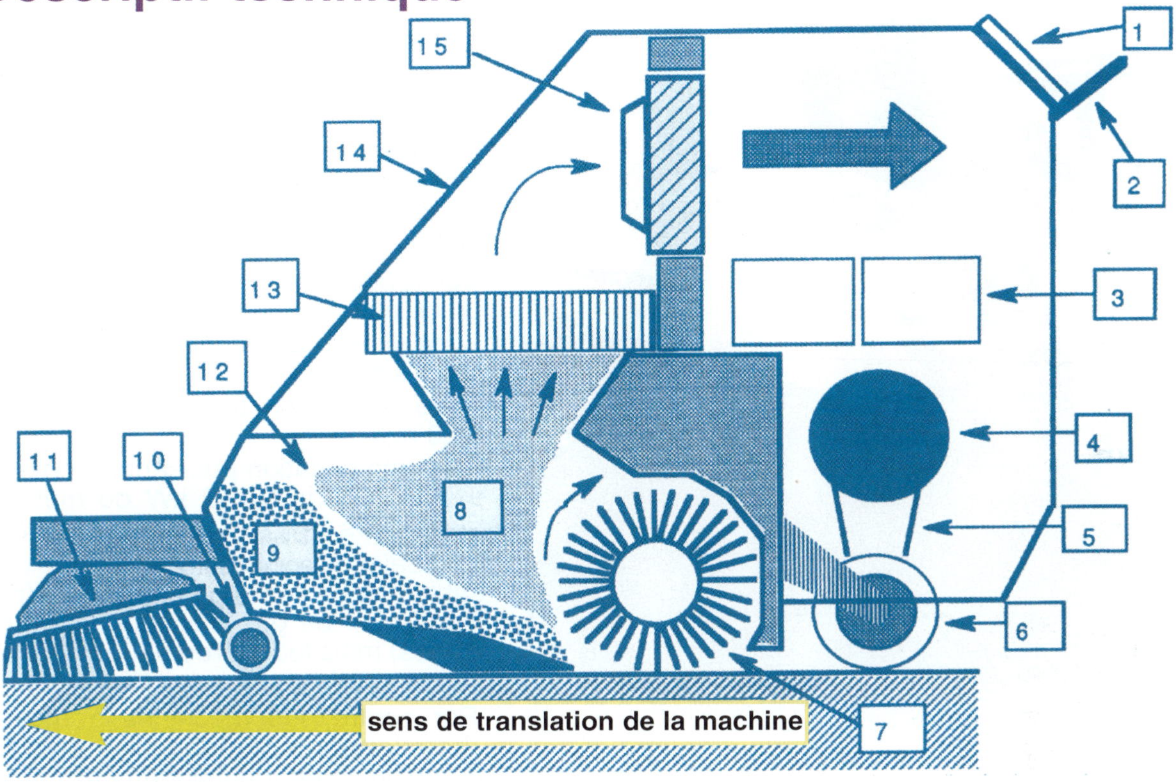

(*Croquis d'après document Sté Kärcher*)

1	Tableau de contrôle.	9	Déchets lourds (graviers...).
2	Barre de conduite.	10	Roue directrice.
3	Batteries.	11	Balai latéral débrayable.
4	Moteur de traction.	12	Cuve de récupération des déchets et poussières.
5	Courroie de transmission.	13	Élément filtrant.
6	Roue motrice.	14	Carrosserie.
7	Balai principal.	15	Turbine d'aspiration.
8	Poussières.		

La filtration

L'élément filtrant est conçu pour développer une surface de filtration très importante : 3 m² dans le cas du modèle représenté ici.

La qualité du filtre à poussière est remarquable, puisqu'il est capable de retenir des particules de l'ordre du micromètre, avec une efficacité de 99,9 %.

Un vibreur assure la décolmatation permanente du dispositif.

Principe de fonctionnement

Le balai brosse principal tourne sur son axe (horizontal) en exerçant au sol une pression que l'on peut faire varier et projette dans la cuve les déchets, salissures et poussières (dont une partie a été ramenée dans la trajectoire de la machine par le balai latéral).

La turbine crée une forte dépression dans la cuve, induisant ainsi un puissant effet d'aspiration, ce qui permet de capter les poussières les plus fines.

L'élément filtrant retient ces poussières (cf. encadré), afin de rejeter un air non pollué.

La machine est dirigée par l'opérateur soit au moyen de la barre de conduite (modèle représenté), soit par un volant de direction (dans le cas des balayeuses à conducteur porté).

Doc. Kärcher

1.2. Les balayeuses à conducteur porté

Le principe de fonctionnement est tout à fait analogue à celui des balayeuses autotractées. Mais les caractéristiques techniques sont étudiées pour permettre de **gros rendements** : de 5 000 à 10 000 m^2/h

Ces rendements peuvent être obtenus grâce à :

- une vitesse de travail pouvant atteindre 7 km/h,
- une largeur de travail de 0,90 m à 1,20 m,
- une motorisation puissante : moteurs thermiques de 6 à 9 kW ou moteurs électriques 24 V, de 2 kW à 2,5 kW.

Les balayeuses électriques sont utilisables dans les locaux fermés (pas d'émission de gaz d'échappement toxiques) mais leur durée d'utilisation est limitée par la charge des batteries.

Par contre, les machines à moteur thermique ne connaissent pas de durée limite de fonctionnement.

Sur ces deux types de balayeuses industrielles, les brosses sont montées sur bras oscillants afin de s'adapter aux inégalités et aux inclinaisons du sol.

Les cuves de récupération des déchets sont généralement « flottantes », assurant une meilleure efficacité, notamment parce que cela permet à la lèvre inférieure de la cuve d'être toujours positionnée au plus près du sol.

Domaines d'application

Elles sont particulièrement bien adaptées au nettoyage de vastes surfaces bien dégagées :

- entrepôts,
- parkings,
- cours d'usines, etc.

Elles sont conçues pour recueillir tous les genres de déchets, y compris les plus difficiles à capter (feuilles de journaux, sacs plastiques) au moyen du système « overdrive », qui permet d'augmenter la puissance d'aspiration et la vitesse de la brosse en cas de nécessité.

1.3. Les balayeuses de voirie

Leur technologie est différente de celle des balayeuses industrielles étudiées ci-dessus :

- Le système est généralement intégré à un véhicule automobile (souvent un camion) doté d'un réservoir de récupération de grand volume (jusqu'à plusieurs m^3).
- Une ou plusieurs brosses orientables à axe horizontal sont placées à l'avant de la machine.
- Plusieurs jets d'eau arrosent le sol afin d'éviter la mise en suspension des poussières.
- Les brosses dirigent les déchets vers le centre de la machine où un suceur de grande largeur applique au sol une dépression suffisante pour capter les poussières et déchets. La dépression est engendrée par une turbine fortement dimensionnée (débit jusqu'à 70 m^3/minute, dépression pouvant atteindre 800 mm à la colonne d'eau).

- Les bacs et cuves de récupération sont renforcés (blindage) et généralement réalisés en acier inoxydable afin d'en améliorer la longévité.

2. Entretien et maintenance

Machines à moteur thermique

- Vidanger et remplacer l'huile du moteur selon la périodicité recommandée par le constructeur.
- Vérifier régulièrement la (les) bougie(s) d'allumage, la (les) remplacer si besoin.
- Vérifier la (les) courroie(s) de transmission et les remplacer si besoin.

Machines à moteur electrique et batteries

- Recharger les batteries après chaque utilisation.
- Vérifier les courroies de transmission, les remplacer si besoin.

Sur tous types d'appareils

- Vérifier régulièrement l'état des brosses rotatives dont dépend en partie l'efficacité de l'appareil.

  Les brosses s'usent assez rapidement et doivent être remplacées dès que la qualité du balayage laisse à désirer.
- Nettoyer l'élément filtrant. Bien que pourvu d'un vibreur, dont l'activité permanente prévient le colmatage, le filtre a naturellement tendance à s'encrasser ce qui diminue l'efficacité de l'aspiration.
- Vider la cuve de récupération des déchets sans attendre le complet remplissage.
- Vérifier le bon fonctionnement de la turbine. Régulièrement, procéder au graissage du palier (axe de rotation).
- Contrôler, régler la hauteur et changer au besoin les joints de cuve (jupes et bavolets qui assurent l'étanchéité de l'aspiration).

IX - L'aspirateur à déchets

Voir fiche n°2
- Principe général du nettoyage
- Les salissures et leur élimination

Effet mécanique

L'aspirateur à déchets est une machine de nettoyage conçue pour éliminer efficacement et rapidement des déchets de nature variée : papiers, débris de carton, mégots, gobelets jetables, feuilles mortes, ficelles, débris végétaux, etc.

Cet appareil n'utilise ni eau, ni produits d'aucune sorte.

L'effet mécanique est seul responsable de l'action nettoyante, qui repose sur le principe d'une puissante aspiration. Cette aspiration est due à une turbine à grand débit d'air (20 m^3/min.).

Descriptif technique

1. Volute de la turbine (polyéthylène).
2. Turbine d'aspiration.
3. Capot de prise du flexible suceur (accessoire).
4. Commande de relevage de la trappe.
5. Trappe avant relevable.
6. Goulotte de collecte en acier avec jupes de caoutchouc.
7. Roulette directrice.
8. Moteur thermique 4 temps 3 à 5 kW.
9. Réservoir d'essence.
10. Roue de portage.
11. Sac-filtre 300 l.
12. Poignée du guidon.

Principe de fonctionnement

La turbine d'aspiration à fort débit (environ 20 m^3/min.) est entraînée par un moteur soit thermique, soit électrique. La dépression ainsi créée au niveau de la goulotte de collecte aspire les déchets et poussières qui sont dirigés vers le sac-filtre via la volute de turbine. Un dispositif commandé depuis le guidon permet à l'opérateur de relever la partie avant de la goulotte pour capter les gros déchets (gobelets en plastique, etc). Un flexible-suceur peut être adapté sur une prise placée avant la turbine, afin de faciliter le nettoyage des endroits les moins accessibles.

1. Description du matériel

1. Caractéristiques

Aspirateur à déchets

DOC. ALPHEIOS - WETROK

Domaine d'application

L'aspirateur à déchets est employé pour le nettoyage des espaces couverts ou découverts de moyenne superficie, tels que parkings, stades, cours d'usines, entrepôts, halls de fabrication, hangars, etc. pour lesquels l'emploi d'une balayeuse asprirante ne se justifie pas en raison de la nature des souillures à éliminer (dimension trop importante), soit pour des questions d'encombrement de la surface à nettoyer.

Sur ce type d'appareil, c'est le débit d'air qui est privilégié plutôt que la dépression, car les pertes de charge sont peu importantes. Par ailleurs, l'étanchéité de la goulotte par rapport au sol est toute relative, malgré la présence de jupes en caoutchouc formant joint.

La turbine est construite en fonte d'aluminium afin de minimiser son inertie, sans réduire sa résistance pour autant (elle est placée sur le trajet suivi par les déchets ce qui l'expose à des chocs quasi permanents).

La largeur de travail de ce genre d'appareil est d'environ 70 à 80 cm.

Certaines machines (les plus lourdes) sont autotractées ce qui facilite le maniement.

La motorisation peut être :

- **Électrique en 220 V ou en 380 V** (alimentation par câble)

La machine est alors peu bruyante et ne dégage aucune émanation toxique. L'inconvénient majeur est la nécessité de disposer à la fois de prises d'alimentation au bon voltage et d'un prolongateur de bonne longueur.
Ce genre de machine convient bien pour l'entretien des espaces intérieurs (entrepôts, hangars...).

- **Électrique en 12 V** (l'appareil est alors pourvu de batteries ce qui l'alourdit considérablement). Ce type d'appareil est peu répandu car son autonomie est assez faible, ce qui correspond mal à ce que les utilisateurs attendent généralement d'un aspirateur à déchets : efficacité et rendement élevés. De plus, la nécessité de recharger les batteries régulièrement représente une contrainte supplémentaire.

- **Thermique** (moteur 4 temps monocylindre)

Les machines ainsi motorisées sont plus puissantes que leurs homologues électriques, plus maniables que les modèles à cable et d'autonomie beaucoup plus longue que les modèles à batteries.
Leur seul inconvénient réside dans le fait que le fonctionnement du moteur thermique dégage des émanations toxiques (monoxyde de carbone) ce qui en restreint l'usage aux espaces extérieurs, semi-couverts ou de très grand volume.

2. Entretien et maintenance

Machines à moteur thermique

- Vidanger et remplacer l'huile (selon périodicité recommandée par le constructeur de la machine).
- Remplacer la bougie d'allumage régulièrement (surveiller entre temps l'usure des électrodes).
- Changer régulièrement la cartouche du filtre à air.

Machines à moteur électrique 12 V

- Recharger les batteries après chaque utilisation (les batteries de traction peuvent être rapidement endommagées si elles ne sont pas maintenues constamment en charge).

Machines à moteur électrique 220 V ou 380 V

- Vérifier régulièrement le bon état du câble d'alimentation, dont l'intégrité doit être parfaite.
- Vérifier le bon état de la fiche d'alimentation.

Tous types de machines

- Vérifier régulièrement la pression des pneus.
- Vider le sac-filtre sans attendre qu'il soit plein.
- Vérifier la turbine, éventuellement graisser l'axe de rotation.
- Vérifier le bon état des jupes caoutchouc de la goulotte de collecte, les remplacer au besoin.

X - La monobrosse

Voir fiches méthode
n° 11 - 13 - 14 - 16 - 17 - 18 - 21 - 23 - 24 - 25 - 26 - 27 - 28 - 29
- Principe général du nettoyage
- Les produits

De toutes les machines de nettoyage, la monobrosse est la plus universelle, car la plus adaptable. En effet, elle est conçue pour recevoir une large gamme d'accessoires, elle permet donc de réaliser des travaux de nettoyage, de remise en état, d'entretien et de protection très variés.

Munie des accessoires appropriés, la monobrosse peut être utilisée sur tous les types de revêtements de sol :

Types d'entretien

Ponçage, affleurage, scarification,
Lavage, lavage de récurage,
décapage au mouillé,
décapage à sec (spray de rénovation),
cristallisation,
spray partielle, spray totale,
mise en cire à froid et à chaud,
shampouinage,
spray moquette,
lustrage...

Types de sol

Sols durs et rugueux (béton, ciment,
asphate, dalles de gravillons lavés, etc.),
céramiques lisses ou non (carrelages),
pierres naturelles ou reconstituées,
thermoplastiques endalles ou en lés,
lisses ou non,
caoutchouc pastillés ou
lisses, en lés ou en dalles,
textiles,
parquets de toutes sortes,...

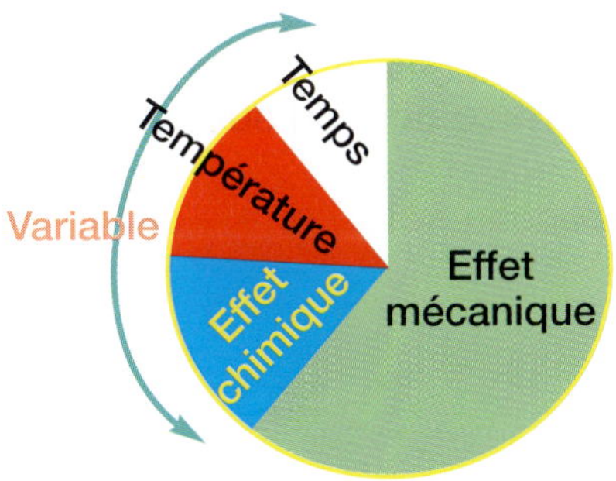

L'effet mécanique est nettement prépondérant dans tous les cas d'utilisation de la monobrosse et ceci est vrai quels que soient les accessoires employés.

C'est la friction rotative appliquée sur le support qui se substitue au geste inévitable du nettoyage consistant à frotter.

L'effet de la température, **L'action du temps**, **L'effet chimique** } se rencontrent en proportion variable en fonction des techniques mises en œuvre et donc des montages d'accessoires correspondants.

1. Description du matériel

De très nombreux modèles de monobrosses existent actuellement sur le marché.

Les différences de l'un à l'autre peuvent être très importantes et concernent principalement :

Caractéristiques de la machine : la plaque signalétique

Cette plaque doit être fixée sur l'appareil et donner les indications suivantes :
- Marque commerciale, nom du constructeur.
- Tension nominale (en Volts).
- Fréquence du courant (en Hertz).
- Puissance nominale (en Watts).
- Type et n° dans la série du type.
- Classe d'isolation et symbole.
- Classe de protection contre la pénétration des liquides et symbole.

1. Vitesse de rotation

(voir tableau p. 120)

C'est par ce critère que sont d'ailleurs classées les machines :

- lentes → 140 à 150 tours/min.,
- « classiques » ou vitesse standard (V.S.) → 170 à 190 tours/min.,
- haute vitesse → 300 à 500 tours/min.,
- très haute vitesse → env. 1 000 tours/min.,
- ultra haute vitesse → 1 500 à 3 000 tours/min.

2. Poids

Pour certains travaux exigeant une pression au sol déterminée, le poids de la machine devra être pris en considération.

Les monobrosses les plus légères pèsent environ 25 kg (sans accessoires), et les plus lourdes peuvent atteindre 65 kg (sans accessoires). Ce critère devra être pris en considération dans le choix d'une machine devant être transportée manuellement d'un étage à un autre (chantiers dépourvus d'ascenseur ou de monte-charge). Certains modèles (TASKI Ergodisc duo) sont fournis avec un poids amovible (5 kg) ce qui permet d'améliorer l'adaptabilité de la machine aux différentes tâches.

Monobrosse TASKI 42 SE

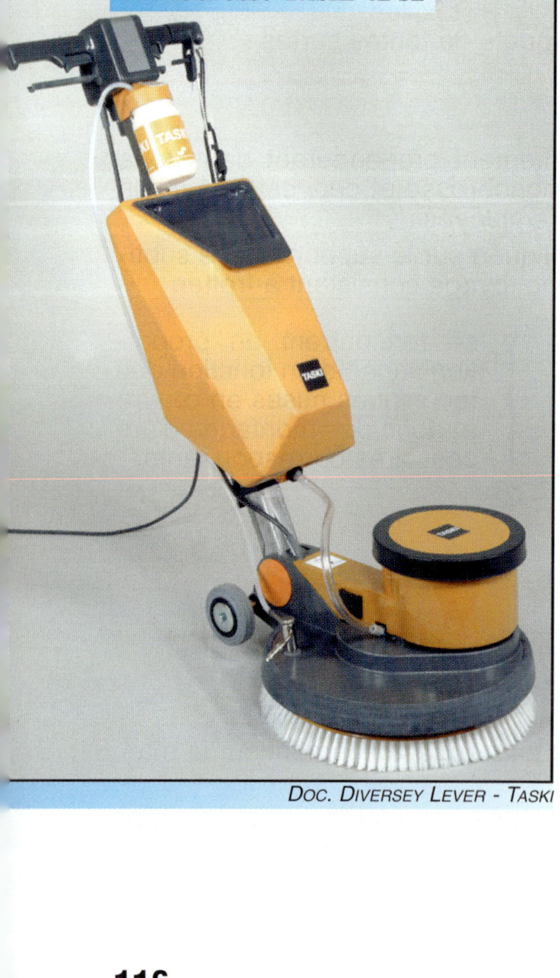

Doc. Diversey Lever - Taski

3. Diamètre du plateau

Il peut varier sensiblement d'un modèle à l'autre (de 330 à 505 mm) et détermine la surface utile ou surface portante :

Surface utile = Surface du plateau - évidement central.

4. Pression au sol

Elle est mesurée en g/cm^2 et se calcule en divisant le poids (exprimé en g) de la machine (plus éventuellement les accessoires) par la surface utile du disque ou de la brosse (cf. exemple de calcul dans F.M. n°13).

C'est la valeur de la pression au sol que la machine est capable d'exercer qui détermine son aptitude à réaliser correctement certains travaux :

- pour réaliser une cristallisation, on choisira impérativement une monobrosse lente et lourde, appliquant une pression au sol d'au minimum 50 g/cm^2.
- pour l'entretien de sols textiles, on préfèrera une monobrosse légère (30 à 35 kg), dont l'action sera moins « traumatisante » pour les moquettes.

5. Construction électrique

Type et puissance du moteur :
- la plupart des monobrosses sont aujourd'hui équipées de moteurs monophasés de type asynchrone pluripolaires.
- la puissance est facteur à la fois de confort, d'endurance et d'efficacité.

Selon les modèles, la puissance absorbée varie de 550 à 2 000 W.
La charge imposée à la machine dépend du travail effectué (un affleurage de parquet demande beaucoup plus de puissance qu'un simple lustrage d'émulsion).

6. Conception mécanique

Transmission par engrenages ou par courroies, etc., présence ou non d'amortisseurs de couple...

Les machines de conception moderne sont fréquemment équipées de transmissions par engrenages sous forme de «planétaire» fonctionnant dans un bain d'huile, ce qui garantit à la fois le silence, la fiabilité et le confort (pas de vibrations).

7. Géométrie de la machine

Moteur placé sur l'axe du plateau ou en porte à faux, forme du timon...

Cet aspect est important pour la facilité d'emploi. Il est difficile d'affirmer qu'une configuration est à priori meilleure que les autres, car les facteurs qui concourent à déterminer l'équilibre d'une monobrosse sont nombreux. On constate cependant à l'usage que certaines machines sont particulièrement bien adaptées à certains travaux. On peut en conclure que rien ne vaut un essai...

8. Gamme des accessoires prévus pour la machine

Il convient d'être très attentif à ce critère au moment du choix, car les accessoires ne sont pratiquement jamais adaptables d'une marque à l'autre, et il faut savoir que l'absence d'un accessoire peut limiter grandement les possibilités.

2. Critères de choix techniques d'une monobrosse

Trois paramètres différents doivent être pris en compte dans le choix d'une monobrosse pour effectuer un travail déterminé :

- **le couple** mesuré en Newton x mètre, sa valeur renseigne sur la puissance que la machine est capable de développer.
  Étant donné que la vitesse de rotation et le diamètre du plateau sont fixes, la valeur du couple dépend de la puissance du moteur.
- **La vitesse de rotation** mesurée en tours/minute.
- **La pression au sol** mesurée en grammes/cm^2.
  Si la pression au sol peut être considérée comme un facteur d'efficience supplémentaire, il n'en est pas de même en ce qui concerne le couple et la vitesse de rotation, dont les valeurs doivent se combiner pour caractériser l'aptitude d'une machine déterminée à effectuer certains travaux.

Descriptif technique

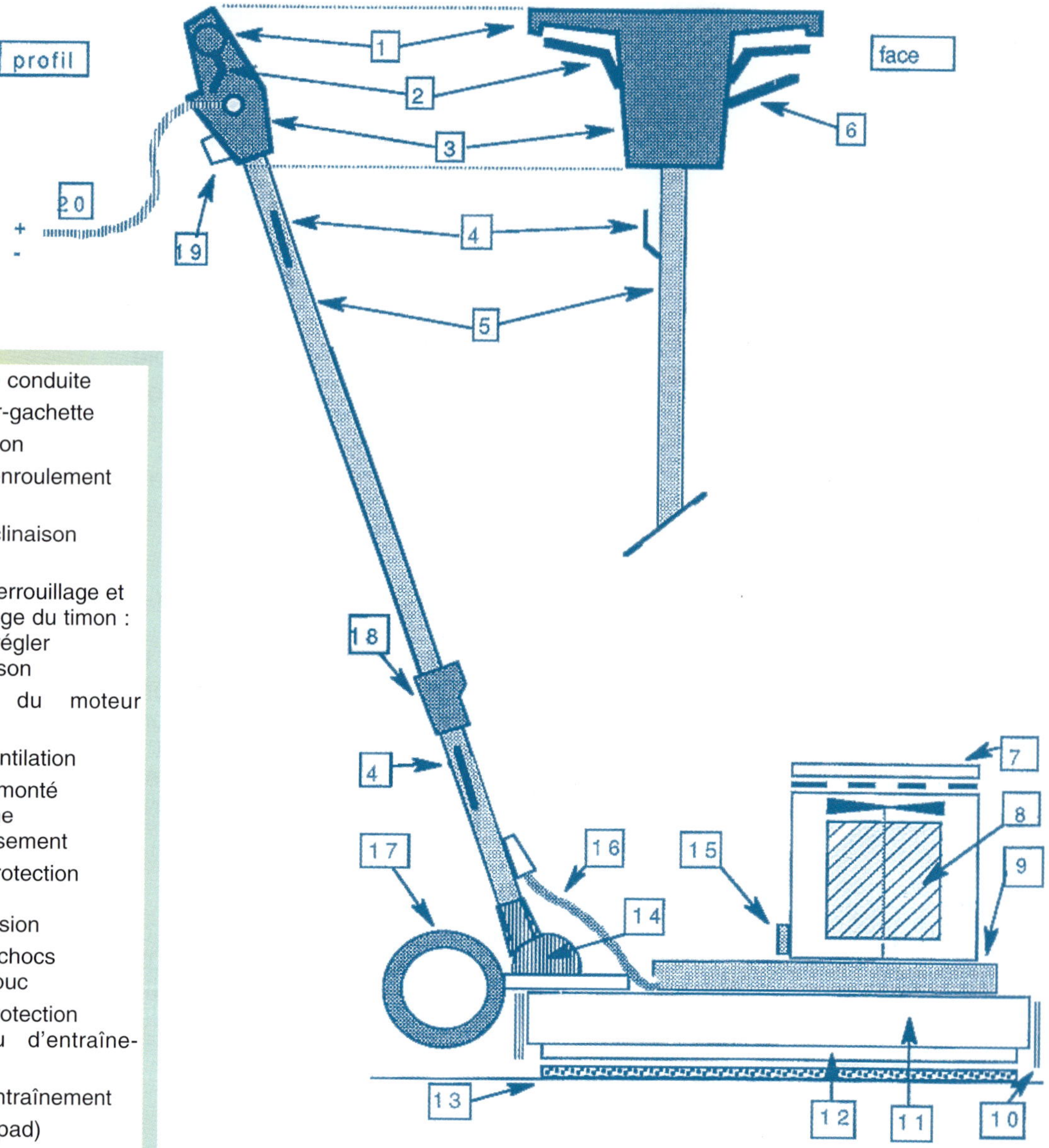

1. Poignée de conduite
2. Interrupteur-gachette
3. Tête du timon
4. Crochet d'enroulement du câble
5. Timon à inclinaison réglable
6. Levier de verrouillage et déverrouillage du timon : permet de régler son inclinaison
7. Couvercle du moteur avec ouies de ventilation
8. Moteur, surmonté de sa turbine de refroidissement
9. Capot de protection du système de transmission
10. Lèvre pare-chocs en caoutchouc
11. Capot de protection du plateau d'entraînement
12. Plateau d'entraînement
13. Disque (ou pad)
14. Articulation du timon, pourvue de nombreux crans de blocage
15. Disjoncteur thermique de sécurité
16. Câble d'alimentation du moteur
17. Roulette de transport
18. Support de fixation des accessoires
19. Prise électrique pour branchement des accessoires, pourvue d'un interrupteur
20. Câble électrique d'alimentation

Principe de fonctionnement

Le moteur électrique, alimenté en 220 V est couplé à un plateau support d'accessoires par un système de transmission ayant pour rôle à la fois de démultiplier la puissance mécanique développée par le moteur, d'amortir les vibrations et d'atténuer les effets de couple au démarrage. Le plateau est interchangeable et peut être remplacé par diverses brosses. Il est conçu pour permettre la fixation instantanée de disques (ou pads).

C'est par les effets conjugués de la rotation de l'élément en contact avec le sol (disque ou brosse) et de la pression exercée par la machine que s'effectuent les différentes actions de nettoyage, d'entretien ou de remise en état.

Un disjoncteur thermique de sécurité protège le moteur en interrompant automatiquement l'arrivée du courant en cas de surcharge.

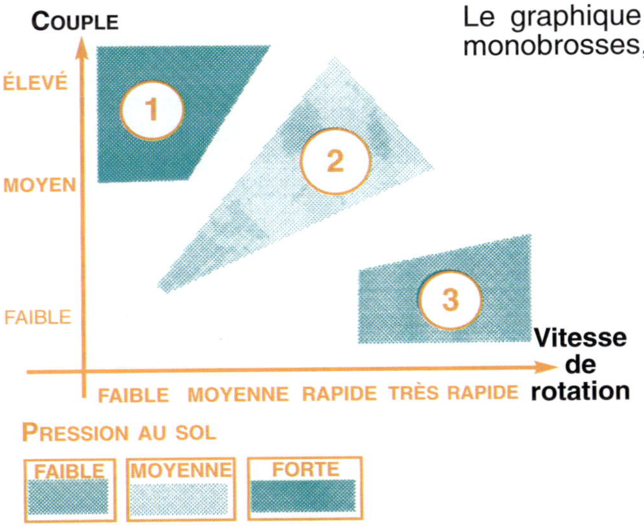

Le graphique ci-contre fait apparaître trois « familles » de monobrosses, selon leurs caractéristiques de base.

1. Couple élevé - faible vitesse

Ces machines conviennent aux travaux les plus durs, qui nécessitent de la puissance : lavages, récurages, ponçages, scarifications, cristallisation...

2. Couple et vitesse moyens

Machines adaptées aux divers travaux d'entretien, à la méthode spray, aux shampooings, etc..

Monobrosse à très haute vitesse

Doc. Diversy Lever Taski

3. Couple faible - vitesse élevée

Machines essentiellement destinées aux travaux de lustrage, éventuellement de méthode spray. Ces monobrosses à haute vitesse de rotation correspondent à une évolution technologique mise au point par les fabricants de matériel pour répondre à une attente de leur clientèle : augmenter à la fois les rendements dans les travaux d'entretien des sols lisses protégés, ainsi que la qualité du travail, qui dans ces cas là se traduit principalement par la brillance du sol et par la solidité de l'émulsion, c'est-à-dire son aptitude à résister à l'usure due au trafic. A ces deux qualités attendues, on peut ajouter celle de la non-glissance qui est demandée par les utilisateurs. Il est bon de remarquer ici que l'augmentation de la vitesse de rotation entraîne **le développement de concepts homogènes de matériels :**

- les machines doivent être conçues pour tourner très vite sans pour autant réduire la facilité d'utilisation, elles doivent être équipées de disques spéciaux et les émulsions de protection doivent être étudiées pour l'entretien « haute vitesse ».

Les machines

Obtenir une vitesse de rotation élevée est facile, mais éliminer les vibrations dues à cette vitesse est plus délicat. C'est pourquoi les fabricants en sont rapidement venus à équiper les machines d'amortisseurs de vibrations au niveau de la transmission (« silentblocs » en caoutchouc ou en mousse de polyuréthane de haute densité).

La force centrifuge très élevée a nécessité le développement d'un nouveau système d'accrochage du disque : le plateau « instalock », dans lequel les bandes « velcro » sont remplacées par des picots triples en acier.

Les disques

Plus la vitesse de rotation est grande, plus la force centrifuge est importante. Afin d'en minimiser les effets, il a fallu mettre au point des disques plus légers (moins denses), donc moins sujets à produire des vibrations. La structure de ces disques est plus aérée. Les innovations dans ce domaine sont nombreuses et assez fréquentes (voir paragraphe sur les disques).

Les produits

Ils doivent se prêter au polissage et pour cela, les fabricants les chargent plus en cires qu'en polymères. La vitesse de rotation élevée provoque des frottements plus importants, donc une élévation de température plus forte, qui va contribuer à rendre le film plus dense, plus dur, plus brillant.

Différents types de monobrosses

Machines	Travaux réalisables	Accessoires nécessaires	Remarques
Monobrosses lentes (env. 140 à 150 T/min.). **Monobrosses vitesse standard (V.S.)** 170-190T/min.	**Machines de poids normal**		
	Lavage	- brosse ou plateau + disque, - réservoir (facultatif).	Les monobrosses lentes ou à vitesse standard permettent de travailler sans éclaboussures.
	Lavage-récurage	idem ci-dessus.	
	Décapage au mouillé Remise en état	idem ci-dessus.	
	Scarification	brosse à scarifier.	
	Décapage à sec	plateau + disque.	
	Mise en cire à chaud	plateau + disque ou brosse chaufferette à cire	
	Mise en cire à froid	plateau + disque polyuréthane orange.	
	Shampooing mousse humide	réservoir, compresseur à mousse, brosse.	
	Ponçage, affleurage des parquets	Scotch-mesh ® (treillis abrasif) ou disque à poncer, plateau, couronne aspirante.	Pour les indications concernant le choix du disque ou de la brosse convenant le mieux à chaque opération, voir plus loin dans ce chapitre.
	Méthode spray	sprayeur de timon ou pulvérisateur manuel, plateau, disque ou brosse à cirer.	
	Lustrage	plateau, disque ou brosse à lustrer.	Voir plus loin description des accessoires.
	Machines lourdes		
	Cristallisation	plateau, disque laine d'acier,	(méthode « classique »).
	Décapages difficiles	plateau, réservoir, disque ou brosse à récurer.	Voir plus loin pour le choix des accessoires.
Monobrosses haute vitesse (300-500T/min.)	Méthode spray	sprayeur de timon, plateau, disque.	Voir plus loin pour le choix des accessoires.
	Lustrage	plateau, disque.	
	Cristallisation	plateau, disque rouge,	(nouvelle méthode).
Monobrosses très haute vitesse (env. 1 000T/min.)	Méthode spray	monobrosse équipée spécifiquement (sprayeur).	Machine permettant la pulvérisation au centre du disque.
	Lustrage	plateau, disque.	Certaines machines sont équipées d'un système d'aspiration intégré, ce qui évite d'avoir à éliminer les poussières produites par le lustrage.
Ultra haute vitesse (1 500 à 3 000T/min.) **Machines de lustrage ou lustreuses**	Lustrage	Ces machines sont le fruit d'un **concept technologique global**, consistant à associer machine à rotation ultrarapide avec un plateau et un système de transmission adaptés aux vitesses élevées, ainsi que d'un disque spécial et un produit approprié. Elles permettent d'obtenir une brillance parfaite et des rendements remarquables.	

3. Quelle monobrosse, pour quoi faire...

Le tableau ci-contre présente les différentes catégories de monobrosses disponibles sur le marché, en fonction de leurs possibilités selon le type de travaux à exécuter.

Les monobrosses multivitesses

La majorité des monobrosses que l'on trouve actuellement sur le marché sont des machines monovitesse : leur conception (puissance, couple, vitesse de rotation, pression au sol, surface portante...) est homogène et elles sont faites pour exécuter dans les meilleures conditions d'efficacité une certaine gamme de travaux. Les accessoires proposés sont prévus pour cela.

C'est un point de vue assez répandu que d'estimer qu'une monobrosse doit être avant tout fiable et robuste, ce qui semble exclure a priori les sophistications techniques, telles que variateurs électroniques, etc.

Afin de répondre à une demande de la clientèle, plusieurs fabricants ont cependant développé des machines capables de travailler à différentes vitesses de rotation et par conséquent aptes à effectuer des tâches plus variées.

Ainsi certains modèles peuvent tourner entre 150 et 300 T/min., et d'autres permettent d'obtenir des vitesses comprises entre 500 et 1 000 T/ min.

4. Les accessoires

4.1. Les brosses

Elles se fixent directement sur le mandrin de la machine, par un système de baïonnette.

Le support de fixation des poils (ou crins, ou « soies ») peut être construit en bois, ou moulé dans la matière plastique.

Une brosse de bonne qualité doit présenter des soies bien serrées, serties profondément dans le plateau, avec régularité et coupées sur un plan très régulier.

Une mauvaise brosse provoque des vibrations et/ou le « tangage » de la machine.

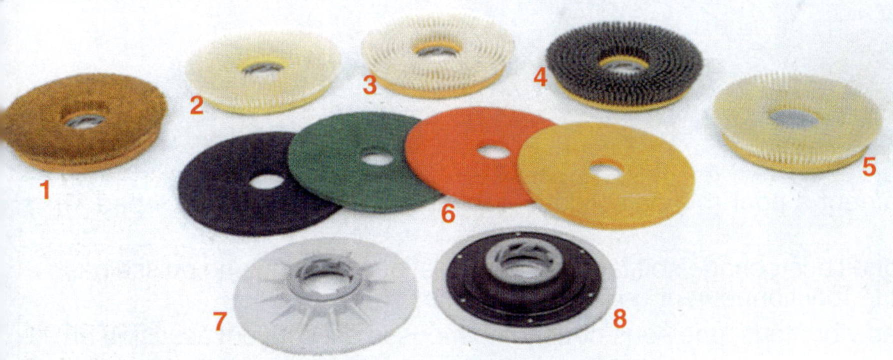

1 Brosse à lustrer Union/2 Brosse à récurer Supernylon/3 Brosse à récurer Polypropylène/4 Brosse à récurer Tynex/5 Brosse à shampooing/ 6 Pads de nettoyage/7 Multidisque/8 Multidisque 515 HS

Doc. Bernard

Disques pour l'entretien des sols

Opération / Vitesse	Basse Vitesse ⇨ 250 t/min	Haute Vitesse ⇨ 500 t/min	Super haute Vitesse ⇨ 1200 t/min	Ultra haute Vitesse ⇨ 3000 t/min
Décapage	Marron Noir Hi-Pro			
Lavage *sols non protégés* *sols protégés* *sols irréguliers ou délicats*	Bleu Vert Amande Fibres actives			
Spray methode *sols protégés* *sols non protégés*	Rouge Bleu		Amande	
Spray lustrante *sols protégés*			Rose ultra	
Lustrage Polissage	Beige	Blanc	Orangé	Orangé Rose ultra
Cristallisation	Bronze Argent			
Affleurage des parquets	Scotch-Mesh			
Entretien des sols textiles	Type T			

Doc. 3M Entretien et Hygiène professionnels

Couleur brosse		Travaux
Noir	→	décapages
Vert	→	Lavages
Rouge	→	Sprays
Bleu	→	Lustrages

1. Les brosses de scarification

Elles sont constituées de petits rouleaux d'acier au carbure présentant des lames d'usure orientées dans le sens de la rotation.

2. Les brosses extra-dures

Réservées aux travaux de récurage les plus durs (sols de ciment très fortement encrassés), elles se composent de fines lamelles d'acier, ou de fils d'acier, ou encore d'un mélange de fils d'acier et de fibres de synthèse (polypropylène, etc.).

3. Les brosses dures et très dures

Pour gros nettoyages, les lavages difficiles des sols durs homogènes et résistants, elles sont le plus souvent constituées de nylon ou de polypropylène.

4. Les brosses souples

- **Brosses à shampouiner :** en nylon ou polypropylène fibres calibre 50/100 (adaptées aux différents types de revêtements de sol textiles).
- **Brosses à cirer (à chaud) :** en fibres végétales, différentes duretés de soies.
- **Brosses à lustrer, à briller :** synthétiques ou végétales (coco)
- **Brosses spéciales pour caoutchouc pastillé,** etc..

5. Les brosses destinées à remplacer les disques

Certains fabricants proposent des brosses dites « haut de gamme », autonettoyantes, de dureté graduée. Elles remplacent les disques et leur durée de vie est beaucoup plus longue *(Kärcher).*

4.2. Les plateaux

Le plateau entraîneur a pour rôle de solidariser le disque (parfois appellé « pad ») à la machine.

L'important est que l'accrochage soit facile à réaliser et que le disque ne puisse pas bouger pendant le fonctionnement de la monobrosse.

Pour absorber les vibrations, une sous-couche de mousse est souvent associée au plateau.

L'ancien système des rubans de type « Velcro » tend à laisser la place aux plateaux revêtus de picots métalliques ou de crochets et petits cônes antitorsion mieux adaptés aux monobrosses très haute et ultra haute vitesse.

4.3. Les disques

Coupe du disque, fortement agrandie

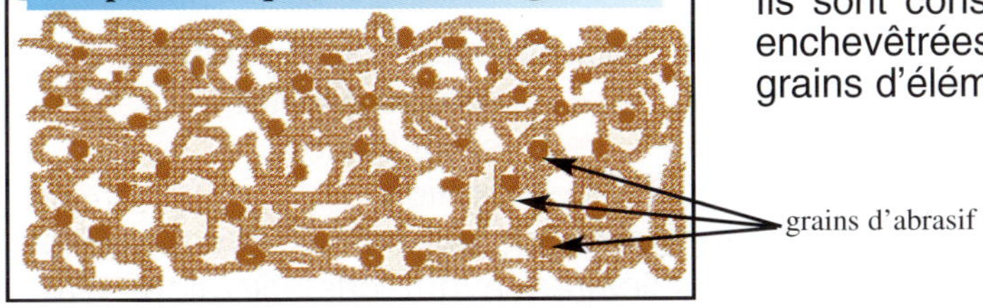

Ils sont constitués d'une nappe de fibres synthétiques enchevêtrées (nylon + polyester), sur lesquelles des grains d'éléments abrasifs sont fixés par de la résine.

Disques de décapage

HI-PRO

Très agressif, idéal pour les remises en état, ainsi que pour le décapage des émulsions superposées durcies par un entretien à 1 000 t/min.

NOIR

Décapage au mouillé, à vitesse standard.

MARRON

Spécialement destiné au décapage à sec, peut travailler jusqu'à 400 t/min.

Disques de nettoyage

VERT

Nettoyage humide (autolaveuse par exemple).

BLEU

Bien adapté au nettoyage par la méthode spray, mais convient aussi au nettoyage humide (autolaveuse).

AMANDE

De structure ouverte (très aérée), dépourvu d'abrasifs, ce disque est conçu pour l'entretien à l'autolaveuse des sols protégés.

Disques pour spray

ROUGE

Destiné à la méthode spray à vitesse standard, mais convient aussi à l'entretien à l'autolaveuse des sols protégés.

AMANDE

Convient particulièrement bien à la méthode spray en haute vitesse (450-500 t/min.) et très haute vitesse (1 000 t/min.).

Disque de lustrage et de polissage

BEIGE

Disque traditionnel, à utiliser sur les émulsions semi-polissables, en vitesse standard.

BLANC

Convient à l'entretien des émulsions métallisées, à vitesse standard comme à haute vitesse.

CRÈME Super Haute Vitesse

Jusqu'à 1 500 t/min., ce disque offre une excellente résistance et sa structure est étudiée pour n'engendrer aucune vibration.

ORANGÉ Ultra Haute Vitesse

De résistance mécanique exceptionnelle, ce disque convient parfaitement bien pour les lustrages de 1 200 à 3 000t/min.

Selon l'usage auquel on les destine, les disques sont chargés d'abrasifs plus ou moins agressifs (depuis le talc pour les disques blancs, jusqu'au corendon et à l'oxyde d'aluminium pour les disques noirs). (Voir classement des substances abrasives dans le chapitre sur les « produits »). Un disque de qualité doit présenter une structure bien régulière (et aérée dans le cas des disques destinés au nettoyage à sec, ce qui les rend faciles à nettoyer et aptes à retenir les salissures). Il doit être chargé de grains abrasifs dans toute son épaisseur et non pas seulement en surface comme le sont trop souvent certains produits bon marché et ces grains d'abrasif doivent être de granulométrie aussi régulière que possible.

1. Importance de la couleur

Un mauvais choix de disque peut entraîner, en très peu de temps, des conséquences désastreuses et irréparables sur le support traité.

Afin de limiter les risques d'erreur de la part des opérateurs, les fabricants ont adopté une convention commune relative à la couleur des disques :

- **Plus la couleur du disque est foncée (sombre), plus celui-ci est abrasif.**

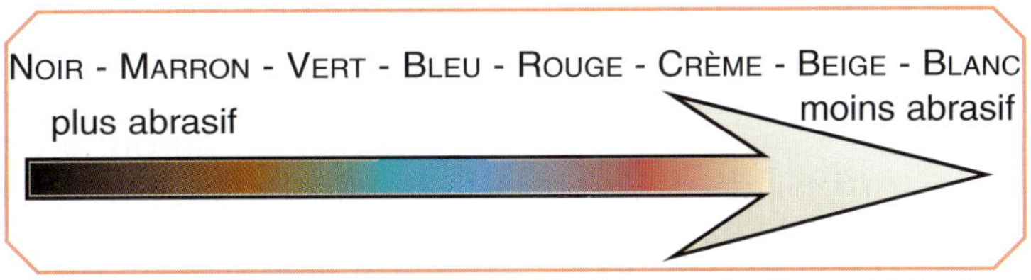

(couleurs donnØes titre indicatif - toujours se rØfØrer aux directives du fabricant)

Disques de cristallisation
BRONZE
Pour la cristallisation à 200 t/min. des pierres marbrières.
ARGENT
Pour la finition des cristallisations et pour l'entretien des sols en pierre marbrière (150 à 400 t/min.)

Il faut également citer le disque «**Scotchmesh** ®», qui est constitué d'une grille à mailles aérées, sur laquelle les grains d'abrasif sont fixés par la résine.

Ce disque est disponible en trois gradations :
- grain 60 ➡ remise en état,
- grain 80 ➡ semi-finition,
- grain 120 ➡ finition.

On l'emploie dans les opérations de ragréage des pierres calcaires avant cristallisation, d'affleurage et remise en état de parquets, etc.

2. Les différents disques et leurs utilisations

Les disques textiles

Utilisés pour la spray moquette, ils sont constitués par des fibres textiles bouclées ou aiguilletées.

Les disques à poncer

Ils sont faits en « papier de verre », de gradations allant de «gros» à « très fin » et sont employés pour l'affleurage des parqusets.

Les disques à laine d'acier inoxydable *(disque "inox")*

On les emploie pour la cristallisation des pierres marbrières. Ils existent en différentes gradations.

Les disques en mousse de polyurérhane *(orange)*

Ils permettent de mettre en œuvre la cire « à froid » (cf. FM n°26).

4.4. Le dispositif d'aspiration intégrée

Affleurage de parquets, grésages des pierres marbrières, lustrages....

Certains travaux effectués avec la monobrosse produisent de la poussière en quantité variable.

C'est le cas de l'affleurage des parquets, qui est une opération particulièrement salissante mais aussi du lustrage des sols protégés en haute ou très haute vitesse.

Certains fabricants proposent donc des accessoires permettant d'aspirer pendant le fonctionnement de la monobrosse. Cet équipement se compose :

- d'une « **couronne** d'aspiration », qui capte les poussières sur le site même de leur production, c'est-à-dire au niveau du disque,
- de **flexibles de raccordement**,
- d'un **aspirateur à poussière,** qui est soit fixé sur le timon de la monobrosse, soit placé au-dessus du moteur de la monobrosse.

Entretien et Maintenance :
(cf. chapitre sur l'aspirateur à poussière).

4.5. Le réservoir à eau

Monobrosse équipée en shampooing

Doc. Nilfisk - Advance

Sans vanne de réglage du débit

• **Lavage, décapage, shampooing au mouillé**

De contenance variable d'un modèle à l'autre (6 à 16 litres), il se fixe sur le timon de la monobrosse.

Un tube flexible permet de faire couler la solution détergente jusqu'au niveau de la brosse, et en son milieu. Une manette placée à proximité de la poignée permet d'ouvrir ou de fermer le clapet d'écoulement.

Sans être rigoureusement indispensable, car l'apport de liquide peut se faire sans lui, le réservoir à eau rend service en simplifiant le travail de l'opérateur.

Avec robinet-vanne de réglage du débit

• **Shampooing mousse sèche**

Il est semblable par ailleurs au réservoir simple décrit ci-dessus mais la possibilité de régler le débit est indispensable pour réaliser le shampooing mousse sèche (cf. F.M. N°21).

4.6. Le compresseur

Le compresseur (ou générateur de mousse)

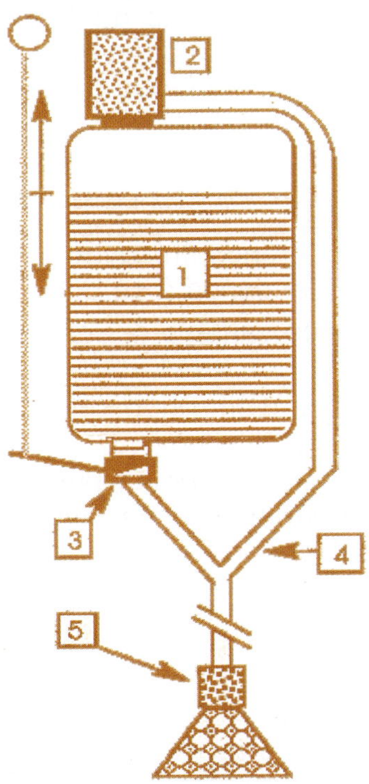

Doc. Nilfisk

Shampooing mousse sèche

Le compresseur (ou générateur de mousse) s'emploie conjointement au réservoir.

Le système se compose par exemple :
- du réservoir de solution détergente (1),
- du compresseur d'air (2),
- d'une vanne à débit variable (3),
- d'un tuyau flexible d'amenée en « Y » (4),
- d'un diffuseur de mousse en bronze poreux (5).

L'air comprimé se mélange à la solution détergente au niveau du « Y » et ce mélange est envoyé sous pression jusqu'au diffuseur en bronze (placé au milieu de la brosse).

La mousse ainsi produite en abondance pénètre dans le revêtement textile sous l'action de la brosse.

Entretien du générateur de mousse et de la monobrosse

Après chaque usage :

- démonter le diffuseur en bronze, le rincer à l'eau claire et le détartrer si besoin (par trempage dans une solution de produit détartrant),
- démonter la brosse, la laver, la faire sécher,
- nettoyer et sécher (essuyer) le dessous de la machine (intérieur du carter),
- démonter le compresseur d'air,
- essuyer le câble et l'enrouler,
- rincer réservoir et flexible en « Y ».

4.7. Les vaporisateurs pour spray

Méthode spray, cristallisation

Sans être absolument indispensables (il est toujours possible d'utiliser un vaporisateur manuel, voir F.M. N°18), ces accessoires rendent grandement service car ils permettent à l'opérateur de garder les deux mains sur les poignées de la monobrosse, en commandant du guidon le sprayage de l'émulsion.

Deux types de vaporisateurs pour spray se rencontrent dans les gammes des différents fabricants :

- les vaporisateurs dont la cuve, fixée au timon, est mise sous pression par un système de pompe, le produit étant libéré par manœuvre d'un levier placé sous la poignée de la monobrosse ;
- les réservoirs à spray simples, très comparables aux modèles manuels, que l'on fixe sous le guidon de la machine ou dans la partie basse du timon et qui libèrent l'émulsion spray à chaque pression que l'opérateur exerce sur un levier.

Entretien et maintenance

Le problème le plus fréquemment rencontré avec les pulvérisateurs de spray est qu'ils ont tendance à se boucher.

Régulièrement (selon une fréquence variable en fonction de l'utilisation), il convient de :

- vider complètement le réservoir d'émulsion,
- le remplir d'eau chaude additionnée d'un détergent décapant d'émulsion et faire fonctionner le système afin de rincer l'ensemble, en insistant bien au niveau des gaines de câbles métalliques quand il y en a.

5. Les monobrosses particulières

1. Les "mini-brosses"

De nombreux travaux ne sont pas réalisables avec une monobrosse « normale », en raison de son encombrement :
- nettoyage, shampouinage, cristallisation des revêtements de sol sur les marches d'escaliers ;
- nettoyage et entretien des cabines d'ascenseurs.

On trouve sur le marché des appareils qui ont les caractéristiques suivantes :
- tension d'alimentation 220 V,
- vitesse de rotation 800 t/min.,
- accepte diverses brosses et des pads au diamètre de 165 mm,
- accès aux endroits inaccessibles aux monobrosses normales.

2. Les lustreuses (ou polisseuses)

Lustreuse

Doc. Nilfisk - Advance

On désigne ainsi les monobrosses «ultra haute vitesse» qui fonctionnent à des vitesses de rotation de 2 000 à 3 000 t/min.
Leur spécialisation est extrême : il s'agit de machines de lustrage ultraperformantes, mais leurs caractéristiques techniques ne leur permettent pas de faire autre chose.

Dans cette catégorie se côtoient deux types de machines :
- les lustreuses à câble, alimentées en 220 V monophasé,
- les lustreuses à batteries 24 V, dont l'autonomie va de 2 h 30 à 5 heures selon les modèles.

Les modèles les plus évolués sont dotés d'un système d'aspiration intégré, afin de capter immédiatement les très fines poussières que la rotation ultrarapide du disque arrache à l'émulsion de protection du sol. Le travail de lustrage est ainsi réalisé dans les meilleures conditions d'hygiène. Certains modèles sont autoportés (Nilfisk - Advance BHS 75014) et permettent des rendements supérieurs à 3 000 m²/heure.

Les avantages des lustreuses

- **Les rendements** obtenus sont remarquables (jusqu'à 3500m²/heure pour les plus gros modèles).
- **La qualité du résultat** est parfaite : les sols atteignent un degré de brillance très élevé (le «wet look» ou aspect mouillé), sans devenir glissants pour autant.
- **L'espacement des opérations d'entretien** est plus important, car la très haute vitesse de rotation des disques entraîne un échauffement et une compression de l'émulsion qui durcit et acquiert par là-même une résistance très accrue à l'usure et aux rayures.

La brillance de l'émulsion est donc sensiblement prolongée.

Chaque lustrage répète le processus.

6. Entretien et maintenance

La monobrosse est une machine robuste, conçue pour des usages intensifs.

Son entretien régulier est des plus simples. Cependant, les réparateurs font observer que 90 % des interventions qu'ils opèrent sur les monobrosses auraient pu être évitées si l'entretien et la maintenance quotidiennes élémentaires avaient été faits correctement.

1. Opérations quotidiennes

Après chaque utilisation

- **Enrouler le câble électrique en l'essuyant** (le bon ouvrier nettoyeur a toujours un chiffon dans sa poche). Le câble doit être enroulé assez lâche sur les crochets d'enroulement du timon.

Cet essuyage est important car les produits de nettoyage répandus sur le sol et dans lesquels le câble baigne souvent, ont à la longue un effet corrosif.

- **Essuyer avec un chiffon humide, puis sécher le carter de protection** du disque ainsi que le capot du moteur (à cause des projections de produits parfois corrosifs).
- **Démonter le plateau d'entraînement et le ranger (suspendu).**

  Le plateau ne doit jamais rester sous la machine.
- De la même façon, il faut **déposer la brosse, la rincer et la suspendre** pour un parfait égouttage.
- **Nettoyer, rincer et égoutter les disques d'entretien et les faire sécher,** à plat si possible, pour éviter toute déformation.
- **Ranger correctement tous les accessoires,** faire l'inventaire des pièces détachées.

2. Opérations régulières

- **Contrôler l'état du câble,** principalement au niveau des fiches et prises de raccordement : la monobrosse étant une machine qui travaille souvent en milieu humide, l'intégrité du câble est primordiale si l'on veut travailler dans de bonnes conditions de sécurité.
- **Démonter le couvercle du capot-moteur** et dépoussièrer (si possible à la « soufflette ») la turbine de refroidissement.
- **Resserrer l'ensemble de la visserie et de la boulonnerie,** notamment au niveau de l'articulation du timon. En effet, la monobrosse est une machine qui vibre en permanence, même si ces vibrations sont d'une fréquence telle que l'opérateur ne les perçoit pas. Ces vibrations rendent le resserrage périodique indispensable.

3. Et selon les besoins

- **Remplacer les pièces défectueuses ou usées.**

Ces interventions concernent le plus souvent la partie « alimentation électrique » (câble, fiches, prise...) mais peuvent aussi concerner la courroie d'alimentation, la poignée...

7. La sécurité

1. Sécurité électrique

La monobrosse est une machine électrique utilisée en milieu humide. Elle doit donc être construite selon la norme d'isolation « classe II » : tous les éléments sous tension sont placés sous double isolation.

La plaque signalétique de l'appareil porte le symbole : 

La partie électrique de l'appareil doit être également protégée contre les projections d'eau.

Symbole sur la plaque signalétique : 

2. Protection du moteur

Afin d'éviter au moteur tout dommage consécutif à un échauffement excessif dû à une surcharge, les monobrosses sont équipées d'un disjoncteur thermique.

Ce dispositif coupe automatiquement l'arrivée du courant en cas de surchauffe du moteur.

3. Dispositif de sécurité

La commande de mise en marche présente généralement une double sécurité :

- un système de bille ou de clapet empêche la mise en marche du moteur quand le timon est en position verticale.
- l'interrupteur de mise en route se présente soit sous forme d'un levier, soit comme une gachette carénée, mais dans les deux cas, une pression continue est nécessaire pour que le courant passe. Ceci évite le risque dit « de la machine folle », qui fonctionne sans être contrôlée.

4. Sécurité des manipulations

Sans être à proprement parler une machine dangereuse, la monobrosse développe une force importante et doit donc être utilisée en observant quelques précautions :

- L'opérateur doit veiller à ne pas endommager le câble avec la machine elle-même. C'est pourquoi il est recommandé de faire passer ce câble sur l'épaule et de le maintenir toujours derrière soi.
- Le réglage de la hauteur du timon doit se faire en fonction de la morphologie de l'opérateur (surtout de sa taille).
- Le maniement de la machine doit se faire en douceur :
  - plateau parallèle au sol : la monobrosse reste sur place,
  - timon abaissé : la monobrosse se déplace vers la gauche,
  - timon relevé : la monobrosse se déplace vers la droite.
- Il faut obligatoirement débrancher la machine avant de placer ou de déposer les accessoires (plateau, disque, etc.).

XI - La laveuse ou autolaveuse

Voir fiches méthode n°12 - 13

- Principe général du nettoyage
- Les salissures et leur élimination

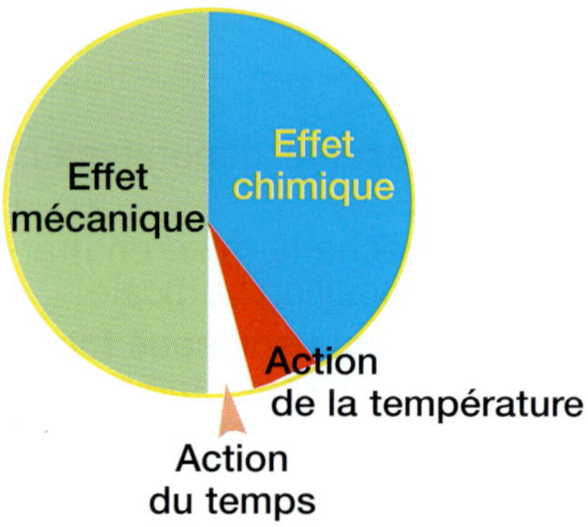

La laveuse (souvent appelée « autolaveuse ») est une machine complexe conçue pour nettoyer rapidement et de façon parfaite les sols durs et homogènes supportant l'eau, tels que grès cérame, béton lissé ou lavé, asphalte, thermoplastiques, sols coulés à base de résine, pierres naturelles ou artificielles. Les rendements autorisés par ces machines sont souvent élevés et elles sont devenues irremplaçables sur de nombreux types de chantiers : entretien quotidien des grandes surfaces commerciales, des halls de gares ferroviaires et aéroports, des couloirs dans les grandes collectivités, voire même des grandes cuisines et de nombreux locaux de fabrication dans le domaine industriel.

L'effet mécanique est très important. Il résulte d'un brossage énergique assuré par les brosses rotatives placées à l'avant de la machine, selon une pression au sol plus ou moins forte.

L'effet chimique est très important également. Etant donné la très faible durée dont disposent les détergents pour agir, leur efficacité doit être très grande.
C'est pour cela qu'il convient d'employer des produits détergents spécifiquement adaptés à l'autolaveuse.

L'action du temps est extrêmement réduite. Elle se limite généralement à 2 ou 3 secondes, étant donné la vitesse d'avancement de la machine.

L'effet de la température peut être considéré comme négligeable, voire même inexistant dans la plupart des cas, car on dispose rarement d'eau chaude sur les chantiers de nettoyage.

Autolaveuse Taski Combimat 1100

Doc. Diversey Lever - Taski

1. Technologie des laveuses

Toutes les laveuses fonctionnent quasiment selon le même principe :

- Une solution détergente est répandue en petite quantité sur le sol au niveau d'une ou plusieurs brosses rotatives qui assurent le nettoyage en combinant leur effet mécanique à l'action chimique du détergent. La machine avance régulièrement et l'eau chargée d'impuretés et de salissures dissoutes est aspirée par le suceur placé à l'arrière de la machine, ce qui laisse le sol quasiment sec.

Laveuse à réservoirs séparés

Laveuse classique, à réservoirs séparés pour l'eau propre et l'eau sale, alimentée par batteries de traction.

Fig. 1

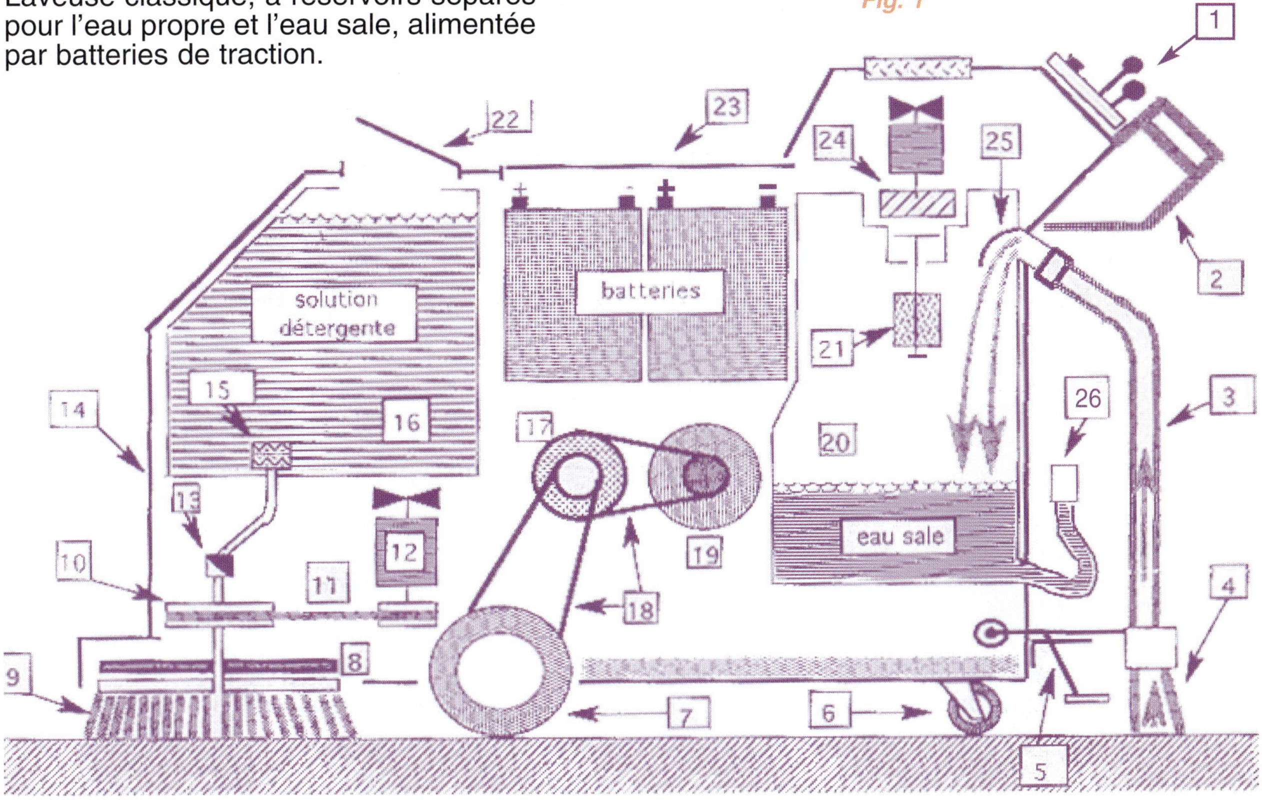

1. Tableau de bord.
2. Barre de contrôle et de conduite.
3. Flexible d'aspiration.
4. Suceur d'aspiration.
5. Support réglable du suceur et pédale de commande (formant levier).
6. Roue directrice.
7. Roue motrice.
8. Plateau d'entraînement de la brosse ou du pad.
9. Brosse.
10. Poulie solidaire du plateau.
11. Courroie de transmission.
12. Moteur d'entraînement de la brosse.
13. Vanne d'arrivée de la solution détergente.
14. Carrosserie.
15. Crépine (filtre).
16. Réservoir de la solution détergente.
17. Système de transmission (réducteur).
18. Courroies de transmission.
19. Moteur de traction de la laveuse.
20. Réservoir d'eau sale.
21. Flotteur.
22. Trappe de remplissage.
23. Capot de protection des batteries.
24. Système d'aspiration (moteur + turbine).
25. Déflecteur.
26. Vidange (tuyau souple) du réservoir 20.

Principe de fonctionnement

Entraînée(s) par le moteur électrique, la (ou les) brosse(s) rotative(s) lave(nt) le sol avec la solution détergente libérée par la vanne d'arrivée.

La machine avance régulièrement grâce au moteur de traction qui entraîne les roues motrices par l'intermédiaire du système de transmission.

L'eau sale est récupérée par le suceur placé à l'arrière, au niveau duquel une forte dépression est exercée grâce au système d'aspiration muni d'un flotteur de sécurité.

La vidange de la cuve de récupération de l'eau sale se fait en ouvrant le bout du flexible de vidange. La machine se conduit au moyen d'une barre de guidage.

Un tableau de bord regroupe les diverses commandes de réglage et interrupteurs.

Laveuse à réservoir unique (ou "à membrane de filtration")

Fig. 2

Principe de fonctionnement

Aspirée au niveau du suceur (3), grâce à la dépression engendrée dans la partie supérieure de la cuve unique (8) par la tête d'aspiration (7), l'eau sale (1) arrive dans la première partie de la cuve. Elle traverse alors la membrane de filtration (2), ce qui la débarrasse des impuretés et attend dans la partie «eau propre» du réservoir (5) d'être aspirée par la pompe(4) vers les brosses de lavage placées à l'avant de la machine. Au niveau de la pompe(4) une vanne de dosage permet d'ajouter le détergent nécessaire au lavage, stocké dans le réservoir spécial (6).

Fig. 3

Schéma 1 (début d'opération)

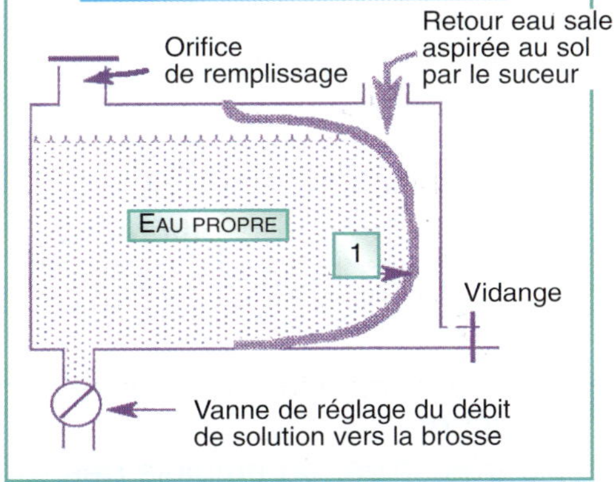

Le réservoir est rempli d'eau propre (détergente). La membrane souple (1) est distendue pour accepter la contenance maximum de solution de lavage.

Schéma 2 (en cours d'opération)

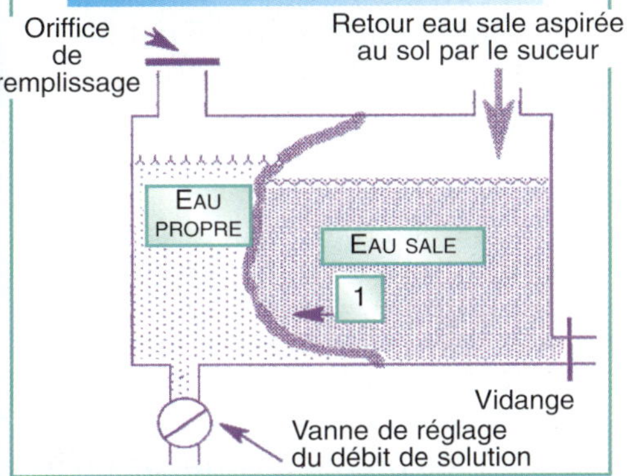

La membrane souple se déforme et se déplace au fur et à mesure que le volume d'eau propre diminue et que celui de l'eau sale de récupération augmente.

Schéma 3 (en fin d'opération)

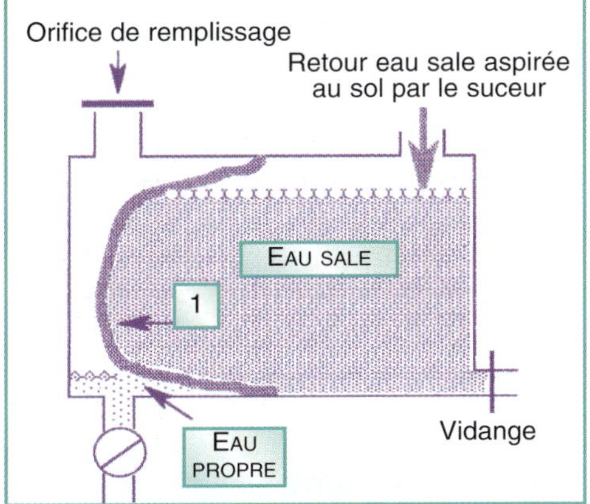

Le réservoir est rempli d'eau sale (de récupération). La membrane souple (1) est distendue pour accepter le maximum d'eau sale récupérée au sol par la machine.

Mais les laveuses que l'on trouve actuellement sur le marché peuvent être construites selon deux conceptions différentes :

Les modèles « classiques » (fig. 1) comprennent deux réservoirs distincts (un pour l'eau propre additionnée de détergent, l'autre pour l'eau sale récupérée par le système d'aspiration (voir laveuse à réservoirs séparés).

Les modèles « à réservoir unique » ou réservoir à membrane, apparus récemment, peuvent eux-mêmes fonctionner selon deux principes différents :

- **Les laveuses à solution recyclée (fig. 2) mettent à profit la perméabilité sélective d'une membrane souple qui sépare dans le réservoir l'eau propre de l'eau sale.** Cette membrane retient les impuretés et salissures, tout en laissant passer l'eau ce qui permet de recycler l'eau de lavage plusieurs fois, augmentant ainsi très sensiblement le rendement réel de la machine puisque les temps « improductifs » de remplissage d'eau propre et de vidange de l'eau sale sont en partie supprimés (voir laveuse à réservoir unique).
- **D'autres modèles (fig. 3) sont équipés d'un réservoir unique dans lequel une membrane souple non poreuse et non perméable à l'eau sépare l'eau propre de l'eau sale :**
  - en début d'opération de lavage, le réservoir d'eau propre est plein (fig.1), la poche qui contient cette eau est donc remplie au maximum de sa capacité ;
  - au fur et à mesure que le travail se poursuit, l'eau sale vient progressivement remplacer l'eau propre dans le réservoir pour finir par en occuper presque toute la capacité (fig. 2).

Cette conception permet de réduire très sensiblement l'encombrement des laveuses puisque 1 réservoir en remplace deux.

1.1. Autres caractéristiques des laveuses

1. L'alimentation en énergie

- **Électrique 12 V ou 24 V**, avec batteries ordinaires ou avec batteries de traction.
- **Électrique 220 V** ce qui suppose le branchement d'un câble sur le réseau.
- **Par moteur thermique** fonctionnant au propane, à l'essence (4 temps) ou au gas-oil (diesel).

2. Le système de brossage

BROSSE UNIQUE À AXE VERTICAL

Elle existe sur les petites laveuses.

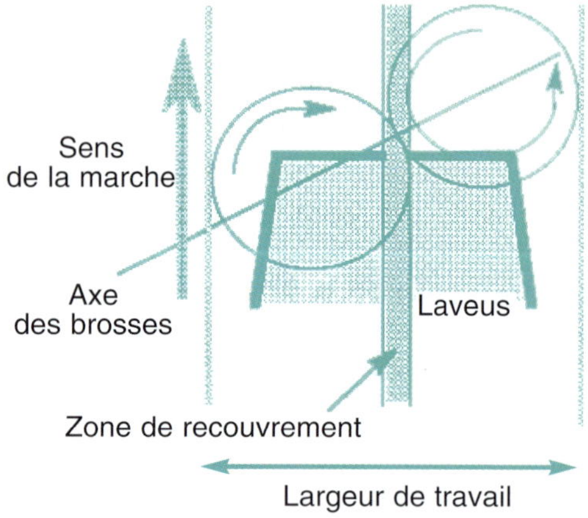

Fig. 4

Brosses jumelées à axe vertical

Elles sont décalées selon un axe formant un angle avec celui de la machine (fig. 4).

Cette disposition permet d'éviter que subsiste une zone mal nettoyée entre les deux brosses.

- **Le diamètre des brosses** dépend de la taille (et donc du rendement) de la machine et varie de 20 cm à 50 cm.
- **Les brosses peuvent être constituées de différents matériaux** ce qui leur confèrent des propriétés spécifiques (souplesse ou dureté, insensibilité aux produits et agents chimiques agressifs, etc.).

L'équipement standard est souvent constitué de brosses en polyamide ou en polypropylène.

Pour le décrassage des sols très sales, on emploie des brosses plus dures en nylon, certains modèles étant même enrichis d'éléments abrasifs.

Le lavage des sols de caoutchouc pastillé se fait en adaptant de préférence une brosse végétale douce afin d'éviter tout risque de dégradation du revêtement.

- **Le dispositif de fixation des brosses** peut également recevoir un plateau d'entraînement sous lequel il est facile de placer des disques (pads) identiques à ceux que l'on utilise avec les monobrosses. Cette disposition accroît donc de façon sensible les possibilités de l'autolaveuse (voir plus loin).
- **La vitesse de rotation** des brosses à axe vertical est en général comprise entre 120 et 300 tours/min. Certaines laveuses (modèles « haut de gamme ») sont pourvues de variateur électronique ce qui présente l'avantage certain de pouvoir adapter les paramètres de fonctionnement de la machine au type de travail à réaliser.
- **La pression au sol** exercée par les brosses varie, selon les machines de 25 à 75 grammes/cm^2. Cette pression est variable sur la plupart des appareils (gamme moyenne et gamme haute).

  Il s'agit d'un paramètre important du nettoyage (voir plus loin et chapitre « la monobrosse »).

Fig. 5

Brosses jumelées à axe horizontal *(fig. 5)*

Certains modèles de laveuses retiennent ce principe qui autorise des vitesses de rotation élevées (800 tours/min., voire plus). Les brosses sont de forme cylindrique et sont quasiment de longueur équivalente à la largeur de la laveuse. Ce système est particulièrement bien adapté à l'entretien des sols à surface inégale tels que pastillés, béton lavé, sols en dalles à joints importants, etc.

3. La conduite de la machine

Les laveuses "à conducteur porté"

Elles sont des machines de grosses dimensions et qui autorisent des rendements réels élevés (4 000 m^2/heure).

Les modèles à batteries peuvent peser plus d'une tonne en état de marche et sont équipés de réservoirs dont la capacité dépasse parfois les 200 litres.

Les laveuses "à conducteur accompagnant"

Elles sont plus petites et leur maniabilité les rend aptes à évoluer dans des locaux moins vastes ou plus encombrés.

4. Le système d'entraînement

Les petits modèles de laveuses

Ils sont dépourvus de moteur d'entraînement et avancent grâce à la rotation des brosses.

Les autres modèles

Ils sont pourvus d'un moteur de traction ainsi que d'un système de transmission permettant de faire varier la vitesse d'avancement de la machine.

Certaines laveuses sont même équipées d'un différentiel afin de pouvoir virer plus «court» et parfois même de freins hydrauliques...

> ***Différentiel :***
> *Mécanisme permettant aux roues motrices de tourner à des vitesses différentes dans les virages.*

5. La commande de l'avancement

Pour les machines tractées, elle est du type « homme mort » ce qui oblige l'opérateur à agir en permanence sur la poignée. Par ce moyen sont évités les accidents que pourrait provoquer une machine avançant seule sans contrôle.

2. Les différentes utilisations

La fonction première de cette machine est de laver les sols et de les sécher en un seul passage. Mais sur beaucoup de laveuses, certaines fonctions peuvent être réglées ou même interrompues de façon à augmenter les possibilités techniques de la machine.

2.1. Réglage de la pression des brosses

Plus la pression des brosses sur le sol est élevée et plus l'action mécanique est forte, ce qui augmente l'efficacité du nettoyage.

Sur de nombreuses machines, le réglage est possible depuis le tableau de bord. Sur les machines dépourvues de possibilité de réglage, on peut placer un accessoire qui s'interpose entre le support et la brosse ou le pad et qui augmente le poids, donc la pression au sol.

L'emploi d'un détergent-émulsion (ou détergent cirant) permet d'effectuer en une seule opération le nettoyage et l'entretien du sol car un mince film de produit se dépose et provoque la brillance du revêtement.

2.2. Aspiration coupée, suceur relevé

L'eau détergente reste alors sur le sol, ce qui permet de réaliser :

- **un lavage mécanique renforcé** en cas de fort encrassement du sol.
  Lorsque les salissures sont suffisamment décollées, l'aspiration peut être remise en marche pour éliminer la solution de lavage ;
- **une opération de décapage** en employant un produit et un disque appropriés (cf. fiches méthode n° 13, 14) ;
- **un récurage intensif, une désincrustation** (salissures calcaires par exemple) en effectuant plusieurs passages pour laisser agir le produit déposé sur le sol et le travailler avec la brosse ou le disque adapté, puis en repassant avec le suceur baissé et l'aspiration en marche mais en coupant le débit du produit dans les brosses.

3. Notion de rendement

Le rendement théorique d'une laveuse se calcule très simplement, en faisant le produit de la vitesse maximum d'avancement de la machine par sa largeur de travail, ce qui donne la surface couverte par l'opération.

Exemple Largeur de travail : 0,43 m.
Vitesse : 3 km/h.
Rendement théorique = 0,43 x 3 000, soit 1 290 m^2/heure.

Mais dans la pratique, les choses sont moins simples. En effet, il faut tenir compte des temps « improductifs » de remplissage et de vidange des cuves qui viennent en déduction du temps de travail réel de la machine. D'autres causes de diminution du rendement sont à prendre en compte : les virages, les détours et évitements par exemple. C'est pourquoi il est conseillé de définir un plan de circulation rationnel de l'autolaveuse (cf. fiche méthode n°12). L'état d'encrassement du sol est aussi un paramètre important car la machine ne peut pas être utilisée à sa vitesse maximum sur des sols moyennement ou fortement encrassés, sous peine de mauvaise qualité du résultat.

Les rendements réels des laveuses sont compris entre 500 et 4 500 m^2 à l'heure.

4. La sécurité

- **L'isolation électrique** répond à la norme classe II ou double isolation (symbole ▣)
- Les laveuses fonctionnant à l'électricité doivent en outre être **protégées contre les projections d'eau** (symbole ⚠).
- **Les produits** employés dans les laveuses ne doivent pas dégager de vapeurs explosives ou inflammables, à moins que la construction de la machine ne soit garantie « anti-étincelles ».

SÉCURITÉ

- Le réservoir de récupération de l'eau de lavage est pourvu soit d'une **sécurité par flotteur**, soit d'un **électrocontact par plongeur**, afin d'éviter tout danger de débordement de la cuve.
- Il ne faut pas recharger les batteries dans un local mal ventilé, en raison du dégagement de gaz toxique qui se produit pendant l'opération de charge.
- Pour cette même raison, l'opération ne doit pas avoir lieu dans un local où séjournent des personnes.
- Respecter et faire respecter l'interdiction de fumer.
- Ne pas provoquer d'étincelles.
- L'ampérage (intensité) du courant produit par les batteries est élevé. Il faut donc éviter tout court-circuit, comme par exemple en laissant tomber par maladresse un objet en métal sur les cosses de batteries.

5. Entretien et maintenance

Les laveuses sont des machines complexes et cette complexité se « paye » deux fois :

- Leur prix d'achat est élevé ce qui à soi seul justifie déjà que la maintenance soit faite de façon irréprochable, afin de ne pas hypothéquer la longévité de la machine.
- Bien qu'elles soient conçues pour présenter une excellente fiabilité, les laveuses peuvent très vite être sujettes à de nombreuses pannes immobilisantes si l'entretien est négligé.

1. Opérations quotidiennes communes à tous les types de laveuses

La partie aspiration/récupération

- Vider, nettoyer, rincer le réservoir de récupération d'eau sale.
- Démonter le suceur d'aspiration, le rincer, contrôler l'état des lames caoutchouc.
- Rincer très soigneusement le flexible d'aspiration.
- Déposer et essuyer le groupe d'aspiration (sur certains modèles).
- Démonter et nettoyer le flotteur de sécurité de la cuve de récupération, contrôler le bon coulissement sur son axe.
- Vérifier les divers joints d'étanchéité.

Le système de lavage/brossage

- Vider, rincer le réservoir de solution détergente, sans oublier la crépine au fond de la cuve.
- Rincer également la conduite d'amenée de la solution détergente vers les brosses.
- Déposer les brosses, les rincer puis les accrocher pour les faire sécher.
- Démonter (s'il y a lieu) le plateau support de pad.

- Sécher au chiffon, pour prévenir les risques de corrosion, le carter de protection du système de brossage sans oublier l'intérieur.

La machine dans son ensemble

- Essuyer la carrosserie.
- Éliminer les taches et salissures.
- Contrôler l'état des courroies de transmission et régler la tension au besoin.
- Contrôler les axes, les pièces en mouvement et les graisser au besoin.
- Contrôler les différents joints d'étanchéité.

Opérations spécifiques

Les laveuses électriques 220 V (à câble)

Vérifier le bon état du câble, de son ancrage (branchement) sur la machine, ainsi que de la prise d'alimentation.

Les laveuses autonomes à batteries de traction

Électrolyte : *liquide interne à la batterie.*

Après décharge complète, recharger les batteries.

Pour cela :

1. **Vérifier la propreté de la partie supérieure des batteries et des cosses.** Le sulfatage des cosses se traduit par l'apparition à leur contact d'une poudre blanchâtre et ne présage rien de bon car cela dénote un mauvais état des batteries. Dans ce cas, il convient de brosser très soigneusement les cosses avec une petite brosse métallique puis de les enduire de graisse spéciale « anti-sulfate ».
2. **Contrôler le niveau de l'électrolyte** sur tous les éléments de chaque batterie et compléter le niveau au besoin (eau déminéralisée).
3. **Contrôler la densité de l'électrolyte** avec un pèse-acide spécial batterie.
4. **Vérifier le bon état des cordons électriques du chargeur.**
5. **Dévisser et ôter les bouchons** à moins qu'il ne s'agisse de « bouchons percés ».
6. **Mettre la batterie en charge.** La durée du temps de charge est variable et dépend :
   - de l'état de décharge des batteries,
   - du degré d'usure des batteries (âge, nombre de cycles de recharge déjà subis...),
   - de la capacité du chargeur.

Certains chargeurs interrompent l'opération d'eux-mêmes lorsque la charge est complète.

Important : laisser des batteries de traction « à plat » (ou même chargées à moins de 25 %) est très préjudiciable à leur longévité. Il convient donc d'être vigilant, car le prix de remplacement d'un jeu de batteries de traction sur une laveuse de moyenne capacité est très élevé.

XII - Le nettoyeur à haute pression

Voir fiches méthode n° 9 - 10 - 33

- Technologie des produits
- Principe général du nettoyage

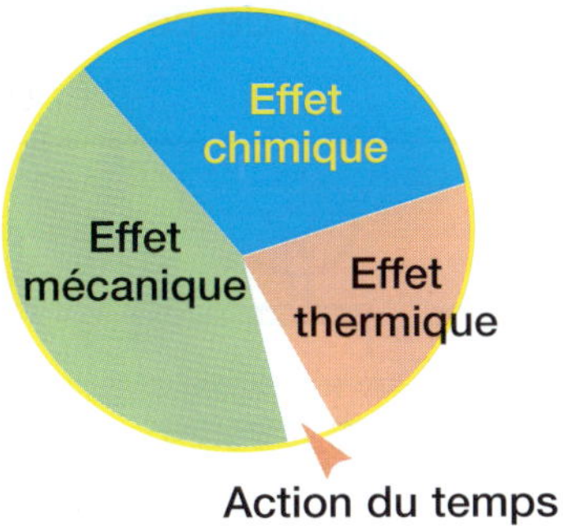

Le nettoyeur à haute pression à chauffage d'eau intégré ou à eau froide est une machine de nettoyage qui met principalement en œuvre **la force d'impact d'un jet d'eau fortement pressurisé** et dont l'angle de dispersion est contrôlé.

L'effet mécanique est toujours prédominant.

Il peut également être renforcé (par effet de sablage) en ajoutant diverses particules au jet pressurisé.

L'effet thermique peut être important, puisque certains nettoyeurs haute pression permettent de travailler en étage vapeur ce qui implique une température de 120 à 150°C en sortie de buse.

L'effet chimique est permanent, ne serait-ce qu'en raison de l'excellent pouvoir solvant de l'eau sur de très nombreuses substances. Par ailleurs, les appareils sont conçus pour permettre l'adjonction automatique de détergents (ou autres produits) selon des dosages parfaitement contrôlés.

L'action du temps est par contre extrêmement réduite mais il est toujours possible d'insister sur les salissures les plus tenaces.

Doc. Kärcher

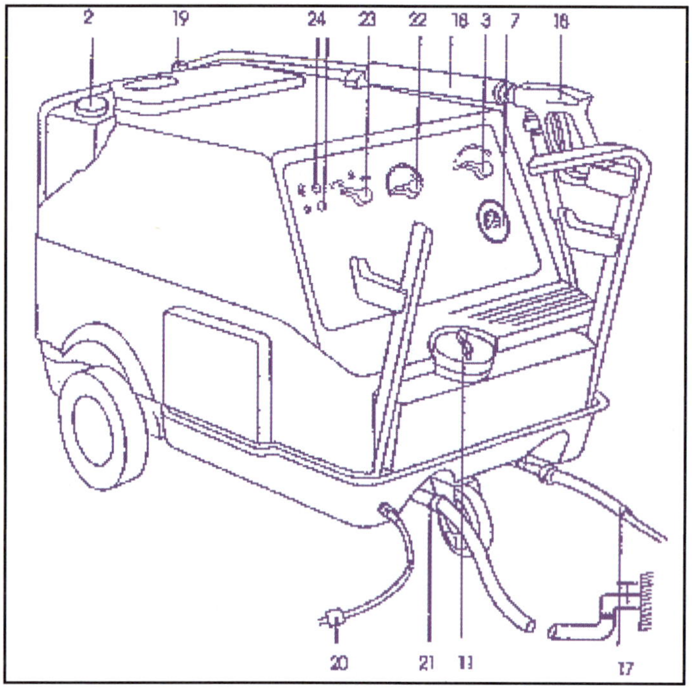

Descriptif technique

Voici l'exemple du nettoyeur à haute pression type Kärcher.

Principe de fonctionnement

Après adjonction de produits appropriés (détartant, détergent) l'eau du réseau est mise sous forte pression par la pompe.

Cette eau pressurisée traverse la chaudière dans le serpentin de chauffe, ce qui lui permet d'atteindre la température voulue, de 50 à 145°C (en étage vapeur).

L'eau ainsi additionnée de produits, pressurisée et chauffée peut être dirigée avec un jet à angle contrôlé sur les zones à nettoyer au moyen de la lance munie de son pistolet (voir page suivante la nomenclature de ce schéma).

Légendes

- Organes de sécurité et de régulation
- Liaison mécanique.
- Tubulure eau.
- Liaison électrique.
- Tubulure de fuel.

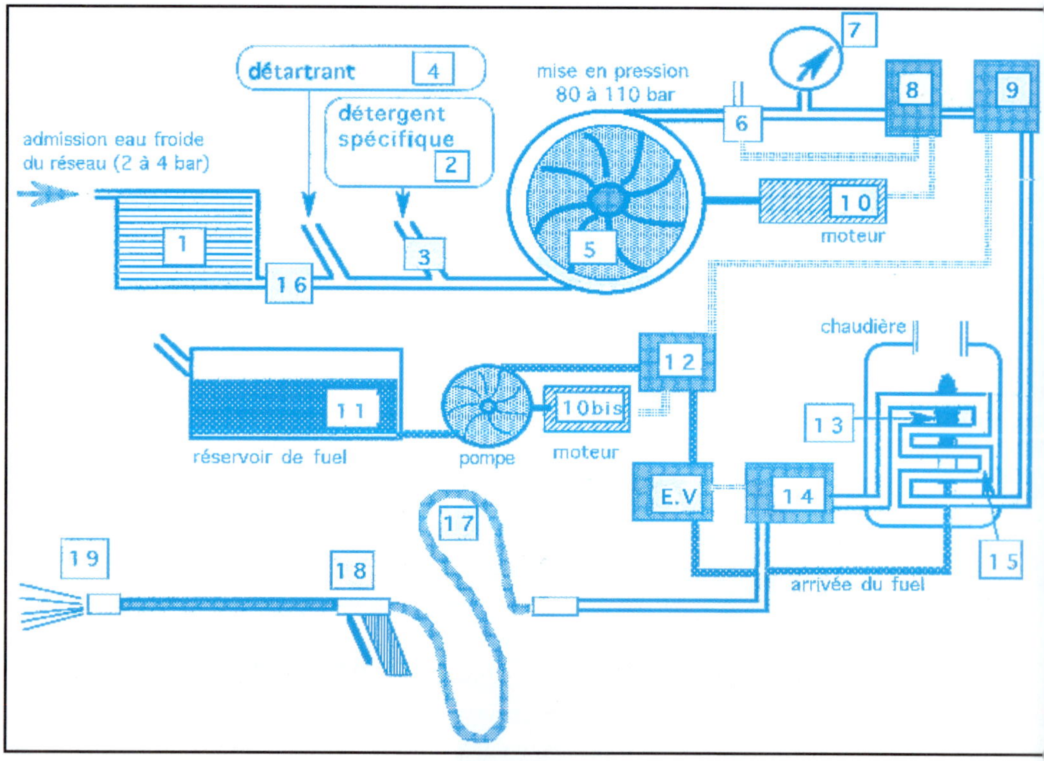

Les systèmes de sécurité

Le pressostat (8).

Il interrompt le fonctionnement du moteur de la pompe de pressurisation si la lance est fermée ou dès que la pression de consigne (sélectionnée) est atteinte.

Le manque d'eau (9).

Ce dispositif coupe l'admission du fuel au brûleur de la chaudière (par l'électrovanne 12) si l'eau n'arrive plus.

Le thermostat (14).

Il interrompt le fonctionnement de la chaudière dès que la température choisie est atteinte, en agissant sur l'électrovanne d'arrivée de fuel.

1	**Bac de régulation**	Reçoit l'eau du réseau (pression 2 à 4 bar). Un flotteur coupe l'admission dès que ce réservoir est plein.
2	**Bac à produits additifs**	Contient le produit qui doit être ajouté à l'eau de lavage (détergent adapté au travail à faire, détergent détartrant, détergent désinfectant, etc.).
3	**Vanne de dosage**	Règle le dosage du produit additif dans l'eau de lavage en agissant sur le débit de ce produit. Le mélange se fait à l'entrée de la pompe.
4	**Adjonction détartrant**	Produits composés de complexants qui permettent d'éviter les inconvénients liés à la dureté de l'eau, particulièrement au niveau de la pompe (usure prématurée) et de la chaudière (entartrage). Le dosage se fait automatiquement après réglage par l'opérateur en fonction du titre hydrotimétrique de l'eau utilisée.
5	**Pompe haute pression**	Généralement de type à pistons multiples (2 à 4), elle est actionnée par un moteur électrique (220 V ou 380 V) ou thermique. La pression de l'eau du réseau est élevée jusqu'à 80 à 120 bar (en sortie de buse), selon les machines.
6	**Soupape de sécurité**	Elle s'ouvre si le pressostat (8) ne remplit pas son rôle de limiteur de pression.
7	**Manomètre**	Indique la pression de l'eau (en sortie de pompe).
8	**Pressostat**	Arrête automatiquement la pompe de mise en pression dès que la lance (buse) est fermée ou dès que la pression atteint la valeur de consigne.
9	**Sécurité « manque d'eau »**	Coupe automatiquement l'admission du fuel à la chaudière si l'eau n'arrive plus ou arrive en quantité insuffisante.
10	**Moteur**	Entraîne la pompe de mise en pression.
10 bis	**Moteur**	Entraîne la pompe à fuel.
11	**Réservoir de fuel**	Contient le combustible qui est aspiré par une petite pompe et envoyé à la chaudière dans laquelle il est brûlé.
12	**Électrovanne**	Commandée par le manque d'eau, elle agit sur le moteur de la pompe à fuel pour l'arrêter en cas de manque d'eau.
13	**Brûleur et électrodes**	Dispositif de combustion du fuel dans la chaudière.
14	**Thermostat**	Régule la température de l'eau au niveau voulu (manette de réglage 22 au tableau de bord) en agissant sur une électrovanne (E.V.) qui peut couper l'arrivée du fuel de la chaudière.
15	**Serpentin de chauffe**	Enroulement de tube dans lequel passe l'eau sous pression.
16	**Filtre**	Retient les impuretés (sable...) qui pourraient détériorer la machine.
17	**Tuyau haute pression**	Relie la machine à la lance haute pression. Peut accepter des rallonges.
18	**Lance-pistolet**	Permet de libérer et diriger à volonté le jet à haute pression.
19	**Buse de sortie**	interchangeable selon les travaux réalisés, elle conditionne l'angle de dispersion du jet haute pression.
20	**Alimentation électrique**	En 380 V ou 220 V selon les appareils.
21	**Arrivée d'eau**	A raccorder au réseau.
22	**Réglage température**	Agit sur le thermostat (14).
23	**Interrupteur principal**	Permet de sélectionner la pompe seule ou la pompe + chaudière.
24	**Voyants de contrôle**	(manque anti-tartre, manque fuel, contrôle moteur).

1. Technologie du nettoyage à la haute pression

Le jet haute pression peut être dirigé dans les endroits et recoins peu accessibles aux autres méthodes de nettoyage.

- C'est la force hydrodynamique qui est utilisée pour éliminer les salissures grasses ou non, plus ou moins adhérentes, les déchets, dans des endroits plus ou moins accessibles.
- Les produits spécifiques ajoutés à l'eau sous pression augmentent très sensiblement l'efficacité du nettoyage (voir § « produits, dosages » dans la fiche méthode n° 9). Le temps d'action imparti au produit pour agir est très court. Il est donc essentiel de choisir des produits spécifiques au nettoyage haute pression et adaptés aux salissures.
- La température de l'eau exerce également un effet important : les appareils à eau chaude sont nettement plus efficaces, principalement dans les opérations d'élimination de salissures grasses.

De quoi dépend la force d'impact du jet haute pression ?

Elle est la résultante de plusieurs facteurs dont les effets se conjuguent :

La pression

La valeur indiquée est mesurée en sortie de pompe. Elle peut varier considérablement d'un appareil à l'autre (80 à 175 bar). On la fait varier en réduisant le débit d'eau à l'entrée de la pompe de mise en pression.

La distance (de la buse à la surface à nettoyer)

Plus la buse est proche, plus la pression est élevée. On estime qu'à 20 cm de la sortie de la buse, la pression du jet d'eau est 2 fois moins importante qu'au niveau de la sortie.

Le débit d'eau

On le mesure en litres par heure ou par minute.

Il est en relation étroite avec la pression.

La forme du jet

Elle est déterminée par la configuration géométrique de la buse de sortie :

➡ 0° = jet « crayon » :
(les bords sont parallèles).
15° = jet pincé :
(bonne attaque des supports).
35° = force d'impact faible :
(aspersion détergent, rassemblement des salissures...).

L'angle d'attaque

Il doit être oblique (toujours inférieur à 90°) pour bien décoller les salissures.

Domaine d'application

Le nettoyeur à haute pression est très utilisé sur tous les sites où l'on doit réaliser en peu de temps des gros nettoyages difficiles :

- domaine industriel (industries grasses et salissantes),
- lavage des engins de travaux publics, des camions, voitures, des coques de bateaux, des motos, des moteurs,...
- usines agro-alimentaires, abattoirs...
- nettoyage-détartrage des piscines (bassins et abords),
- nettoyage des cuisines professionnelles (sols, parois,...).

C'est également un très précieux outil de travail dans les travaux de préparation avant peinture des surfaces, dans les travaux de rénovation de façades (avec ou sans sablage).

Voir aussi la fiche méthode n° 9.

2. Les accessoires

Rotabuse

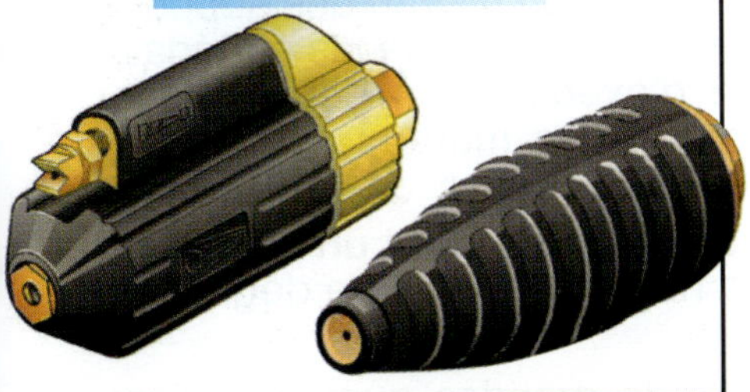

La rotabuse allie la puissance et la pénétration en profondeur du jet crayon au rendement en surface du jet plat. Le puissant jet crayon tourne à raison de 4 000 T/minute, permettant ainsi d'obtenir un nettoyage rapide et efficace tout en réduisant la consommation d'eau et de détergent. Avec buse basse pression pour l'aspiration de détergent.

Doc. Kärcher

Buses interchangeables

- angle de jet 0° = jet crayon pour élimination des souillures très tenaces ;
- angle de jet 15° = jet plat, gros travaux de nettoyage ;
- angle de jet 25° = équipement standard, rendements élevés ;
- angle de jet 40° = jet à puissance réduite, très adapté aux surfaces fragiles ;
- angle de jet variable = de 0° à 90° ;
- buses spéciales pour le nettoyage des canalisations.

La "rotabuse"

Placée en bout de lance haute pression, elle combine les avantages du jet « crayon » (forte puissance hydrodynamique) et du jet plat (large couverture). Le rendement du lavage haute pression est très sensiblement augmenté.

Brosses de lavage

Doc. Kärcher

Brosses de lavage

Adaptables en sortie de lance.

Canon à mousse

Buse d'injecteur avec flexible d'aspiration 5 mètres.

Flexible haute pression

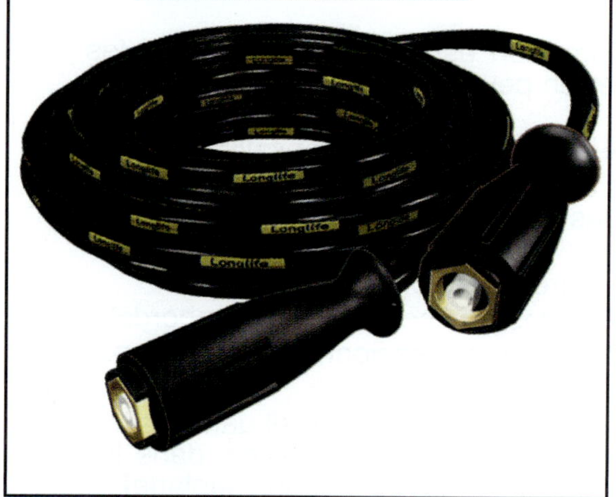

Doc. Kärcher

Rallonge de tuyau haute pression

Présenté ou non sur un enrouleur, il permet d'atteindre les endroits où l'on ne peut pas installer une machine haute pression (échafaudages...).

Lances de longueurs différentes (de 0,50 à 2,10 m)

Favorisent la bonne adaptation au type de nettoyage (exemples : lances très courtes pour le travail sur échafaudages, lances longues pour le lavage des poids lourds...).

Lances à réglage de pression intégré

(avec manomètre d'affichage).

Dispositif d'hydrosablage

Pour les gros travaux de décapage, de dérouillage. Le sable est ajouté en bout de lance (système de by-pass) pour éviter toute détérioration de la machine.

3. La sécurité

- La force hydrodynamique déployée au niveau des supports nettoyés peut atteindre des valeurs telles que les matériaux soient endommagés. A titre d'exemple, on peut indiquer que les joints ciment des carrelages muraux ne résistent pas à des pressions supérieures à 50 bar.

➡ **Il faut s'assurer, au besoin en pratiquant un essai préalable, que le nettoyage haute pression ne dégradera pas les supports.**

- Ce procédé implique l'emploi de grandes quantités d'eau (les débits varient entre 300 et 1 500 litres à l'heure selon les appareils).

➡ **Le nettoyage haute pression n'est praticable que dans les endroits et locaux où l'évacuation de grandes quantités d'eau ne pose pas problème.**

- En raison des émanations toxiques d'oxyde de carbone,

➡ **Les appareils à chauffage d'eau intégré équipés d'une chaudière à fuel ne peuvent fonctionner qu'à l'extérieur.**

Afin de limiter les risques d'accident,

➡ **Les opérateurs doivent revêtir la tenue de sécurité (ciré, bottes caoutchouc, lunettes de protection) et s'assurer de la conformité aux normes de sécurité du circuit électrique sur lequel l'appareil est branché.**

4. Entretien et maintenance

Le nettoyeur haute pression demande peu d'entretien.
En revanche, certaines opérations de maintenance régulière sont indispensables si l'on veut conserver intactes les performances de l'appareil.

Remarque : avant toute opération d'entretien ou de réparation, débrancher l'appareil.

Après chaque utilisation

- Après chaque utilisation avec détergent, faire fonctionner quelques minutes l'appareil avec de l'eau claire et froide afin de rincer les circuits.
- Vérifier le niveau d'huile, éventuellement compléter pour rétablir au bon repère. Si l'huile paraît laiteuse, la changer (vidange).
- Vérifier le niveau du liquide détartrant dans son réservoir et en rajouter le cas échéant.

Régulièrement

Toutes les semaines

- Nettoyer le filtre de la sécurité de manque d'eau.
- Vérifier la propreté des autres filtres (crépine à fuel, etc.).

Tous les mois

Retirer le porte-gicleur et nettoyer les électrodes d'allumage de la chaudière et/ou vérifier l'écart des électrodes.

Entretien de la chaudière

(la périodicité de ces opérations dépend de la fréquence d'emploi de l'appareil)

- Décalaminer le serpentin de chauffe.
- Détartrer l'appareil.

Pour tous détails sur ces opérations, se reporter à la notice de l'appareil.

XIII - Le canon à mousse

Voir fiche méthode n°8

- Technologie des produits

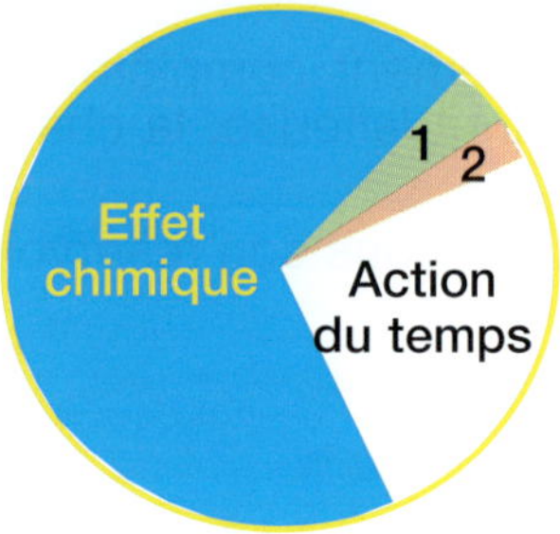

Le canon à mousse est un appareil de nettoyage qui permet de produire en abondance une mousse détergente et/ou désinfectante et/ou détartrante et de la projeter à volonté sur toutes les surfaces à nettoyer qu'elles soient horizontales ou verticales.

L'effet chimique est essentiel, qu'il s'agisse de détergence, de désinfection, de détartrage ou d'une combinaison de ces trois actions.

L'action du temps est très importante, puisque cette méthode de nettoyage est basée sur la durée de contact.

L'effet mécanique (1) est extrêmement faible car la projection de la mousse ne s'accompagne d'aucune force d'impact. C'est pourquoi on préconise un brossage manuel accessoire des surfaces traitées (surtout au niveau du sol).

L'effet thermique (2) est presque inexistant car la mousse est froide quand elle se dépose sur les surfaces à nettoyer.

Doc. M. Vautier

Domaine d'application

Le nettoyage à la mousse a été principalement développé pour les industries agro-alimentaires et les cuisines professionnelles (grandes collectivités notamment). Dans ces domaines d'activité, les opérations d'entretien sont souvent difficiles (salissures adhérentes, fermentescibles, machines et locaux malaisés à nettoyer...). Par ailleurs, la qualité du nettoyage doit être parfaite (respect de la réglementation et responsabilité de l'exploitant en ce qui concerne la salubrité des fabrications). Pour plus de détails, se reporter à la fiche méthode n° 8.

1. Description du matériel

Les différents types de canons à mousse

Se reporter à la fiche méthode n° 8 dans laquelle ils sont décrits.

Dans le cadre de la présente étude, est décrit **le modèle mobile autonome, équipé d'un compresseur.**

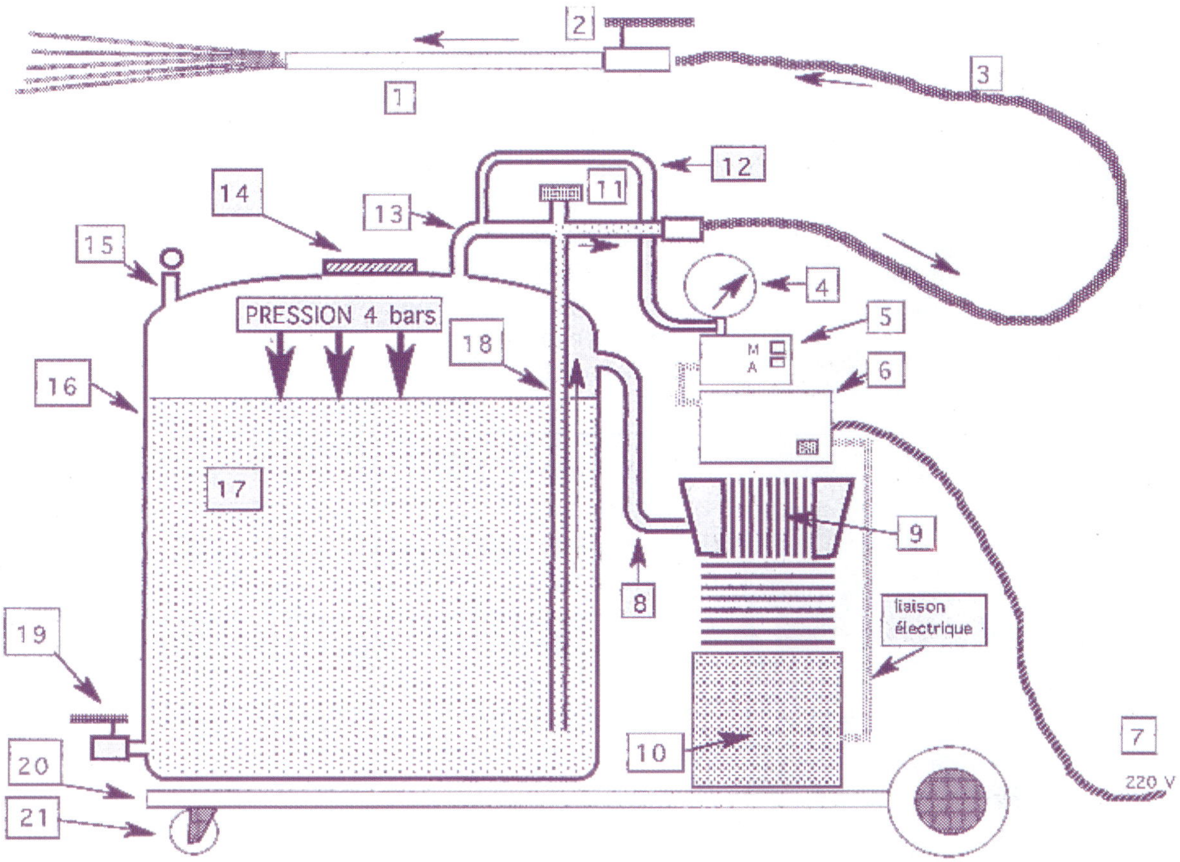

1	Lance (ou canon)	9	Tête du compresseur	16	Cuve de solution moussante
2	Vanne d'arrêt de la lance	10	Moteur électrique du compresseur	17	Solution
3	Tuyau de sortie de la mousse	11	Vanne d'arrêt du mousseur	18	Tuyau-crépine d'amenée de la solution au mousseur
4	Manomètre du pressostat	12	Tuyau du pressostat	19	Robinet de vidange de la cuve
5	Pressostat et interrupteur	13	Mousseur-mélangeur (solution + air comprimé)	20	Chassis
6	Boîtier d'alimentation électrique et disjoncteur	14	Orifice de remplissage de la cuve	21	Roulettes
7	Alimentation électrique	15	Soupape de sécurité		
8	Tuyau d'arrivée d'air comprimé pour mise en pression de la cuve				

Principe de fonctionnement

La solution détergente est fortement pressurisée (4 à 8 bar) par l'air comprimé qui provient du compresseur et qui est introduit par une tubulure dans la partie supérieure de la cuve.

Dès que le robinet de la lance est ouvert, la solution est projetée avec force vers le mélangeur-mousseur dans lequel elle se mélange à l'air comprimé venant de la partie supérieure de la cuve ce qui va permettre un intense foisonnement.

A la sortie de la lance, la brutale détente de l'air comprimé (chute de pression) provoque l'apparition d'une mousse très abondante formée d'une infinité de micro-bulles. En agissant sur la vanne d'arrêt du mousseur, on peut modifier le taux d'humidité de la mousse.

Les systèmes de sécurité

Le pressostat

arrête le fonctionnement du compresseur dès que la pression de consigne est atteinte.

Le manomètre

permet de contrôler la valeur de la pression à l'entrée du mousseur.

La soupape de sécurité

(à bille d'acier et ressort)

prévient l'explosion de la cuve en cas de défaillance du pressostat.

2. Fiche d'utilisation

1. **Choisir le produit**
   En fonction du travail à réaliser (voir fiche méthode n°8) :
   - dégraissant fort,
   - détergent-désincrustant (détartrant),
   - détergent désinfectant.
2. **Calculer le dosage**
   En respectant les indications du fabricant (1 à 5 %) et en tenant compte des conditions particulières.
3. **Remplir la cuve de l'appareil (16)**
   (à 80 % de sa capacité avec eau + produit)
4. **Fermer avec soin l'orifice de remplissage de la cuve**
5. **Fermer la vanne d'arrêt de la lance (2)**
6. **Fermer la vanne d'arrêt du mousseur (11)**
7. **Brancher l'appareil (7).** (Après s'être assuré de la conformité du réseau électrique local aux normes de sécurité (classe II)).
8. **Mettre l'appareil sous tension** à l'aide de l'interrupteur (5).
9. **Enclencher le disjoncteur (6)** →
10. **Utiliser le canon à mousse**

Le compresseur se met en marche, la pression monte en 2 minutes environ jusqu'à 4,5 à 6 bar (selon modèle).

- Ouvrir un peu la vanne d'arrêt du mousseur (11).
- Libérer la mousse en ouvrant la vanne d'arrêt de la lance. Diriger le jet de mousse sur les surfaces à nettoyer.

Remarque : on peut influer sur la qualité de la mousse en agissant sur la vanne d'arrêt du mousseur : à chaque détergent correspond un réglage précis qu'il faut trouver.

Le pressostat arrête automatiquement le compresseur dès que la pression atteint 4,5 bar.

Le compresseur se remet en marche automatiquement dès que la pression dans la cuve tombe en dessous de 4 bar.

3. Entretien et maintenance

Après chaque utilisation

→ Vidanger complètement la cuve, la rincer et ne pas la refermer (risque de corrosion)

Régulièrement

→
- Contrôler l'état des tubulures d'air comprimé.
- Contrôler les colliers de serrage.
- Vérifier le niveau de lubrifiant du compresseur, vidanger selon fréquence préconisée par le constructeur.

Si nécessaire

→ Remplacer joints, tubulures, colliers de serrage...

XIV - L'injecteur-extracteur

Voir fiches méthode n°19 - 20
- Principe général du nettoyage
- Les produits

L'injecteur-extracteur est une machine spécifiquement conçue pour nettoyer en profondeur les revêtements de sol textiles et accessoirement les revêtements textiles de parois ainsi que les meubles (fauteuils, canapés en tissu), les sièges de véhicules,...

L'injecteur-extracteur permet également de mettre en œuvre la méthode de détachage par rinçage.

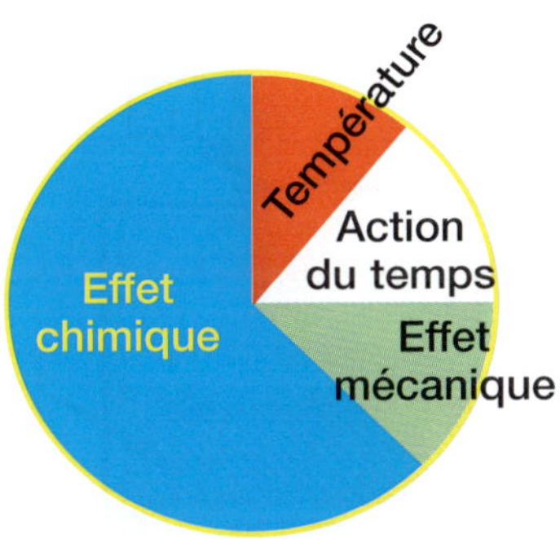

L'effet chimique est prépondérant. Il est dû à l'action dissolvante de l'eau ainsi qu'à l'effet de détergence et/ou de dissolution des produits employés en solution dans l'eau d'injection.

L'effet de la température vient renforcer celui des produits, à partir du moment où l'on peut disposer d'eau chaude, toujours préférable à l'eau froide (sauf dans le cas des moquettes en pure laine qui risquent d'être endommagées par une eau à plus de 30°C).

L'action du temps est très brève, sauf dans le cas où l'on commence par une aspersion de la solution détergente sur la surface à nettoyer (se reporter à la F.M. n°20).

L'effet mécanique est faible et n'existe que par la force d'impact de la solution injectée dans le matelas fibreux. Dans le cas où la machine est équipée d'un sabot brosseur, l'effet mécanique est beaucoup plus important (voir plus loin « les accessoires »).

Doc. Diversey Lever - Taski

Caractéristiques techniques
(selon marques et modèles)

Rendement théorique 10 à 80 m²/heure (performance maximum *du Kärcher Puzzi-Profi K*, avec raccordements réseau d'eau et égout pour fonctionnement en continu).

Partie injection

Débit d'injection : 1 à 5 litres/min.

Pression d'injection : 1 à 14 bar.

Puissance absorbée à la pompe : 50 à 500 W.

Capacité réservoir de solution détergente : 15 à 55 litres.

Partie extraction

Dépression : 1 750 à 2 500 mm C.E.

Débit d'aspiration : 40 à 50 l/seconde.

Puissance absorbée à la turbine : 800 à 1 350 W.
(certains appareils sont équipés de 2 turbines).

Capacité réservoir eau sale : 15 à 25 litres.

1. Présentation

Descriptif technique (modèles classiques)

Principe de fonctionnement

La solution détergente est mise sous pression par une pompe, puis dirigée vers la surface du revêtement textile dans lequel elle est injectée. Elle imprègne alors le matelas fibreux au sein duquel elle dissout et désincruste les salissures. Elle est ensuite très rapidement aspirée par le suceur plaqué sur le revêtement et canalisée par le flexible d'aspiration dans le bac de récupération, au niveau duquel une forte dépression est engendrée par la turbine d'aspiration.

Schéma n°1

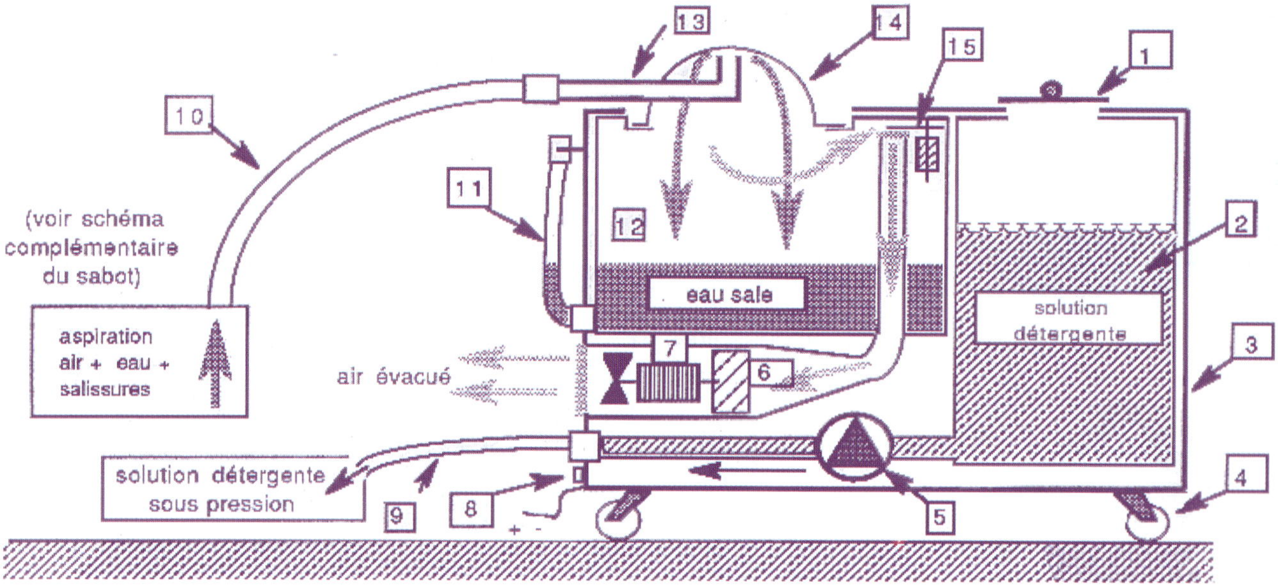

Légendes communes aux trois schémas

1	Orifice de remplissage de la cuve de solution
2	Réservoir de solution détergente
3	Carrosserie de l'appareil (polyéthylène)
4	Roulettes de transport
5	Pompe de mise en pression de la solution
6	Turbine d'aspiration
7	Moteur de la turbine
8	Interrupteur et câble d'alimentation
9	Tuyau flexible d'arrivée de la solution au sabot
10	Flexible de récupération
11	Flexible de vidange de la cuve de récupération
12	Réservoir de récupération de l'eau sale
13	Fixation du flexible de récupération
14	Coupole du réservoir de récupération (en matière plastique transparente pour permettre le contrôle optique de l'aspiration)
15	Flotteur et mécanisme obturateur de sécurité (obture le tuyau d'aspiration dès que l'eau atteint le niveau limite)

2. Les accessoires

Sabot d'injecteur-extracteur
(modèle standard)

- **16** Gachette de commande de l'injection
- **17** Buse de pulvérisation de la solution
- **18** Canne rigide de récupération de l'eau sale
- **19** Suceur d'aspiration
- **20** Brosse rotative
- **21** Moteur d'entraînement de la brosse

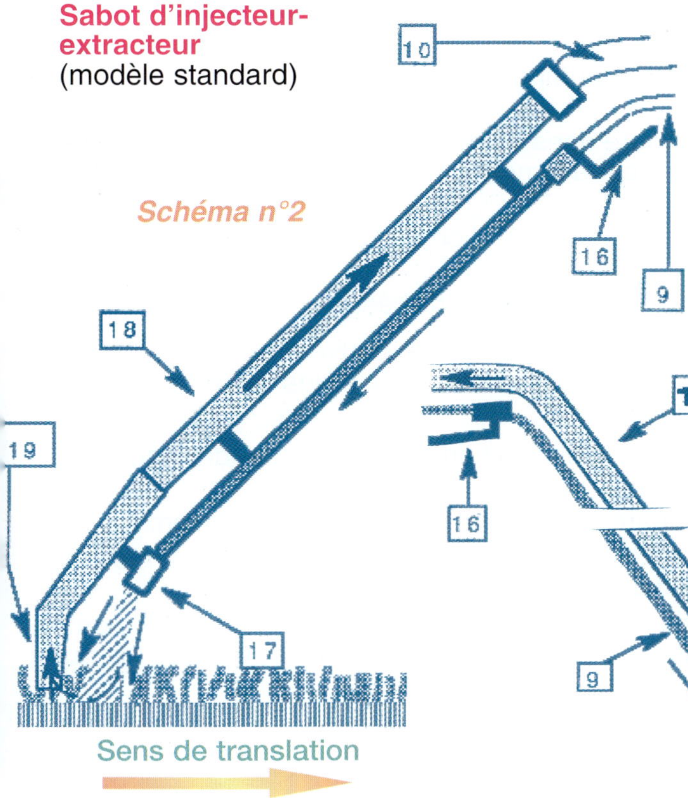

Schéma n°2

Sabot brosseur

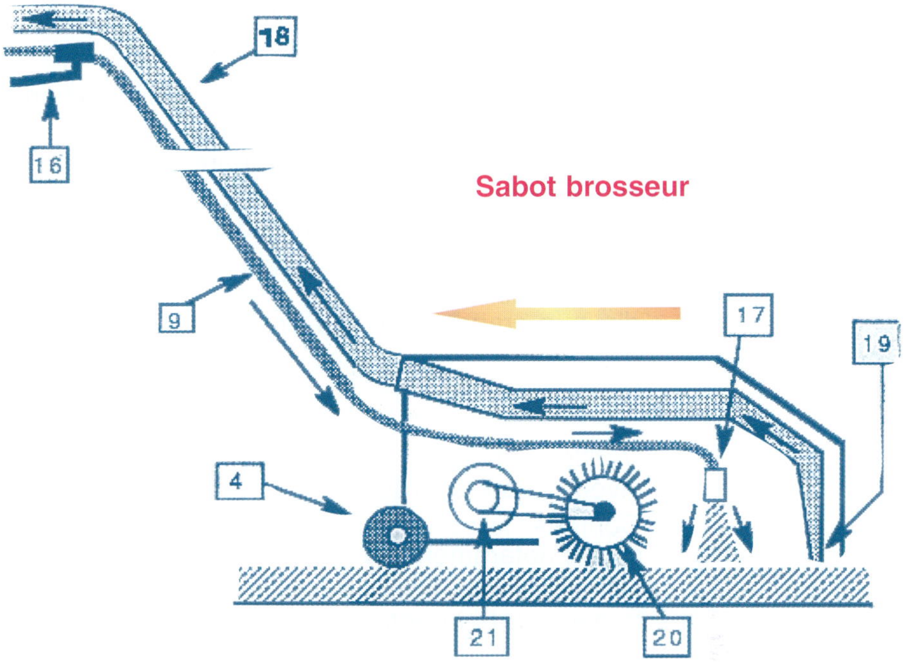

Schéma n°3

Le sabot brosseur présente plusieurs avantages :
- la brosse ouvre le velours du revêtement textile juste avant l'injection de la solution, ce qui facilite sa pénétration dans le matelas fibreux et renforce donc l'efficacité du procédé ;
- les roulettes de déplacement facilitent grandement l'utilisation de la machine ;
- la position du suceur par rapport au revêtement est toujours bonne, ce qui garantit la meilleure aspiration du liquide et contribue à laisser le sol moins humide.

__Remarque :__ l'injecteur-extracteur, le suceur ordinaire et le sabot-brosseur ne sont pas représentés à la même échelle.

Suceur à main
(pour textiles)

Cet accessoire s'adapte au bout des flexibles et ressemble beaucoup, mais en plus petit, au sabot d'injection décrit ci-dessus. La largeur de travail est de 10 à 15 cm ce qui permet d'atteindre les angles et recoins des sièges, canapés et autres fauteuils revêtus de textiles. Le taux d'humidité résiduelle reste assez important, aussi est-il prudent de s'assurer par un essai préalable sur une zone peu visible que le tissu ne rétrécira pas et ne déteindra pas.

3. Entretien et maintenance

APRÈS CHAQUE UTILISATION

- Vider (en actionnant, au besoin, la pompe d'injection) le réservoir de solution détergente.
- Mettre quelques litres d'eau propre dans ce réservoir puis faire fonctionner la pompe d'injection afin de rincer parfaitement circuit, flexible et buses d'injection.
- Vider complètement le réservoir de récupération de l'eau sale et le rincer soigneusement.
- Nettoyer (laver, essuyer) le couvercle-coupole du réservoir de récupération.

Remarque : il est préférable de ne pas replacer le couvercle-coupole quand l'appareil n'est pas en service, afin d'éviter les phénomènes de condensation à l'intérieur.

- Rincer à l'eau claire le flexible de récupération, puis le suspendre pour permettre son égouttage.
- Essuyer la carrosserie de l'appareil, ainsi que le câble d'alimentation.
- Nettoyer le sabot d'injection-extraction, principalement en le débarrassant des bourres et débris fibreux qui s'y accumulent.
- S'il s'agit d'un sabot brosseur, il faut prendre soin de bien enlever les nombreuses fibres textiles qui s'enchevêtrent dans les brosses rotatives ce qui diminue grandement leur efficacité.

RÉGULIÈREMENT

- Vérifier le bon état des joints et des colliers de serrage, principalement au niveau des raccords rapides (flexible d'arrivée de la solution détergente).
- Contrôler le bon état et le fonctionnement du mécanisme obturateur de sécurité, notamment en vérifiant que le flotteur coulisse bien sur son axe.
- Démonter et détartrer les buses d'injection du sabot, par immersion complète dans un bain détartrant-désincrustant (solution de vinaigre blanc).

Si le démontage est impossible, verser 1 litre de solution d'acide acétique dans le réservoir et pulvériser. Finir par un rinçage à l'eau claire.

- Lubrifier légèrement les roulettes de transport.

4. Utilisation

Se reporter à la fiche méthode n° 20 qui décrit le protocole d'utilisation d'un appareil conventionnel pour injection-extraction.

Il faut mentionner ici la possibilité de travailler « en continu », c'est-à-dire avec un appareil relié à la fois au réseau d'alimentation d'eau et à l'égout pour l'évacuation de l'eau sale.

Plusieurs fabricants proposent des appareils permettant de travailler ainsi.

Les rendements autorisés sont bien entendu beaucoup plus importants que ceux permis par les appareils qui fonctionnent en autonomie, puisque les opérations de remplissage et de vidange sont supprimées. Étant donné les grandes longueurs de tuyaux de rallonge nécessaires, ce genre de matériel ne peut être exploité que sur des surfaces importantes et bien dégagées.

XV - L'autolaveuse à moquette

Voir fiches méthode n°19 - 20

- Technologie : l'injecteur-extracteur
- Principe général du nettoyage
- Les produits

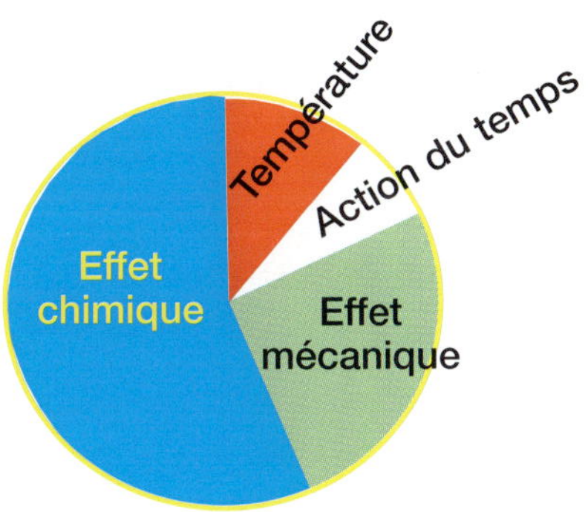

L'autolaveuse à moquette est une machine de nettoyage compacte et autonome étudiée spécifiquement pour le nettoyage et la rénovation des revêtements de sol textiles.

Sa conception autorise de très bons rendements, principalement en raison de sa facilité d'utilisation.

Sur de nombreux modèles, la présence d'accessoires permet également de mettre en œuvre la méthode de détachage par rinçage.

L'effet chimique est très important. Il est dû à l'action dissolvante de l'eau ainsi qu'à l'effet de détergence et/ou de dissolution des produits employés en solution dans l'eau d'injection.

L'effet de la température vient renforcer celui des produits, à partir du moment où l'on peut disposer d'eau chaude, toujours préférable à l'eau froide (sauf dans le cas des moquettes en pure laine qui risquent d'être endommagées par une eau à plus de 30°C).

L'action du temps est très brève, en raison de la vitesse de translation régulière de la machine.

L'effet mécanique est important, du fait de l'action de la brosse qui participe très activement à l'efficacité de la machine.

Injecteur - brosseur - extracteur

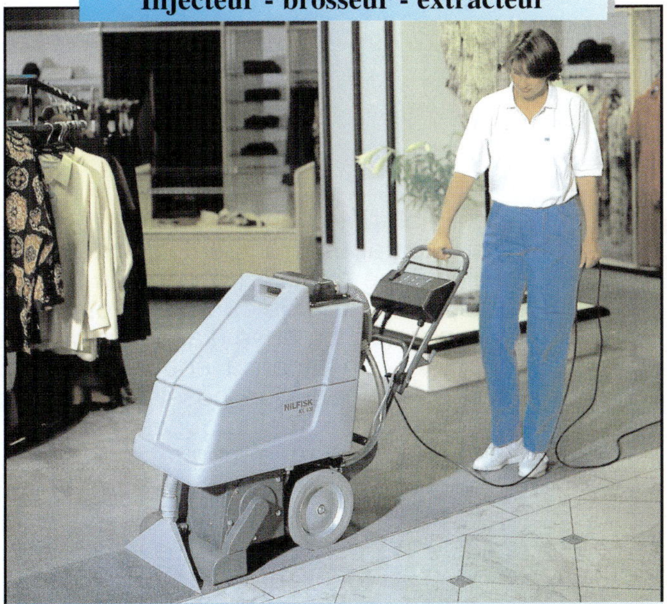

Doc. Nilfisk- Advance

Descriptif technique

L'autolaveuse à moquette adopte le même principe de fonctionnement que l'injecteur-extracteur. L'originalité de la machine est qu'elle intègre à sa conception l'équivalent de l'accessoire « sabot brosseur ».

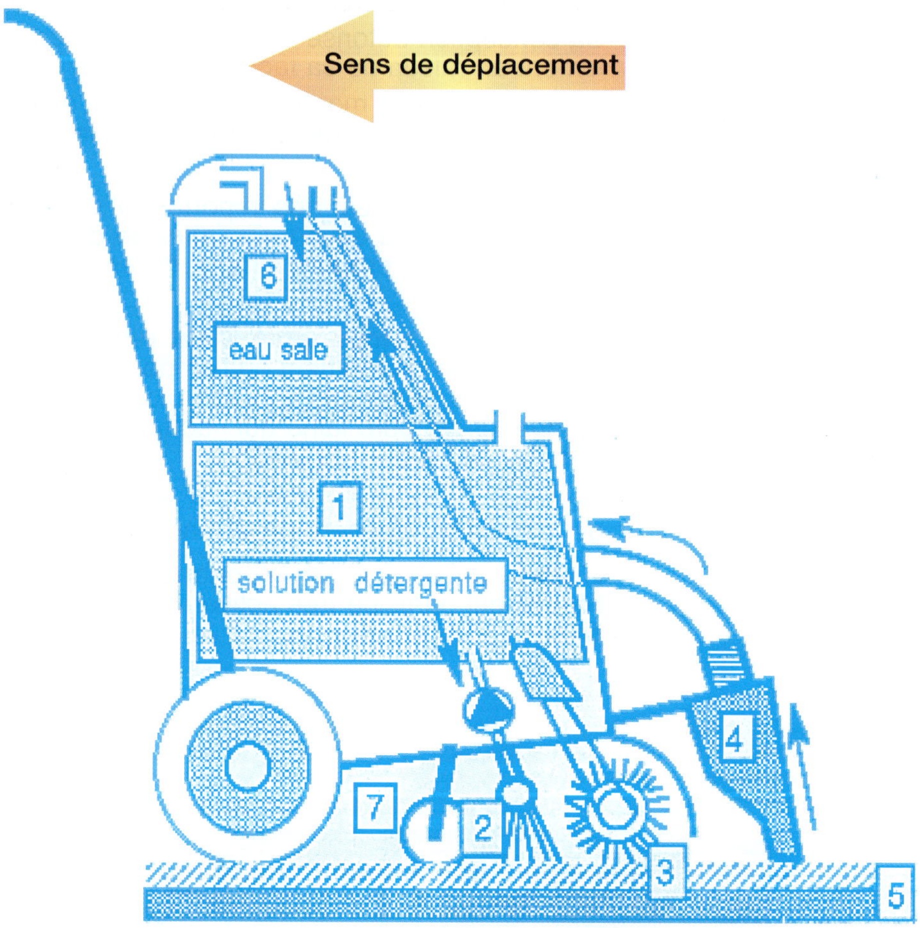

Principe de fonctionnement

La solution détergente (1) est envoyée sous pression dans la moquette par une rampe d'injecteurs (2) juste devant la brosse électrique rotative (3) dont les soies décrochent les salissures, ouvrent le velours et favorisent l'extraction de toutes les impuretés. La buse d'aspiration (4) est lestée et montée « flottante », de façon à épouser le profil du revêtement (5) aussi étroitement que possible. Il en résulte une excellente extraction de l'eau sale qui est collectée dans le réservoir de récupération (6) et la moquette reste peu mouillée.

La friction de la brosse (3) sur la moquette contribue à faciliter le déplacement de la machine et un rouleau à hauteur réglable (7) permet de faire varier la pression au sol de la buse (4) en fonction de la structure de la moquette pour optimiser l'efficacité.

CARACTÉRISTIQUES TECHNIQUES DES DIFFÉRENTS MODÈLES PRÉSENTS SUR LE MARCHÉ

Toutes ces machines fonctionnent à l'électricité et sont alimentées par câble.

- La plupart des autolaveuses à moquette (gamme basse et gamme moyenne) sont conçues pour être déplacées vers l'arrière, c'est-à-dire que **l'opérateur travaille en tirant la machine** (*Taski « Aquamat », Sanisol Windsor, Passport et Admiral*).

Sur ces modèles, c'est la rotation de la brosse qui contribue à faire avancer (en fait, reculer) la machine.

Largeur de travail : 30 à 40 cm.
Capacités : eau détergente . . . . 13 à 28 litres,
récupération. . . . . 10 à 18 litres.
Pression d'injection : 3,5 à 6,9 bar.
Puissance absorbée
par la turbine d'aspiration : 1 000 à 1 300 W.
Dépression : 2 000 à 2 600 mm C.E.
Rendement : 40 à 80 m²/h.

Autres particularités, accessoires

Buse manuelle, buse-sabot de 20 à 30 cm et tuyaux de rallonge pour transformer la machine en injecteur-extracteur classique et permettre à l'opérateur d'atteindre tous les endroits à nettoyer, même les plus difficiles d'accès.

- Quelques modèles d'autolaveuses à moquette de haut de gamme **permettent le travail en marche avant** (*Pony 20 SCA, Sanisol Clipper et Commodore*).

Certaines de ces machines sont **autotractées** et favorisent des rendements nettement supérieurs.

Largeur de travail : 38 à 66 cm.
Capacités : eau détergente . . . . 38 à 95 litres,
récupération. . . . . 38 à 95 litres.
Pression d'injection : 3,5 à 7 bar.
Puissance absorbée
par la turbine d'aspiration : 1 400 à 1 600 W.
Dépression : jusqu'à 3 560 mm C.E.
Rendement : 150 à 300 m²/h à 500 m²/h.

- Variateur de vitesse permettant d'adapter la vitesse de passage au degré d'encrassement de la moquette.
- Buse manuelle, buse-sabot de 20 à 30 cm et tuyaux de rallonge (cf. ci-dessus).
- Lance spray, pour prétraitement des parties les plus sales par aspersion préalable de solution détergente.

Entretien et maintenance

Techniquement, les autolaveuses à moquette ne sont guère différentes des injecteurs-extracteurs et des autolaveuses pour sols lisses homogènes.

Les opérations d'entretien et de maintenance qui les concernent sont donc analogues à celles que l'on effectue sur ces appareils. Se reporter aux chapitres les concernant.

XVI - L'injecteur-extracteur à mousse sèche ou shampouineuse

Voir fiche méthode n°21

- Technologie : l'injecteur-extracteur.
La monobrosse équipée du compresseur mousse

Doc. Argos

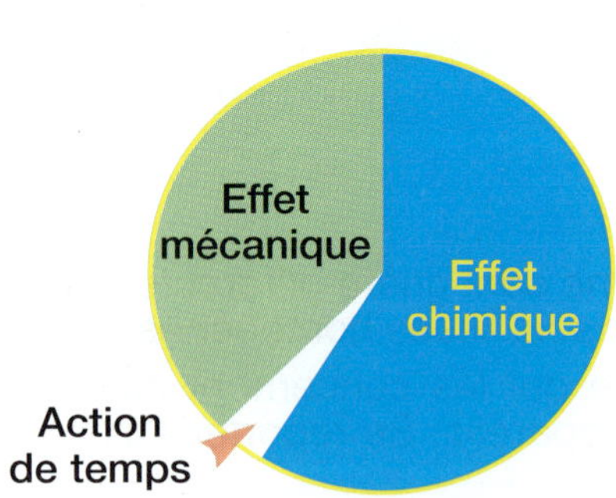

Fonctionnant sur le même principe que l'injecteur-extracteur, mais en remplaçant la solution détergente par une mousse détergente « sèche », ce genre de machine se rencontre sous deux présentations différentes :

- la première ressemble à une autolaveuse à moquette (voir schéma ci-après) et permet de nettoyer les revêtements de sol textiles efficacement et rapidement (car un seul passage de l'appareil suffit en principe pour obtenir un bon résultat) ;
- la deuxième est spécifiquement étudiée pour permettre le nettoyage des sièges, canapés, fauteuils, marches d'escaliers recouverts de moquette, revêtements textiles muraux, etc. Petit et relativement léger, le corps de l'appareil est monté sur roulettes (cf. schéma page suivante).

Elle se présente sous la forme d'un bloc-appareil monté sur roulettes, renfermant l'unité productrice de mousse et l'unité d'aspiration ainsi que le réservoir de récupération.

L'unité productrice de mousse la distribue par un tuyau à une tête de brossage avec laquelle l'opérateur agit sur la surface à traiter.

L'unité d'aspiration est reliée à un suceur par un flexible.

L'effet chimique est prépondérant. Il est dû à l'action détergente de la mousse.

L'effet de la température est quasiment nul.

L'action du temps est très réduite, puisqu'elle est limitée par l'avancement régulier de la machine, étant donné que l'extraction de la mousse suit de très près son injection dans la moquette.

L'effet mécanique est important. Il est dû à l'action de la brosse cylindrique qui fait pénétrer la mousse profondément dans le matelas fibreux et triture le velours.

L'imprégnation est ainsi réalisée quasiment fibre par fibre.

Principe de fonctionnement

Caractéristiques techniques

Capacité réservoir à détergent : 19 litres.

Capacité réservoir de récupération : 11 litres.

Puissance du moteur de la brosse : 500 W.

Vitesse de rotation de la brosse : 400 t/min.

Largeur de travail : 35 cm.

Source : Von Schrader

Nettoyage des moquettes

(appareil décrit : *Von Schrader «V.S. carpet Extractor»*)

Selon le principe mis en œuvre dans le compresseur à mousse (cf. « les accessoires de la monobrosse »), la machine mélange de l'air sous pression à une solution détergente de façon à obtenir une mousse dont la teneur en eau peut varier en fonction du réglage du débit de solution : plus la proportion relative de solution est faible, plus la mousse est « sèche ».

La mousse est projetée dans la moquette à l'avant de la machine, devant une brosse cylindrique à axe horizontal qui fait pénétrer l'agent nettoyant au sein du matelas fibreux, en triturant les fibres textiles.

L'imprégnation de mousse est ainsi parfaitement réalisée et atteint le dossier de la moquette.

La mousse détergente solubilise les salissures et elle est ensuite extraite par le sabot d'aspiration au niveau duquel est créée une forte dépression grâce à la turbine d'aspiration.

Fonctionnement de l'injecteur-extracteur à mousse sèche

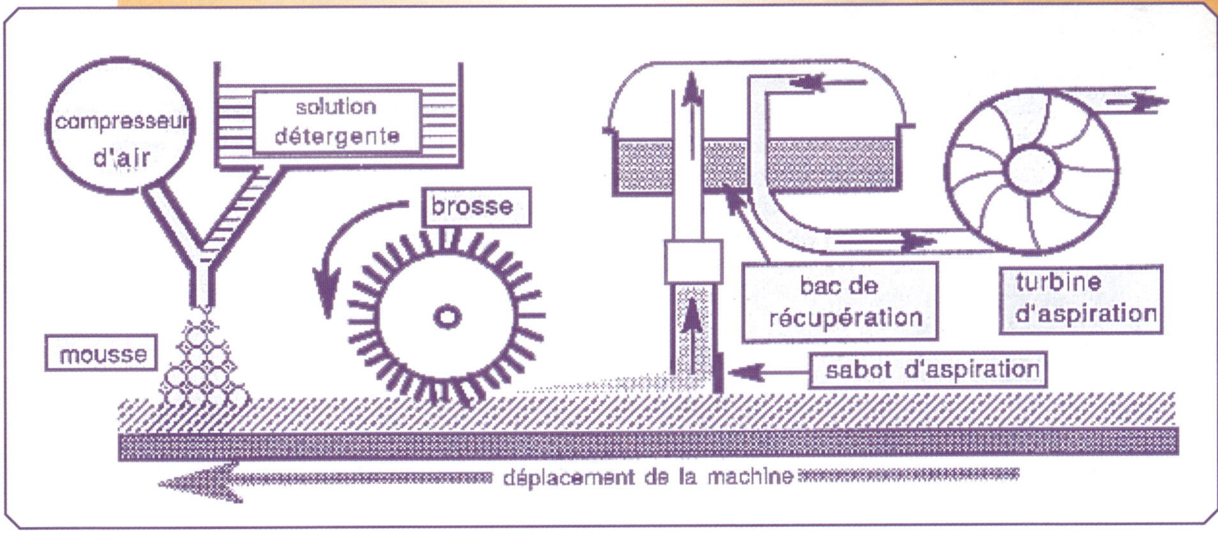

Ce procédé de nettoyage présente plusieurs avantages :

- **le revêtement textile ressort très peu humide** de cette opération de nettoyage. Il peut donc être accessible aux usagers dans des délais assez brefs (1 à 2 heures, selon température et hygrométrie ambiantes) ;
- **le nettoyage complet est réalisé en un seul passage** (cas de la machine à sol). Il y a donc un gain de temps très important par rapport à l'application de la mousse à la monobrosse suivie d'une aspiration (cf. F.M. n° 21) ;
- **le faible apport d'humidité** dans le revêtement rend cette méthode très adaptée à **l'entretien des moquettes qui craignent particulièrement l'eau** (dossier en jute par exemple...).

Principe de fonctionnement

Nettoyage du mobilier

(Von Schrader V.S. 2)

Le principe de fonctionnement est le même qu'en ce qui concerne l'appareil à moquette.

L'application se fait ici à l'aide d'un système de deux brosses mécaniques rotatives à axe vertical que l'on peut aisément manipuler. Ces brosses ont des vitesses de rotation différentes et des sens de rotation opposés : la brosse centrale tourne à 375 tours/min. et la brosse extérieure à 750 t/min.

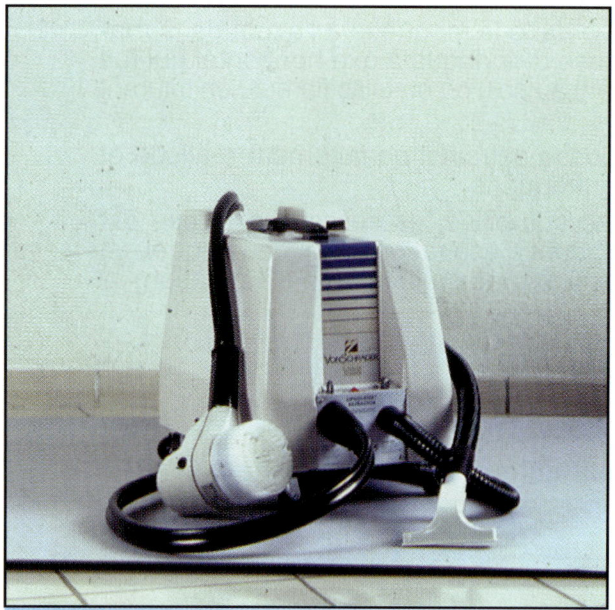

Doc. Argos

La mousse est injectée au milieu de la brosse centrale.

Les brosses standard sont assez souples mais on peut disposer de brosses à soies beaucoup plus dures pour les supports très encrassés.

Le système d'aspiration est conçu pour effectuer aussi bien l'aspiration à sec préalable au nettoyage à la mousse que l'aspiration de celle-ci alors qu'elle est chargée de salissures.

L'appareil est doté d'un réservoir de récupération des salissures mélangées à la mousse d'une capacité de 4 litres.

Ce système de nettoyage permet d'obtenir d'excellents résultats pour :

- **le nettoyage et la remise en état de tous les éléments textiles de mobilier** (canapés et fauteuils non déhoussables, sièges de véhicules...) ;
- **le nettoyage des zones recouvertes de moquette** et d'accès difficile (recoins, penderies, salles de bains, marches d'escaliers, tapis de sol des véhicules...).

XVII - La brosseuse électrique

Voir fiche méthode n°22

- Principe général du nettoyage
- Les produits

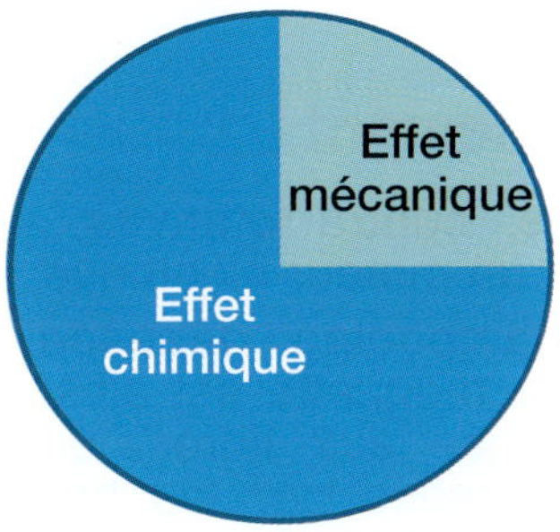

Cette machine est spécialement étudiée pour mettre en œuvre la méthode de nettoyage à sec des revêtements de sol textiles par shampooing poudre.

L'avantage principal de cette méthode est que le temps de séchage est pratiquement inexistant. Il n'est donc pas nécessaire de condamner la pièce nettoyée, même temporairement. De plus, la facilité et la rapidité de mise en œuvre du procédé incitent à l'employer fréquemment afin de traiter seulement les zones qui s'encrassent rapidement.

L'effet chimique est prépondérant, il est dû aux composants tensio-actifs et aux solvants contenus dans la poudre de shampouinage.

L'effet mécanique est important, du fait de la trituration des fibres textiles par l'action de la brosse.

L'effet de la température est nul.

L'action du temps permet de parfaire le résultat.

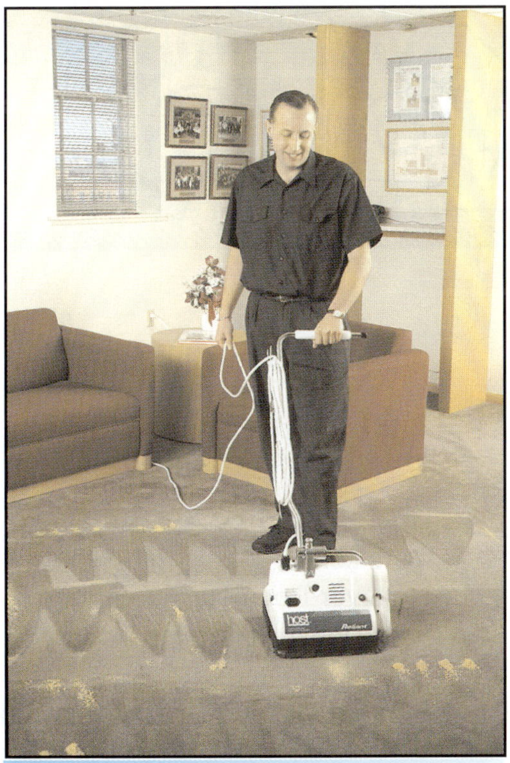

Doc. Argos

Descriptif technique

1	Poignée de guidage
2	Timon
3	Câble d'alimentation
4	Interrupteur marche-arrêt
5	Capot de la machine
6	Brosses contra-rotatives
7	Moteur des brosses
8	Courroies de transmission

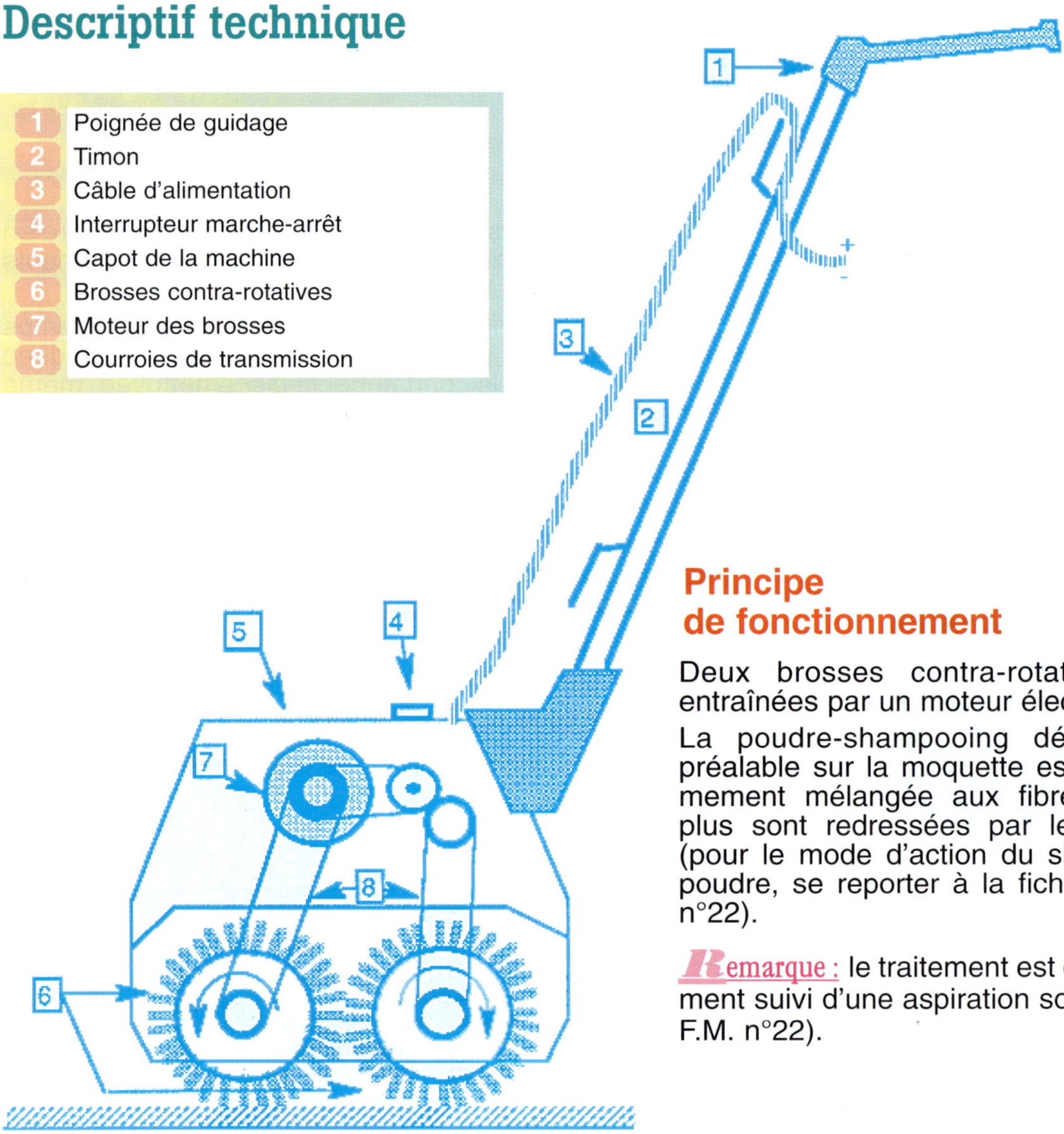

Principe de fonctionnement

Deux brosses contra-rotatives sont entraînées par un moteur électrique.

La poudre-shampooing déposée au préalable sur la moquette est ainsi intimement mélangée aux fibres, qui de plus sont redressées par les brosses (pour le mode d'action du shampooing poudre, se reporter à la fiche méthode n°22).

Remarque : le traitement est obligatoirement suivi d'une aspiration soignée (voir F.M. n°22).

Entretien et maintenance

Après chaque utilisation

- Nettoyer les brosses en les débarrassant des fibres qui s'enchevêtrent dans leurs soies.
- Nettoyer l'intérieur du carter en enlevant les paquets de poudre absorbante qui y restent collés.

Régulièrement

- Contrôler l'état du câble, des fiches de raccordement électrique.
- Vérifier l'état et la tension des courroies de transmission.

Sommaire

partie *"Méthodes"*

1 Le balayage humide L'essuyage humide

Objectif

Cette technique s'applique sur toutes les surfaces lisses et dures et a pour but l'élimination des salissures non adhérentes, en les « piégeant » sur un support approprié, par combinaison de l'effet mécanique et de l'effet chimique.
L'essuyage humide s'applique sur les parois, éléments de mobilier, et de façon générale sur toutes les surfaces souillées par la poussière. La technique du balayage humide est réservée aux sols lisses.

D'OÙ PROVIENT LA POUSSIÈRE ?

La poussière provient de l'abrasion ou de la dissociation de différentes substances et matériaux qui peuvent être d'origine minérale (silice, sable, terre, métaux,...), végétale (pollens, bois, textiles, fleurs,...) ou animale (squames, cheveux, poils d'animaux,...)
L'élimination de la poussière (et des micro-salissures) est un travail d'une grande importance, car :
- le dépôt de la poussière sur le sol et les éléments de mobilier donne, à juste titre, une impression de saleté et de négligence,
- la poussière permet la fixation des micro-organismes, donc favorise la propagation de maladies,
- elle provoque des allergies chez de nombreuses personnes,
- la poussière peut nuire au bon fonctionnement de nombreuses machines ou installations, particulièrement dans le domaine de la bureautique (ordinateurs, etc.), et des industries de précision (électronique, optique, micro-mécanique, télécommunications, domaine aéro-spatial...).

COMMENT L'ÉLIMINER ?

La méthode ancienne du balayage à sec est à proscrire. On peut en effet constater que lorsqu'on balaie un sol lisse avec un balai de crin, de soie, ou de fibres synthétiques, 1/3 de la poussière est poussé en tas sur le sol, 1/3 reste derrière le balai, et 1/3 est mis en suspension dans l'air ambiant, puis se redépose lentement.
Cette méthode est donc non seulement inefficace, mais dangereuse dans certaines circonstances. C'est pourquoi elle est interdite dans le domaine de la préparation des plats cuisinés et des repas (Arrêté du 26/09/1980), ainsi que dans les locaux de collectivités qui accueillent du public (crèches, haltes-garderies, secteur hospitalier).
Il faut mettre en œuvre la méthode du balayage ou de l'essuyage humide.

AVANTAGES DE LA MÉTHODE

*Elle favorise **l'hygiène***	- Les poussières (même les plus fines) étant agglutinées sur le support, la qualité de l'air est préservée : il contient moins de particules donc moins de micro-organismes.
*Elle est **rentable***	- Un opérateur correctement équipé peut traiter des superficies très importantes par unité horaire.

Elle est ***ergonomique***	- La conception du matériel, parfaitement adaptée aux techniques, permet de minimiser la fatigue de l'opérateur.
Elle garantit ***la qualité*** *du résultat*	- Si elle est correctement mise en œuvre, la méthode du balayage humide permet de capter la quasi totalité des salissures, même les plus fines. Le degré d'hygiène qui en résulte est donc élevé. Ce critère est essentiel aujourd'hui dans la plupart des contrats de prestation de service en matière de propreté.

MATÉRIEL NÉCESSAIRE

Balayage humide

- balai à franges + gazes (textiles tissés), ou
- balai trapèze + non tissés imprégnés, ou
- balais « ciseaux »
- sac poubelle, pelle à poussière, spatule métallique ou grattoir à vitres.

Essuyage humide

- « non-tissés » imprégnés, ou
- lavettes humidifiées, éventuellement de couleurs différentes en fonction des zones traitées (secteur hospitalier), ou
- supports spéciaux (non-tissés à usage unique) à très faible relarguage de particules (entretien des salles à empoussièrement contrôlé).

Remarque : pour des raisons à la fois de maîtrise des coûts et d'amélioration de l'hygiène, l'emploi des accessoires d'essuyage à « usage unique » tend à se généraliser.

PRODUITS, DOSAGES

- agglutinants, employés purs,
- « fixateurs à poussière » d'usage général présentés en bombe aérosol,
- « fixateurs à poussière » à propriétés antistatiques, également présentés en bombe aérosol, et destinés à l'entretien du matériel d'informatique et de bureautique,
- eau désionisée (entretien des salles à empoussièrement contrôlé)
- eau.

CONSOMMATION

Très variable en fonction du degré de salissure des surfaces traitées. A titre indicatif, une gaze jetable permet de traiter 20 à 30 m².

CONSIGNES PARTICULIÈRES

Décoller manuellement (spatule métallique ou grattoir à vitres) les éléments adhérant au sol (chewing-gum ...)

Mode opératoire

1. CHOIX DU MATÉRIEL

LE BALAI : Le choix et la largeur du balai dépendent de la configuration et de la superficie des locaux à nettoyer :

matériel / domaines	Balai "ciseaux"	Balai à franges à articulation fixe	Balai à franges à articulation pivotante	Balai trapèze
Grands espaces dégagés	Technique « au poussé » en faisant varier l'angle des bras	Technique « au poussé »		
Couloirs	Technique « au poussé » en faisant varier l'angle des bras	Technique « au poussé »	Technique « au poussé »	Ne convient pas vraiment pour les grandes superficies
Pièces plus ou moins encombrées			Technique « à la godille »	Technique « à la godille »
Escaliers			(peu adapté)	Technique «au poussé» (il existe des modèles spéciaux pour les escaliers)

LA GAZE

Balai à franges : même si ce n'est pas obligatoire, il est préférable de protéger la frange par une gaze textile lavable que l'on imprègne d'agglutinant, afin de diminuer et de ralentir l'encrassement de la frange.

Balai trapèze : la conception du balai rend indispensable de l'équiper d'une gaze non-tissée pré-imprégnée d'agglutinant (cf. technologie des matériels)

2. PRÉPARATION DU MATÉRIEL

- balai à franges

a / Humidifier plusieurs gazes textiles en les pulvérisant d'eau ou d'agglutinant.
b / Les fixer sur le balai à franges. (les gazes seront retirées les unes après les autres au fur et à mesure de leur encrassement).

- balai trapèze

a / Étirer le non-tissé de façon à assurer un meilleur accrochage des poussières grâce à la distension des fibres.
b / Fixer le non-tissé sur la semelle avec les points d'ancrage.

3. PRATIQUER LE BALAYAGE HUMIDE

EXEMPLE 1 : dans un couloir

On applique la technique «au poussé» :
a/ détourer soigneusement un premier côté,
b/ revenir vers le point de départ,
c/ si besoin, effectuer un autre passage pour traiter la surface médiane,
d/ ramasser les salissures en les enfermant dans la gaze repliée sur elle-même, et en s'aidant au besoin d'une pelle à déchets.

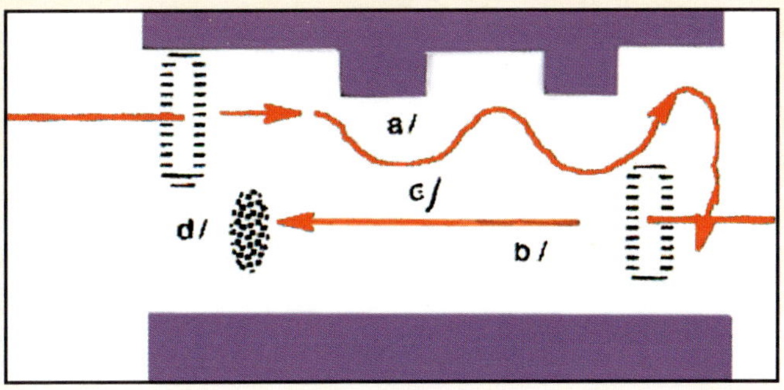

Remarque : *ne jamais soulever le balai en cours de travail.*

EXEMPLE 2 : **dans un escalier**

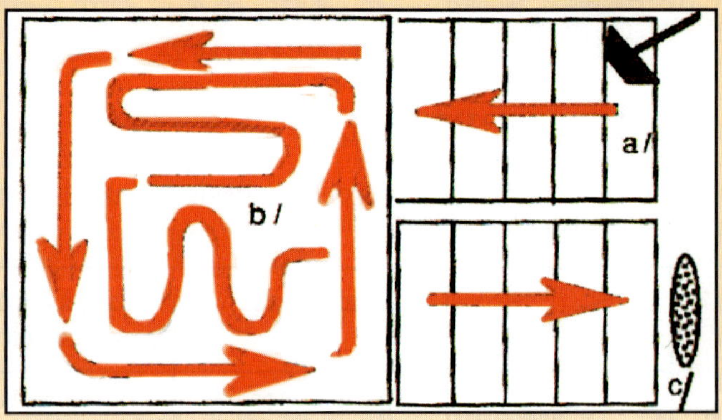

On applique la technique « au poussé », en opérant toujours de haut en bas :

a/ balayer les marches une à une en poussant les salissures vers le bas,

b/ traiter les paliers en détourant d'abord, puis en traitant le milieu ensuite, en faisant en sorte de finir le palier au dessus de la marche suivante,

c/ ramasser les salissures en bas, sitôt le balayage terminé.

***Remarque** : il est conseillé de travailler avec le balai au-dessous de soi.*

EXEMPLE 3 : **dans une salle très encombrée**

On applique la technique «à la godille » :

a/ commencer par l'angle opposé à la porte d'entrée,

b/ travailler par rangées, en contournant les obstacles (pieds de tables, meubles,...),

c/ finir par la porte d'entrée, ramasser les salissures.

***Remarque** : dans la mesure du possible, pratiquer un détourage préalable le long des plinthes.*

Contrôle du résultat

Contrôle visuel :

- absence de déchets au sol.

Contrôle normalisé :

- patin de mesure de l'empoussièrement (Bassoumètre) ; (à défaut)
- frotter une surface de référence (1 dm^2) avec un mouchoir en papier blanc et comparer avec l'échelle de Bacharach.

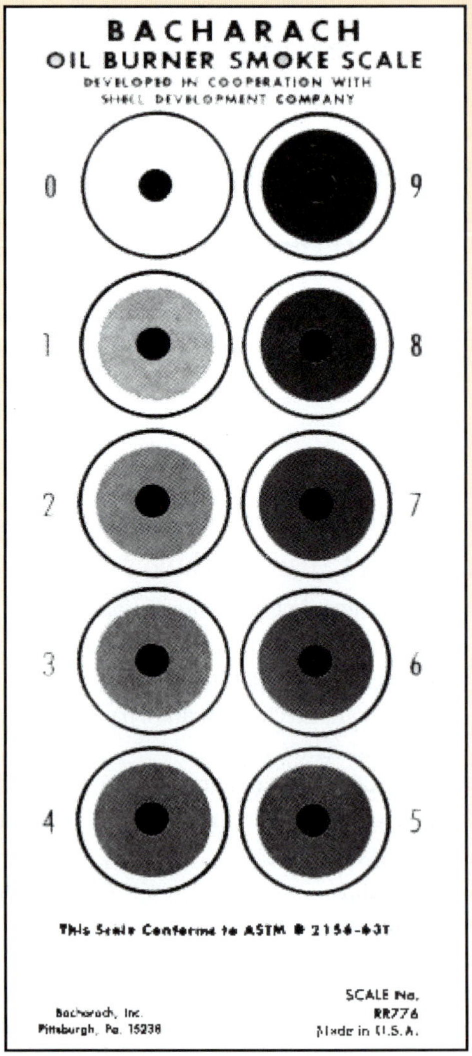

2 Le nettoyage par aspiration

Objectif | Éliminer les micro et macro-salissures non adhérentes déposées sur les revêtements (de sol et des parois) durs, souples ou textiles ainsi que sur les équipements et les meubles.
Éliminer les liquides répandus en faible épaisseur sur les sols durs ou souples.

Aspiration des salissures non adhérentes

1. SUR LES SOLS TEXTILES

Tapis, moquettes en fibres naturelles ou synthétiques, tuftées, aiguilletées, tissées, floquées, bouclées, velours, etc.

Matériel

Aspirateur à poussière ou **aspiro-brosseur.**
Tube canne + flexible.
Suceur combiné (en position « brosses rentrées »).

© Diversey Lever - Taski

Technique

1 - Vérifier le sac à poussière et le remplacer au besoin.
2 - Éliminer manuellement les déchets trop gros pour pouvoir être aspirés (feuilles de papier...).
3 - Commencer toujours le travail au fond de la pièce afin de ne pas salir à nouveau la zone nettoyée.
4 - Passer l'aspirateur en faisant chevaucher les bandes de passage, avec une vitesse de translation du suceur régulière et assez lente.
5 - Le suceur combiné doit être en position «moquette» c'est-à-dire brosses relevées. Il peut cependant être nécessaire de sortir ces brosses pour éliminer certaines salissures comme les cheveux par exemple.
6 - Tenir compte du sens des fibres de la moquette afin de laisser le moins de traces de passage possible.

Remarque : l'aspiro-brosseur permet un travail plus rapide et surtout de meilleure qualité que celui réalisé avec l'aspirateur à poussière car les deux brosses contra-rotatives ouvrent le velours et favorisent la remontée des salissures en surface. Mais le maniement de l'aspiro-brosseur n'est possible que sur des surfaces dégagées : il est conçu pour fonctionner linéairement selon d'amples mouvements de translation.

2. SUR LES SOLS NON TEXTILES

Tous les sols durs homogènes lisses ou à relief :
- parquets, thermoplastiques, linoléum, PVC, béton, asphalte, pierre...
- caoutchouc pastillé, dalles caoutchouc...

Matériel

Aspirateur à poussière.
Tube canne + flexible.
Suceur combiné (en position brosses sorties).
Suceur à roulettes (pour un meilleur confort d'utilisation)
+ suceurs de différentes formes (pour l'aspiration des endroits peu accessibles) : les fabricants en proposent une grande variété de modèles adaptés aux différents types de sol.

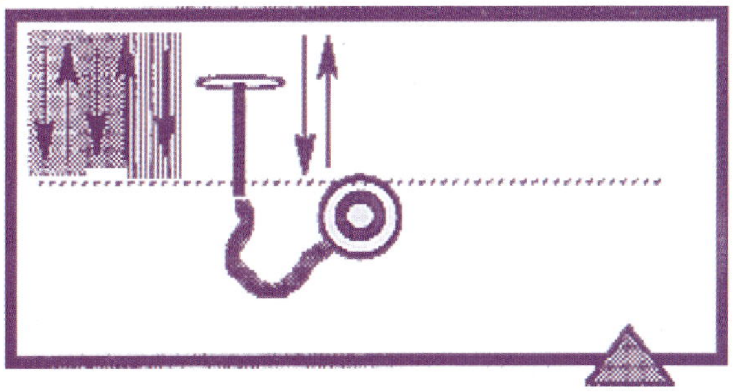

M E T H O D E

A P P L I C A T I O N

G E S T I O N

Technique

1 - Vérifier le sac à poussière et le remplacer au besoin.
2 - Aspirer par bandes régulières en décrivant des mouvements de va-et-vient (commencer par le fond de la pièce).
3 - Faire chevaucher les passages.
4 - Prendre soin de n'oublier aucun endroit.

3. CAS PARTICULIERS

Dépoussiérage : des parois textiles (moquette murale), des tentures murales (tissus tendus), des endroits peu accessibles, des tringles et têtes de rideaux, des cadres décoratifs, des dessus de meubles, des radiateurs, des plinthes, canapés... des tuyaux de chauffage, etc.

Matériel

Aspirateur à poussière.
Aspirateur dorsal.
Variateur électronique.
Flexible + tubes cannes.

Suceurs divers : suceur pour radiateurs, suceur à brosse, suceur pour sièges rembourrés, suceur tubulaire cintré à brosse, suceur plat « à fentes », suceur conique caoutchouc...

Remarque : le variateur électronique (qui s'interpose entre la prise électrique et l'aspirateur) permet de modifier à la fois le débit d'aspiration et la dépression. La réduction de ces deux valeurs permet de dépoussiérer des éléments fragiles et légers (têtes de rideaux par exemple) sans les endommager

4. BALAYAGE-ASPIRATION DES EXTÉRIEURS ET ENTREPÔTS

Parkings extérieurs ou souterrains, entrepôts, hangars, cours, esplanades, rues, trottoirs...

Matériel

Balayeuses aspirantes.
Ces machines peuvent être de dimensions et performances variables en fonction des superficies à traiter : les plus petits modèles sont poussés par l'opérateur et fonctionnent avec des batteries et les plus gros sont des camions.
Aspirateur à déchets pour les surfaces de moyenne importance.

Aspiration des liquides

Sur les sols durs homogènes et à condition qu'ils constituent une couche de faible épaisseur, les liquides peuvent être facilement aspirés.

Matériel

Aspirateur mixte (« eau et poussière »).
Flexible + canne.
Suceurs spécifiques pour aspiration des liquides (à lamelles souples).

Technique

1 - S'assurer des conditions de sécurité (porter des bottes et si l'installation n'est pas aux normes de sécurité, adjoindre un disjoncteur différentiel portatif, à placer sur la prise d'alimentation).
2 - Aspirer le liquide au sol en commençant par l'entrée de la pièce.
3 - Appliquer le suceur en contrôlant bien l'angle au sol et tirer lentement à soi en décrivant des bandes bien parallèles et chevauchées.

Entretien du matériel

Cf. cours de technologie du matériel.

Contrôle du résultat

Contrôle visuel : absence de poussière ou de liquide sur le sol.

Contrôle normalisé : utiliser un aspirateur à filtre-papier étalon (aspirateur à poussière)

3 Le lavage manuel d'un sol

Objectif | Enlever les salissures adhérentes, les taches, les traces sur sols durs ou souples homogènes (thermoplastiques, PVC, pierres naturelles ou artificielles, etc.).

© Taski
Duo Mop

MATÉRIEL NÉCESSAIRE

Chariot de lavage ou **chariot de maintenance.**
Balai faubert ou balai rasant.
Tampons à récurer (vert),
éventuellement **spatule métallique** pour décoller les salissures très adhérentes.

PRODUIT, DOSAGE

Détergent universel neutre dosé de 1 à 2 %.

Remarque : le produit choisi doit être adapté au type de salissures à éliminer (Cf. partie I).

CONSOMMATION

10 litres de solution permettent de traiter de 50 à 100 m² selon l'encrassement.

ETAT INITIAL DU SOL

Il doit être débarrassé des salissures non adhérentes : procéder à un balayage humide préalable (voir fiche méthode 1).

Mode opératoire

1 - Remplir d'eau le seau bleu (chaude si possible).
2 - Ajouter le produit choisi en fonction des salissures.
3 - Remplir au 1/3 le seau rouge avec de l'eau claire et placer la presse au-dessus.
4 - Fixer la frange du balai faubert ou du balai rasant sur son support.
5 - Fixer éventuellement un tampon à récurer vert sur la base du manche.

6 - Procéder au lavage : (voir schéma).
a) étendre la solution (technique « à la godille ») sur 1 à 2 m², puis rincer et presser la frange ;
b) ramasser l'eau de lavage avec la frange, puis essorer ;
c) sécher le sol par un dernier passage.

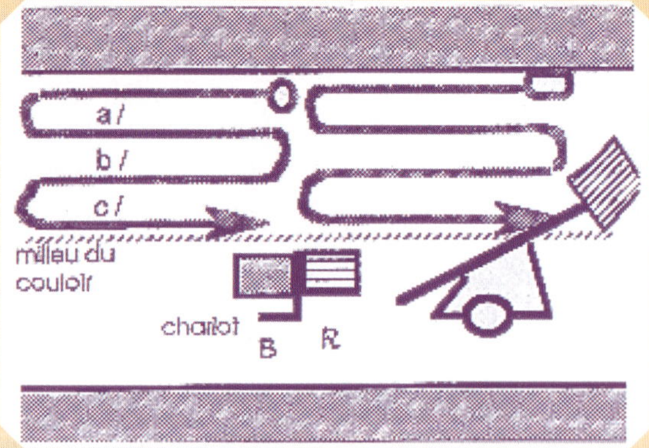

Remarque :

- l'eau du seau rouge doit être employée pour rincer la frange avant de la presser puis de la replonger dans la solution détergente ;
- toujours travailler par moitié de couloir (sens longitudinal) afin de ne pas empêcher le passage permanent des usagers ;
- travailler avec le chariot de lavage derrière soi ;
- l'eau du seau rouge (côté presse) doit être fréquemment renouvelée afin de permettre le rinçage de la frange ;
- ne pas négliger le nettoyage des plinthes (brosse, lave pont) dans le cas d'un entretien à fond.

Entretien du matériel

Se reporter au cours de technologie du matériel.

Contrôle du résultat

Contrôle visuel

Absence de traces de passage du faubert (ou rasant).

Contrôle normalisé

Utiliser le « Bassoumètre » ou à défaut, frotter un papier absorbant blanc sur une surface de référence (1 dm²) et comparer à l'échelle de Bacharach (échelle des gris), (Cf. fiche n°1).

4 Le lavage de la vitrerie

Objectif | Dissoudre, ramollir, décoller les salissures qui adhèrent aux vitres. Obtenir des vitres parfaitement propres.

MATÉRIEL NÉCESSAIRE

Mouilleur en coton.
Support de mouilleur avec manche.
Perche téléscopique, adaptable au mouilleur.
Echelle (modulaire) de laveur de vitres.
Seau + raclettes (différentes longueurs) **+ serpillière + lame sur support pour gratter.**
Chiffon (en coton)

PRODUITS, DOSAGES

- Détergent universel (moussant) dilué à 0,5 % environ,
ou
- produit spécifique pour le lavage des vitres dilué de 2 à 5 %.

Mode opératoire

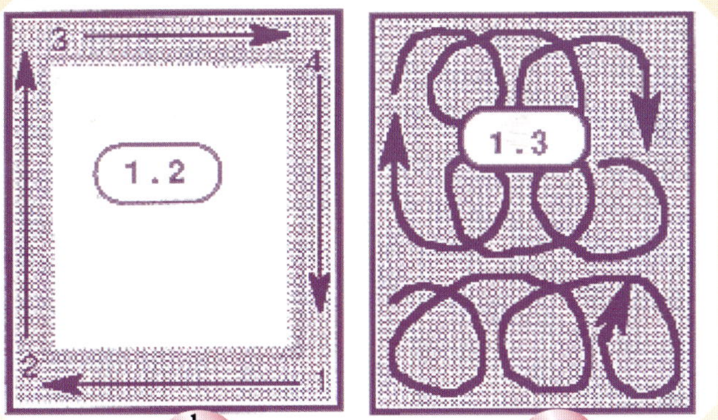

b c

1. Laver la totalité de la surface du premier côté avec le mouilleur :
   a - tremper le mouilleur dans le seau de solution détergente, essorer à la main ;
   b - détourer la surface en insistant bien dans les angles ;
   c - frotter en décrivant des spirales et en appuyant bien. Commencer par le bas.

2. Essuyer à la raclette afin d'éliminer sans traces la solution détergente chargée de salissures.

Deux méthodes existent :

• La méthode américaine

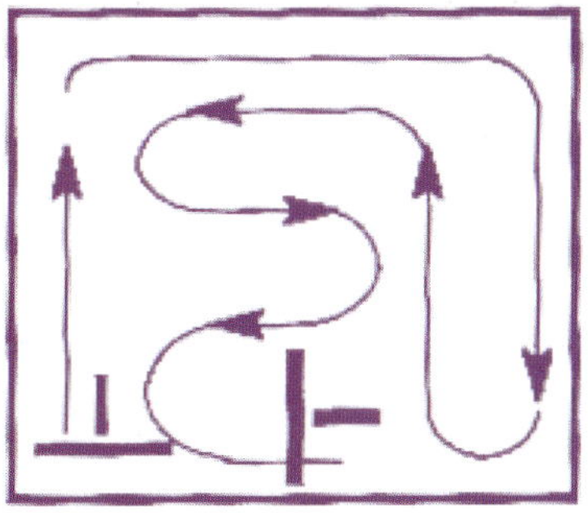

Toute la surface de la vitre doit être accessible.

Après avoir détouré la vitre, effectuer avec la raclette des « S » qui se chevauchent.

Cette méthode est rapide et spectaculaire, mais elle requiert un savoir-faire certain.

La méthode française

a) Tirer la raclette de haut en bas sur les 3/4 supérieurs de la vitre.

b) Travailler latéralement pour nettoyer le tiers inférieur et rassembler la solution détergente dans un angle.

c) Finir de racler et essuyer pour éliminer l'excès de liquide.

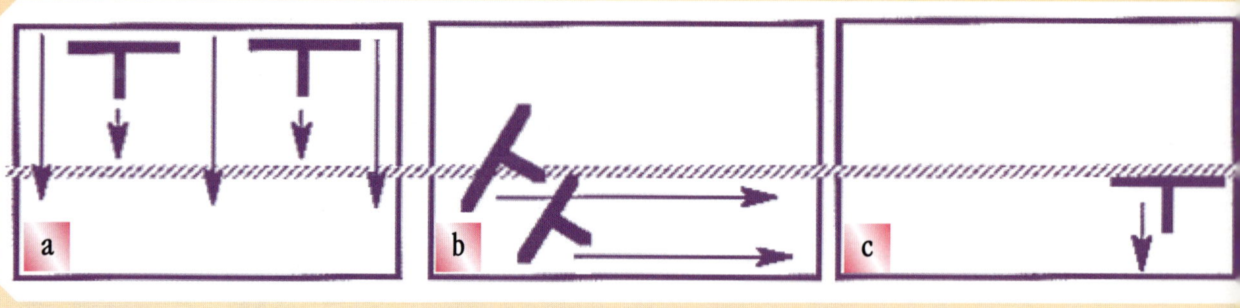

En finition, passer un chiffon sur le pourtour de la vitre afin de parfaire de travail.

3 et 4 - Répéter les mêmes opérations sur la deuxième face de la vitre.

Contrôle du résultat

Contrôle visuel

- Absence de traces de passage sur le plan vitré, y compris sur les bords,
- absence de coulures sur l'encadrement du plan vitré,
- absence de traces d'eau au sol.

5 L'entretien des surfaces vitrées à relief

Objectif

Enlever les salissures déposées sur le matériau (sans l'altérer) :
- poussières,
- moisissures,
- projections d'eau (donc traces de « calcaire »),
- traces dues aux mouches et autres insectes (déjections),
- autres traces.

Remarque : ce type de verre se rencontre fréquemment, notamment dans les locaux sanitaires (salles d'eau, W.C.), donc dans les pièces humides où l'encrassement est plus rapide.

Il est également employé pour constituer les cloisons vitrées, les portes d'entrée...

L'aspect du relief que l'on peut rencontrer est très variable : il va de la simple ondulation à des reliefs très accentués et très irréguliers.

Les problèmes posés par l'entretien sont d'autant plus ardus que le relief est plus marqué.

Mode opératoire

Deux méthodes existent :
- À SEC.
- AU MOUILLÉ.

	méthode « à sec »	méthode « au mouillé »
Matériel	Laine d'acier. Chiffon sec. Lavette bien essorée.	Seau. Brosse. Eponge ou mouilleur. Plusieurs chiffons non pelucheux.
Produits, dosage	Néant.	Détergent neutre dosé à 0,5 %.
Mode opératoire	1 - À l'aide du tampon de laine d'acier, frotter par petites surfaces afin d'user les différentes salissures plus ou moins incrustées dans le relief du verre. 2 - Essuyer au chiffon pour éliminer toutes les traces.	1 - Détremper les salissures en mouillant avec l'éponge ou le mouilleur imbibés de solution détergente. 2 - Frotter à la brosse par petites surfaces. 3 - Essuyer en tamponnant afin de sécher le verre. 4 - Parfaire le travail avec un chiffon sec.

Remarque : aucune des deux méthodes ne peut s'appliquer indifféremment à tous les types de verre à relief. Il convient donc de faire des essais afin de déterminer celle qui convient le mieux à chaque cas de figure.

Contrôle du résultat

Contrôle visuel :

- absence de salissures persistantes,
- absence de traces de produit,
- absence de coulures sur l'encadrement de la vitre,
- absence de traces d'eau au sol.

© *Batiment - Entretien* N°199 septembre-octobre 1998

6 Le lessivage des surfaces peintes

Objectif Laver les surfaces peintes afin d'en éliminer les salissures adhérentes et non adhérentes et afin d'en raviver les couleurs. On distingue :
- le lessivage des peintures « à conserver », c'est une opération d'entretien ;
- le lessivage des peintures « à refaire », c'est une préparation de chantier de peinture.

PRODUITS

Détergents neutres : pour les parois faiblement encrassées *(Sanisol Calypso, Taski Mela...).*

Détergents basiques : pour les murs exposés aux salissures grasses (cuisines, locaux industriels...). *(Sanisol Sanidécrassant, Wetrok Exal...).*

Lessives spécifiques : pour tous travaux de rénovation et remise en état et plus particulièrement pour les lessivages de peintures « à refaire » *(Oxydrine, Lessive Saint-Marc...).*

DOSAGES

- Détergents : de 1 à 3 %, selon encrassement.
- Lessives : 10 g/litre (peintures à conserver) - 50 à 100 g/l (peintures à refaire).

Remarque : les lessivages de peintures « à refaire » nécessitent des dosages renforcés afin d'augmenter l'effet décapant.

MATÉRIEL

Escabeau ou **échelle de laveur de vitres.**
Serpillière + 2 seaux (1 seul quand le produit utilisé ne demande pas de rinçage).
Mouilleur coton ou **éponge végétale.**
Lavettes bleues + brosse douce en nylon pour les angles rentrants et recoins.
Raclettes caoutchouc + manche téléscopique.

Mode opératoire

1. **Préparer le matériel et la solution détergente**
   - Le détergent doit être adapté aux salissures à éliminer (cf. supra).
2. **Protéger le sol devant les plinthes**
   - Particulièrement les sols textiles.

METHODE

APPLICATION

GESTION

3. **Lessiver**

- Toujours travailler de bas en haut, ceci afin d'éviter les traces laissées par les coulures de solution détergente sur le bas des parois quand on travaille de haut en bas.
- Travailler :

  soit au mouilleur ⇨ effectuer des passages croisés,

  soit à l'éponge ⇨ en décrivant des mouvements circulaires.

⇨ Il est conseillé de travailler par petites surfaces (1 à 2 m^2) à la fois.

4. **Rincer sans attendre que la solution détergente soit sèche**

- Afin d'obtenir un meilleur résultat (avivage des peintures), on peut diluer du vinaigre blanc dans l'eau de rinçage (dilution de 3 à 5 %),
- cela ne s'applique pas aux détergents « sans rinçage ».

5. **Sécher à la raclette ou essuyer au chiffon**

- En tirant par zones chevauchées de haut en bas, (pour les surfaces lisses uniquement).

Entretien du matériel

Rincer et sécher.

Contrôle du résultat

Contrôle visuel

- Absence de traces de coulures et de séchage,
- absence de traces de rémanence de détergents (rinçage défectueux),
- uniformité d'aspect des parois après lessivage,
- absence de traces au sol.

7 L'entretien des surfaces en aluminium

Objectif | Appliquer aux surfaces en aluminium les procédés et produits de nettoyage et d'entretien qui conviennent à ce matériau afin de ne pas l'endommager (préservation de ses qualités esthétiques et de sa longévité).

NATURE DU SUPPORT

Du fait que l'aluminium est un métal réducteur (il s'oxyde facilement au contact de l'oxygène de l'air), les industriels lui appliquent dès la fabrication une protection : **l'anodisation.**

Il s'agit de constituer en surface du métal une couche protectrice par traitement électrochimique : cette couche est très dure et très résistante à la corrosion.

La norme NF A 91 450 définit 4 classes de protection (5, 10, 15 et 20). Pour plus de détails, se reporter au cours de technologie des matériaux.

PRODUITS

Ils sont spécifiquement conçus pour ce matériau. On doit distinguer plusieurs familles :

- **Les nettoyants-dégraissants alcalins concentrés** *(Johnson fact, Sanisol ST 747).*
- **Les nettoyants-dégraissants acides faibles** *(PNR 500).*
- **Les nettoyants-dégraissants-désoxydants acides spécifiques pour l'extérieur** *(Sani-Marc-a-Lium, Diversey Al-86).*
- **Les dégraissants neutres** *(Rochex, Aluminium 9).*
- **Les émulsions nettoyantes cireuses** *(Henkel P3, Alméco-polish).*

Et aussi... des **abrasifs très doux** (granulométrie très faible) comme le blanc de Meudon (blanc d'Espagne).

DOSAGES

De 1 à 2 % à 100 % (produits purs), en fonction des produits et des techniques.

Se reporter aux indications des fabricants.

MATÉRIEL

Lavettes bleues.
Brosses douces nylon + mouilleur.
Seau + pad blanc + chiffons.

METHODE

APPLICATION

GESTION

Mode opératoire

1. Opérations d'entretien régulier

1 - Laver avec de l'eau additionnée de détergent neutre faiblement dosé. Utiliser mouilleur à vitres (pour les surfaces planes développées), lavettes bleues et/ou brosse douce en nylon.

2 - Rincer, puis essuyer avec un chiffon sec.

➡ La présence de traces et souillures particulières doit conduire à l'emploi de produits adaptés (voir liste ci-dessus).

2. Opérations de rénovation (entretien complet)

A l'intérieur des bâtiments

1 - Imprégner une lavette d'eau tiède faiblement additionnée de détergent neutre (0,5 %) + abrasif très doux comme du blanc de Meudon.

2 - Rincer plusieurs fois et essuyer avec un chiffon sec.

A l'extérieur des bâtiments (façades)

Les parements en aluminium anodisé peuvent avoir besoin d'une rénovation complète :

1 - Nettoyage avec détergent approprié, pad de *Scotch-brite* blanc, rinçages abondants, séchage.

2 - Élimination des coulures de rouille provenant des charpentes métalliques ou des infrastructures de fixation des panneaux d'aluminium : on doit pour cela employer de l'acide oxalique dilué à raison de 100 g/litre d'eau. Effectuer plusieurs rinçages avec beaucoup d'eau puis sécher (produit corrosif = précautions).

3. Rénovation et traitement

Une marque (Sanisol) propose deux produits qui se complètent.

Un qui nettoie et avive, l'autre qui pose une protection lustrante.

Ils ont un effet de synergie, il ne faut donc pas les dissocier (*Sanisol*).

Contrôle du résultat

Contrôle visuel

Sse reporter aux fiches méthode n° 3 et 11.

8 Le nettoyage au canon à mousse

Objectif | Projeter une mousse détergente et/ou désinfectante adhérente sur les surfaces horizontales et verticales ainsi que dans les endroits et recoins inaccessibles aux autres méthodes de nettoyage.

AVANTAGES DE LA MÉTHODE

Elle permet d'obtenir un haut degré de qualité du nettoyage et de la décontamination pour les raisons suivantes :

- **La mousse permet de prolonger le temps de contact** du principe détergent, désinfectant ou détartrant avec les supports à nettoyer.

Ce temps de contact peut être d'autant plus important que la mousse est stable (persistante) ce qui n'est pas le cas avec l'emploi d'un liquide qui coule et s'évapore et ne peut donc séjourner que dans les creux.

- **La mousse permet de visualiser les zones traitées** (couvertes) et par conséquent de ne négliger aucun endroit (à l'application comme au rinçage) ce qui est un facteur essentiel de qualité globale du nettoyage.
- **La mousse adhère sur toutes les surfaces** qu'elles soient horizontales (tables, sol, plafonds, dessous de plans de travail,...) ou verticales (murs, parois, rayonnages, clayettes...).
- **La mousse s'insinue dans tous les recoins et anfractuosités** quelle que soit la nature des matériaux traités.

Elle s'applique à tous les matériels, sols, locaux pouvant être lavés à grande eau :

- chariots, mobilier, conteneurs isothermes...,
- chambres froides, légumeries, bacs de lavage et de plonge...,
- sols et parois...

Remarque : le rinçage à grande eau et sous forte pression peut risquer de provoquer des accidents électriques graves. Il faut donc s'assurer de la parfaite isolation des prises, des fils conducteurs et des appareils.
Le circuit électrique doit être à la norme « classe II ».

Le rendement est excellent (en produits comme en temps de travail)

Comparé aux autres méthodes de nettoyage et à qualité microbiologique du nettoyage comparable, le nettoyage au canon à mousse est nettement plus rapide. On estime qu'un opérateur compétent et équipé d'un matériel performant peut traiter 20 m^2 à la minute.

Il s'agit donc d'un procédé économique.

DOMAINE D'APPLICATION

Cette méthode a été développée pour résoudre les problèmes spécifiques de nettoyage qui se posent à l'industrie agro-alimentaire :

- les salissures sont abondantes, souvent très adhérentes, fermentescibles et/ou putrescibles (origine végétale ou animale) ;
- les ateliers et les machines de fabrication sont souvent difficiles à bien nettoyer ;
- l'hygiène est un enjeu primordial (sécurité et image de marque...) ;
- la réglementation à observer est extrêmement stricte... et les contrôles fréquents.

PRODUITS

- **Les dégraissants forts :** ils sont fortement basiques (pH = 13) par exemple *Rochex ACM.*
- **Les désincrustants :** ils sont acides (élimination des concrétions calcaires) *(Kärcher RM 59).*
- **Les détergents-désinfectants** : leur activité bactéricide doit être étudiée et éprouvée selon la norme NF T 72-150 *(Henkel, Sirafan mousse chlorée, Rochex).*

Remarque : tous les produits employés pour les opérations de nettoyage en agro-alimentaire (ce qui inclut les cuisines) doivent être agréés par le ministère de l'Agriculture.
L'étiquetage de ces produits doit faire mention de cet agrément.

DOSAGES

De 1 à 5 %, selon l'état d'encrassement. L'effet bactéricide apparaît dès la concentration de 1 %.

MATÉRIEL

Canon à mousse

Plusieurs types de matériels permettent de mettre en application la méthode du nettoyage à la mousse : tous ont en commun un débit d'air de 10 à 12 m³ heure sous une pression de 4 à 8 bars.

Canon à mousse autonome
(avec compresseur)

Il convient au nettoyage des locaux dépourvus de réseau d'air comprimé.

Voir descriptif dans la partie « technologie des matériels ».

Canon à mousse simple
(à raccorder au réseau local d'air comprimé)

Il se compose d'une cuve, d'un mousseur et d'une lance, le tout sur chariot.

Générateur de mousse associé à un nettoyeur haute pression
à chauffage intégré

- un accessoire permet la production de mousse.
- Le même appareil permet de réaliser successivement prénettoyage, nettoyage à la mousse et rinçage.

Unité centrale « générateur de mousse et haute pression »

- Un même appareillage, installé à demeure, permet de raccorder en différents points du local des lances d'application assez longues pour atteindre toutes les zones à traiter.
- La même installation délivre, au choix, de la mousse ou de l'eau chaude sous pression additionnée ou non de détergent. Ce genre de matériel n'existe que dans les grandes usines agro-alimentaires.

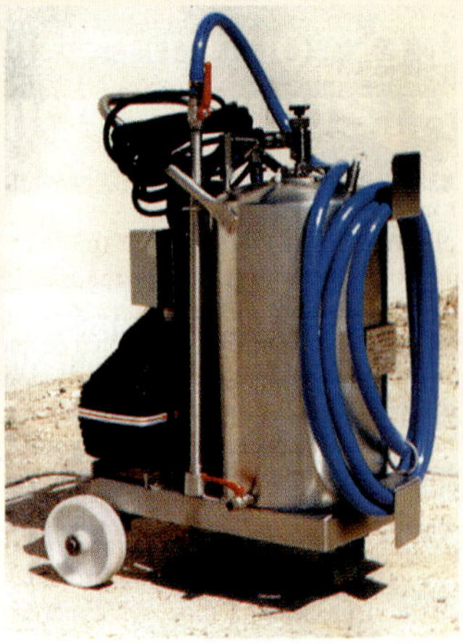

Jet d'eau sous pression,
Raclettes à sol,
Brosses en nylon,
Balai-brosse en nylon,
Multipad.

ETAT INITIAL DU SOL

Tous les sols et éléments à traiter doivent être débarrassés des macrosalissures.

Mode opératoire

1. Protéger les éléments craignant l'eau

Le nettoyage à la mousse implique l'aspersion par de grandes quantités d'eau.

2. Prénettoyer

A l'eau chaude (en surpression de préférence). Il convient d'éliminer les macrosalissures pour assurer un contact optimal des supports avec la mousse nettoyante.

3. Mettre l'appareil en service

Voir fiche d'utilisation dans le cours de technologie du matériel.

4. Projeter la mousse uniformément

Action chimique/Action désinfectante

- Afin de mettre l'agent nettoyant en étroit contact avec les surfaces et recoins à nettoyer.
- Appliquer très minutieusement partout, aussi bien sur les surfaces horizontales que verticales.
- La visualisation des zones traitées est facile, ce qui garantit l'application complète.

5. Laisser agir de 10 à 20 minutes

Action du temps

Se conformer aux indications du fabricant du produit employé.

Le respect du temps d'action est essentiel pour permettre à la mousse d'agir correctement :

- saponification des graisses, émulsion,
- décrochage des souillures, effet dispersant.

Dans le cas où l'on souhaite désinfecter, le non-respect du temps d'action préconisé entraîne à coup sûr l'échec de la procédure.

6. Brosser

Action mécanique

- Traiter les zones les plus souillées, les angles, les coins et le sol.

Remarque : la réglementation n'autorise que l'emploi des brosses et balais-brosses en matériaux synthétiques.

- Le brossage augmente l'efficacité du nettoyage.

7. Rincer

- A l'eau chaude (de préférence). L'élimination du produit de moussage doit être aussi complète que possible (obligation réglementaire).
- Racler le sol (matériel désinfecté au préalable).

M E T H O D E

Entretien du matériel

Se reporter au cours de technologie du matériel.

Contrôle du résultat

Le nettoyage-dégraissage

Se reporter aux indications données sur la fiche méthode n° 11.

Le nettoyage-désinfection

Effectuer après nettoyage des prélèvements par contact (boîtes de gélose) et envoyer au laboratoire de microbiologie pour culture, analyse et interprétation des résultats. Voir fiche méthode n°39.

A P P L I C A T I O N

G E S T I O N

9 Le lavage haute pression

METHODE APPLICATION GESTION

Objectif

Mettre à profit la force d'impact de l'eau sous pression qui, associée à l'action chimique des produits détergents en solution et éventuellement à l'action de la température, permet de réaliser parfaitement et en peu de temps des nettoyages difficiles (endroits difficilement accessibles aux autres méthodes de nettoyage).

DOMAINE D'APPLICATION

Il est très vaste :
- secteur agro-alimentaire,
- nettoyage des véhicules (agricoles, industriels de tourisme...)
- nettoyage des façades de bâtiments
- nettoyage des filtres de système d'extraction des buées en cuisine.
- nettoyage des piscines,
- nettoyage des locaux industriels fortement encrassés,
- nettoyage des locaux sanitaires
- élimination des graffiti,
- nettoyage des canalisations...

PRODUITS ET DOSAGE

Les produits employés doivent être spécifiquement adaptés au lavage haute-pression. En effet, le bref temps d'action dont ils disposent pour agir doit être compensé par une forte activité chimique.
Par ailleurs, leur biodégradabilité doit être au moins égale à 90 % (ce qui exclut l'emploi de phosphates dans leur formulation) puisque le procédé implique le rejet dans l'environnement de grandes quantités de solution détergente.
Le choix du produit se fait en fonction du nettoyage à réaliser (support, salissures).
Le dosage dépend bien entendu du degré d'encrassement et de la nature des salissures (elles sont d'autant plus difficiles à éliminer qu'elles sont plus grasses).

Détergents acides

- Agro-alimentaire, sanitaires, piscines *(Kärcher RM 59, RM 25)*.

Dosage : de 0.5 à 1 %.

Détergents alcalins

- Supports fortement encrassés par des salissures grasses et adhérentes *(Kärcher RM 31, RM81, RM 90...), (Henkel Pergal, Rochex ACM), (Kärcher RM 311 D)*.

Dosage : de 0.5 à 3, voire 5 %.

Détergents-désinfectants

- Domaine agro-alimentaire *(Henkel Sirafan 2), (Rochex Dominal 123), (Kärcher RM 32 D)*.

Dosage : de 1 à 3 %

MATÉRIEL

Nettoyeur haute pression
- à eau froide (alimentation possible en eau chaude «sanitaire» à 60°C maximum),
- à chauffage d'eau intégré (Cf. cours de technologie des matériels).

Accessoires et « périphériques » du nettoyeur (tuyau d'adduction d'eau, raccords,...).

Raclettes à sol.

Accessoires nécessaires selon les travaux à réaliser
- Dispositif d'hydrosablage (façades, graffiti,...).
- « Canon à mousse » (locaux sanitaires, domaine agro-alimentaire, piscines,...).
- Kits de nettoyage des canalisations.

La tenue de protection de l'opérateur

Bottes de sécurité en caoutchouc, ciré, coiffe ou casque, gants, tablier + masque et lunettes.

Mode opératoire

1. Appliquer les mesures de prévention adaptées en matière de sécurité
- La machine est en bon état de fonctionnement.
- Le circuit électrique du local à nettoyer est conforme aux normes de sécurité (protection).
- Le sol est pourvu d'évacuations en nombre suffisant et elles ne sont pas bouchées.
- Les matériaux et matériels à nettoyer peuvent supporter sans dommage le procédé « haute pression ».
- Le produit détergent est biodégradable à plus de 90 %.
- On revêt la tenue de sécurité (Cf. supra).

2. Protéger les éléments craignant l'eau
Car la puissance du jet est forte et les débits d'eau sont importants (500 litres à l'heure et plus).

3. Mettre l'appareil en service
Se reporter à la fiche d'utilisation (cours de technologie des matériels).

4. Déterminer les paramètres du nettoyage

Action mécanique

- Choisir la buse de sortie de lance :
  - jet « crayon » (0°) pour une force d'impact maximum,
  - jet « plat » (60 à 70°) pour obtenir une effet de balayage sur les salissures non adhérentes,
  - jet rotatif (« rotabuse ») pour effets combinés,
  - jet à angle variable,
  - buse « vapeur » pour travail en étage vapeur (150°C).
- Déterminer la pression (régulateur sur machine) :
  - en fonction du degré d'incrustation et d'adhérence des salissures,
  - selon la résistance des supports nettoyés. (les joints de carrelages muraux ne supportent pas une pression supérieure à 50 bar au manomètre).
- Régler le débit d'eau (il dépend de la pression) : la force d'impact du jet est en relation directe avec le débit d'eau

Action chimique

Doser le produit (vanne de dosage sur machine) : selon encrassement.

Action de la température

Déterminer la température (thermostat sur machine) selon la nature des salissures : plus l'eau est chaude, mieux les graisses sont éliminées.

5. Procéder au nettoyage
- En commençant par les parois verticales toujours traitées de bas en haut afin d'éviter la formation de traces de coulures.
- Les salissures peuvent être attaquées sous différents angles : pour une efficacité maximum, l'angle formé avec la lance par rapport à la surface nettoyée doit être sensiblement inférieur à 90° (35 à 45°).
- La distance entre la buse de sortie et la surface nettoyée détermine la pression d'impact : plus la buse est proche de la surface et plus la pression d'impact est élevée.

Premier temps
- Asperger la totalité de la surface à nettoyer avec la solution détergente appropriée (jet plat).
- Laisser agir plusieurs minutes si possible.

Deuxième temps
- Rincer à l'eau chaude (sans détergent) en insistant bien sur les zones et recoins les plus souillés.
- Pousser l'eau à la raclette vers les évacuations au sol.

Remarque : ce mode opératoire décrit un cas d'application générale et demande à être adapté en fonction de chaque situation particulière de nettoyage.

Contrôle du résultat

Se reporter aux fiches méthode n° 8 et n° 11.

10 L'élimination des graffiti

Objectif | Effacer **sans altérer les supports** les inscriptions sauvages, tags et autres dégradations infligées aux monuments, murs, parois de clôture, véhicules, mobilier urbain, etc.

MÉTHODES D'ÉLIMINATION, MATÉRIEL ET PRODUITS

Le choix de la technique d'élimination va se faire :

- **en fonction de la nature du support :**
  - *poreux*, tels que béton, brique, pierre...,
  - *plastiques* : polycarbonates, PVC, stratifiés...,
  - *peintures ou vernis* : murs peints, véhicules... ;
- **de la nature de la souillure :**
  - *graffiti à la peinture* (bombes le plus souvent),
  - *graffiti à l'encre* (feutres indélébiles ou effaçables).

En raison de la grande diversité des peintures et encres utilisés par les auteurs de graffiti, il est toujours recommandé de procéder à un essai de nettoyage sur un endroit aussi discret que possible. En effet, les interactions support-souillure-produit de nettoyage ne sont pas toujours prévisibles.

1. Méthode du sablage

Il s'agit d'un procédé purement physique d'abrasion qui est mis en œuvre soit avec une sableuse à air comprimé, soit avec un nettoyeur à haute pression équipé en sablage.

Cette méthode est à déconseiller car elle altère les supports et elle en augmente la porosité.

2. Lavage à la haute pression

A condition de la réserver aux supports non poreux, cette méthode peut donner de bons résultats mais elle est coûteuse en temps de main-d'œuvre. La pression (au manomètre) ne doit pas être inférieure à 110 ou 120 bars et l'adjonction de produits solvants appropriés est conseillée.

3. Emploi de produits spéciaux

C'est sans doute la meilleure solution. Les produits proposés sont adaptés à la nature des supports et sont composés de mélanges de solvants dont les domaines d'action sont complémentaires. Ils peuvent se présenter soit sous forme de gel (bonne adhérence sur les parois verticales) ou sous forme liquide en pulvérisateurs (ce qui facilite l'aspersion régulière).

Exemples de présentations commerciales

Une société propose une gamme de trois produits, en pulvérisateurs rechargeables :

- *3M GR 1* pour les supports plastiques, stratifiés, PVC...
- *3M GR 2* pour les surfaces peintes et vernies.
- *3M GR 3* pour le béton, la brique, le carrelage, les surfaces métalliques, la fibre de verre.

Une autre société propose deux produits liquides, pour application au pinceau :

Sanisol G.S pour les surfaces peintes et les plastiques, ainsi que pour les surfaces protégées avec les produits *Sanisol G.P. et G.P.M.P.*

Sanisol G.C. pour tous les matériaux non peints, poreux ou non.

Choix possibles : *3M, Sanisol, Duprez, Indusco France, Loriaux, Eyrein Industrie...* (liste non exhaustive).

METHODE

APPLICATION

GESTION

Mode opératoire

1. Choisir le produit adapté

Important :

- Pratiquer impérativement un essai avant de traiter la zone de support concernée en déposant le produit sur le chiffon et non pas directement sur le support.
- Ne jamais mélanger des produits différents, en raison des risques importants de réactions incontrôlables avec les salissures et le support.

2. Si le support est poreux, imbiber copieusement d'eau toute la zone entourant les graffiti en insistant sur la partie située **dessous.** Ainsi, les inévitables coulures lors du traitement ne pénètreront pas dans le support sur les endroits non souillés.

Prendre soin de protéger l'environnement de la surface traitée (films en polyvinyle, rubans adhésifs, baches,...).

3. Appliquer le produit en se conformant au mode d'emploi (pinceau, pulvérisation...)

Important :

- Ne pas travailler sur de grandes surfaces à la fois car les solvants s'évaporent parfois très vite et leur pénétration peut être rapide.
  Il vaut mieux diviser les graffitis à traiter en petites zones.
- Toujours « travailler » la zone à traiter de l'extérieur vers l'intérieur.

4. Laisser agir le temps préconisé par le fabricant (de 1 à 15 min.)

5. Frotter (selon les cas : chiffon, brosse nylon, brosse métallique, tampon à récurer (*Scotch-brite®* vert,...)

6. Rincer abondamment (haute pression si possible)

7. Répéter l'opération si besoin

8. Terminer en essuyant au chiffon

Recommandation : les opérateurs doivent revêtir une tenue de sécurité adaptée (lunettes, cotte ou ciré, bottes et surtout masque respiratoire contre les émanations de solvants).

LES PROTECTIONS ANTIGRAFFITI (*)

Bien que l'application de ces méthodes ne relève pas uniquement de la compétence de l'entreprise de propreté, il est bon d'en signaler ici l'existence.

Il s'agit d'appliquer un traitement préventif sur les supports exposés.

On utilise un film protecteur qui empêche toute pénétration dans le matériau des encres et solvants contenus dans les bombes et stylos qu'emploient les « taggers ». (Il existe également des films « pelables »). Ces protections sont adaptées à la nature des supports : poreux ou non.

L'enlèvement des graffiti se fera le plus souvent à l'eau (haute pression de préférence) et dans les cas rebelles au nettoyage, on aura recours à des produits spécifiquement adaptés au traitement du film protecteur. Il sera alors essentiel de veiller à la compatibilité des produits utilisés.

(*)Cf. *Hygiène et Qualité de l'Environnement*. Éditions Jacques Lanore.

11 Le lavage mécanisé à la monobrosse

Objectif

Éliminer par l'action mécanique (brossage) combinée à l'action chimique (détergent) les salissures adhérentes sur tous les types de sols qui supportent l'eau :
- pierres,
- carrelages,
- thermoplastiques,
- résines synthétiques,
- ciment,
- linoléum, etc.

DOMAINE D'APPLICATION

Cette technique se pratique sur de très nombreux chantiers de nettoyage et principalement dans les endroits plutôt encombrés comportant des recoins. Elle est très adaptée aux sols fortement encrassés.

MATÉRIEL NÉCESSAIRE

© Diversey Lever - Taski

Monobrosse vitesse standard (150 à 170 tr/min.)
équipée en lavage (cf. technologie du matériel).
Brosses de lavage ou ;
disques de lavage à choisir en fonction de l'état d'encrassement du sol :
- salissures très difficiles à éliminer : disque HI-Pro,
- salissures ordinaires : disque noir ou vert.

Multipad.
Aspirateur à eau.

PRODUITS ET DOSAGES

Le choix du produit dépend avant tout de la nature des salissures à éliminer.
La seule caractéristique obligatoire pour le produit choisi est d'être non moussant car l'action mécanique est très importante (brossage énergique), elle favorise la formation de mousse du détergent aussi bien au niveau du sol que dans la cuve de l'aspirateur à eau, faisant ainsi remonter le flotteur prématurément.

Citons trois exemples caractéristiques :

LOCAL-Types de salissure	PRODUIT	DOSAGES
Laboratoire de pâtisserie ↓ Salissures grasses (chocolat, corps gras) →	Produit agréé pour l'entretien des locaux de production alimentaire (arrêté du 27/10/1975) : détergent (alcalin) fortement dégraissant. Choix possible : *Rochex Dominal 133*).	2 à 5 %
Piscine couverte ↓ Concrétions calcaires →	Détergent désincrustant (détartrant) Choix possible : *Wetrok Calexan* (tensio-actif + acide + hydrofuge)	10 à 30 %
Couloir de circulation ↓ Salissures diverses →	Détergent neutre Choix possible : *Sanisol Calypso*.	1 à 2 %

CONSOMMATION

10 litres de solution permettent de laver environ 20 à 50 m², selon encrassement.

ETAT INITIAL DU SOL

Le sol doit être débarrassé des déchets et salissures non adhérentes. Pratiquer au préalable un balayage humide, une aspiration au préalable ou passer la raclette à sol.

1

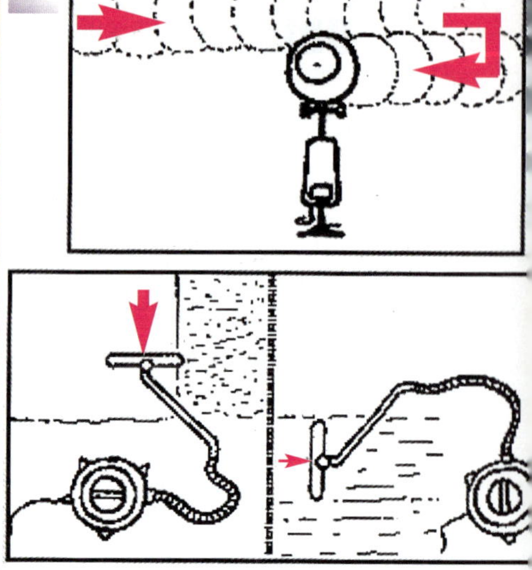

Mode opératoire

1. Préparer le matériel
- Equiper la monobrosse en lavage (fixer le réservoir).
- Fixer le plateau d'entraînement.
- Placer le disque choisi en fonction des conditions d'encrassement.

2. Préparer la solution détergente
- Choisir le détergent approprié et le doser selon l'encrassement du sol.
- Estimer le volume de solution nécessaire en fonction de la surface.

3. Verser la solution détergente dans le réservoir.

4. Préparer le matériel d'aspiration à eau
- Equiper l'aspirateur avec le flotteur.
- Monter le tuyau d'aspiration et le suceur à eau.

5. Effectuer le lavage

1er cas : travail effectué par un seul opérateur

• **Lavage avec la monobrosse**
- Détourer à la main avec un tampon le pourtour de la surface à nettoyer, insister dans les angles.
- Passer la monobrosse en faisant chevaucher les bandes de passage, (ne pas commencer à sec).
- Travailler en reculant pour ne pas marcher dans la partie mouillée.

• **Aspiration avec l'aspirateur à eau**
- Aspirer en tirant la buse vers soi, appliquée fermement sur le sol.
- Effectuer éventuellement un deuxième passage en croisant (perpendiculairement au premier passage).

2e cas : travail effectué par deux opérateurs

Le premier manie la monobrosse, le deuxième aspire l'eau derrière lui.

On doit veiller à toujours marcher sur la partie sèche : il faut donc reculer quand on lave et avancer quand on aspire.

2

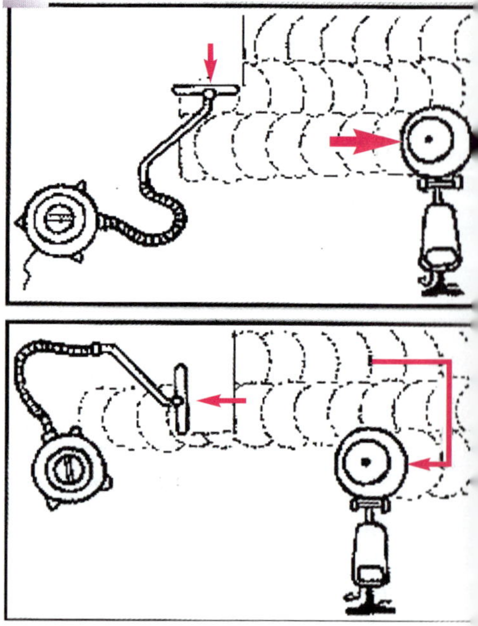

Contrôle du résultat

Contrôle visuel
- Absence de traces de passage des appareils.
- Absence de zones imparfaitement séchées.
- Uniformité d'apparence de la surface traitée.

Contrôle normalisé
- Utiliser le bassoumètre, ou à défaut :
- frotter avec un carré de papier absorbant blanc une surface de référence (1dm² par exemple), et comparer avec l'échelle de Bacharach (cf. F.M.1).

Entretien du matériel

Se reporter au cours de technologie correspondant.

12 Le lavage mécanisé à l'autolaveuse

METHODE APPLICATION GESTION

Objectif

Éliminer par l'action mécanique (brossage) associée à l'action chimique (détergent) les salissures adhérentes sur tous les types de sol supportant l'eau (sols homogènes durs ou souples : pierre, carrelages, thermoplastiques, linoléum, ciment, bitume, résines synthétiques...).
Effectuer en un seul passage lavage et aspiration-séchage.

DOMAINE D'APPLICATION

L'utilisation de l'autolaveuse ne peut s'appliquer qu'aux vastes surfaces bien dégagées (halls, couloirs, salles de sport...) car cette machine contourne difficilement les obstacles.

MATÉRIEL NÉCESSAIRE

Autolaveuse (On dit aussi « laveuse ») autonome ou à cable.
Chariot de lavage + balai faubert ou rasant.

PRODUITS

Détergents spécifiques pour autolaveuse :
neutres, alcalins (dégraissants puissants) ou solvantés.
Choix possible : *Henkel* gamme *Néomat*.
Détergents-désinfectants pour les chantiers de nettoyage en milieu contaminé.

Remarque : il est recommandé de s'assurer que les produits employés sont ininflammables en raison de la proximité du réservoir contenant ces produits avec les moteurs et systèmes électriques de la machine (risque d'étincelles). Cette précaution ne s'impose pas quand l'autolaveuse est construite pour être « anti-déflagrante ».

- Les produits utilisés doivent impérativement être non-moussants (voir F.M. N° 11).
- Ils doivent également présenter une capacité d'action rapide, car le temps pendant lequel la solution détergente agit sur le sol est très bref (2 à 3 secondes).

DOSAGES

Les dosages préconisés varient de 1 à 5 %, en fonction du degré d'encrassement du sol.
Consulter la notice technique du produit choisi.

CONSOMMATION

10 litres de solution permettent de traiter 50 à 100 m² selon la nature du sol et en fonction du réglage de la machine (débit d'eau).

ETAT INITIAL DU SOL

Le sol doit être débarrassé des macrosalissures : effectuer un balayage humide.

Mode opératoire

1. Préparer la solution détergente, le volume est fonction de la surface à laver.

2. La verser dans le réservoir d'eau propre.

3. Préparer le chariot de lavage et détourer au faubert ou au balai rasant. (cette opération peut également être réalisée après le passage de la laveuse).

4. Passer l'autolaveuse en veillant au bon réglage :
- de la pression de la brosse,
- du débit d'eau,
- de la pression du suceur.

Remarque : ce passage simple de l'autolaveuse peut se révéler insuffisant dans les cas où le sol est particulièrement encrassé par des salissures très adhérentes telles que graisses ou sucres, agglomérats de farine, etc.

Dans un tel contexte, il faut :
- couper l'aspiration et relever le suceur arrière ;
- effectuer un premier passage avec la machine en répandant normalement la solution détergente sur le sol ;
- puis couper le débit de la solution et effectuer plusieurs passages avec la brosse en action pour optimiser à la fois l'action mécanique et l'action chimique ;
- terminer par un passage avec l'aspiration en marche, suceur arrière baissé, pour laisser le sol propre et sec.

5. Eliminer les traces d'eau restantes (faubert).

Remarque : il faut prévoir le plan de circulation afin de réaliser des déplacements en ligne droite aussi longs que possible pour gagner en efficacité, avec un minimum d'arrêts et de redémarrages.

- Pour éviter de laisser de l'eau dans les virages, il faut couper l'alimentation de la solution détergente avant d'amorcer les demi-tours et la rétablir sitôt que l'on attaque une nouvelle ligne droite.

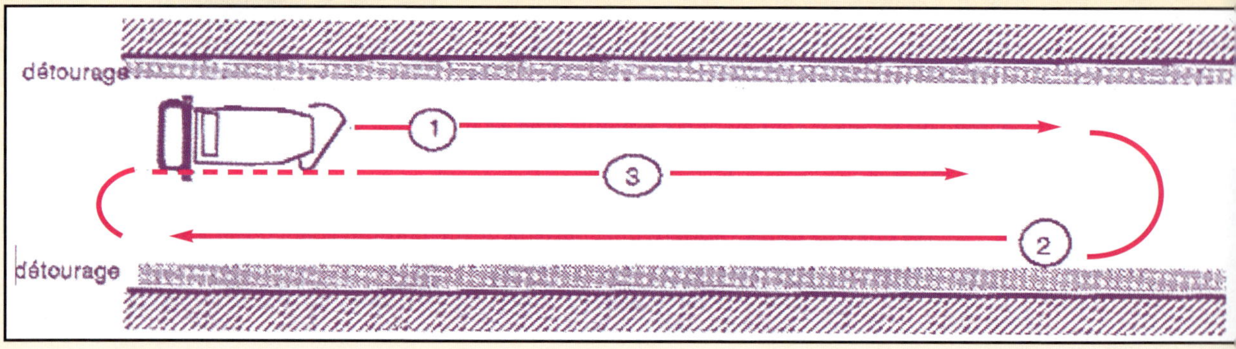

Contrôle du résultat

Voir F.M. N°11.

Entretien du matériel

Se reporter au cours de technologie des matériels

13 Le décapage des sols au mouillé

Objectif | Mettre à nu (décaper) les revêtements de sol (linoléum, thermoplastiques, vinyl-amiante, carrelages, pierre,...) en enlevant la totalité des couches de protection (cires, émulsions, métallisations, dispersions) précédemment appliquées.

Remarque : on trouve ici une application très intéressante du « cercle factoriel de Sinner » car pour parvenir à un résultat de bonne qualité, il est indispensable de laisser agir pleinement tous les facteurs (à l'exception de la température car même en utilisant de l'eau chaude, elle refroidit très rapidement au contact du sol) :

- **action chimique :** la nature du produit décapant est primordiale, ainsi que le dosage ;
- **action mécanique :** elle est assurée par le frottement du disque placé sous la monobrosse ;
- **action du temps :** on ne peut obtenir un bon résultat qu'en laissant au produit décapant un temps de contact suffisant (15 à 20 minutes).

MATÉRIEL

Monobrosse lourde (exerce une plus forte pression au sol, renforce donc l'action mécanique) équipée en lavage. Pression au sol minimum 36 g/cm².
Multipad.
Disque noir ou Disque vert (pour les revêtements fragiles).

Aspirateur à eau complet.
Bandelettes de « papier pH ».
Seau + serpillière.
Balai faubert et **chariot de lavage** (facultatif).

Exemple de calcul de la pression au sol exercée par la monobrosse :
poids de la machine = 50 kg ; diamètre du disque 42 cm,
soit une surface de (21 x 21) x 3,14 = 1385 cm² ce qui correspond à une surface utile de 1200 cm² environ, à cause de l'évidement central. La pression est donc de : 50 000/1 200 = **41,66 g/cm².**

PRODUITS, DOSAGES

Décapants d'émulsions alcalins et/ou solvantés *(Taski R 40, R 20 plus, Wetrok Remat).*
Le pH de ces produits est généralement compris entre 11 et 13.

Attention : le linoléum supportant mal certains décapants, choisir un produit préconisé.

Dosages usuels
- 5 % pour le décapage des émulsions à base de cires.
- 10 % pour le décapage des dispersions acryliques (Cf. fiche 16bis).

CONSOMMATION

10 litres de solution permettent de traiter 15 m² environ. Il faut mettre suffisamment de solution au sol, afin de tenir compte de son évaporation pendant la phase de temps d'action.

ETAT INITIAL DU SOL

Le sol doit être débarrassé des poussières et macrosalissures. Effectuer au préalable un balayage humide ou une aspiration.

Mode opératoire

1. Préparer le matériel

- Monobrosse équipée en lavage décapage, plateau d'entraînement, disque noir (ou vert).
- Aspirateur à eau et multipad.

METHODE

APPLICATION

GESTION

2. Préparer le local

- Débarrasser complètement le mobilier de la pièce (en cas d'impossibilité, on devra opérer par « demi-pièce » et exécuter le travail en deux temps).
- Procéder au balayage humide ou à l'aspiration.

3. Préparer la solution

- Choisir le décapant adapté à la nature des protections à éliminer.
- Estimer le volume de solution nécessaire en fonction de la surface.
- Mesurer et diluer le décapant dans le seau puis remplir le réservoir de la monobrosse.

4. Décaper

- Étendre abondamment la solution avec la monobrosse sur la totalité de la surface à traiter en travaillant par bandes parallèles. (voir technique du lavage mécanisé : F.M. n°11).
- Détourer au frottoir (multipad) le long des plinthes, bien insister dans les coins.
- Laisser agir la solution après s'être assuré de son étendage uniforme.

Variante : *certains professionnels étendent au faubert la solution ce qui rend inutile le réservoir de la monobrosse.*

- Le temps d'action ne doit pas être inférieur à 10 minutes (voir notice fabricant).
- Décaper avec la monobrosse : travailler par bandes en faisant chevaucher les lignes de passage. Bien insister en effectuant plusieurs passages car l'action mécanique est très importante pour un bon décapage.

5. Aspirer

Passer l'aspirateur à eau en tirant lentement le suceur, en veillant à garder en permanence la bonne inclinaison de la canne, ce qui garantit une aspiration efficace.

6. Rincer

Deux possibilités :

- Remplir le réservoir de la monobrosse d'eau claire + 1 % environ d'acide acétique dilué (vinaigre blanc).
  L'apport d'acide faible a pour but de neutraliser le sol.
  Remplacer le disque noir par un disque vert (moins agressif, car le revêtement est à nu et fragilisé par le décapage).
  Passer partout la monobrosse afin de bien diluer tous les résidus de solution décapante + cires.
- Étendre au faubert la solution de rinçage (eau + 1 % acide acétique). Passer (ou non) la monobrosse.

7. Aspirer Cf. phase 5.

8. Contrôler le pH du sol

En deux ou trois endroits différents de la pièce : humecter le sol de quelques gouttes d'eau, puis appliquer une bandelette de papier pH ou contrôler avec un stylo pH-mètre.

Le sol doit être neutre (pH = 7).

Si tel n'est pas le cas, procéder à un nouveau rinçage acide.

Important : une émulsion posée sur un sol mal neutralisé risque de se détériorer et de « poudrer » (on dit aussi « fariner »).

Entretien du matériel

Se reporter au cours de technologie des matériels

Contrôle du résultat

Ils sont importants, car un décapage mal fait aura des conséquences sur l'état final du sol après la pose de la nouvelle émulsion et pourra se traduire par des défauts d'uniformité.

Contrôle visuel

En fin de phase 5, c'est-à-dire avant le rinçage, il faut vérifier l'absence totale de traces brillantes ou même de nuances.

Contrôle chimique

Voir phase 8.

Remarque : certains fabricants proposent depuis peu (1991) des **biodécapants destinés au secteur hospitalier** *(Rochex Actidex)*. Ces produits assurent une haute capacité de décapage avec un pH neutre (sécurité d'emploi) et permettent d'obtenir en une seule intervention la propreté optique, chimique et bactériologique des surfaces par fragmentation du biofilm et destruction totale des micro-organismes.

14 Le décapage à sec ou spray de rénovation

Objectif

Éliminer partiellement ou totalement la (les) couche(s) de protection d'un sol lisse (thermoplastique, linoléum...).

Cette élimination s'effectue sans apport d'eau par l'action combinée d'un produit décapant que l'on pulvérise sur le sol et de disques abrasifs plus ou moins agressifs (marron, bleu) choisis en fonction du degré d'encrassement et des couches de protection à éliminer.demment appliquées.

DOMAINE D'APPLICATION

Le décapage à sec est recommandé sur les sols qui craignent l'eau (par exemple à cause des joints et des risques d'infiltrations) et qui ne peuvent donc supporter sans dommages un décapage au mouillé.

Tout en étant délicate, la mise en œuvre est facile et rapide, le temps d'action est bref et l'on peut donc opérer sans perturber notablement l'utilisation des locaux.

MATÉRIEL

Monobrosse standard (vitesse 150 t/min.) ou haute vitesse (450 t/min. au maximum) (équipée ou non d'un pulvérisateur associé).
Disques marron ou **bleu** (disques aérés).
Pulvérisateur.
Aspirateur et/ou matériel de balayage humide.

© Diversey Lever - Taski

PRODUITS

Produit de décapage à sec.

Choix possibles : *Sanisol Novasec, Taski Stripo, 3 M « 303 »*.

DOSAGE

Le produit de décapage est toujours employé pur, par pulvérisation.

CONSOMMATION

De 3 à 10 grammes de produit par m^2, en fonction de l'état d'encrassement du sol et de la nature des couches de protection à éliminer.

ETAT INITIAL DU SOL

- Le local doit être désencombré.
- Le sol doit être débarrassé des poussières et macrosalissures non adhérentes.

Pratiquer un balayage humide ou une aspiration avant l'opération de décapage.

METHODE APPLICATION GESTION

Mode opératoire

1. Préparer le matériel

- Remplir le pulvérisateur de produit décapant.
- Monter le plateau et le pad (disque) de la couleur choisie sur la monobrosse :

Sol très encrassé	**Disque marron**
Sol moyennement encrassé	**Disque bleu**

2. Pulvériser le décapant

De façon régulière, par surfaces de 1 à 2 m^2.

3. Passer la monobrosse

En travaillant par cercles ovalisés, jusqu'à ce que le sol soit sec.

Remarque : le disque absorbe une bonne partie des matières qui résultent de l'abrasion et se salit donc très vite. Il faut donc le retourner dès que cela paraît nécessaire et le changer aussi souvent que de besoin.

4. Éliminer les déchets d'abrasion

En aspirant ou en effectuant un balayage humide.

Le sol ainsi préparé peut maintenant recevoir une couche de protection (voir F.M.16).

Entretien du matériel

Les disques

Trempage dans eau tiède détergente.

Rinçage (jet d'eau chaude ou haute pression de préférence).

Séchage à plat, sur grille si possible.

La monobrosse

Essuyage humide soigné car les décapants sont très agressifs.

Lavage du plateau d'entraînement.

Contrôle du résultat

Contrôle visuel

Absence de zones incomplètement traitées, uniformité d'aspect de la surface.

15 Le bouche-porage

Objectif

Traiter les sols poreux par nature, ou qui le sont devenus en vieillissant, afin d'éviter la pénétration des salissures en profondeur et de permettre un meilleur accrochage des couches de protection des surfaces (cf. F.M. n°16).

PRODUITS

Deux sortes de produits sont employés, selon la nature du sol traité :

Bouche-pores au solvant

Sols très poreux
- bois non protégé,
- terres cuites non émaillées,
- pierres marbrières tendres,
- liège,
- asphalte, béton,...

(choix possible : Taski H 12).

Bouche-pores acrylique sans solvant

Sols moyennement poreux
- thermoplastiques usés,
- linoléum,
- pierres marbrières dures,
- grès cérame usés,
- vinyl-amiante,...

(choix possibles : Taski H 16, Wetrok Porosol).

Rôle du bouche-pores dans l'amélioration de l'état de surface

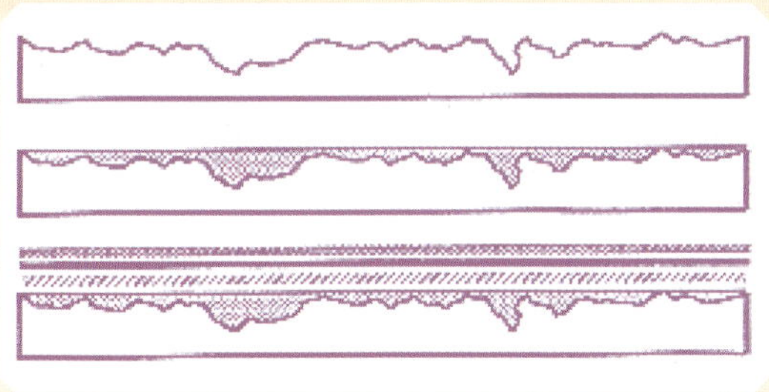

sol poreux sans aucun traitement

sol poreux avec bouche-porage

sol poreux bouche-poré et protégé par 3 couches d'émulsion

DOSAGE

Les produits bouche-pores s'emploient **purs**.

CONSOMMATION

- très variable selon la porosité du sol et la composition des produits (toujours se conformer aux directives du fabricant), à titre indicatif :
  - Bouche-pores au solvant. . . . . de 50 à 200 g au m^2
  - Bouche-pores acryliques . . . . de 20 à 40 g au m^2

METHODE
APPLICATION
GESTION

ETAT INITIAL DU SOL

Un sol ne peut recevoir un bouche-pores que s'il a été bien décapé auparavant.

Mode opératoire

Se reporter à la fiche méthode n°16.

Contrôle de résultat

Contrôle visuel
- Absence de zones non traitées.
- Absence de surépaisseurs.

16 La pose des produits de protection

Objectif

Déposer plusieurs couches protectrices fines et régulières sur le revêtement de sol, (grès, pierre, terrazo, bois, liège, linoléum, thermoplastique, caoutchouc,...) afin de :
- faciliter les opérations régulières d'entretien du sol en limitant les possibilités d'incrustation des salissures ;
- allonger la durée de vie du revêtement en le protégeant des agressions chimiques et des dégradations physiques ;
- améliorer l'aspect du sol (aspect brillant ou satiné) sans augmenter pour autant sa glissance.

Remarque : la réussite du traitement est surtout fonction de la minceur de chaque couche. En effet, plus la couche est mince et meilleur sera son séchage donc sa dureté puisque la polymérisation des constituants se fait lors de l'évaporation des solvants.

PRODUITS, CONSOMMATION Voir tableau en annexe (FM n°16 bis)

ETAT INITIAL DU SOL

Revêtement de sol mis à nu, parfaitement sec et de pH neutre (voir F.M. n° 13 et 14). Certains sols très poreux nécessitent la pose préalable d'un bouche-pores (voir F.M. n° 15).

MATÉRIEL

4 sortes différentes de matériel d'application existent en fonction de la méthode choisie :

Balai applicateur d'émulsion (pince en aluminium permettant de serrer sur un support en bois, revêtu de caoutchouc mousse, un morceau de peau).

Balai faubert et son chariot de lavage.
Balai rasant et chariot adapté.
Monobrosse avec pulvérisateur.

Mode opératoire

A chaque type de matériel, correspond une méthode de travail :

1. Pose au balai applicateur

1.Verser l'émulsion sur le sol en commençant par le fond de la pièce et à gauche.

2. Étaler avec le balai applicateur, faire un premier passage, de gauche à droite.

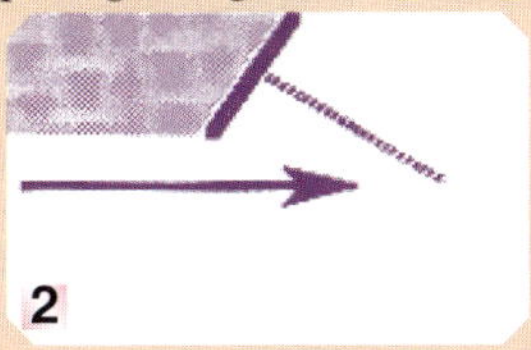

3. Étaler une 2e bande en retournant vers le point de départ et en chevauchant la première zone de passage.

4. Étaler de même une 3e bande toujours en appuyant fermement sur le balai applicateur.

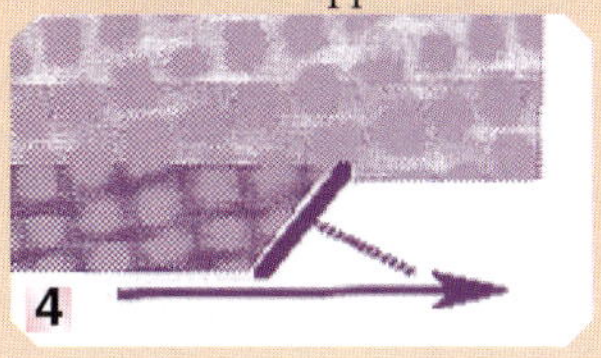

5. Égaliser la couche d'émulsion en décrivant de larges cercles avec le balai, sans appuyer..

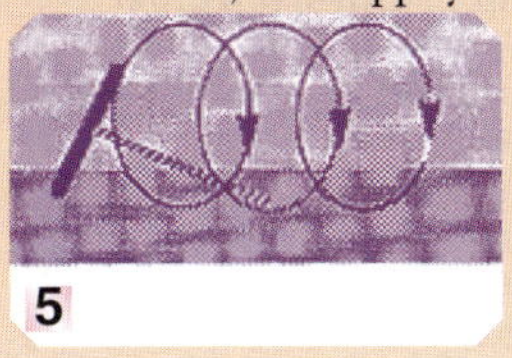

6. Laisser sécher (20-40min) ; poser encore 1 ou 2 couches en croisant le sens de la pose à chaque fois.

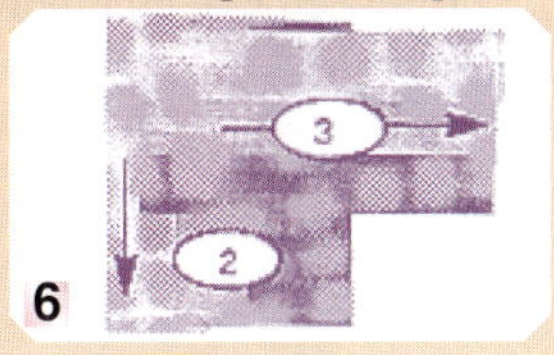

2. Pose au balai faubert

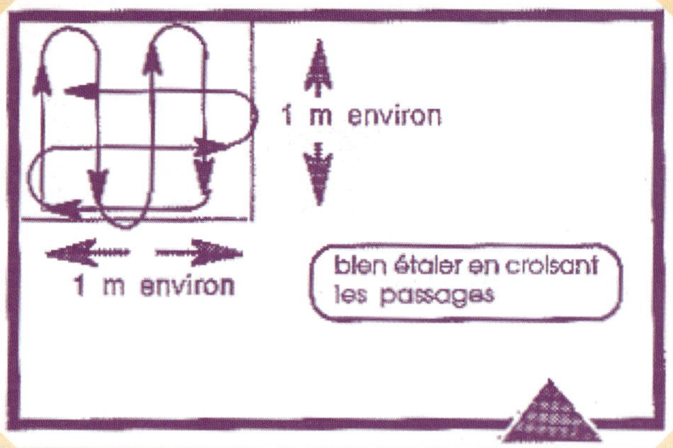

Choisir impérativement un balai faubert en rayonne car les fibres artificielles ont un pouvoir d'absorption très inférieur à celui du coton. Le balai étant moins chargé en émulsion, les couches déposées seront fines.

Travailler sur de petites surfaces à la fois (1 à 2 m^2) en croisant les couches à chaque passage.

Cette méthode est préconisée sur les supports qui présentent des inégalités de surface :
- caoutchouc pastillé,
- dalles avec joint en creux,...

3. Pose au balai rasant

Il permet, (forte pression au sol sans que l'opérateur ait à développer d'efforts supplémentaires) un travail plus rapide et plus soigné que le balai faubert.

La technique cependant reste la même : maniement du rasant « à la godille ».

Remarque : quelle que soit la méthode employée, la dernière couche doit être étalée dans le sens de la principale source de lumière.

4. Application par pulvérisation du produit de protection

On emploie une monobrosse équipée d'un pulvérisateur et d'un disque rouge (technique : se reporter à la F.M. n° 18).

Remarque :
- Afin de ne pas laisser l'émulsion sécher (et donc polymériser) sur l'outil applicateur, il est indispensable d'envelopper étroitement celui-ci dans un film en plastique (sac poubelle découpé) entre les applications (temps de séchage de l'émulsion).
- C'est le soin apporté à l'exécution du travail, plus que le choix de telle ou telle méthode qui peut garantir la qualité du résultat. On voit même certains ouvriers expérimentés poser de façon parfaite des émulsions avec une simple serpillière placée sur un balai brosse...

Entretien du matériel

Peaux d'applicateurs, franges de faubert ou rasant doivent être rincées à l'eau chaude puis lavées en machine.

Contrôle du résultat

Contrôle visuel

- Absence totale de zones en surépaisseur.
- Absence de zones incomplètement traitées (nombre de couches uniformes).
- Absence de traces d'applicateur.
- Uniformité totale d'apparence.

Contrôle normalisé

Utiliser le brillancemètre en différents endroits de la surface traitée.

16 bis Les produits de protection

Variétés

Mis à part les cires solides naturelles appliquées à chaud (cf. F.M. n°17) ou à froid, il faut citer dans cette catégorie :

1. Les produits liquides à base de cires (naturelles ou artificielles) et de solvants organiques

Ces « produits polisseurs » existent depuis près d'un siècle et étaient préparés soit à partir de la cire de Carnauba (origine végétale), soit à partir de cire d'abeille, soit à partir de cire synthétique (chimie du pétrole), additionnées de solvants organiques. Ces produits sont de moins en moins utilisés aujourd'hui.

2. Les cires en émulsion dans l'eau

L'apparition, dans les années 1920, des revêtements de sol en caoutchouc, très sensibles aux solvants, conduisit les industriels à mettre au point des « cires-émulsions », composées de cire de Carnauba, borax, vernis, eau.

Ces produits n'étaient pas dépourvus d'inconvénients, et les chimistes mirent au point de nouvelles formulations à base de polymères et de résines, dont les qualités sont nombreuses : brillance durable, qualité antidérapante, résistance au poinçonnement comme aux épaufrures, résistance aux détergents.

• Dans ces produits :
  - **les polymères** (env. 70 % du produit sec) apportent brillance et solidité (stabilité dans le temps) ;
  - **les résines** (env. 10 % p. s.) permettent d'améliorer la plasticité (facilitent l'application du film) ;
  - **les cires** (env. 20 % p. s.) donnent souplesse et durabilité au film ;

à quoi il convient d'ajouter un ou plusieurs agents émulsifiants, pour assurer la cohésion de l'ensemble.

• On distingue différents **types d'émulsions** :
  - **les polissables ne** brillent que si on les polit à la monobrosse ;
  - **les autolustrantes** brillent seules, en séchant ;
  - **les métallisées** brillent en séchant, et possèdent dans leur formulation des ions métalliques qui en augmentent considérablement la résistance ;
  - **les acryliques** brillent en séchant et possèdent dans leur composition des polymères acryliques qui les rendent aussi résistantes que les émulsions métallisées, tout en étant plus souples.

DOSAGE CONSOMMATION

Tous les produits de protection s'emploient purs (sur sols non poreux) : 1 litre de produit permet de traiter 30 à 50 m^2.

Types de produits	Sols concernés	Caractéristiques	Exemples
Cires+Solvants	Linoléum, liège, parquets imprégnés ou non. Ne pas appliquer sur sols plastiques (PVC) et caoutchouc.	Doivent être lustrés après séchage, brillant durable. Qualités antidérapantes.	Taski P11 Wetrok Polish
Émulsions polissables	Tous sols homogènes.	Doivent être polies à la monobrosse après séchage. Déposent un film tendre et souple.	Wetrok ELF 3 M ES 111
Émulsions autolustrantes	S'applique sur tous types de sols à l'exception du bois.	Déposent un film très dur, anti-glissant, brillant et résistant aux solvants.	Wetrok Mepol HM, HMA
Émulsions métallisées (autolustrantes)	S'applique sur tous types de sols.	Donnent des films très résistants et élastiques.	Wetrok Mepol H/Sanidur 25
Émulsions acryliques	Sols plastiques, linoléum, vinyle-amiante, caoutchouc...	Film protecteur très dur résiste aux solvants.	Sanidur 25 Taski E 300
Émulsions (ou dispersions) spéciales Haute Vitesse	Pierres naturelles, thermoplastiques,...	Haute résistance, afin de permettre l'utilisation de la monobrosse haute vitesse.	Wetrok Mepol US Taski E 400

17 L'application de la cire à chaud

Objectif | Appliquer une cire en pâte (fluidifiée par la chaleur) sur un parquet, un sol en liège, ou en linoléum afin de la faire pénétrer dans les pores du revêtement. Lustrer pour obtenir la brillance.

PRODUITS

On emploie un produit en pâte très riche en cires dures (il s'agit généralement d'un mélange de cires naturelles et artificielles).

La formulation du produit est étudiée pour que son temps de séchage soit bref. Le durcissement intervient pendant le refroidissement.

La couche déposée forme un film mince et résistant, peu sensible aux traces de pas et non glissant. Son brillant est durable. *(Choix possibles : Taski P 33, Wetrok Wax).*

DOSAGE

Le produit s'emploie pur.

CONSOMMATION

Dépend surtout de la porosité du support, donc de sa faculté d'absorption. Il faut compter de 5 à 12 g par m^2 et par couche.

ETAT INITIAL DU SOL

- Le revêtement doit être mis à nu :
  - surfacer les parquets (voir F.M. n° 26),
  - décaper le linoléum (voir F.M. n° 13, 27),
  - opérer sur du liège neuf.
- On ne peut appliquer la cire que sur un sol parfaitement dépoussiéré : effectuer un balayage humide préalable.

MATÉRIEL

Monobrosse V.S. (150 t/min.) équipée d'une **chaufferette électrique à cire.**

Brosse à cirer ou disque rouge.

Brosse à lustrer la cire (plus douce).

Matériel de balayage humide.

Mode opératoire

1. Préparer matériel et produit

- Équiper la monobrosse : chaufferette et brosse ou disque à cirer.
- Remplir à moitié la chaufferette à cire et brancher pour faire chauffer (il faut attendre environ 10 à 15 min. pour atteindre la bonne température : 45 à 50° C).

2. Effectuer un balayage humide soigné

Voir F.M. n°1.

3. Encaustiquer le sol (appliquer la cire)

- En travaillant par bandes parallèles, faire couler au sol la cire liquéfiée en petits filets et la travailler immédiatement en passant la monobrosse.
- Traiter ainsi toute la surface en rajoutant au besoin de la pâte dans la chaufferette.
- Passer une deuxième couche, voire même une troisième si nécessaire (sols très poreux).

Débrancher la chaufferette

Il est inutile de la vider.

Lustrer le sol

Après avoir changé de brosse.

Remarque : il ne faut pas attendre pour lustrer le sol ciré, mais procéder à l'opération dès qu'il est sec. Par la suite, le polissage ne serait plus possible.

Entretien du matériel

Laisser sécher les brosses.

Contrôle du résultat

Contrôle visuel

- Uniformité d'aspect de la surface cirée.
- Absence de traces.

18 La méthode spray

Objectif

- Nettoyer donc éliminer les salissures adhérentes au sol, par une action chimique combinée à une action mécanique.
- Protéger en déposant sur le revêtement un film de produit qui assure la protection et fait briller le sol.

AVANTAGES DE LA MÉTHODE SPRAY

- Elle permet d'effectuer un nettoyage «à sec» du sol, ce qui supprime les risques d'infiltration d'eau, donc de décollement du revêtement.
- On peut la pratiquer en présence des usagers.
- Les sols ainsi entretenus ont une très belle apparence (aspect brillant ou même satiné avec certaines émulsions pour sprays) et retiennent moins les salissures.
- La méthode spray permet de conserver aussi longtemps que possible l'état idéal des sols et de retarder d'autant l'échéance du grand nettoyage (décapage - protection) toujours coûteux car gros consommateur d'heures de travail.

DOMAINE D'APPLICATION

- Sols durs homogènes (parquets, plastiques, pierres, carrelages,...).
- Sols poreux ayant reçu un traitement de base (Cf. fiche n° 15).

Directement

Sur un revêtement de sol nu à condition qu'il soit en bon état. C'est donc une opération de protection (Cf. FM 16).

En méthode spray « partielle »

Appliquée seulement sur les zones les plus sollicitées et salies (fort passage, files d'attente, entrées, paliers...) ; cette opération se pratique sans déplacer le mobilier et bien souvent en présence des usagers. Elle peut être quotidienne.

En méthode spray « totale »

Elle concerne la totalité de la surface du local et il est alors nécessaire de dégager le sol, au moins par demi-pièce. Elle permet d'obtenir un travail de qualité et des sols de très belle apparence. La fréquence de cette opération peut être hebdomadaire à mensuelle, en fonction du degré d'exigence du client.

PRODUITS

Les émulsions pour spray se composent de détergents, cires, solvants, eau et bien entendu d'un agent émulsifiant. Choix possibles *Wetrok Elf-Spray, Taski P44...*

DOSAGES

Les produits émulsions pour spray s'emploient purs.

CONSOMMATION

Elle est surtout fonction de l'état d'encrassement du sol et peut varier de 2 à 6 grammes au m² traité.
Le savoir-faire de l'opérateur influe également sur la consommation : par l'expérience, on apprend à obtenir des résultats de bonne qualité avec relativement peu de produit.

ETAT INITIAL DU SOL

- Sol préparé par un balayage humide ou une aspiration.
- Les sols neufs peuvent subir la méthode spray à condition d'avoir été « mis en état ».

MATÉRIEL

Matériel de balayage humide ou d'aspiration.
Monobrosse (vitesse 300 à 500 t/min) exerçant une pression au sol d'au minimum 35g/cm² (mode de calcul : Cf. FM n°13).

Remarque : les machines « haute vitesse » (350 à 500 t/min.) permettent de très sensibles augmentations de rendement, ainsi qu'une meilleure qualité du travail (brillance et dureté de la spray).

Pulvérisateur associé fixé sur le timon et pourvu d'une buse.
Pulvérisateur manuel si la monobrosse n'est pas équipée de pulvérisateur.

Avantages

- pas d'accessoires à monter,
- appareil facile à entretenir
-manipulation aisée,
- vaporisation régulière sans risque de salir le mobilier.

Inconvénients

- procédé peu pratique du point de vue de l'ergonomie (il faut se pencher pour pulvériser).
- entretien rigoureux pour éviter que le système se bouche et ne devienne inutilisable.

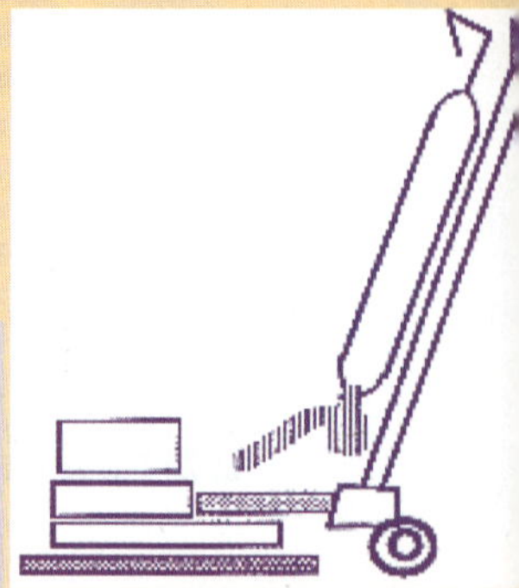

Des disques (ou pads) rouges (entretien normal) ou bleus (sols très sales) ou *Top Line (3M)* vert amande (spray haute vitesse) ou orangé pour très haute vitesse.
Le disque a pour rôle :
- d'étaler le produit sur le sol de façon uniforme,
- de renforcer l'action chimique du produit par une action mécanique,
- de récupérer (en les absorbant) les salissures dissoutes,
- de lustrer (faire briller).

Un grattoir ou spatule pour enlever les salissures très adhérentes (chewing-gum,...).

Mode opératoire

1. Dégager la surface de travail (cas de la méthode spray totale).

2. Diminuer le plus possible l'encrassement initial du sol (cela afin d'éviter que le disque ne se salisse trop rapidement) selon une des trois méthodes suivantes :
- procéder à un balayage humide ou procéder à une aspiration,
- laver (faubert ou lavage à plat) les zones très fortement encrassées.

Laisser sécher complètement avant d'appliquer la spray-méthode.

3. Remplir le réservoir du pulvérisateur associé ou manuel.

4. Passer la monobrosse haute vitesse en pulvérisant légèrement, travailler le produit pour obtenir simultanément l'élimination des salissures et la brillance souhaitée en déplaçant lentement la machine par des mouvements de va-et-vient dans le sens transversal.

Remarque : si l'on utilise une monobrosse V.S. (= vitesse standard : 150 à 200 t/min.), il faut procéder en deux temps :
- étaler le produit aussi régulièrement que possible en commençant par le fond de la pièce, le sécher en passant la machine une deuxième fois ;
- répéter cette séquence d'opérations sur l'ensemble de la surface ;
- quand la totalité de la surface est traitée, il faut procéder au lustrage avec un disque très peu abrasif (blanc ou beige).

5. Pratiquer un balayage humide (après la spray "haute vitesse")

Entretien du matériel

- Faire tremper dans de l'eau (chaude si possible) les disques.
- Les brosser avec une brosse en nylon et les rincer très soigneusement ou bien les rincer avec un nettoyeur à haute pression.
- Les faire sécher, à plat de préférence.

Contrôle du résultat

Contrôle visuel

- Absence de défauts d'apparence (traces).
- Homogénéité : le sol doit présenter la même nuance de brillance ou d'aspect satiné en tous ses points.

Contrôle normalisé

Utiliser le brillance-mètre (réflecto-mètre).

19 Le détachage des revêtements de sol textiles

Objectif

Le détachage des revêtements de sol textiles est une opération d'entretien régulier. En effet, une tache est d'autant plus difficile à éliminer qu'elle est plus ancienne. Il faut donc traiter autant que possible, les taches au fur et à mesure qu'elles apparaissent.

L'expérience montre qu'il est de beaucoup préférable de détacher les tapis et moquettes avant toute opération d'entretien (traitement au shampooing ou injection-extraction ou spray moquette).

ETAT INITIAL DU SOL

Il est important de préparer le travail de détachage par une bonne aspiration et par l'élimination la plus complète possible des résidus des matières dont le dépôt a occasionné la tache.

Deux méthodes de détachage peuvent être mises en œuvre :

Détachage par tamponnement

PRODUITS

Détergents moussants spécifiques sols textiles. → taches maigres (hydrosolubles)
Bombe aérosol mousse détergente. → taches maigres (hydrosolubles)
Bombe aérosol spray solvant. → taches grasses (liposolubles)

MATÉRIEL

Chiffons de coton propres (non pelucheux) ou non-tissés.
Éponge végétale.
Papier absorbant.
Brosse douce.

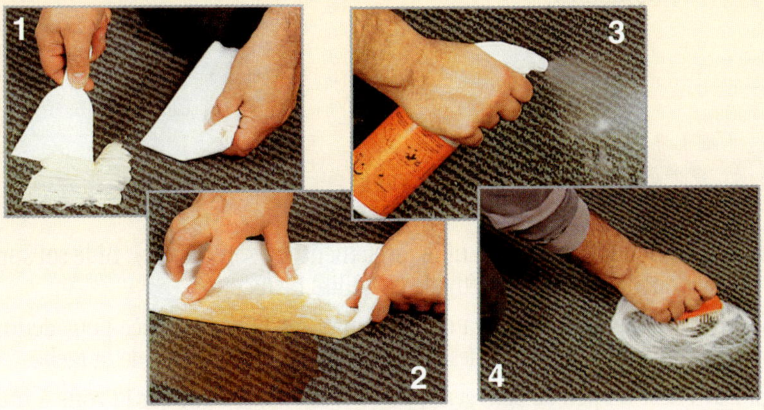

© Bonar Floors / Flotex®

Mode opératoire

1. **Procéder à un essai quel que soit le produit employé** dans un endroit peu visible du revêtement (derrière une porte par exemple). Il existe toujours en effet un risque de détérioration.
2. **Si la tache n'est pas identifiée, effectuer un test de reconnaissance,** afin d'éviter de fixer cette tache par un traitement inadéquat :
   - pulvériser un peu de produit solvanté (bombe spray) sur la tache, puis tamponner avec un chiffon propre.

METHODE

APPLICATION

GESTION

3. Élimination des taches grasses (liposolubles)

Si le chiffon prend l'empreinte de la tache, c'est qu'il s'agit d'une tache grasse.

On peut l'éliminer en répétant l'opération du test autant de fois que nécessaire.

Remarque : si le chiffon ne prend pas l'empreinte de la tache, c'est qu'il s'agit d'une tache maigre. On procède de la façon suivante :

4. Élimination des taches maigres (hydrosolubles)

- Recouvrir abondamment de mousse soit avec la bombe moussante de détachage, soit en produisant de la mousse avec du détergent moussant très peu dilué.
- Masser le revêtement à l'endroit taché pour faire pénétrer la mousse.
- Laisser agir quelques minutes.
- Tamponner avec l'éponge humide bien essorée. **Ne pas frotter.**
- Rincer à l'eau claire, sécher en tamponnant avec des chiffons secs.
- Répéter si besoin cette séquence opératoire.

Remarque :
- Quelle que soit la méthode employée, on doit toujours « travailler » une zone tachée de la périphérie vers l'intérieur, sous peine de risquer d'étendre la tache.
- On peut laisser pendant quelques heures une épaisseur de papier absorbant posé sur la zone traitée et maintenue en pression avec un poids. Ceci favorise la remontée du produit utilisé.
- Certaines taches bien particulières (surtout bien identifiées) peuvent nécessiter l'emploi d'autres produits que ceux désignés ci-dessus. Se reporter au tableau de détachage.

Détachage par rinçage

PRODUIT

Détergent spécifique pour le nettoyage des sols textiles par injection-extraction (Cf. FM n° 20).

MATÉRIEL

Seau, éponge végétale, aspirateur à eau... ou bien :
Injecteur extracteur.
Pulvérisateur manuel

Mode opératoire

1. S'assurer tout d'abord que ni le revêtement (ni son dossier), ni le sol sur lequel il est posé, ne craignent l'eau en abondance, car cette méthode en utilise beaucoup.
2. Avec l'éponge imbibée d'eau claire, entourer la zone tachée pour délimiter la zone à traiter et empêcher la migration en zone propre des constituants et des pigments de la tache.
3. Pulvériser un peu de détergent pur ou faiblement dilué sur la zone à traiter, le faire pénétrer en massant.
4. Laisser agir quelques minutes.
5. Arroser abondamment d'eau claire en aspirant simultanément avec l'aspirateur à eau ou bien effectuer la même opération avec l'injecteur-extracteur mais sans ajouter de détergent dans l'eau d'injection.
6. Poursuivre l'opération jusqu'à élimination complète de la tache. Tamponner avec des chiffons secs pour absorber un maximum d'humidité puis laisser sécher.

TABLEAU DE DÉTACHAGE

Nature des taches	Méthode	Produits utilisés et observations
Taches grasses Beurre, margarine, huile, sauce, vaseline, mazout, cambouis, rouge à lèvres, cirage,...	Par tamponnement	Produits solvantés (bombe spray). Eau écarlate. Trichloréthylène ou perchloréthylène (procéder à un essai de tolérance du revêtement de sol). Finir le traitement au shampooing. **Attention :** produits inflammables et toxiques. Ne pas fumer Aérer
Taches colorées **Taches d'origine végétale** Café, thé, infusions, jus de fruits, traces d'herbes, sirops de fruits, confitures, vins, bière, apéritifs, liqueurs, encres diverses...	Par tamponnement et/ou par rinçage	Traiter avec acide acétique dilué à 10 % maximum, laisser agir puis neutraliser avec ammoniaque dilué à 2 %. Cas particulier : - vin rouge : décolorer avec vin blanc, saupoudrer de sel fin puis rincer abondamment ; - encre : acide oxalique dilué à 5 % dans l'eau chaude. Traiter. Neutraliser avec ammoniaque dilué à 1 %. Rincer. Finir shampooing mousse.
Taches protéiques et organiques Sang, urine, déjections, vomissures, taches alimentaires, œuf, crème glacée...	Par tamponnement puis par rinçage	Traiter : eau tiède savonneuse, puis ammoniaque dilué à 5 %. Neutraliser avec acide acétique dilué à 5 %. Rincer. Autre méthode : Appliquer une pâte contenant une lessive aux enzymes (attention au risque de décoloration : procéder à un essai préalable). Rincer abondamment. Cas du sang : eau froide, décolorer à l'eau oxygénée 20 vol. (faire un essai préalable car risque de décoloration du tapis).
Taches de rouille	Rinçage	Détachant spécial antirouille ou appliquer méthode décrite ci-dessus pour l'élimination des taches d'encre.
Bougie	Par tamponnement	Gratter l'excédent puis appliquer un papier absorbant et chauffer (modérément) au fer à repasser. Finir avec solvant organo-chloré (tétrachlorure de carbone par exemple).
Chewing-gum	Spray spécial	Bombe réfrigérante (glace à défaut) puis grattage.
Papier carbone	Par tamponnement	Solvant spray ou acétate de méthylamine (faire un essai car risque de décoloration). Finir au shampooing et bien rincer.
Vernis à ongles **Peintures et vernis**	Par tamponnement	Acétone ou acétate d'amyle. Spray solvants si taches récentes. Produits inflammables : ne pas fumer.

20 L'injection-extraction

Objectif

Nettoyer par lavage les revêtements de sol textiles en pulvérisant (injection) une solution détergente apte à dissoudre les salissures et en aspirant (extraction) immédiatement après cette solution afin de laisser le revêtement le moins mouillé possible.

La méthode d'injection-extraction est une technique de rénovation (ou entretien « à fond ») des revêtements de sol textiles (encore appelés parfois « revêtements de sol à 3 dimensions »).

Remarque : par leur nature même, les sols textiles sont difficiles à bien nettoyer. Cela est d'autant plus regrettable que les moquettes sont l'habitat « naturel » de nombreux micro-organismes et parasites, notamment les acariens, dont la nocivité pour l'homme n'est plus à démontrer. Cela renforce encore l'intérêt de la méthode de lavage par injection-extraction.

PRODUITS

Détergents spécifiques pour l'injection-extraction (+ éventuellement produits anti-mousse).

Ces produits doivent impérativement être non moussants (afin de ne pas perturber le fonctionnement de la partie aspiration de la machine de nettoyage) et avoir un excellent pouvoir détergent car le temps d'action dont ils disposent est en général assez bref, l'action mécanique du procédé est réduite et l'eau chaude n'est pas toujours disponible sur les lieux d'application de la méthode.

Choix possibles : *Wetrok Retex, Taski TR 103, 3 M EC 12, Sanisol Aéro-Prep et Aéro-Steam.*

Attention : le lavage des moquettes en pure laine ne doit pas être fait avec des produits basiques qui les font jaunir de façon irréversible. Choisir impérativement un produit (neutre ou légèrement acide) préconisé pour ce genre de revêtement de sol ou des détergents-désinfectants non moussants spécifiques sols textiles *(Rochex Fibrenet).*

DOSAGES

Variable selon les fabricants, mais généralement de 1 à 5 % selon l'état d'encrassement.

CONSOMMATION

Il faut au minimum 1,5 l de solution au m^2 pour nettoyer correctement un revêtement de sol textile. Dans les cas de fort encrassement, cette quantité peut aller jusqu'à 3,5 l, voire 4 litres/m^2.

ETAT INITIAL DU SOL

Le revêtement doit être aussi bien dépoussiéré que possible. Pratiquer au préalable une aspiration soignée.

MATÉRIEL

Aspirateur à poussière, ou mieux **aspiro-brosseur,**
et **appareil à injection-extraction**, éventuellement équipé d'un sabot brosseur,
ou **autolaveuse à moquette**.
Seau et pichet gradué de dosage
Sachets en plastique et/ou **film d'aluminium.**

© Bonar Floors / Flotex®

Mode opératoire

1. Préparer le local

- Débarrasser le mobilier autant que possible.
- Protéger convenablement les éléments trop lourds ou trop encombrants pour être déplacés : entourer les pieds de meubles en bois ciré avec sachets plastiques ou film d'aluminium afin d'empêcher la migration ultérieure des tanins du bois dans la moquette mouillée.

2. Préparer le matériel

- Vérifier les accessoires de l'aspirateur (ou de l'aspiro-brosseur).
- Remplacer si besoin le sac à poussière.
- Vérifier les accessoires de la machine à injection-extraction.
- Vérifier les branchements.

3. Préparer la solution détergente

Estimer la quantité de solution nécessaire en fonction de la superficie à nettoyer et de l'état d'encrassement. Diluer le produit détergent dans de l'eau chaude (sauf pour les moquettes en pure laine pour lesquelles, il est déconseillé d'utiliser de l'eau à plus de 30°C).

4. Dépoussiérer (aspirer)

Opération indispensable pour obtenir un résultat final satisfaisant. On estime que l'aspiration préalable permet d'éliminer environ 40 à 50 % des salissures et détermine pratiquement à 50 % la qualité du résultat.

L'aspiro-brosseur dont les brosses « ouvrent » le velours, donne un résultat nettement meilleur car il parvient à faire remonter une bonne partie des salissures lourdes descendues vers la base des fibres de la moquette.

5. Pratiquer l'injection-extraction

La méthode de travail dépend des caractéristiques du revêtement :

1er cas : le dossier du revêtement textile ne craint pas l'humidité (matériau synthétique)

- **Procéder à une aspersion préalable de solution détergente** et laisser agir 5 à 15 minutes en fonction de l'état d'encrassement. Cette aspersion se réalise en utilisant la fonction « injection » seule, le moteur d'aspiration ne fonctionnant pas.

Pendant cette phase, les salissures sont solubilisées par le détergent ce qui va faciliter leur élimination.

• **Appliquer la méthode d'injection-extraction** en faisant bien chevaucher les bandes de passage du sabot extracteur.

La vitesse de déplacement du sabot doit être lente et aussi régulière que possible.

Dans la plupart des cas, il est nécessaire d'effectuer un second passage en croisant le sens de translation du sabot (ce qui permet « d'attaquer » les fibres sous un autre angle et améliore l'élimination des salissures).

• **Terminer par un ou plusieurs rinçages** à l'eau claire.

Ce point est très important si l'on veut obtenir un résultat de qualité.

On peut facilement juger de l'utilité des rinçages en observant la couleur de l'eau dans le bac de récupération. Logiquement, il faudrait rincer tant que l'eau récupérée n'est pas parfaitement claire...

2e cas : le revêtement textile craint l'eau (dossier en tissage de jute par exemple) (dalles de moquette base asphaltée)

• **Il convient d'opérer avec rapidité,** pour ne pas laisser séjourner l'eau détergente dans le revêtement (cela pourrait provoquer des rétrécissements irréversibles).

• **Pulvériser et aspirer simultanément** plusieurs fois de suite en croisant les passages.

• **Rincer très soigneusement à l'eau claire** plusieurs fois en pulvérisant et en aspirant en même temps.

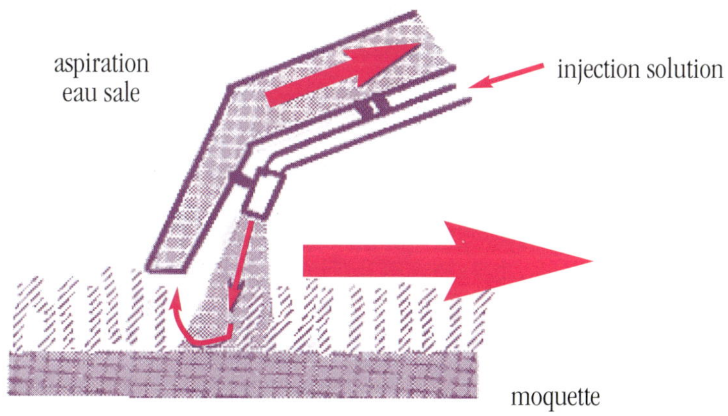

Entretien du matériel

Se reporter au cours de technologie du matériel.

Détachage (voir fiche méthode n°19)

Face aux taches importantes, deux méthodes sont applicables.

• **Nettoyer d'abord, détacher ensuite**, si les taches persistent.

Cette façon de procéder présente un gros inconvénient : c'est le risque de fixation des taches sur le revêtement ce qui les rend beaucoup plus difficiles (parfois même impossibles) à éliminer par la suite.

• **Détacher d'abord, nettoyer ensuite.**

Cette méthode est préférable et donne un meilleur résultat dans la plupart des cas.

Contrôle du résultat

Contrôle visuel

- Absence de taches, de traces.
- Uniformité d'aspect de la surface nettoyée.

21 Le shampooing mousse

Objectif | Nettoyer un revêtement de sol textile au moyen d'une mousse détergente plus ou moins humide combinée à l'action mécanique d'une monobrosse.

PRINCIPE

Mettre la mousse détergente au contact des fibres textiles (action chimique), en renforçant l'effet de détergence et de solubilisation des salissures par un brossage régulier (action mécanique). On laisse ensuite agir la mousse (action du temps), qui sèche plus ou moins vite, puis on procède à une aspiration (le lendemain).

DIFFÉRENTES TECHNIQUES

Selon le matériel dont on dispose, deux techniques peuvent être mises en œuvre :
- le shampooing mousse sèche,
- le shampooing mousse humide (au mouillé).

PRODUITS

Détergents spécifiques pour shampooing moquette. Ces produits doivent :
- avoir un très bon pouvoir détergent,
- être moussants (la mousse assure l'expansion du détergent dans la couche fibreuse),
- avoir un bon pouvoir agglomérant, pour réunir les particules et les faire migrer au sommet des fibres lors du séchage,
- être capables de mettre les salissures en suspension pour éviter leur redéposition,
- posséder des extraits secs non gras, car les résidus gras sont responsables du ré-encrassement rapide de la moquette,
- avoir un pH adapté à chaque type de fibres ; *pH neutre :* adapté à tous types de fibres, *pH basique 10 à 11 :* pour les fibres synthétiques fortement salies, *pH acide 6 à 6,5 :* pour les moquettes pure laine. (*Taski TR 101, Sanisol Aéro-Foam, Henkel TPR shampooing moquette 500, 3 M SR 50, Rochex Shampooing moquette 90, Wetrok Shampoo...).*

DOSAGES

Ils sont très variables d'un produit à l'autre : de 5 à 8 % chez la plupart des fabricants, mais certains préconisent jusqu'à 15 %. Se reporter aux notices techniques des produits.

CONSOMMATION

Il faut 0,3 litre de solution environ pour traiter 1 m^2. Plus l'encrassement est important et plus la consommation augmente.

MATÉRIEL

Shampooing mousse sèche
- aspirateur à poussière ou aspiro-brosseur,
- monobrosse V.S. légère avec réservoir,
- brosse souple,
- compresseur à mousse,
- diffuseur de mousse,

ou bien :
- machine à shampouiner (à brosse cylindrique),
- petite brosse nylon (plinthes et coins),
- un morceau de thermoplastique.

Shampooing mousse humide
- aspirateur à poussière ou aspiro-brosseur,
- monobrosse V.S. équipée en lavage,
- brosse souple,
- petite brosse nylon (plinthes et coins),
- un morceau de thermoplastique.

Injection-extraction de la mousse sèche

Un des appareils les plus performants fonctionne sur le principe de l'injection-extraction de mousse sèche, avec brossage associé. Techniquement, ce procédé s'apparente à celui décrit ici, mais l'appareil permet d'obtenir d'excellents rendements *(Von Schrader V.S.), (se reporter à la partie « les matériels »).*

Mode opératoire

1. Débarrasser le local

Pour pouvoir travailler plus facilement sur toute la surface.

2. Aspirer soigneusement

Afin d'éliminer un maximum de salissures. L'utilisation de l'aspiro-brosseur est conseillée, car le brossage ouvre le velours et permet une meilleure remontée des poussières.

3. Préparer la solution moussante

Estimer le volume de solution nécessaire, en fonction de la surface à nettoyer et de l'état d'encrassement (qui détermine le dosage).

Choisir le produit selon la nature du revêtement textile. Utiliser si possible de l'eau chaude (tiède pour les moquettes en laine).

4. Préparer le matériel

Shampooing mousse sèche

1. Fixer le réservoir sur la monobrosse.
2. Y verser la solution moussante.
3. Installer le compresseur à mousse.
4. Raccorder le tuyau en « Y », (Cf. fiche matériel n°10).
5. Placer la brosse souple.

Shampooing mousse humide

1. Équiper la monobrosse en lavage.
2. Verser la solution moussante dans le réservoir.
3. Placer la brosse souple.

5. Shampouiner

Action chimique + Action mécanique

- Ne pas démarrer à sec sur la moquette (on risque de la détériorer), mais produire de la mousse sur une zone voisine (carrelage par ex.) ou bien sur un morceau de thermoplastique. La mousse ainsi produite permet le démarrage de l'opération.
- Travailler le shampooing par bandes parallèles en faisant chevaucher les passages et en insistant bien sur les endroits les plus sales, sur les taches, sur les zones de passage...
- Brosser manuellement les angles avec une petite brosse en nylon, ainsi que le long des plinthes et dans les autres endroits que la machine ne peut atteindre. Pour cela, employer la mousse déjà produite.

6. Laisser sécher complètement

Action du temps

- Le temps nécessaire au complet séchage peut varier très sensiblement selon la température ambiante, le taux d'hygrométrie, la ventilation du local... et la méthode utilisée. Le shampooing mousse humide mouille beaucoup plus le revêtement de sol que le shampooing mousse sèche.
  Un séchage imparfait (à contrôler par le toucher) compromet la qualité du résultat final.

7. Aspirer soigneusement

- Afin d'éliminer la totalité des salissures dissoutes et agglutinées, ainsi que les résidus de shampooing. Veiller à la propreté du patin d'aspiration ou du sabot de l'aspiro-brosseur.

COMMENT CHOISIR LA MÉTHODE ?

Pour les moquettes qui risquent de rétrécir (pure laine ou dossier en tissage de jute), il est préférable d'appliquer la méthode « mousse sèche ». En effet, le risque de rétrécissement sera minime puisque l'apport d'eau est très faible.

De même, il faut tenir compte du temps de séchage, qui est beaucoup plus long après application de la méthode « mousse humide ». Tant que la moquette n'est pas parfaitement sèche, il ne faut pas marcher dessus...

Cela revient à dire que l'on doit préférer la méthode « mousse sèche » dans la plupart des cas. Son seul inconvénient est de requérir un matériel plus sophistiqué et plus coûteux que la méthode « mousse humide ».

Contrôle du résultat

Contrôle visuel

- absence de taches, de traces,
- uniformité d'aspect de la surface nettoyée après séchage.

22 Le shampooing poudre

Objectif | Nettoyer un revêtement de sol textile sans apport d'humidité : les salissures adhérant aux fibres sont éliminées par absorption.

PRINCIPE

Le shampooing poudre est un mélange faiblement humide de tensio-actifs, de solvants et d'un produit absorbant (poudre de cellulose...).

Chaque grain de poudre du shampooing projeté au sein de la couche fibreuse va dissoudre les salissures (propriétés chimiques de dissolution et de tensio-activité), puis les absorber comme le ferait une petite éponge (propriété physique).

Le brossage du tapis ajoute une action mécanique et améliore le résultat.

Une aspiration soignée élimine la poudre et les salissures ainsi captées.

PRODUITS

Poudre à shampooing *(Sebo Carpet Cleaner)*.

Composition : agents tensio-actifs, isopropanol à 2 %, support organique, agent anti-mousse, parfum, agent de conservation.

DOSAGE

S'emploie pur et à sec.

CONSOMMATION

1 kg de poudre permet de nettoyer 30 à 40 m², selon l'état d'encrassement.

MATÉRIEL

Brosse manuelle, pour les angles et recoins.
Balai-brosse (pour le traitement des petites surfaces) ou
brosseuse électrique spéciale pour méthode shampooing poudre.
Aspirateur à poussière ou mieux : aspiro-brosseur.

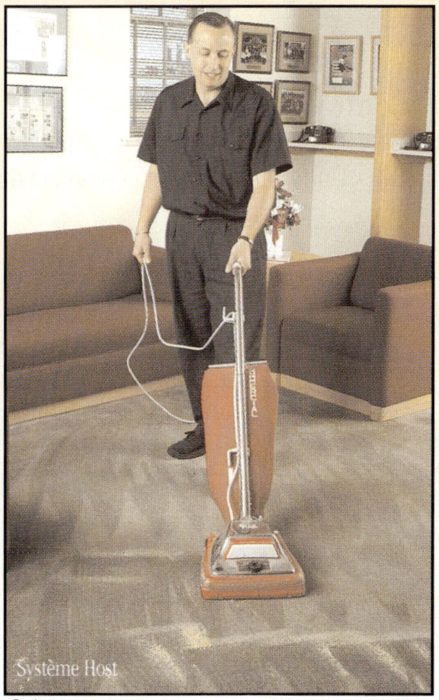

© Argos

Mode opératoire

1. Aspirer soigneusement

De préférence avec un aspiro-brosseur.

METHODE

APPLICATION

GESTION

2. Saupoudrer le shampooing

Action chimique

Aussi régulièrement que possible sur la totalité de la surface à traiter (éviter de laisser des « paquets » de poudre).

Remarque : si l'encrassement est très important, on peut pulvériser au préalable un détergent spécial moquette dilué à 2 % environ afin de favoriser la dissolution des salissures grasses.

3. Brosser

Action mécanique

- Avec régularité, sur toute la surface. La poudre est ainsi incorporée au sein de la couche fibreuse ce qui facilite la répartition du produit et sa mise en contact avec les salissures.

On peut effectuer cette opération avec un simple balai-brosse mais la brosseuse électrique spéciale permet un travail plus efficace et surtout beaucoup plus rapide.

- Le brossage doit être pratiqué en deux passages selon des axes perpendiculaires.

4. Laisser sécher et agir

Action du temps

15 à 30 minutes. Il n'est pas nécessaire de condamner le local pendant ce temps.

5. Aspirer la poudre

Cette opération est très importante, car la qualité du résultat final dépend en grande partie du soin avec lequel la poudre est éliminée.

Entretien du matériel

- Débarrasser les brosses régulièrement de la « bourre » de fibres qui s'y accroche et en diminue l'efficacité.
- Décoller et éliminer la poudre absorbante qui reste collée dans le carter.

Contrôle du résultat

Contrôle visuel

- Élimination parfaite de la poudre.
- Uniformité d'aspect et propreté du revêtement.

Remarque : cette méthode de nettoyage ne convient pas aux tapis aiguilletés (plus particulièrement à ceux de couleur sombre), car leur structure rend l'élimination de la poudre très difficile, ce qui laisse alors des traces blanchâtres.

23 La spray moquette

Objectif | Effectuer un entretien régulier des revêtements de sol textiles (toutes catégories) en pulvérisant dessus un produit spécial que l'on travaille à la monobrosse équipée d'un disque textile pour moquette.

PRINCIPE

Méthode d'entretien hebdomadaire (ou intermédiaire), la spray moquette a une double action :

- **action détergente** pour nettoyer en dissolvant ou en émulsionnant les salissures.
- **action protectrice** afin de retarder le réencrassement du revêtement. Elle s'apparente donc à la spray méthode appliquée aux sols durs protégés.

PRODUITS

Spray moquette (mélange de tensio-actifs, de solvants et de « retardateurs d'encrassement »).
Choix possibles : *Sanisol Aéro-net, 3M ST 20,...*

DOSAGES

- Produit à diluer : dilution à 5 %, 1 litre de solution permet de traiter 10 m² environ.
- Produit pur : 1 litre de produit pour 100 m² environ.

Remarque : Il est inutile d'essayer de nettoyer des moquettes très sales par cette méthode en augmentant le dosage de produit. La spray moquette ne doit être employée que dans le cadre de l'entretien courant. Les moquettes très sales doivent être nettoyées ou bien par injection-extraction (technique de rénovation) (Cf. F.M. n°20), ou bien par traitement au shampooing (Cf. F.M. n°21).

ETAT INITIAL DU SOL

Sol textile bien dépoussiéré et peu encrassé (voir ci-dessus).

MATÉRIEL

Aspirateur à poussière ou mieux : aspiro-brosseur.
Monobrosse V.S. légère.
Disque spécial textile (« bouclette » ou lisse).
Pulvérisateur manuel ou sprayeur sur monobrosse.

Mode opératoire

1. Aspirer soigneusement

Pour éliminer au maximum poussière et salissures.

2. Préparer la solution

Après avoir estimé le volume nécessaire, en fonction de la surface à traiter.

3. Mouiller le disque spécial, l'essorer et l'imprégner

- Tremper le disque dans l'eau, puis l'essorer fortement (seau presse).
- Pulvériser dessus du produit pour spray.

4. Placer le disque sur le plateau

5. Effectuer la spray moquette

- Pulvériser la solution sur le sol, soit avec le sprayeur de la monobrosse si elle est équipée, soit avec le pulvérisateur manuel.
- Passer la monobrosse bande par bande afin de ne pas oublier de zones dans le traitement.
- Effectuer au besoin un second passage selon un axe perpendiculaire à celui du premier.

La monobrosse doit être passée régulièrement par un mouvement de translation continu, cela afin d'éviter tout risque de brûlage du sol textile par un frottement prolongé au même endroit.

Important : retourner le disque ou le changer lorsqu'il est encrassé.

6. Aspirer (après séchage)
(facultatif)

Afin d'éliminer tous les résidus de saleté émulsionnés par le produit et aussi pour obtenir une meilleure apparence des fibres du revêtement.

Entretien du matériel

Laver et sécher les disques textiles.

Contrôle du résultat

Contrôle visuel

- Absence de traces, de taches.
- Propreté et uniformité d'aspect du revêtement textile.

24 La cristallisation des pierres marbrières

Objectif

Polir et durcir les sols constitués de pierres calcaires afin :
- d'obtenir un brillant esthétique et durable,
- de protéger le matériau en augmentant sa résistance (en surface),
- de faciliter et de simplifier son entretien régulier.

La cristallisation modifie la structure moléculaire de la pierre sur une faible épaisseur (voir cours de technologie des matériaux (Fiche11).

MATÉRIAUX CONCERNÉS

- le marbre (Carrare, Campan, Provence,...) ;
- les pierres marbrières (Travertin, Comblanchien,...) ;
- la pierre reconstituée (granulats de marbre liés au ciment Portland) ;
- le granito (même principe, mais granulats plus gros) ;
- la brèche de marbre (agglomérat de gros morceaux).

PRODUITS

- fluorosilicate de magnésium, employé pur ;
- préparations commerciales *(Taski-Carrare Cristalliseur, Sanisol-Flash Marbre)* à base d'acide fluosilicique, de cires et polymères en émulsion dans

DOSAGES

Ces produits sont toujours employés purs.

CONSOMMATION

1 litre pour 100 m² en moyenne (par passage).

ETAT INITIAL DU SOL

Trois opérations successives doivent normalement précéder la cristallisation proprement dite :

Balayage humide

Pour éliminer toutes les particules qui pourraient provoquer des rayures dans la suite du traitement.

Le récurage du marbre

C'est une étape importante pour la réussite de la cristallisation.
- **Employer une monobrosse + disque vert et une solution détergente.**
- L'aspiration de cette solution doit être faite immédiatement (car le sol est poreux).
- Neutraliser avec une solution d'acide acétique à 1 %.
- Contrôler le pH : il doit être égal à 7.
- Laisser sécher au moins 5 heures. (il est préférable d'attendre davantage).

Le grésage

Cette opération permet l'élimination totale des particules de pierre qui ont pu être arrachées au sol lors du décapage et va, en même temps, commencer l'aplanissage micrométrique de la surface du marbre.
- **Procéder à sec, avec une monobrosse et un disque rouge** (environ 1 m² minute).
- Pratiquer ensuite un balayage humide soigné qui doit laisser le sol parfaitement net de toute particule.

Le marbre (ou la pierre marbrière) est alors prêt à être cristallisé.

MATÉRIEL

Monobrosse lente (150 tours/min.) et **lourde** (50 kg minimum) de diamètre 400 mm env. La pression exercée sur le sol par l'appareil ne doit pas être inférieure à 50 g/cm². (Voir FM 11 pour le mode de calcul de la pression au sol)

Disques en laine d'acier (1 disque permet de traiter 35m² environ) de grades abrasifs différents (grade 0 = plus abrasif pour le premier passage ; grade 2 = plus fin pour le 2e passage). Il est indispensable d'utiliser de l'acier, car le fer est catalyseur dans la réaction chimique qui régit le phénomène de cristallisation

ou bien : **disque bronze** "ScotchBrite™ Crystallisation line" à la place du disque laine d'acier gros grain, et **disque argent** à la place du disque laine d'acier grain fin. Les deux disques peuvent être employés avec une monobrosse haute vitesse, afin d'améliorer le rendement horaire.

Disque blanc (pour le lustrage final). **Pulvérisateur manuel. Matériel de balayage humide.**

Mode opératoire

1. Débarrasser totalement la surface à cristalliser

2. Équiper la monobrosse avec un disque laine d'acier « gros grain » ou bronze

3. Pulvériser parcimonieusement le produit sur une surface d'environ 1 m^2.
Il faut travailler le produit par petites surfaces étant donné son agressivité.

4. Étaler immédiatement avec la monobrosse sur toute la zone pulvérisée afin de « sécher » le produit sur le sol.

5. Revenir avec la monobrosse au centre de la zone traitée et lui faire décrire une spirale vers la périphérie
C'est là que se produit le phénomène de cristallisation et qu'apparaît la brillance du sol ainsi que son durcissement.
L'adhérence de la monobrosse diminue de plus en plus : il devient progressivement plus difficile d'en maîtriser les mouvements et il faut alors commencer à travailler sur une autre zone de 1 m^2 environ.

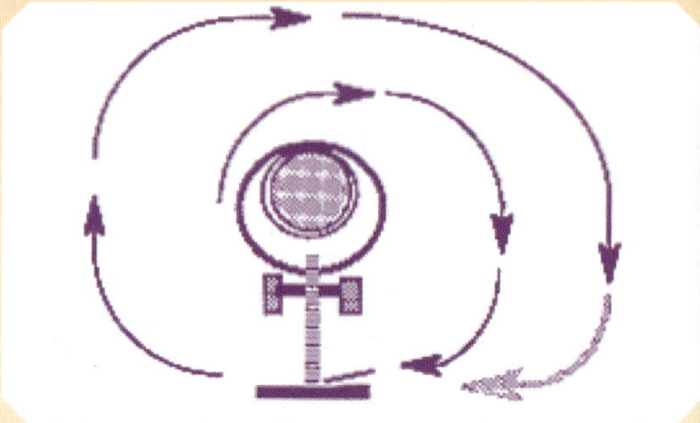

Remarque : certains préconisent des mouvements circulaires ovalisés, en couvrant ainsi des bandes parallèles, et d'autres conseillent plutôt des va-et-vient dans le sens longitudinal, puis dans le sens transversal.

6. Traiter ainsi, zone par zone, la totalité de la surface à cristalliser

7. Effectuer un balayage humide

8. Répéter cette séquence opératoire en remplaçant les disques «gros grain» par des disques de finition (grain fin) ou argent.
On travaille alors en choisissant un axe perpendiculaire à celui de la première phase et dans l'axe de la lumière du jour.

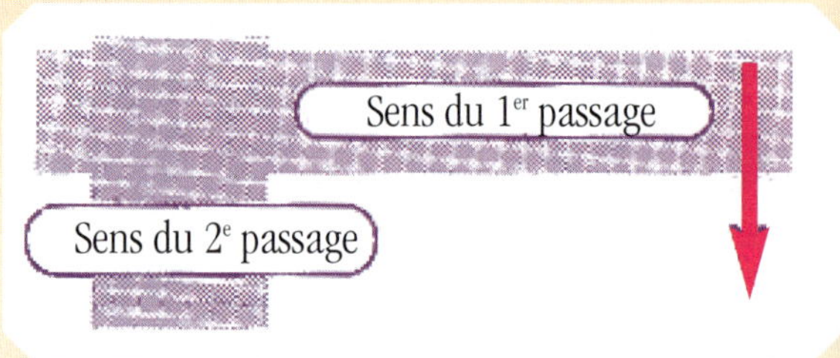

9. Effectuer un balayage humide
Pour éliminer tous les débris de laine d'acier.

10. Terminer par un lustrage
Avec un disque blanc. Ce lustrage final augmente très sensiblement la qualité du résultat.

Remarque : il est fréquent de rencontrer le problème des marches d'escalier revêtues de marbre. L'emploi de la monobrosse n'est pas possible, étant donné la faible largeur de chaque unité de surface (25 à 30 cm).
La seule solution consiste à employer une petite machine rotative spéciale *(Mini Edger, YOM,...)* qui permet l'emploi de petits disques.

Entretien du matériel

Essuyer soigneusement toutes les traces d'acide sur la monobrosse.

Contrôle du résultat

Contrôle visuel
Brillant éclatant, uniforme et d'intensité égale en tous points de la surface traitée.

Attention : les défauts de surface tels que inégalités de ponçage, défauts de sciage (traits de scie), taches, rayures... sont mis en évidence par la cristallisation et ressortent donc davantage.

Contrôle normalisé
Évaluer la brillance avec un réflectomètre (brillance-mètre).

25 Les traitements et l'entretien des sols en ciment

Objectif

Les traitements appliqués aux sols en ciment ont pour but de supprimer les inconvients inhérents à ce matériau :
- porosité,
- poussière provenant du sol lui-même,
- rugosité rendant l'entretien difficile,
- sensibilité importante aux acides, aux huiles, aux sulfates, ce qui est très gênant, car les sols en ciment se rencontrent souvent dans les locaux de production industrielle, où ce genre d'agression chimique peut être fréquent.

En général, les traitements de préparation sont réalisables par l'entreprise de propreté.

L'entretien de ces sols est simple et facile, à partir du moment où ils ont été correctement traités.

D'OÙ PROVIENT LA POUSSIÈRE ?

POURQUOI FAUT-IL L'ÉLIMINER ?

Les frottements multiples dus au passage des personnes, des chariots et des véhicules, entraînent une abrasion de la surface du ciment. Cela est aggravé par le fait que le ciment a spontanément tendance à « fariner » car une partie de la chaux est toujours libérée pendant la prise de la chape et migre vers la surface où elle forme en séchant une poussière très fine. Ce phénomène est encore plus accentué quand le mortier a été préparé avec une proportion d'eau trop forte.

La poussière ainsi produite est une gêne importante, car elle très abrasive et suffisamment fine pour rester longtemps en suspension dans l'air et s'infiltrer dans les machines, les armoires électriques, etc. dont elle compromet rapidement le bon fonctionnement.

Cette poussière est également un facteur de dégradation de la santé des personnes et de leurs conditions de travail.

Ces remarques mettent en évidence l'utilité des traitements antipoussière du ciment.

Les différents traitements

LA PRÉPARATION

Sur une surface neuve

Dépoussiérer avec un aspirateur industriel, de préférence muni d'un filtre spécial ciment.

Sur les sols anciens

Deux méthodes différentes peuvent être appliquées :

Récurage	Nettoyage haute pression
Matériel	
- **Monobrosse + brosse rilsan**, (ou brosse métallique), - **aspirateur à eau**.	- **Nettoyeur haute pression.** **Attention :** s'assurer que les importantes quantités d'eau laissées au sol par cette machine pourront être évacuées. - **Raclettes à sol.**
Produits, dosages	
Détersolvant en solution fortement dosée (de 5 à 15 % selon encrassement). *Choix possibles Taski Combifort, Kärcher RM 311.*	
Méthode	
- Éliminer les souillures en travaillant le sol à la monobrosse. Laisser agir la solution de lavage 15 à 20 min. - Sécher le sol à l'aspirateur à eau. - Répéter l'opération si des taches persistent. - Rincer soigneusement.	- Nettoyer au jet haute pression en insistant sur les zones les plus souillées et tachées. - Éliminer l'eau de lavage à la raclette à sol.

Remarque : il existe également une méthode de surfaçage par procédé thermique qui a pour objet de brûler les impuretés qui tachent la couche superficielle du ciment. Ce procédé est peu utilisé car il nécessite un matériel important (réhabilitation d'entrepôts, d'anciens garages).

LES PROCÉDÉS ANTIPOUSSIÈRE

La fluosilicatation ou fluatation

Ce procédé permet d'augmenter la résistance de la surface du béton (« ciment » est une appellation impropre pour désigner le matériau constitutif d'un sol). Cette augmentation de dureté empêchera la formation de la poussière par abrasion.

Principe

On applique une solution d'acide fluosilicique sur la surface du béton (après 40 jours de séchage au minimum). Cette application/imprégnation d'acide transforme les éléments solubles du ciment en éléments insolubles, les fixant ainsi au sein de la masse.

Ils ne peuvent donc plus remonter à la surface et le sol ne poudre plus.

En outre, la porosité du matériau est sensiblement diminuée sur une épaisseur de 3 à 5 mm, en même temps que sa résistance aux agents chimiques est accrue.

Produit

Acide fluosilicique (en poudre).

Dosage

Progressif (voir méthode).

Matériel

Seau (pour dissoudre).
Pulvérisateur manuel.
Monobrosse + brosse rilsan.

Méthode

- Préparer le sol (Cf. point 1).
- Faire dissoudre 2,5 kg d'acide fluosilicique dans 10 litres d'eau chaude.
- Pulvériser régulièrement cette solution sur le sol.
- Travailler immédiatement à la monobrosse pour la faire pénétrer dans les pores et petites anfractuosité du ciment. (Il est conseillé de travailler à deux).
- Laisser sécher 24 heures puis répéter l'opération avec 3 kg d'acide pour 10 litres.
- Laisser sécher 24 heures puis appliquer une dernière fois avec 4 kg d'acide/10 litres.
- Laisser sécher 24 heures.
- Laver à grande eau pour éliminer les cristaux de fluosilicates.

Remarque importante : l'acide fluosilicique est un produit agressif et dangereux. Les opérateurs doivent donc impérativement se protéger en portant des gants résistant bien aux acides, des bottes, des lunettes enveloppantes et une cotte. Ne pas utiliser de matériel en fer. Protéger tous les éléments métalliques.

Imprégnation ou bouche-porage

Après la fluosilicatation, on recommande d'appliquer une huile d'imprégnation.

Produits

Les produits employés peuvent être composés d'un mélange d'huiles végétales (de pin, de chêne, de soja, de tournesol...) et de solvant (white-spirit ou essence de térébenthine). Mais il faut remarquer que la plupart des fabricants de produits ont leur propre formule dont bien souvent dépend le procédé d'application. La méthode indiquée ici n'est donnée qu'à titre indicatif.

Matériel

Monobrosse avec réservoir.
Brosse végétale.
Disque vert.
Aspirateur à poussière.

Méthode

- Répandre et étaler le produit à la monobrosse.
- Appliquer ainsi 2 ou 3 couches en ménageant un temps de séchage de 24 heures entre chaque application et après la dernière.
- Uniformiser en passant un disque vert.
- Aspirer soigneusement pour finir.

Remarque : la surface ainsi traitée ne doit pas être livrée aux utilisateurs avant 7 à 8 jours.

La peinture

La peinture des sols en ciment est une bonne solution technique, que l'on applique fréquemment. Il convient de choisir une peinture de très bonne qualité à base de résines époxy ou encore à base de polyuréthane (résiste mieux aux produits de nettoyage basique).
La préparation du sol doit être parfaite, sans quoi l'accrochage de la couche de peinture peut être défectueux ce qui la conduit à se décoller.

L'entretien des sols en ciment traité

Ainsi qu'on l'a vu, les traitements préparatoires rendent ces sols durs et lisses.
Il devient alors possible de leur appliquer les méthodes suivantes :

ENTRETIEN RÉGULIER

- Balayage humide .... (Cf. F.M. n°1).
- Balayage-aspiration mécanisé .... (Cf. étude des matériels).
- Lavage manuel.. (Cf. F.M. n°3).
- Lavage mécanisé à la monobrosse .... (Cf. F.M. n°11).
- Lavage à l'autolaveuse .... (Cf. F.M. n°12).

26 La mise en état et l'entretien des parquets

Objectif | Appliquer à bon escient les différentes techniques de nettoyage et d'entretien convenant aux parquets, afin d'en préserver les qualités esthétiques ainsi que la longévité.

MISE EN ÉTAT

Cette opération destinée aux parquets neufs en bois brut, ne concerne évidemment pas les parquets poncés et vitrifiés en usine.

REMISE EN ÉTAT

Pour les parquets usagés et qui présentent de gros défauts de surface dus à un usage intensif ou peu soigneux.

Il est avant tout nécessaire d'obtenir une surface parfaitement plane, lisse par ponçage ou affleurage et exempte de poussière.

Mode opératoire

1. Ponçage ou affleurage

Ponçage

Remarque : le ponçage est un métier à part entière, exercé par des entreprises spécialisées.

Matériel

Ponçeuse électrique.

Bordeuse (traitement des bordures).

Papiers abrasifs n° 36 (gros grain) : planage, n°50-80 (grain moyen) : ponçage, grain fin (100-120) si vernissage.

Masque anti-poussières (obligatoire).

Affleurage (ou surfaçage)

Cette technique est mise en œuvre par l'entreprise de propreté.

Remarque : un parquet destiné à être verni doit faire l'objet d'une préparation extrêmement soignée car le vernis fait ressortir les imperfections de la surface.

Matériel

Monobrosse V.S. lourde.

Disques à poncer de différents grains.

Ou treillis abrasif *Scotch Mesh 24 à 120*,

+ couronne aspirante.

METHODE

APPLICATION

GESTION

2. Dépoussièrage

Matériel

Aspirateur à forte dépression,

+ embout à plinthes,

+ brosse à murs,

+ brosse à sol.

Matériel de balayage humide.

L'objectif est d'éliminer complètement la poussière (très abondante et très fine) produite par les opérations décrites au point 1. Il est recommandé de laisser retomber complètement la poussière (repos de plusieurs heures au moins) et de dépoussiérer la totalité des surfaces (horizontales + verticales).

3. Imprégnation ou bouche-porage (Cf. F.M. 15, 16, 16 bis)

On utilise un « sealer ». L'objectif est de rendre le bois plus compact, d'en diminuer la porosité. Cela permettra de réaliser par la suite des économies sur les quantités de produits de protection nécessaires.

Cette opération n'est pas indispensable dans de nombreux cas.

Protection

Plusieurs méthodes peuvent être mises en œuvre. Le choix de l'une d'elles se fera en fonction du matériel dont on dispose et du résultat recherché :

CIRE EN PÂTE "À CHAUD"

Cf. F.M. 17 - excellente résistance au trafic *(Taski P 33)*.

CIRE À FROID (en pâte)

Matériel

Monobrosse V.S. lourde + disque polyuréthane orange *(Wetrok Wax)*.

Méthode

Étaler de petites quantités de cire en pâte à la fois en plaçant le produit sous le disque orange (en polyuréthane).

CIRE LIQUIDE

(Cf. F.M. n° 16) *(Taski P 11)*.

La monobrosse doit être équipée d'un disque rouge pour l'application de la cire que l'on pulvérise au sol et d'un disque blanc ou beige pour lustrer. On peut aussi poser la cire à l'applicateur, sécher puis lustrer.

VERNISSAGE (ou vitrification)

L'objectif est de conférer au revêtement des qualités conjointes de souplesse, d'imperméabilité et de résistance tout en diminuant sa glissance. Le vernissage facilite notablement les opérations d'entretien régulier.

Produits

Vernis à base de résines synthétiques (urée-formol, polyuréthane, vinylique, époxyde, formophénoliques).

Matériel

Auge en plastique, brosse à vernir (très souple)

Remarque importante : les produits employés dégagent des vapeurs toxiques. Il est donc impératif de bien aérer le local dans lequel se fait la pose et de porter un masque de protection.

POSE D'UNE ÉMULSION DE PROTECTION

Se reporter à la fiche méthode n° 16.
On prendra soin de choisir une émulsion spéciale pour le bois (ex. : Sanidur 25 de Sanisol).

Opération d'entretien

ENTRETIEN RÉGULIER (journalier) :

- Balayage humide (Cf. F.M. n° 1).

Ou

- Aspiration (Cf. F.M. n° 2).
- Détachage (si besoin).

ENTRETIEN INTERMÉDIAIRE (hebdomadaire) :

- Spray méthode *(Taski P 11)* ;

et/ou

- lustrage (Cf. F.M. n° 18).

ENTRETIEN PÉRIODIQUE

- Surfaçage (Cf. mise en état).
- Protection.

27 L'entretien du linoleum

Objectif | Appliquer à bon escient aux revêtements de sol en linoléum les différentes techniques de nettoyage et d'entretien de façon à préserver au mieux les qualités de ce revêtement.

MISE EN ÉTAT

Lors de sa fabrication, la surface du linoléum est protégée par des cires naturelles ou synthétiques afin de mettre le matériau à l'abri d'éventuelles rayures ou autres dégradations, notamment pendant la pose. Il faut donc d'abord enlever le film le protégeant.

DÉCAPAGE AU MOUILLÉ

(Voir fiche méthode n° 13).

Attention :
- choisir un décapant préconisé pour ce type de revêtement : le linoléum craint les produits fortement basiques qui l'endommagent de façon irrémédiable ;
- ne pas laisser stagner la solution décapante (risque d'attaque du linoléum).

IMPREGNATION

Le linoléum est un revêtement de sol poreux. Une imprégnation initiale peut donc être pratiquée afin de faciliter l'entretien ultérieur. (Bouche-porage : F.M. n°15).

- Il est recommandé par certains fabricants (consulter la notice de pose).

PROTECTION

Le but est de rendre l'entretien quotidien le plus facile possible, tout en conférant au revêtement une belle apparence, car l'esthétique est indissociable de l'idée de propreté :

Méthode spray directe

(Voir F.M. n° 18).

- 2 applications sont nécessaires afin de protéger convenablement le sol.

Application de cire liquide

(Voir technique sur F.M. n° 16).

- Poser 2 couches à l'étendeur à cire, bien laisser sécher, puis lustrer à la monobrosse, (choix de produit possible : *Taski P 11*).

METHODE

APPLICATION

GESTION

Application de cire à chaud

(Voir F.M. n° 17).

- Elle procure une belle apparence et l'entretien ultérieur peut se faire par la méthode spray.

Application d'une émulsion acrylique autobrillante

(Voir F.M. n°16 et 16 bis).

ENTRETIEN COURANT

Il doit permettre de maintenir le revêtement de sol en bon état de propreté. Parmi les 3 méthodes proposées ci-dessous, on choisira celle que l'état du sol nécessite, tout en tenant compte du degré d'exigence en matière d'entretien et d'hygiène.

Balayage humide

(Voir F.M. n°1).

C'est l'entretien minimum quotidien.

Méthode spray

(Voir F.M. n°18).

Elle peut être pratiquée chaque jour, même de façon partielle et rapide afin de maintenir le revêtement en très belle apparence.

Lavage

(Voir F.M. n°3).

A pratiquer, si besoin, en fonction de la nature des salissures avec un détergent émulsion cirant.

Remarque :
- bien entretenus, les revêtements de sol en linoléum sont d'une remarquable solidité et longévité, ce qui est particulièrement intéressant pour tous les locaux à fort trafic (halls, lycées et collèges et tous les locaux collectifs dont les revêtements de sol sont très fortement sollicités) ;
- du point de vue confort de l'habitation, ils ne sont pas dépourvus de qualités (esthétique, isolation phonique),
- par leur nature même, ce sont des sols à caractère relativement bactériostatique, ce qui peut conduire à les préconiser dans les locaux hospitaliers.

28 L'entretien du caoutchouc pastillé

Objectif | Appliquer à bon escient aux revêtements de sol en caoutchouc pastillé les différentes techniques de nettoyage et d'entretien, afin de conserver à ce revêtement de sol, ses qualités de confort, d'esthétique et de solidité.

MISE EN ÉTAT

Pour faciliter le démoulage, les formes dans lesquelles le caoutchouc est coulé sont enduites de silicones et poudre de zinc.

Ce film doit être enlevé après la pose, de même que les éventuelles salissures de chantier (projections de plâtre...).

Aspiration

- Éliminer les salissures non adhérentes :
  - employer de préférence un aspirateur à forte dépression (2 000 mm à la colonne d'eau) car les inégalités du sol (pastilles en surépaisseur) engendrent des pertes de charge au niveau du suceur.

Lavage-récurage

- Éliminer les salissures adhérentes (lait de ciment, plâtre) :
  - monobrosse légère + brosse rilsan, détergent acide (Choix possibles : *Wetrok Calexan, Taski Calcacid*).

Lavage-dégraissage

- Éliminer les « gras » (résidus) industriels de démoulage (cf. plus haut) :
  - monobrosse + brosse rilsan + détergent légèrement basique (choix possibles : *Henkel Néomat A, Rochex ACM*) ;
  - aspirer la solution de lavage ;
  - neutraliser (acide acétique à 2 %) pour éviter le durcissement du caoutchouc à cause des composés basiques.

PROTECTION

Il s'agit de mettre le revêtement à l'abri des agressions dues au foulage des usagers et d'améliorer l'aspect esthétique en faisant briller le caoutchouc.

Pose d'une émulsion au balai faubert

(Voir F.M. n°16).

Pose d'une émulsion par méthode spray

(directement) (voir F.M. n°18).

Utiliser une monobrosse V.S équipée d'une brosse souple. Effectuer deux passages.

AUTRE TECHNIQUE DE PROTECTION

Application d'un détergent émulsion autobrillant

- Monobrosse équipée en spray + brosse végétale douce.

- Détergent émulsion autobrillant (exemple *Henkel Sofix*).

Cette technique ne dépose pas à proprement parler une couche de protection sur le caoutchouc, mais elle le rend parfaitement brillant et il se salira beaucoup moins rapidement.

ENTRETIEN RÉGULIER

Dépoussiérage par aspiration

Cela permet d'éliminer les salissures non adhérentes :

- choisir un aspirateur à forte dépression ;
- travailler par bandes parallèles, en faisant chevaucher à chaque passage.

Passage de la balayeuse aspirante

(uniquement dans les locaux vastes et dégagés).

Cette méthode est recommandée car elle donne de très bons résultats.

Lavage manuel

Cette méthode est déconseillée dans le cadre de l'entretien courant. En effet, il est difficile d'aspirer toute la solution détergente qui laisse en séchant de nombreuses traces.

Lavage mécanisé

Éliminer les salissures adhérentes :

- à la monobrosse + brosse douce en polyamide puis passage aspirateur à eau ;
- à l'autolaveuse ;
- employer un détergent neutre ou spécial pour caoutchoucs.

Spray + aspiration

Permet de renouveler l'émulsion et d'obtenir un très beau brillant.

- Monobrosse équipée brosse végétale + couronne aspirante.
- Produit pour spray compatible avec l'émulsion (même marque de préférence), riche en cires et polymères.

Attention : éviter les sprays très riches en solvants organiques qui peuvent causer des dégradations irréversibles au caoutchouc.

Spray + aspiration avec détergent autobrillant

On utilise le même matériel que pour le spray + aspiration, mais en remplaçant le produit spray par un détergent autobrillant. Cette méthode permet d'obtenir simultanément nettoyage et brillance.

Attention : ne jamais employer de disques nylon ou polyester sur le caoutchouc pastillé à cause des risques importants de dégradation du revêtement! Par contre, cette précaution ne s'impose pas en ce qui concerne les revêtements de caoutchouc lisses.

29 L'entretien des sols en asphalte

Objectif | Appliquer à bon escient les techniques d'entretien convenant à ce type de sol, afin d'en prolonger la longévité tout en assurant une maintenance correcte.

CARACTÉRISTIQUES DES SOLS EN ASPHALTE

On peut rencontrer dans les bâtiments deux types de sols de ce genre :

- **l'asphalte coulé** :
  - étendu à chaud, il durcit en refroidissant ;
  - il est résistant à l'eau et aux produits acides et basiques ;
  - il est endommagé par les huiles minérales, comme par les solvants organiques ;
- **les dalles d'asphalte** :
  - épaisses (20 à 30 mm), elles sont posées par juxtaposition, sans joints et parfois traitées d'origine pour résister aux huiles.

Attention : l'asphalte craint l'eau très chaude (> 60°C) qui le fait ramollir, il est attaqué par les huiles minérales et les solvants.

1. LA PRÉPARATION DU SOL

Elle est indispensable si l'on veut simplifier les opérations d'entretien régulier.
Cette préparation se fait en deux temps :

Récurage

- **Monobrosse + disque bleu :**
  - employer un détergent légèrement alcalin (choix possible : *Taski R 50*) ;
- **aspirateur à eau.**

Imprégnation du revêtement

Choisir impérativement un produit ne contenant pas de solvants et préconisé pour l'asphalte ; (choix possible : *Taski E 100 Beldura*).

L'objectif est de déposer sur le sol une pellicule protectrice dure qui facilite les opérations d'entretien.

2. L'ENTRETIEN COURANT

Le choix de la technique dépend des conditions initiales (état du sol) et de la nature des salissures à éliminer.

Balayage humide

(voir F.M. n°1).

- Dans le cadre d'un entretien régulier et pour éliminer des salissures non adhérentes.

Lavage manuel

(voir F.M. n°3).

- Élimination des salissures adhérentes sur des surfaces peu importantes.

Lavage mécanisé

(voir F.M. n°11 et n°12).

- Élimination des salissures adhérentes sur des surfaces importantes.

30 L'entretien d'une salle de classe

Voir Fiches Méthode N°1 - 3 - 4 - 6 - 11 - 18
Partie 1 : tableau : **Quels produits pour quelles techniques ?**

Objectif | Effectuer les opérations d'entretien (journalier ou à fond) afin de répondre aux attentes des usagers en matière de propreté.

Caractéristiques de la situation et problèmes à résoudre	Solutions retenues
Il s'agit d'un local de forte fréquentation. Les usagers ne sont pas tous très soigneux.	
• **Présence fréquente de déchets au sol** (papiers froissés, cartouches d'encre vides, taillures de crayon,...)	Le balayage humide est indispensable (l'aspirateur à poussière ne ramasserait pas les gros déchets).
• **Le local est fortement encombré** (nombreux éléments de mobilier).	Il faut choisir un balai trapèze (ou à franges) de petite dimension (ex. : 40 à 60 cm).
• **Nature du revêtement de sol** - carrelage (grès cérame)	lavage manuel (encrassement faible), lavage mécanisé (fort encrassement), *(détergent neutre : Cf. tableau partie 1 : « Quels produits pour quelles techniques ? »).*
- linoléum protégé, - thermoplastique, - caoutchouc pastillé	- si **entretien journalier :** lavage manuel, - si **entretien intermédiaire** : spray méthode, - si **entretien à fond** : ➥ soit décapage au mouillé (produit spécifique si le sol est en linoléum), ➥ soit décapage à sec, puis pose d'une émulsion de protection.
• **Nature des revêtements muraux** - murs peints, - papiers peints,	- dépoussiérage humide **(entretien intermédiaire),** - lessivage **(entretien à fond).**

Matériel, produits, dosages, consommation

Se reporter aux fiches méthode des techniques mises en œuvre.

Mode opératoire

Selon le type d'entretien choisi (cf. FM n° 42)

	Journalier	Intermédiaire	à fond
Surélever les chaises	X	X	X
Effectuer le balayage humide(*)	X	X	X
Essuyer et laver le tableau	X	X	X
Dépoussiérer le bureau	X	X	X
Dépoussiérer dessus tables et chaises		X	X
Dépoussiérer autres éléments du mobilier		X	X
Vider la corbeille	X	X	X
Laver le sol (*)		X	X
Effectuer une spray méthode (*)		X	
Effectuer une spray méthode totale (*)			X
Effectuer une spray méthode de rénovation (*)		X	
Effectuer un décapage (au mouillé) (*)			X
Poser une émulsion de protection (*)			X
Remettre tables et chaises en place	X	X	X
Laver les vitres (*)			X
Nettoyer plaques et poignées de portes + lessiver les portes		X	

(*)Cf. Fiche méthode

Remarque : le lavage ne doit précéder l'application de la spray-méthode que dans le cas où le sol est très encrassé.

Exemple d'une séquence opératoire dans le cadre d'un entretien à fond

1. Essuyer le tableau (laver si tableau à craie, frotter à l'alcool à brûler si tableau blanc « essuyage à sec »).
2. Essuyer, laver le mobilier mélaminé (tables, chaises, armoires). Détacher si besoin.
3. Vider la ou les corbeilles à déchets, laver.
4. Si le décapage du sol est nécessaire : sortir tables et chaises.
5. Dépoussiérer et laver les radiateurs et les éléments de tuyauterie.
6. Laver les vitres ainsi que les huisseries.
7. S'il s'agit d'un revêtement thermoplastique ou d'un linoléum protégé : décaper le sol (à sec ou au mouillé).
8. Poser une émulsion de protection, la lustrer (émulsion polissable).
9. Remettre en place le mobilier.

Contrôle des résultats

Opérations de dépoussiérage et de lavage : se reporter aux fiches méthode n° 1 et 3.
Spray méthode : se reporter à la fiche méthode n° 18.
Décapage au mouillé : fiche méthode n° 13.
Spray de rénovation (décapage à sec) : fiche méthode n° 14.
Pose d'une émulsion de protection : fiche méthode n° 16.
Contrôle visuel de la mise en place de la salle (rangement du mobilier).

31 L'entretien des escaliers

Voir Connaissances technologiques de base
Fiches méthode n°1 - 3

Objectif | Effectuer le balayage humide et le lavage des escaliers ainsi que l'entretien du matériel ou des équipements situés dans leur environnement (rampe, luminaires...)

Caractéristiques de la situation

Nature du support à nettoyer

Dans les locaux à usage collectif, les escaliers sont généralement constitués d'un revêtement de sol lisse : linoléum, thermoplastique, carrelages, marbre, pierres marbrières.

L'exemple choisi ici concerne ces types de revêtements.

	Dépoussiérage et balayage humide	Lavage
Matériel	- gaze imprégnée ou - lavette serrée, - balai trapèze, - non-tissés, - pelle,	- balai-brosse, balai faubert, - brosse, - ou frottoir, - seau presse ou mini-chariot spécial pour les escaliers.
Produits Dosages	- eau, ou - agglutinant (pur),	détergent neutre à diluer à 1,5 % (+/-).
Consommation	1 gaze jetable pour 15 m² environ.	10 litres de solution pour 50 m² environ.

Remarque : il existe des petits balais trapèzes (L = 25 à 30 cm) spéciaux pour les escaliers, mais à défaut, on peut utiliser une balayette enveloppée d'une gaze humide.

Mode opératoire

(toujours travailler depuis le haut vers le bas).

- Procéder au balayage humide marche après marche, en poussant les salissures vers le bas (effectuer les ramassages intermédiaires si leur quantité est importante).

• Ramasser les salissures.

• **Entretien à fond** : procéder au dépoussiérage humide de tous les éléments de l'environnement, (luminaires, rampe, rambarde...).

• Placer le seau-presse sur le palier.

• Laver l'escalier par moitié (en deux fois) afin de permettre le passage des usagers en permanence pendant le travail. Appliquer la technique de lavage décrite dans la fiche méthode n°3.

• **Entretien à fond** : laver et brosser les contremarches ainsi que les plinthes.

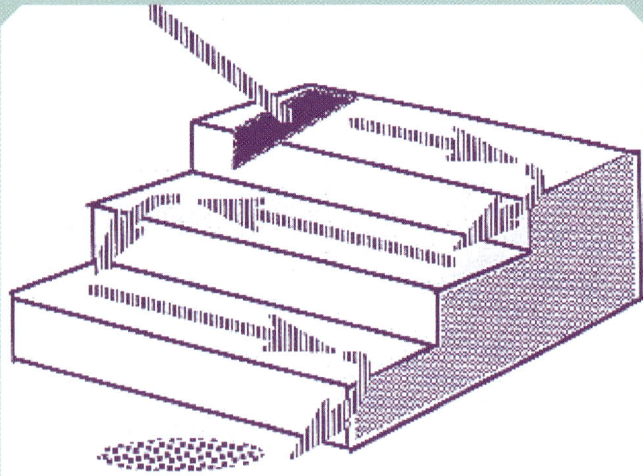

Maniement du balai trapèze sur les marches de l'escalier

Contrôle des résultats

Mêmes procédures que celles décrites dans la fiche méthode n°3.

32 L'entretien des sanitaires

Voir Partie 1 : Connaissances technologiques de base. **Fiches méthode** n°1 - 3 - 4 - 5 - 6 - 7 - 8 - 11 - 39

Objectif Effectuer le nettoyage des appareils sanitaires (lavabos, bacs receveurs de douches, baignoires, bidets, cuvettes de W.C.) ainsi que le nettoyage de l'environnement de ces appareils (les accessoires robinetterie, miroirs, porte-serviettes, les surfaces murales carrelées, le sol, etc.).

Caractéristiques de la situation

Les « sanitaires » sont, par nature, des installations qui se salissent très rapidement.
Leur entretien pose certains problèmes spécifiques :

- dus à l'existence presque inévitable de nombreux recoins, avec des salissures difficiles à éliminer,
- résultant de la dureté de l'eau (qui s'évapore en laissant des « concrétions » calcaires),
- liés à la particularité et à la diversité des supports à nettoyer :
  - appareils sanitaires en porcelaine ou grès émaillé, voire en résine de synthèse,
  - robinetterie en métal chromé,
  - carrelages de sol, carrelages muraux,
  - miroirs, cloisons en verre à relief, encadrements en aluminium, etc.

DÉTAIL DES OPÉRATIONS D'ENTRETIEN

	Éléments	Opérations	Entretien courant	Entretien à fond périodique (*)
Lavabos	- robinetterie,	- laver, sécher,	X	X
	- intérieur cuvette,	- récurer, sécher,	X	X
	- extérieur cuvette,	- laver, sécher,	X	X
	- siphons,	- désinfecter,		X
Bidets	idem lavabo,	idem ci-dessus,	X	X
Douches (bacs receveurs)	- bac,	- récurer, sécher,	X	X
	- robinetterie,	- laver, sécher,	X	X
	- flexible + douchette,	- laver, sécher,		X
	- carrelages cabine,	- laver, sécher,		X
	- siphons,	- désinfecter,		X
Baignoires et environnement	- intérieur baignoire,	- récurer, sécher,	X	X
	- robinetterie,	- laver, sécher,	X	X
	- carrelages muraux,	- laver, sécher,		X
	- siphons,	- désinfecter,		X
W.C.	- réservoir de chasse,	laver extérieur,		X
	- cuvette,	détartrer, désinfecter, brosser et rincer,	X	X
	- couvercle, assise,	laver, désinfecter,	X	X
	- pied (support),	laver, sécher,	X	X
Carrelages muraux	laver, brosser les joints si besoin,	sécher		X
Accessoires	- poubelle,	vider, changer sac,	X	X
	- distributeur savon,	nettoyer, recharger,		X
	- distributeur papier hyg.,	recharger si besoin,	X	X
	- poignées de portes,	laver, sécher,		X
	- séche-mains électrique,	nettoyer au chiffon,		X
	- miroirs,	nettoyer,	X	X
	- luminaires,	nettoyer,		X
Sol			X	X

(*) la périodicité de l'entretien « à fond » peut varier très sensiblement d'une situation à l'autre et dépend avant tout de considérations à caractère économique et social :

- Dans un hôtel de luxe l'entretien sera effectué complètement chaque jour et pourra même dans certains cas faire l'objet d'une vérification en cours de journée!
- Dans d'autres collectivités, à contraintes budgétaires plus « serrées », l'entretien régulier sera limité aux opérations strictement nécessaires et l'entretien « à fond » sera pratiqué moins d'une fois par semaine...

Mode opératoire

Matériel, produits, dosages

	Matériel nécessaire	Produits, dosages
Lavabos Bacs de douches Baignoires Bidets Carrelages	- lavettes vertes, - tampons à récurer blancs, - mouilleur coton, - raclettes (à vitres), - chiffons coton non pelucheux, - papier absorbant, - brosse souple nylon, - chariot polyservices (comprenant la poubelle),	- poudre à récurer (pure) ou bien,... - crème à récurer (pure), - détergent acide (*Wetrok Calexan*), - détergent désinfectant spécial, - eau de Javel à 12°Cl, - détergent parfumé pour sanitaires, (*Wetrok Réodor*).
W.C.	- lavettes rouges, - brosse WC (vadrouille), - seau, - papier absorbant,	- gel détartrant (*Wetrok Caletin*), - détergent désinfectant (env. 2 %), - poudre détartrante.
Accessoires : distributeurs de savon, papier W.C.	- lavettes vertes, - chiffons secs,	- papier hygiénique, - recharge savon liquide, - détergent neutre (dilué à 0,5 %), - détergent-désinfectant (à 2 %) (+/-).
Sol	- chariot de lavage, - balai faubert ou rasant,	- détergent désinfectant (2 %).

Ordonnancement des tâches

Lorsqu'il y a plusieurs appareils sanitaires de chaque type, on doit travailler « en série ».

1. Déposer le gel détartrant dans la cuvette des W.C. et laisser agir.
2. Effectuer le balayage humide du sol.
3. Pendant ce temps, nettoyer les lavabos et accessoires :
- nettoyer les miroirs, sécher au chiffon sec (non pelucheux),
- répandre le détergent à l'intérieur du (1er) lavabo,
- le nettoyer (tampon blanc) en travaillant de l'extérieur vers l'intérieur, ainsi que la robinetterie,
- (passer au 2e lavabo, s'il y a lieu et ainsi de suite...),
- revenir au premier lavabo, rincer et sécher (lavette) l'ensemble.

4. Laver (mouilleur + solution détergente) et sécher (raclette) les carrelages attenant au lavabo.
5. Traiter baignoire, bac receveur de douche, bidet comme le(s) lavabo(s).
6. Laver et sécher les carrelages environnant ces appareils.
7. Recharger les distributeurs (savon liquide, essuie-mains, papier hygiénique).
8. Nettoyer les accessoires : différents distributeurs, porte-serviettes, séche-mains électrique,... ainsi que les poignées de portes...
9. Changer le(s) sac(s) poubelle(s).
10. Reprendre le nettoyage des W.C. :
- frotter avec la brosse l'intérieur de la cuvette.
- nettoyer avec un détergent désinfectant (pas de rinçage) le pied-support, le réservoir de chasse, le bord de la cuvette, ainsi que le siège et l'abattant.

11. Laver le sol (balai faubert ou balai rasant ou lavage mécanisé) avec un détergent désinfectant.
12. Vaporiser l'atmosphère éventuellement avec une bombe désodorisante.

Contrôle de résultat

Contrôle visuel

Se reporter aux fiches méthode n° 1, 3, 4.

Contrôle microbiologique des surfaces (fiche 39)

Effectuer (après nettoyage) des prélèvements par contact et les remettre au laboratoire de microbiologie pour analyses et commentaires des résultats.

33 L'entretien des hottes d'aspiration, des filtres en cuisine et des autres éléments fortement encrassés

Voir Partie 1 : Connaissances techniques de base
Fiches méthode n°7 - 9

Objectif | Éliminer les condensats (dépôts) de buées grasses, les graisses cuites, les poussières et autres salissures adhérentes qui se déposent sur les différents équipements des cuisines professionnelles.

Caractéristiques de la situation

Malgré la présence de systèmes efficaces d'extraction des buées, les cuisines professionnelles sont des locaux qui se salissent rapidement.

Si l'élimination des salissures sur les sols et parois ne pose guère de problèmes particuliers, en raison de la nature des revêtements employés (carrelages) et de la présence obligatoire d'évacuations au sol, il n'en va pas de même en ce qui concerne les équipements :

- hottes d'aspiration/ventilation,
- jupes de retombée,
- supports et cadres des éléments de filtration,
- éléments filtrants démontables et interchangeables,
- zones de projection des appareils de cuisson,
- retombées sans plafond,
- éléments de plafonds suspendus,
- cuves de friteuses,
- fourneaux, fours, grils...

La condensation des buées grasses sur les surfaces se traduit rapidement par l'apparition de « films » gras très difficiles à éliminer si l'on n'emploie pas des produits adéquats.

ADAPTATION DES MÉTHODES DE NETTOYAGE À LA NATURE DES SUPPORTS

L'acier inoxydable

Il est d'emploi presque universel dans les cuisines professionnelles, le plus souvent en qualité « 18/10 » (18 % de chrome, 10 % de nickel).

Sa résistance aux agents chimiques est élevée et on peut par conséquent lui appliquer toutes les méthodes usuelles de nettoyage, en faisant agir les dégraissants les plus puissants.

Il faut cependant signaler que les surfaces en acier inox 18/10, pour résistantes qu'elles soient, craignent les tampons abrasifs qui les rayent de façon irréversible.

L'aluminium

Bien que d'emploi beaucoup moins fréquent que l'acier inoxydable, on en trouve parfois en cuisine. **Il ne peut pas être nettoyé comme l'acier inoxydable.**

Se reporter à la fiche méthode n° 7 « Entretien des surfaces en aluminium ».

METHODE

APPLICATION

GESTION

Mode opératoire

Produits

Détergents basiques fortement dégraissants. Chaque fabricant en propose plusieurs.
On peut citer : *Kärcher RM 311 D, Sanisol Fritto, Sani-Marc AM 717, Rochex ACM...*

Attention : ces produits sont très irritants, ce qui impose le port de protections pour les opérateurs : gants, lunettes (si l'on pulvérise), masque, cotte, bottes...

Dosages

1 à 5 % selon l'état d'encrassement.

Matériel

A choisir en fonction du support à nettoyer et du procédé retenu : voir tableau infra.

Élimination des salissures

Supports	Techniques	Matériel, produits	Observations
Éléments mobiles (filtres de hottes d'aspiration des buées grasses	**1) Trempage**	Bacs, eau chaude, détergents fortement dégraissants *(Kärcher RM 311...)*.	Ramolissement des graisses de dépôt, émulsion et dissolution : **action chimique + action du temps**
	2) Rinçage	Nettoyeur haute pression à eau chaude.	**Action mécanique + effet de la température.**
Éléments fixes (appareils, éléments des système d'extraction...)	**1) Lavage aspersion-pulvérisation**	Mouilleurs, pulvérisateurs, multipad + tampons blancs, allonges télescopiques, seaux, lavettes bleues, eau chaude *(Sanisol Fritto, Rochex Acm)*.	Ramollissement des graisses collées, émulsion et dissolution après temps d'action de quelques min. **action chimique.**
	2) Rinçage (très important)	Seau, mouilleur, lavettes bleues, eau chaude + ac. acétique 10%.	Élimination solution de lavage + **neutralisation. Faible action mécanique + faible effet de la température.**

Remarque : généralement, le nettoyeur à haute pression ne peut pas être employé pour le nettoyage des appareils, en raison des risques électriques liés aux fortes projections d'eau. Cette remarque ne s'applique pas aux cuisines spécialement conçues pour ce type d'entretien (haute isolation).

34 Le cycle d'entretien des sols thermoplastiques

Objectif | Appliquer aux revêtements de sol thermoplastiques les techniques d'entretien les mieux adaptées en fonction de la fréquence des interventions et des objectifs fixés (contrat de nettoyage, plan d'hygiène, contrat qualité, etc.).

METHODE APPLICATION GESTION

Caractéristiques de la situation

JUSTIFICATION DU PLAN D'ENTRETIEN

Pour préserver les qualités d'un revêtement de sol et maintenir en permanence de bonnes conditions d'hygiène (en rapport avec la destination des locaux), il faut programmer judicieusement les opérations d'entretien. Ce plan d'entretien sera établi en fonction :

- du **coût des opérations de nettoyage** et des moyens dont on dispose,
- des **objectifs fixés** (exigences des utilisateurs en matière de propreté...),
- du **coût de la non-qualité** (défaut d'hygiène des locaux préjudiciable aux utilisateurs, usure prématurée des revêtements...).

Pour plus de détails, se reporter à la fiche n° 42 : Fréquence des opérations de nettoyage et notion de plan d'entretien.

Les fréquences d'entretien ci-dessous sont purement indicatives et peuvent varier très sensiblement en fonction des conditions économiques.

1. Entretien journalier (ou régulier)

Aspiration- aspirateur à poussière (Cf. F.M. n°2) ou **balayage humide** (Cf. F.M. n°1).
Détachage- en fonction des besoins
Spray partielle

2. Entretien hebdomadaire

Opération pouvant être pratiquée plus fréquemment, en cas de besoin.

- **Aspiration** ou **balayge humide**
- **Spray méthode** (Cf. F.M. n°18).
- **Lavage manuel**

3. Entretien intermédiaire

Opérations à conduire assez fréquemment pour ne pas laisser le sol s'encrasser trop profondément.

- **Spray totale** (Cf. F.M. n°18)
- **Décapage à sec** (Cf. F.M. n°14) + **pose d'émulsion** (Cf. F.M. n°16)

METHODE

APPLICATION

GESTION

4. Entretien à fond (ou rénovation)

- **Décapage au mouillé** (Cf. F.M. n°13).
- **Bouche-porage si besoin** (Cf. F.M. n°15).
- **Pose d'émulsion**

Remarque : La fréquence de ces différentes opérations est conditionnée :
- par le degré d'usure du revêtement,
- par l'importance de la fréquentation des locaux,
- par le degré d'exigence en terme d'image de marque.

35 L'entretien des bureaux

Voir fiches méthode n°1 - 2 - 4 - 5 - 16 - 18 - 19 -20 - 21 - 22 - 23
Partie 1 : **Connaissances technologiques de base.**

Objectif

Effectuer, dans le respect du cahier des charges établi par le donneur d'ordre :
- le nettoyage et l'entretien du local proprement dit (revêtement de sol, murs, parois) ;
- l'entretien du mobilier spécifique (bureaux et autres meubles, sièges, fauteuils, plantes décoratives, naturelles ou artificielles...) ;
- l'entretien des appareils de communication et de bureautique (téléphones, interphones, télécopieurs, téléscripteurs, micro-ordinateurs, machines à écrire, machines à calculer, photocopieurs...).

Caractéristiques de la situation

L'activité professionnelle qui se déroule dans les bureaux ne génère pas, dans la plupart des cas, de salissures importantes. Par contre, il s'agit de locaux dans lesquels la poussière peut s'accumuler assez rapidement, car les nombreux appareils de bureautique qu'ils contiennent créent des champs magnétiques dont l'intensité est faible, mais suffisante pour accélérer la sédimentation des microsalissures.

Cette poussière est à la fois inesthétique (elle donne à juste titre l'impression d'un entretien négligé), préjudiciable à la santé des personnes qui travaillent dans les bureaux et source de perturbations possibles dans le fonctionnement des micro-ordinateurs. Il convient donc de mettre en œuvre un plan d'entretien cohérent par rapport à cette contrainte.

En fonction des contenus des contrats (qui résultent eux-mêmes des exigences du donneur d'ordre et des moyens financiers qu'il est prêt à consacrer à l'entretien), les différentes opérations indiquées dans le tableau ci-dessous devront être programmées avec une fréquence plus ou moins importante.

Exemple

- Un bureau de direction pourra faire l'objet d'un entretien quotidien très soigné (très détaillé).
- Un bureau d'entrepôt (gestion des stocks) pourra être traité tous les deux jours (voire moins souvent) de façon succincte (balayage humide + vidage corbeilles et cendriers).

Mode opératoire

ORDONNANCEMENT DES TÂCHES

1. Vider les corbeilles et vider, laver et sécher les cendriers.
2. Laver les vitres (entretien périodique).
3. Dépoussiérer toutes les surfaces et éléments, en commençant par le plus haut.
4. Entretenir les appareils de bureautique et communication.
5. Terminer par l'entretien du sol.

DÉTAIL DES OPÉRATIONS D'ENTRETIEN

	Opérations	F.M. n°...	Entretien courant*	Entretien périodique*
Les sols - *moquettes*................	aspiration	2	X	X
	spray moquette	23		X
	détachage (si besoin)	19	X	X
	shampooing	21		X
	injection-extraction	20		X
- *thermoplastiques*......	balayage humide	1	X	X
	méthode spray	18		X
- *parquets*....................	balayage humide	1	X	X
	protection	16		X
La vitrerie	lavage	4		X
Les murs et parois *revêtements textiles*	dépoussiérage	2		X
Les encadrements... *(de portes, de placards, de fenêtres, les cadres de décoration, les plannings...*	essuyage humide	1	si besoin	X
Les corbeilles à papiers	nettoyage (les vider)		X	X
Les cendriers	(vider), lavage, essuyage		X	X
Les poignées de portes	essuyage humide	1	X	X
Les plinthes	dépoussiérage, aspiration	2		X
Les luminaires *(lustrerie)*	dépoussiérage	2		X
Les lampes de bureau	dépoussiérage	2	X	X
Le mobilier	aspiration (sièges textiles)	2		X
(bureaux, chaises, fauteuils)	dépoussiérage humide	1	X	X
(piètements à roulettes)	dépoussiérage humide	1		X
Les appareils de communication *(téléphones, interphones, télécopieurs...)*	- dépoussiérage avec chiffon doux, non pelucheux, imprégné (produit anti-électricité statique).......	1	X	
	- nettoyage des câbles, fiches conjoncteurs, prises...			X
	- désinfecter les combinés téléphoniques (**)			X
Les appareils de bureautique *(micro-ordinateurs, machines à écrire, photocopieurs,...)*	- dépoussiérage (cf. ci-dessus) avec chiffon imprégné........................	1	X	
	pour les claviers : aspiration avec brosse suceur	2	X	
	- essuyer les écrans	1	X	
	- nettoyer les touches des claviers (**)			X
Les plantes vertes décoratives (naturelles ou artificielles)	dépoussiérage des feuilles (en utilisant une bombe aérosol spéciale ou en procédant à la main : non tissé humide)			X

(*)*La fréquence des opérations d'entretien est avant tout fonction de critères à caractère économique.*
(**)*Produits spécifiques pour l'entretien des appareils de bureautique (gamme X N C).*

Il faut signaler ici l'existence de gammes de produits spécifiques, comprenant :

- pulvérisateur pour écrans, filtres d'écrans, photocopieurs...
- pulvérisateurs pour tous objets informatiques, (tensio-actifs non ioniques à 2 %, pH = 10 à 11),
- chiffons spéciaux non pelucheux,
- bombe d'agent soufflant pour dépoussiérer les recoins inaccessibles par les autres méthodes.

36 L'entretien spécifique des salles propres

METHODE APPLICATION GESTION

Objectif

Différents vocables peuvent servir à désigner ce genre de local à haut degré d'hygiène :

- salles « blanches » (de moins en moins employé),
- salles « à empoussièrement contrôlé » (n'est alors concernée que la contamination particulaire),
- salles « microbiologiquement maîtrisées ».

Le terme de « salle propre », d'acception plus générale, semble devoir être préféré dans le cadre de cette étude.

(source : Recommandation ASPEC n°91/19)*.

Il s'agit des travaux de nettoyage et de décontamination nécessaires pour maintenir les surfaces dans un état de propreté (particulaire-biologique-chimique) compatible avec les classes d'air requises dans les salles propres pendant leur exploitation.

Caractéristiques de la situation

Conditions pratiques

Les « salles propres » sont des locaux dans lesquels on cherche à contenir la contamination dans des limites acceptées à l'avance et compatibles avec les activités que l'on veut exercer :

- électronique, micromécanique, optique de haute précision, etc. : c'est contre la contamination particulaire qu'il faut ici lutter, puisque la présence de particules, même très petites, peut être une cause de non-qualité ;
- industrie pharmaceutique, industrie agro-alimentaire, secteur hospitalier (salles d'opération) : la contamination redoutée est ici d'ordre microbiologique et particulaire (les deux sont liées).

En effet, la présence de micro-organismes en quantités non maîtrisées peut avoir des conséquences catastrophiques dans ces domaines d'activité.

Il s'agit donc d'une lutte permanente contre l'invisible.

Généralement, l'activité déployée dans une salle propre n'est pas productrice de souillures importantes.

Les revêtements de sol, les parois, le mobilier, sont rarement tachés.

L'essentiel du travail d'entretien va donc consister à éliminer des microsalissures invisibles à l'œil nu.

---

* Pour obtenir des informations détaillées sur l'entretien des salles propres, on consultera avec profit les documents suivants :

- Recommandation « ASPEC » 91/19 : Intégration du paramètre nettoyage et décontamination dans la conception des salles propres.
- Recommandation « ASPEC » 86/18 : Cahier des charges, Procédures de nettoyage en salles propres.

ASPEC (Association pour la prévention et l'étude de la contamination) 1, Cité Paradis - 75010 PARIS.

Les opérateurs chargés de ce travail doivent donc être à la fois compétents (donc bien formés) et particulièrement consciencieux, puisque le droit à l'erreur ou à l'à-peu-près n'existe pas.

En effet, ces locaux sont généralement équipés de contrôleurs électroniques automatiques de contamination particulaire. Si le degré maximum admis de pollution est dépassé, l'alerte est immédiatement donnée par le système et il faut cesser tout travail pour procéder à un nettoyage complet.

Mode opératoire

Produits

De façon générale, on ne doit employer que des produits :

- non abrasifs (pas de poudre à récurer),
- non pulvérulents (état sec),
- non électrostatiques,
- qui ne laissent pas de couche d'impression en surface.

Les bombes aérosols sont à éviter (émission de particules). L'application d'un produit de nettoyage sur une surface ne doit en aucun cas laisser, après séchage, de particules qui pourraient se décoller et aller repolluer l'air de la salle. Les émulsions et sprays sont déconseillées, car l'usure due aux passages provoque l'émission de particules. Il peut cependant être parfois intéressant de protéger des sols mal adaptés (locaux anciens, transformés,...) Dans ce cas, une émulsion acrylique dure sera posée.

Parmi les produits les plus employés, il faut citer :

- l'eau désionisée (eau D.I.),
- des solvants comme l'alcool isopropylique, l'éthanol,...
- l'eau oxygénée à 10 Vol. (dans eau D.I.),
- des détergents tels que *Johnson Forward ou Teepol* à concentration de 5 % maximum dans de l'eau D.I. (eau désionisée).

Le choix des produits doit toujours être approuvé par le client.

Matériel et techniques

Ils ne doivent pas générer de particules

• Matériel de dépoussiérage

Pour les sols, balayage humide

- Balais trapèzes 100 % métal à mousse dense (type *Soremap Forshaga*).
- Gazes d'essuyage en non tissés spéciaux *(Vileda Mop, Masslin)*.

Pour les sols, aspiration (si autorisée)

- Aspirateur à poussière équipé en ultra-filtration *(Nilfisk...)*.
- Centrale d'aspiration (équipement résident).

Pour les autres surfaces (plafonds, meubles, plans de travail, parois...)

- Gazes d'essuyage idem sol (mais plus petites).

Remarque : le dépoussiérage humide doit être systématiquement préféré à l'aspiration. En effet, le dépoussiérage humide est plus efficace, moins perturbateur de l'ambiance de la salle (l'aspiration occasionne des brassages d'air importants et modifie les gradients de température dans le volume d'air).

• **Matériel de lavage/détachage**

Pour les sols peu souillés

Balai trapèze + gaze mouillée solution détergente.

Pour les sols très souillés

- Balai-brosse 100 % synthétique.
- Carré de lavage type *Vileda Sol*.

Pour parois et meubles

Lavage manuel avec gazes non-tissées spéciales (éléments non pelucheux).

• **Matériel pour travaux spéciaux**

La monobrosse est déconseillée car les multiples frottements occasionnés par son fonctionnement rendent cette machine très polluante du point de vue particulaire. Dans les cas où son utilisation est inévitable, on l'équipe d'une couronne aspirante et d'un dispositif d'ultra-filtration.

Ce genre d'intervention ne saurait être réalisé sans l'accord préalable du client.

LA PROGRAMMATION DANS LE TEMPS DES OPÉRATIONS DE NETTOYAGE

Il est avéré que le nettoyage contamine fortement l'atmosphère de la salle pendant le laps de temps où il s'opère. Un « temps de récupération » est à prévoir. Il faut donc programmer judicieusement les séquences de nettoyage, en limitant autant que possible le nombre des opérateurs.

Le meilleur moment pour effectuer le nettoyage est la fin de la semaine, juste avant le week-end (voir graphique ci-dessous, représentant la courbe de contamination particulaire d'une salle propre avec une opération de nettoyage hebdomadaire et mettant en évidence l'accroissement de la contamination tout au long de la semaine, sans toutefois atteindre la cote d'empoussièrement « 4 000 », qui est dans cet exemple le seuil critique).

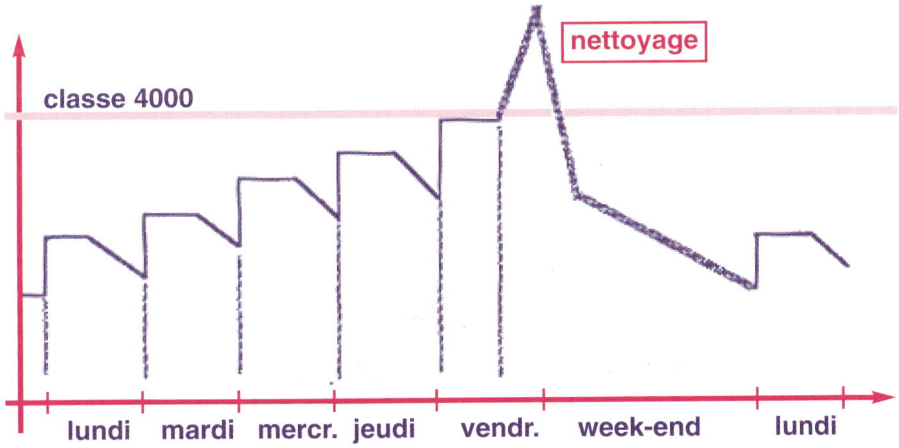

contamination particulaire d'une salle propre

LES OPÉRATIONS DE NETTOYAGE

Opérations de nettoyage régulières

- Dépoussiérage des sols (de 1 à plusieurs fois par jour).
- Élimination des taches sur les sols.
- Dépoussiérage meubles et appareils (sauf ceux qui sont interdits).
- Dépoussiérage cables et canalisations.
- Nettoyage des sas, etc.

Opérations de nettoyage plus espacées

- Nettoyage complet des meubles (extérieur et intérieur après que les utilisateurs les aient vidés).
- Nettoyage complet des parois jusqu'au plafond.
- Désinfection avec eau oxygénée à 10 vol. dans eau DI des armoires et casiers des sas.
- Nettoyage des plafonds (essuyage humide).
- Nettoyage (par trempage) des grilles de protection des filtres.
- Démontage des planchers surélevés et nettoyage dessous.

L'ACCÈS AUX SALLES PROPRES

Il doit, bien entendu, se faire en respectant le même protocole que celui qui est imposé aux personnes travaillant dans les locaux. Ce protocole a pour but de limiter au maximum la contamination particulaire.

Pour plus de précisions, se reporter aux cours de Microbiologie Appliquée et Hygiène et qualité de l'environnement.

Le schéma ci-contre figure un exemple d'organisation des sas d'entrée en salle blanche.

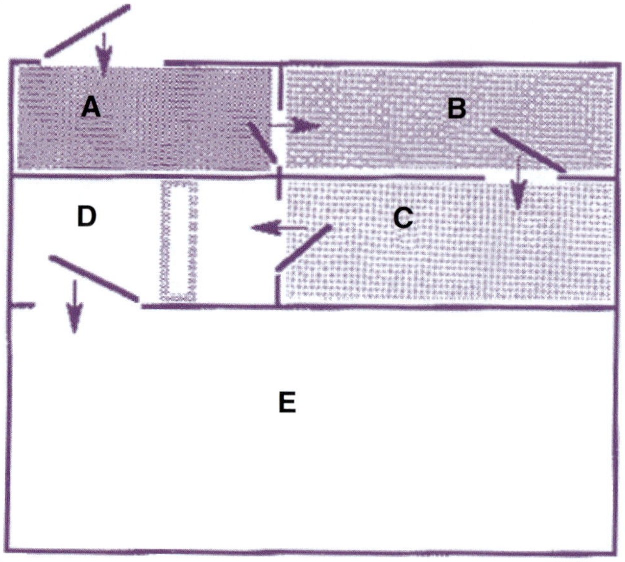

A. 1er sas : vestiaire et premier habillage.
B. Zone grise.
C. Zone de préparation du matériel.
D. 2e sas : habillage type « salle propre ».
E. Salle propre.

Contrôle du résultat

Chaque utilisateur doit définir lui-même sa propre norme, relativement à son degré d'exigence, qui dépend de l'activité de production exercée dans la salle.

Le comptage de particules permet de mesurer la « qualité de l'air ».

Contrôle visuel

Absence d'humidité, de résidus, de rayures et autres altérations des supports.

Contrôles particuliers

Rinçages, frottis manuels, contact adhésif, comptage des particules, ATP métrie,...

Contrôle biologique

Contact, écouvillonnage...

37 Le bionettoyage en agro-alimentaire et dans les cuisines

Dans cette fiche sont décrites les méthodes spécifiques de bionettoyages applicables dans les structures de production alimentaire :

ENTRETIEN DES SURFACES, DU MATÉRIEL ET DES ÉQUIPEMENTS DANS :

- les cuisines des entreprises commerciales d'hôtellerie et de restauration,
- les cuisines collectives (restauration à caractère social),
- les ateliers de fabrication de plats cuisinés à l'avance,
- les laboratoires et halls de fabrication des industries agro-alimentaires.

Objectif

Contribuer à garantir la qualité microbiologique des produits alimentaires en mettant en œuvre des méthodes de nettoyage-désinfection adaptées aux locaux, aux équipements, aux machines et appareils servant à préparer, fabriquer, cuire, conditionner des produits alimentaires (frais réfrigérés, surgelés, appertisés, lyophilisés).

Il s'agit d'abaisser le plus possible, voire de supprimer l'apport exogène de micro-organismes dans ces produits, en application de la méthode "H.A.C.C.P."

Caractéristiques de la situation

Que ce soit dans un contexte artisanal ou industriel, l'élaboration de produits alimentaires répond aux mêmes contraintes :

- utilisation de matières premières d'origine animale ou végétale, chimiquement et bactériologiquement instables car corruptibles et/ou fermentescibles (produits à risques),
- risque de développement microbien pouvant être pathogène,
- complexité des process de fabrication,
- aggravation du risque de développement microbien du fait même du process de transformation des produits (hachage, trituration, mélanges, changements de température,...),
- en raison de leur complexité, difficulté de maintenir propres les matériels concourant à la fabrication.

Or, la qualité bactériologique des produits finis est un enjeu d'importance capitale, car c'est de cette qualité que dépend la santé des consommateurs.

De ce fait, la responsabilité du fabricant des produits alimentaires (plats cuisinés, produits surgelés, P.A.I., conserves, repas, etc.) est directement engagée lorsque survient une Toxi-Infection Alimentaire Collective (T.I.A.C.).

Plus le nombre de consommateurs d'un produit alimentaire est important, plus le risque est élevé en cas de contamination microbienne de la fabrication. Les précautions prises doivent donc être à la hauteur du risque.

On conçoit aisément que l'image de marque d'un fabricant peut être très rapidement ruinée dans l'esprit des consommateurs dans le cas d'un accident trouvant son origine dans la non-qualité bactériologique des produits alimentaires qu'il commercialise.

☞ **Tout doit donc être mis en œuvre pour abaisser au maximum le risque de contamination exogène des produits fabriqués.**
C'est le rôle du bionettoyage

QU'EST-CE QU'UN BIONETTOYAGE ?

Les micro-organismes présentent généralement une grande aptitude à adhérer fortement aux surfaces sur lesquelles ils se déposent. Cette adhérence se réalise grâce au biofilm, qui est le résultat des sécrétions des différentes bactéries. L'observation permet de constater que le simple nettoyage réalisé à l'aide de détergents ordinaires ne permet pas d'obtenir autre chose que la « propreté visuelle » (propreté apparente).

Pour venir à bout du biofilm et atteindre le niveau de la propreté réelle (propreté microbiologique), il faut recourir aux méthodes de bionettoyage. Ces méthodes permettent d'éliminer les salissures ainsi que les micro-organismes.

Le bionettoyage est un procédé, appliqué dans une zone à risques, dont le but est de réduire, momentanément, la biocontamination d'une surface.

(source : « Guide du Bionettoyage » - GPEM/SL - J.O. de la République Française)

Toute action de bionettoyage se caractérise par :
- son insertion dans un plan de nettoyage rationnel et adapté
- les paramètres du bionettoyage
- le protocole mis en œuvre (méthode de travail)

Dans le domaine de la fabrication des aliments, le bionettoyage s'applique :
- aux surfaces : plans de travail, bacs de lavage, plonges, parois, murs, sols, plafonds...
- au matériels et machines : récipients divers, marmites incorporées, steams, sauteuses, hachoirs, cutters, couteaux, machines de conditionnement, lignes automatisées de préparation et de conditionnement des aliments ou d'embouteillage des liquides...

L'élimination régulière et méthodique des micro-organismes permet de contribuer largement à la qualité finale des produits fabriqués.

Plan de nettoyage

Le nettoyage et la désinfection de tous les locaux de fabrication alimentaires doivent faire l'objet d'une organisation rigoureuse, raisonnée et méthodique : **le plan de nettoyage**.

Ce n'est qu'à ce prix que l'on pourra espérer obtenir un degré de propreté satisfaisant et compatible avec l'activité.

Pour chaque secteur de la structure de fabrication, le plan de nettoyage doit indiquer :
- **le lieu et/ou les machines et matériels divers devant être nettoyés,**
- **la fréquence des opérations d'entretien** (après chaque utilisation, 2 fois par jour, tous les jours, une fois par semaine, une fois par mois...),
- **la méthode à mettre en œuvre** (protocole) : produit, dosage, méthodologie,
- **la (ou les) personne(s) responsable(s).**

La mise en place de la méthode « H.A.C.C.P. » et les nouveaux textes réglementaires rendent obligatoire le plan de nettoyage dans toutes les unités de production d'aliments, de plats cuisinés ou de repas.

LES PARAMETRES DU BIONETTOYAGE

- **Le choix du produit détergent désinfectant**, toujours homologué par le ministère de l'Agriculture (vérifier le numéro d'homologation sur l'étiquette). De plus, l'AFNOR a édicté une norme d'efficacité des désinfectants, à laquelle les produits doivent répondre (Normes de la série NF V 72000) ;
- **La concentration du produit**, indiquée par le fabricant et portée sur l'étiquette ;
- **Le temps d'application** (temps de contact du produit avec le support), qui n'est jamais inférieur à 5 minutes ;
- **L'action mécanique**, représentée par un brossage énergique, avant l'opération de rinçage ;
- **La température** de la solution détergente désinfectante.

Tout comme le choix des produits employés, la détermination des paramètres se fait en appréciant la difficulté relative du bionettoyage :

- les salissures d'origine lipidique et/ou protéique (graisses animales ou végétales, sang,...) sont, par leur nature même, plus difficiles à éliminer que les salissures glucidiques (farine, sucres,...) ;
- les surfaces planes et accessibles sont plus aisées à traiter que les machines complexes, présentant des recoins plus ou moins accessibles ;
- les matériaux lisses et durs (acier inoxydable, stratifié, verre,...) se nettoient plus facilement que les matériaux présentant une rugosité ou des reliefs (carrelages de sol antidérapants).

LE PROTOCOLE

En fonction de la fréquence des opérations de bionettoyage, du degré de contamination et/ou de salissure de la zone ou de l'appareil, trois protocoles peuvent être appliqués :

- bionettoyage en **3 points**
- bionettoyage en **5 points** le tableau en annexe présente une étude synoptique de ces trois protocoles
- bionettoyage en **7 points**

Séquence technique type d'un bionettoyage

1 **Élimination complète des salissures visibles**

➠ **par raclage ou balayage humide.**
Le balayage à sec est interdit dans les locaux de préparation de conditionnement et de consommation de produits alimentaires et de repas (cf. FM n°1)

préparation de la solution détergente-désinfectante

➠ **en respectant scrupuleusement le dosage (concentration) préconisé par le fabricant du produit utilisé.** En effet :

- le surdosage n'augmente pas l'efficacité du bionettoyage, rend le rinçage difficile et peut contribuer à la pollution de l'environnement.
- le sous-dosage entraîne une perte d'efficacité et peut invalider totalement le résultat de l'opération de bionettoyage.

2 **Application de la solution sur la surface à traiter**

Respect du temps de contact afin d'obtenir une action désinfectante optimale

➠ **la méthode d'application est choisie en fonction des contraintes imposées par la situation :**

- **trempage** : petits objets...
- **mouilleur coton, lavette :** parois lisses et continues...
- **canon à mousse** : sol, parois, plonges, plans de travail; machines complexes...

Remarque : le bionettoyage au canon à mousse est l'une des meilleures méthodes d'application de la solution détergente désinfectante. Ce procédé (cf. FM 8) est hautement préconisé par la Direction des Services Vétérinaires pour le nettoyage de tous les lieux de préparation et de conditionnement des denrées alimentaires.

Brossage

➠ pour compléter l'efficacité du nettoyage par une action mécanique.

3 **Rinçage abondant à l'eau claire**

➠ l'élimination du détergent-désinfectant doit être aussi complète que possible, afin d'éviter tout risque de contamination chimique des aliments.
Dans certains cas (chaînes d'abattage, halls de préparation de légumes dans les conserveries par exemple), on utilisera avec profit le nettoyeur à haute pression.

Remarque : il est particulièrement important de désinfecter (par trempage) avant et après chaque séquence de nettoyage le matériel employé (lavettes, brosses, raclettes caoutchouc, etc.), sous peine d'invalider à coup sûr le résultat de l'opération.
Le matériel de nettoyage se pollue en effet très rapidement.

Contrôle de validité du bionettoyage

☞ **par prélèvement et mise en culture**

- se reporter à la fiche Méthode n°39

☞ **par mesure instantanée de l'A.T.P. sur les surfaces à contrôler : "ATP-métrie"**

Un procédé nouveau permet de valider instantanément et de façon très sûre la qualité du bionettoyage.

Un stylo spécial échantillonneur sert à effectuer un prélèvement sur une surface de référence (10 cm x 10 cm). Le prélèvement est transféré (par un liquide) dans la cuve à réactif, où se fait immédiatement la détection de l'A.T.P. (Adénosine Tri-Phosphate), dont la présence témoigne à coup sûr soit de l'existence de résidus cellulaires (d'où présence vraisemblable de micro-organismes), soit de résidus alimentaires (ce qui prouve que le bionettoyage a échoué). Il convient donc de recommencer la procédure de bionettoyage. Le fait de disposer du résultat immédiatement constitue un avantage extrêmement appréciable.

(procédé « HY-LITE® » des laboratoires MERCK)

Bionettoyage en 3 points	Bionettoyage en 5 points	Bionettoyage en 7 points	Justification
1. Prénettoyage élimination des salissures visibles	**1. Prénettoyage** élimination des salissures visibles	**1. Prénettoyage** élimination des salissures visibles	Favorise l'efficacité de la détergence et c la désinfection qui suivent.
2. Nettoyage-désinfection avec **un détergent-désinfectant** alimentaire (vérifier présence du n° d'homologation)	**2. Nettoyage** avec un détergent-dégraissant alimentaire (fortement basique)	**2. Premier nettoyage** avec un détergent-dégraissant alimentaire (fortement basique)	Permet l'élimination des salissures d'or gine organique (graisses animales o végétales, protéines, féculents et sucres dont la présence inhibe l'efficacité de agents désinfectants.
3. Rinçage (eau potable)	**3. Rinçage** (eau potable)	**3. Premier rinçage** (eau potable)	Permet d'éliminer les résidus d'origir organique ainsi que le produit de ne toyage.
		4. Deuxième nettoyage avec un détergent-dégraissant alimentaire	Il s'agit de compléter et de parfaire l'él mination des souillures. Les surface traitées sont ainsi d'une parfaite **propret physique.**
		5. Deuxième rinçage (eau potable)	(voir point 3)
	4. Désinfection avec un produit désinfectant autorisé pour le secteur alimentaire (vérifier présence du n° d'homologation)	**6. Désinfection** avec un produit désinfectant autorisé pour le secteur alimentaire (vérifier présence du n° d'homologation)	L'application d'un désinfectant d'effica cité contrôlée (conformité à la norme) en respectant le temps de contact pré conisé par le fabricant, permet d'obten le niveau requis de **propreté mi crobiologique.**
	5. Rinçage final (eau potable)	**7. Rinçage final** (eau potable)	Par l'élimination des produits détergen et désinfectants précédemment utilisés, l rinçage final permet d'obtenir **la pro preté chimique.** Les surfaces ain traitées redeviennent aptes à entrer e contact avec des produits alimentaires.
Domaine d'application	**Domaine d'application**	**Domaine d'application**	
Cuisines de la restauration commerciale ou de collectivité (rest. à caractère social) pour : - sols, murs, plafonds, accessoires... - parois, plans de travail, plonges... - appareils de transformation, de préparation et de cuisson des aliments.	**Cuisines** : - pour les zones « à risques » telles que les chambres froides par exemple, - pour les appareils très « sensibles », tels que hachoirs, cutters, turbines à glace... **Industrie agro-alimentaire** : - chaîne de fabrication, etc.	Procédure lourde et coûteuse, le bionettoyage en 7 points n'est appliqué que dans **les salles propres** (*) de fabrication ou de conditionnement de l'industrie agro-alimentaire et toujours en fin de séquence de fabrication ; mieux dénommées **« salles microbiologiquement maîtrisées »** (S.M.M.).	

* Cf. glossaire

38 Le bionettoyage en milieu hospitalier

Dans cette fiche sont décrites les méthodes spécifiques de bionettoyage applicables dans les structures de soins hospitaliers :

- hôpitaux publics, dispensaires,
- cliniques privées.

Objectif

Contribuer à la qualité des soins dispensés aux patients en mettant en œuvre des méthodes de nettoyage-désinfection adaptées aux risques particuliers inhérents à l'activité hospitalière.

Contribuer ainsi à lutter contre l'infection nosocomiale*, en réduisant le nombre de micro-organismes présents sur les surfaces (sols, mobilier, etc.).

Caractéristiques de la situation

Le milieu hospitalier est particulièrement exposé au développement des biocontaminations* pour les raisons suivantes :

- chaque malade apporte avec lui sa « flore microbienne » pathogène,
- le grand nombre de personnes (patients, personnel soignant, autres employés, visiteurs) concentrés en un faible espace sont un facteur de contaminations croisées*,
- les conditions de température, d'hygrométrie sont favorables à la prolifération des micro-organismes.

Or, les patients traités sont, pour la plupart, en état de santé déficient. Des micro-organismes ne présentant que peu ou pas de danger pour des personnes en bonne santé peuvent provoquer chez ces malades des infections graves, voire même fatales, en raison de l'affaiblissement de leurs défenses immunitaires (grands brûlés, dénutris, diabétiques, déficients immunitaires, prématurés,...).

Ces conditions particulières contribuent à donner une importance primordiale aux opérations de bionettoyage.

C'est au C.L.I.N.* que revient la tâche de définir, de mettre à l'essai et de valider les protocoles et procédures propres à chaque hôpital, dans le respect des recommandations R84-20 du Conseil de l'Europe, ayant pour objet la qualité globale du service hospitalier.

LE BIONETTOYAGE EN MILIEU HOSPITALIER

C'est une séquence d'opération faisant se combiner :

- **nettoyage,**
- **évacuation des salissures et des produits utilisés,**
- **et application d'un désinfectant** sur les surfaces traitées.

Le but est de réduire momentanément le nombre de micro-organismes présents : une réduction de facteur 1000 (« 3 log ») représente un résultat de bonne qualité.

Là comme ailleurs, la difficulté est d'éliminer le biofilm*, ou d'empêcher sa formation par la répétition régulière des actions de bionettoyage.

Remarque : les procédés de désinfection (des matériels, des surfaces, des locaux) ne sont pas traités dans ce chapitre, consacré aux techniques de bionettoyage mises en œuvre dans le cadre de l'entretien quotidien.

* Voir mini-glossaire en fin de chapitre

Classement des zones à risque à l'hôpital

Selon la zone considérée, le risque de contamination (et ses conséquences potentielles) peut changer considérablement. De la zone 1, où aucun risque particulier n'existe, à la zone 4, hautement sensible, tous les secteurs de l'hôpital sont répertoriés.

L'intérêt d'une telle classification des zones est de permettre la définition d'un plan de nettoyage rationnel, établi à la fois en fonction des contingences (sources de biocontamination) et des exigences en terme de qualité microbiologique de l'environnement du patient.

Dans le même ordre d'idée, le personnel doit adopter une tenue de travail adaptée à la zone dans laquelle il opère (zone 1 : une blouse suffit, zone 4 : charlotte, masque, casaque, pantalon, surbottes en non-tissé).

Zone 1 Halls d'accueil
Locaux administratifs, bureaux
Locaux réservés aux services techniques
Maisons de retraite...

PROCÉDURE DE NETTOYAGE
Nettoyage quotidien ordinaire
But recherché : propreté visuelle

Zone 2 Circulations horizontales (couloirs)
et verticales (escaliers, ascenseurs),
Salles d'attente,
Salles de consultation (soins externes),
Salles de rééducation fonctionnelle,
Services de maternité,
Services de psychiatrie,
Services de moyen et long séjour,
Services de stérilisation centrale (zone de lavage).

PROCÉDURE DE NETTOYAGE
Bionettoyage quotidien
En faisant alterner produits détergents simples et détergents-désinfectants.
But recherché : propreté visuelle et propreté microbiologique (dans une limite acceptée en fonction du risque, modéré en zone 2).

Zone 3 Services de soins intensifs, urgences, réanimation, médecine, pédiatrie, hématologie, hémodyalise, chimiothérapie, exploration fonctionnelle, blocs opératoires septiques, blocs d'obstétrique, services de stérilisation centrale (zone propre), salles d'eau, toilettes, cuisines, laboratoires d'analyses.

PROCÉDURE DE NETTOYAGE
Bionettoyage au moins quotidien
(fréquence des opérations à définir en fonction des risques de contamination)
Alternance de détergents simples et de détergents-désinfectants.
But recherché : propreté microbiologique (dans le respect des exigences propres au secteur 3).

Zone 4 Blocs opératoires aseptiques, services pour les grands brûlés, services de soins aux immunodéficients, services spécialisés pour les nouveaux-nés prématurés, services de greffes, services de chimiothérapie...

PROCÉDURE DE NETTOYAGE
Bionettoyage pluri-quotidien
(le travail doit être confié à des personnes dûment formées)
Alternance de détergents simples et de détergents-désinfectants.
But recherché : propreté microbiologique de haut niveau, car la zone 4 concerne les malades les plus fragiles et les plus exposés.

Remarque : l'alternance des détergents simples et des détergents-désinfectants répond au souci d'obtenir en permanence un bon niveau de propreté dans le contexte du bionettoyage. En effet, les détergents-désinfectants ont un pouvoir de détergence limité. De ce fait, leur emploi exclusif conduit à un encrassement plus ou moins rapide des supports ainsi traités, ce qui va à l'encontre du but recherché.

A titre d'exemple :

- **un local à fort apport de salissures** sera nettoyé une à deux fois par semaine au détergent-désinfectant (lundi, ou lundi + jeudi) et les autres jours avec un détergent simple.
- **un local se salissant moyennement** pourra être traité 3 fois par semaine avec un détergent-désinfectant (mardi, jeudi, samedi) et les 4 autres jours avec un détergent simple.
- **un local à très faible apport de salissures** sera traité 6 jours sur 7 au détergent-désinfectant et le septième au détergent simple.

EXEMPLE DE BIONETTOYAGE EN ZONE 3 : ENTRETIEN DE LA CHAMBRE DU MALADE

1. Dans la pratique, en milieu hospitalier, on parle souvent de désinfection au lieu de parler de bionettoyage. Cela ne change ni le but (abaisser le niveau de contamination d'un support), ni les méthodes employées.
2. Ainsi qu'on l'a vu plus haut, on fait alterner les nettoyages simples (emploi d'un détergent : d) et les bionettoyages (emploi d'un détergent désinfectant : d.D). Cette pratique se concrétise par l'emploi de la « solution du jour » (d ou d.D).
3. Les produits d.D. utilisés en secteur hospitalier doivent répondre aux exigences définies par les normes AFNOR NF-72150/151, 72170/1 et 72200/1. Ils sont généralement mis à disposition des personnels sous forme de doses (20 ml) à diluer dans un volume de 8 l d'eau tiède. Cela permet de respecter à coup sûr la concentration de produit actif préconisée par le fabricant.
4. Comme dans toute action de bionettoyage, il faut apporter le plus grand soin au nettoyage-désinfection du matériel utilisé (seaux, franges, balais fauberts ou rasants, lavettes...). En effet, si cette précaution n'est pas prise, le matériel devient très rapidement une source de contamination, ce qui invalide le résultat des opérations de bionettoyage.

ROTOCOLE (PHASES TECHNIQUES)	JUSTIFICATION, Commentaires
. **AÉRATION** de la chambre	Si le temps le permet. (opération inutile en cas de locaux asservis en ventilation).
. **COLLECTE** des déchets - corbeilles - poubelles sanitaires	Le support sac poubelle du chariot poly-service doit être maintenu fermé. Le chariot lui-même doit rester dans le couloir..
. **NETTOYAGE** ou **BIONETTOYAGE** du mobilier : - table de nuit, téléphone - table « adaptable » - fauteuil, table, chaise - lit, bandeau technique	En fonction de la « solution du jour » utilisée (d. ou d.D.). **Toujours utiliser la méthode des « deux seaux »** 1. Tremper la chiffonnette **bleue** dans la solution du jour (seau bleu). 2. Plier en 6 pour exprimer l'excédent de solution. 3. Procéder à l'application du d. ou du d.D. en commençant par le « plus haut » et le « moins sale ». Travailler en descendant et terminer par les surfaces les plus sales. Déplier et replier la chiffonnette pour utiliser un secteur de tissu propre le plus longtemps possible. **Remarque :** le seau rouge est rempli d'eau de rinçage. Il sert à rincer régulièrement la chiffonnette imprégnée de solution du jour. 4. Ne jamais rincer, ni sécher les surfaces traitées (à l'exception des parties chromées, qui doivent être essuyées avec une chiffonnette propre et sèche. Dans ce cas, respecter le temps de contact du d.D. de 15 min.).
. **BIONETTOYAGE DES SANITAIRES** - lavabo - bidet - baignoire - douche,...	1. Tremper la chiffonnette **verte** dans la solution du jour (seau bleu). 2. Nettoyer les appareils et accessoires. Ne pas rincer. 3. Essuyer les parties chromées (robinetterie, accessoires) après le temps d'action de 15 min. (solution du jour = d.D.). 4. Désinfecter siphons et trop-pleins en versant de l'eau de Javel à 12° chlorométrique (temps de contact : 15 min.). 5. Une fois par semaine, il convient d'utiliser un détergent-désinfectant détartrant. Cette intervention peut être plus fréquente si l'eau est très calcaire.

METHODE APPLICATION GESTION

PROTOCOLE (PHASES TECHNIQUES)	JUSTIFICATION, Commentaires
4. bis BIONETTOYAGE DES W.C.	1. Verser sur les parois de la cuvette un gel détartrant W.C. 2. Laisser agir (respect du temps d'action préconisé). 3. Nettoyer avec la lavette **rouge**, en allant du moins sale (réservoir) au plus sale (couvercle, abattant, cuvette). 4. Brosser l'intérieur de la cuvette et rincer en actionnant la chasse.
Après chaque chambre, ou chaque environnement de malade (chambre à plusieurs lits), les lavettes sont changées et déposées dans un filet. Les lavettes sont lavées et désinfectées par javellisation en blanchisserie.	
5. NETTOYAGE DU SOL	**1. Balayage humide** (voir F.M. n°1) le balayage à sec est interdit. Pour chaque chambre utiliser un non-tissé imprégné jetable. **2. Lavage** : (voir F.M. n°3)/- soit au balai faubert (méthode des 2 seaux, voir plus haut). - soit au balai rasant (lavage « à plat ») - soit au balai applicateur (ou « balai-réservoir) **Remarque :** une excellente méthode consiste à tremper dans un volume de solution de lavage défini en fonction du nombre de chambres que l'on va entretenir un nombre correspondant de franges ou tissus de lavage. Cela supprime par la suite toute manipulation inutile et contaminante : pour chaque chambre, on utilise une nouvelle frange ou un nouveau tissu, forcément exempt de toute contamination puisque la solution de lavage/désinfection ne sert à aucun moment à retremper un élément textile souillé.

EXEMPLE DE BIONETTOYAGE EN ZONE 4 : ENTRETIEN DU BLOC OPÉRATOIRE

1. Le bloc opératoire est classé en zone 4 (risque maximum). Ce classement justifie l'application de protocoles différents en fonction du moment auquel se situe l'action de nettoyage ou bionettoyage :
   - **protocole 1** : au début du programme d'interventions chirurgicales
   - **protocole 2** : entre deux interventions
   - **protocole 3** : en fin de journée
   - **protocole 4** : en fin de semaine

Dans la définition des procédures, le type de chirurgie pratiquée dans le bloc opératoire considéré est également à prendre en compte (chirurgie propre, propre contaminée, contaminée ou sale).

2. La mise en œuvre du bionettoyage va dépendre de la « solution du jour » (cf. supra) :
   - Si la solution du jour est un détergent simple, le nettoyage sera suivi d'un rinçage, puis d'une désinfection par application d'un dispersat (spray) désinfectant dirigé.
   - Si la solution du jour est un détergent désinfectant, il sera appliqué selon la même méthode que celle décrite concernant la chambre du malade, sur les éléments de mobilier, d'éclairage,... Le sol fera l'objet d'un bionettoyage selon la méthode mise en œuvre dans les chambres : balayage humide puis lavage-désinfection avec une lavette utilisée une seule fois.

PROTOCOLES	
1	- Essuyage humide des appareils, des surfaces, du mobilier pratiqué avec une lavette en non-tissé imprégnée de détergent désinfectant.
2	- Évacuation des déchets. - Bionettoyage pratiqué dans un rayon de 2 mètres autour de la table d'opération (concerne le mobilier, l'éclairage scyalitique, le sol).
3	- Bionettoyage de l'ensemble du mobilier chirurgical, du matériel d'anesthésie-réanimation, du sol, des murs jusqu'à 2 m de hauteur. Les sas d'accès, vestiaires, etc. sont également concernés par cette procédure de bionettoyage.
4	- Idem protocole 3, en ajoutant : l'intérieur des équipements (placards, tiroirs...), la totalité de la surface des murs, le plafond de la salle d'opération. Dans certain cas, la procédure est complétée par une désinfection hors présence humaine (mise en œuvre d'un dispersat désinfectant non dirigé).

CONTRÔLE DE LA QUALITÉ DU BIONETTOYAGE

Les procédures de bionettoyage, ainsi que la qualité de leur mise en œuvre, ne peuvent être validées que par des contrôles microbiologiques de surface. Ces contrôles se font soit par prélèvement (écouvillonnage, boîtes Rodac, pistolet de Thran) puis mise en culture, soit par A.T.P.-métrie (voir chapitre sur le bionettoyage en milieu agro-alimentaire) (voir également *Microbiologie Générale*, L.T. éd. J. Lanore).

GLOSSAIRE

Biocontamination

Contamination d'une surface inerte par des micro-organismes, qui tendent à s'y développer.

Biofilm

Ensemble constitué de micro-organismes et de substances organiques qu'ils sécrètent afin de se fixer durablement sur un support solide.

Contamination croisée

Contamination d'un malade par des micro-organismes provenant d'un autre malade.

C.L.I.N.

Comité de lutte contre l'infection nosocomiale.

Infection nosocomiale

Infection acquise par le patient en cours d'hospitalisation.

(définition de la ciruclaire n°263 du 13.10.88)

39 Les contrôles microbiologiques des surfaces par prélèvement

Voir
- Cours de microbiologie (Éd. Lanore).
- Partie 1 Connaissances technologiques de base.

Fiches méthode n°3, 8, 32, 36

Objectif | S'assurer de l'efficacité des procédures de bionettoyage, en évaluant leur action sur les micro-organismes.

Caractéristiques de la situation

Conditions pratiques

L'exercice proposé ici est pratiqué dans un bloc sanitaire d'un lieu de vie collectif (internat).

Tous les prélèvements sont effectués sur la paroi verticale carrelée d'une cabine de douche, sur différentes zones ayant été nettoyées selon des procédures différentes (voir tableau descriptif ci-dessous).

Parmi ces procédures, afin de pouvoir établir des comparaisons, ont été retenues des méthodes qui ne relèvent pas du bionettoyage.

Rappels (voir aussi FM n°37 et n°38)

Nettoyage	Bionettoyage
Élimination des salissures par différents procédés prenant en compte leur nature, ainsi que les caractéristiques des supports ▼ **Contrôles effectués** - soit visuellement, - soit à l'aide d'appareils (aspirateur étalon, brillancemètre, patin de mesure (« Bassoumètre »).	Procédé de nettoyage applicable dans une zone à risques, destiné à réduire momentanément la contamination microbiologique d'une surface. Il est obtenu par la combinaison appropriée : - d'un nettoyage, - de l'évacuation des produits utilisés et de la salissure à éliminer (rinçage), - de l'application d'un désinfectant. ▼ **Contrôles effectués** 1/ Sur la qualité du nettoyage initial. 2/ Sur la qualité de la désinfection.

METHODE

APPLICATION

GESTION

Par définition, la qualité du bionettoyage est inversement proportionnelle au nombre de micro-organismes résiduels présents sur les surfaces à la fin de l'opération : **moins** il restera de micro-organismes sur la surface traitée, **meilleure** sera la qualité du bionettoyage.

Mode opératoire

Les moyens de contrôle susceptibles d'être mis en œuvre (pour plus de détails, se reporter aux cours de Microbiologie)*.

Les prélèvements de surface peuvent être réalisés selon différentes techniques :

- par **écouvillonnage,**
- par **lavage-récupération** (pistolet de Thran),
- par **"A.T.P.-métrie"** (voir page 254)
- par **contact** à l'aide d'un **« pétrifilm »,**
- par **contact** à l'aide de **boîte gélosée** (boîte « Rodac »),
- par **contact** à l'aide d'une **lame gélosée.**

A titre d'exemple, nous mettons en œuvre un prélèvement par contact de boîte gélosée. Cette boîte se présente comme un cylindre aplati, rempli de gélose (milieu nutritif qui va permettre à la culture des micro-organismes prélevés).

Cette gélose dépasse légèrement les bords de la boîte en formant un ménisque. Elle est protégée par un couvercle.

Pour effectuer le prélèvement :

1/ Oter le couvercle.

2/ Retourner la boîte et appliquer la gélose sur la surface à contrôler.

3/ Exercer une pression de 500 g environ sur la boîte pendant 15 secondes.

4/ Replacer le couvercle.

5/ Remplir la fiche de prélèvement.

6/ Remettre sans délai au laboratoire pour mise en étuve (incubation à 25°C pendant 48 heures).

7/ Observer l'apparence de chaque boîte après culture.

Le dénombrement des micro-organismes est fait en laboratoire de microbiologie

(T.P. « M.H.L. ») **Description de la technique de nettoyage ou de bionettoyage** (produits employés, dosages, temps de contact)	**(T.P. de Microbiologie)** **Résultats après mise en culture des boîtes de gélose** (examen macroscopique)	**Commentaires/Conclusions**
1. Prélèvement effectué avant tout nettoyage (à titre de « témoin ») Application de la gélose sur un carreau de la paroi de la cabine de douche.	Très nombreuses colonies sur la gélose (bactéries, levures, moisissures).	L'importance et la diversité de la flore présente mettent en évidence la nécessité du nettoyage et de la désinfection.

* Microbiologie générale et appliquée, Éditions L.T., J. LANORE.

<table>
<tr>
<td>
2. Nettoyage et rinçage
2-1 : avec une poudre à récurer

Dosage : produit pur.
Temps de contact : celui nécessaire au nettoyage.
</td>
<td>Les colonies sont encore très nombreuses (principalement des bactéries).</td>
<td>Le nettoyage-rinçage avec la poudre à récurer ne détruit pas les micro-organismes.</td>
</tr>
<tr>
<td>
2-2 : avec un produit détergent-désincrustant (acide)

Dosage : 20 %.
Temps de contact : celui nécessaire au nettoyage.
</td>
<td>Colonies moins nombreuses que dans la boîte (2-1). Persistance de certaines colonies.</td>
<td>L'utilisation d'un produit acide a amélioré l'efficacité de l'opération, sans supprimer pour autant tous les micro-organismes.</td>
</tr>
<tr>
<td>
3. Nettoyage, rinçage et désinfection
3-1 : avec une poudre à récurer, puis application d'une solution d'eau de Javel

<table>
<tr><th colspan="2">Dosage de l'eau de Javel</th><th>Temps de contact</th></tr>
<tr><td>1er essai</td><td>0,5 %</td><td>1 minute. . . . . →</td></tr>
<tr><td>2e essai</td><td>2 %</td><td>5 minutes . . . . →</td></tr>
</table>
</td>
<td>Quelques rares colonies bactériennes.
Absence totale de colonies.</td>
<td>Bionettoyage efficace
L'emploi de l'eau de Javel assure la destruction des micro-organismes (de toute nature) même à faible dosage et avec un temps de contact assez bref.</td>
</tr>
<tr>
<td>
3-2 : avec un détergent-désinfectant
Dosage

<table>
<tr><th colspan="2">Dosage</th><th>Temps de contact</th></tr>
<tr><td>1er essai</td><td>insuffisant*</td><td>trop court* . . . . →</td></tr>
<tr><td>2e essai</td><td>conforme*</td><td>conforme* . . . . →</td></tr>
</table>
* par rapport aux directives du fabricant
</td>
<td>Quelques colonies bactériennes.
Absence de colonies.</td>
<td>Bionettoyage efficace
A condition de respecter les préconisations du fabricant du produit.</td>
</tr>
</table>

Remarque : on peut utiliser, pour la réalisation de tels contrôles-qualité, des boîtes gélosées d'un type spécial, qui sont constituées d'un milieu de culture original permettant **l'identification présomptive** des levures et moisissures d'une part et des bactéries d'autre part. Cette identification est visuelle et se fait en comparant les colonies observées à un descriptif fourni avec les boîtes. Ces résultats restent à confirmer par la méthode de la coloration de Gram et/ou par repiquage sur des milieux sélectifs.

40 La préparation et l'organisation des chantiers de nettoyage

Objectif | Définir une méthode d'analyse afin d'organiser au mieux le travail sur les chantiers de nettoyage.

Les étapes de la préparation

1. Déterminer le niveau d'exécution du travail (Cf. contrat, cahier des charges)

- Entretien courant (ou régulier).
- Entretien « intermédiaire » (ou périodique).
- Entretien « à fond » (remise en état, rénovation).

Remarque : un contrat d'entretien et maintenance mentionne obligatoirement le contenu et la fréquence de ces différentes opérations, ainsi que le degré d'exigence du client en terme de qualité du résultat.
Le choix des techniques de nettoyage et d'entretien se fera en fonction du niveau d'exécution voulu.

2. Observer les locaux à nettoyer

- **Accessibilité**

Rez-de-chaussée, étage, ascenseur ou monte-charge...

- **Ressources**
  - **Fluides disponibles ?**
    Eau chaude ou eau froide... ou absence d'eau dans les locaux...
  - **Evacuations ?**
    Sanitaires, lavabos, évacuations au sol, état de ces dernières...
  - **Électricité ?**
    Puissance installée, voltage (220 ou 380 V), conformité des dispositifs de protection, nombre et emplacement des prises murales...
- **Nature des supports**
  - **Revêtements de sol** : durs, homogènes, textiles...
  - **Murs et parois** : papiers peints, peintures, moquette murale...
  - **Huisseries intérieures** : portes, placards...
  - **Huisseries extérieures** : fenêtres, portes...
- **Métré**
  - **Superficie des sols à entretenir.**
  - **Superficie de la vitrerie.**

3. Définir les techniques à mettre en œuvre pour réaliser l'opération demandée

(en tenant compte des possibilités offertes et des particularités)

A ce stade, il est indispensable de connaître :

- le temps imparti,
- le nombre d'opérateurs.

4. Déduire le mode opératoire : matériels, produits, dosage

- le choix des matériels de nettoyage (nature, nombre),
- les accessoires,
- le choix des produits, les dosages (les quantités à prévoir).

Ce travail préparatoire est d'autant mieux conduit qu'aucun point ne reste dans l'ombre. Il est donc conseillé de se servir d'une fiche d'observation/préparation (modèle ci-dessous).

Fiche de préparation de chantier

Localisation	Identification client

Description des locaux à nettoyer

locaux situés : au rez-de-chaussée . . . . . ☐
à l'étage . . . . ☐ . . . . ascenseur ou monte-charge : oui ☐ non ☐
robinets de puisage : eau froide . . . . ☐ . . . . eau chaude . . . . . ☐ pas d'eau . . . . ☐
évacuation des eaux usées. . . . . oui . . . ☐ non . . . . . ☐
prises de courant. . . . . ☐ puissance disponible . . . . kW

superficie globale à nettoyer . . . . m^2
nature des revêtements de sol : . . . . (grès cérame, plastique, bois, pierre, textiles...)
. . . .
nature des parois :. . . . . (papier peint, peintures, textiles, plastiques...)
nature des huisseries intérieures : . . . . (bois verni, bois peint, aluminium anodisé, acier peint...)
. . . .
nature des huisseries extérieures : . . . . (acier peint, PVC, alu. anodisé...)
superficie des vitres. . . . . m^2 Hauteur sous plafond. . . . . m
autres particularités à signaler (plafonds suspendus, revêtements fragiles...) :
. . . .
. . . .

Le contrat

nettoyage
☐ à fond
☐ intermédiaire
☐ journalier (courant)

temps imparti...
nombre d'ouvriers sur le chantier...

Méthodes

sols :. . . . .
. . . .
. . . .
parois :. . . . .
vitrerie : . . . .
divers : . . . .

Matériel de nettoyage

nature	quantités

Produits à prévoir

nature	quantités

Accessoires

(prolongateurs, échelles, seaux, disjoncteur,...)

Observations

41 Dosage et dilution des produits

Objectif | Doser correctement les différents produits de nettoyage et d'entretien afin d'en optimiser l'utilisation.

Pourquoi diluer les produits ?

La plupart des produits de nettoyage et d'entretien sont commercialisés sous forme liquide ou sous forme de poudre, à un degré de concentration plus ou moins important.

De plus, la concentration d'emploi d'un produit dépend de plusieurs facteurs variables :

- *nature de l'opération à effectuer,*
- *encrassement plus ou moins important du support,*
- *temps disponible pour l'opérateur,*
- *température de l'eau disponible sur le lieu du chantier de nettoyage (le travail à l'eau froide est généralement moins efficace et demande donc une concentration plus forte en principe actif de nettoyage).*

Il faut donc diluer les produits liquides (ou dissoudre les poudres) dans de l'eau.

Cette opération s'appelle le dosage

Importance d'un dosage correct

Le bon dosage est un gage d'efficacité et d'absence de risques, aussi bien pour le revêtement que pour l'opérateur et aussi pour ce qui concerne la préservation de l'environnement.

Par ailleurs, un dosage correct évite d'avoir à consacrer trop de temps à l'élimination du produit.

Dans le cas de dosage trop faible

- Le travail sera peu efficace.
- Il y aura perte de temps.
- La qualité globale du nettoyage sera peu satisfaisante.

Dans les cas de surdosage

- Il existe un risque de détérioration du support.
- Le coût du nettoyage est trop élevé (consommation excessive de produits).
- Il faut souvent multiplier les rinçages, ce qui entraîne une perte de temps (autre facteur de coût excessif).
- La qualité du résultat peut laisser à désirer (persistance de traces de produits).
- Il y a pollution de l'environnement par rejet excessif de substances chimiquement actives.

Technique correcte du dosage

1. Déterminer la bonne concentration d'emploi du produit

EXEMPLE : 5 %.

- en tenant compte des instructions du fabricant,
- en tenant compte des conditions pratiques : état d'encrassement des supports, efficacité du matériel, etc.

2. Calculer la quantité de solution à préparer

En fonction de la superficie à traiter et de la consommation moyenne prévue.

3. En déduire la quantité de produit nécessaire

EXEMPLE : vous devez effectuer un shampooing « mousse sèche » (Cf. F.M. 21) sur un revêtement de sol textile **fortement encrassé.**

Conditions pratiques

- Le fabricant du produit que vous avez choisi préconise un dosage compris entre 5 à 8 %.
- La superficie à traiter est de 65 m².
- La consommation de solution (eau + produit) peut varier de 0,3 l à 0,5 l au m².

Méthode de calcul

- Le revêtement est fortement encrassé, on dosera donc le produit shampooing à 8 %.
- Pour la même raison de fort encrassement, on prévoira 0,5 l de solution au m².

Calcul du volume total de solution nécessaire

65 x 0,5 = 32,5 l de solution

le produit est dosé à 8 % donc

32,5 x 0,08 = 2,6 l de produit pur.

La solution se compose donc de :

2,6 l de shampooing pur + (32,5 - 2,6) 29,9 l d'eau = 32,5 l.

Remarque : - Une erreur communément répandue est de confondre le volume d'eau avec le volume final de la solution. C'est ainsi que pour diluer un produit à 10 %, certains utilisateurs mélangent 1 litre de ce produit à 10 litres d'eau. Bien évidemment, la concentration obtenue n'est pas de 10 %, mais de 1/11 soit 9,09 %. Pour obtenir la concentration de 10 %, il faut mélanger 1 litre de produit pur et 9 litres d'eau.

- Pour une poudre à mettre en solution, la concentration s'exprime en g/litre ou en g/100 ml.

Inscription des dosages sur les emballages

Actuellement, la plupart des fabricants font de gros efforts sur l'étiquetage et la normalisation des informations destinées à l'utilisateur.

On rencontre encore cependant des indications sous des formes variables. Citons à titre d'exemple :

- Diluer 1 partie de produit dans 10 parties d'eau. . . . . ce qui correspond à 9,09 %.
- 3 cuillers à soupe par litre d'eau (6 cl/l) . . . . ce qui correspond à 5,66 %.
- 1 verre pour 10 litres d'eau. . . . . soit environ 1 %.
- Diluer à 10 % . . . . seule bonne façon d'indiquer un dosage !

DANS LA PRATIQUE

Le pichet de dosage gradué en millilitres est absolument indispensable.

Il ne sera cependant d'aucun secours si l'on oublie que 1 litre = 10 dl = 100 cl = 1 000 ml.

Les poudres doivent être pesées. Comme il n'est ni facile, ni raisonnable, de transporter avec soi une balance, on peut utilement avoir recours à un récipient-doseur (par graduation de 50 g), correctement « étalonné » au préalable (par pesée).

42 Notion de plan d'entretien : la fréquence des opérations de nettoyage

Objectif

La fréquence des opérations de nettoyage et d'entretien est une donnée très flexible. Chaque situation est un cas particulier. Les choix en matière d'entretien sont parfois dictés par des considérations à caractère budgétaire. Cela n'est pas souhaitable, car la politique de non-qualité en matière de nettoyage et d'entretien peut parfois coûter très cher (se reporter à la fiche concernant l'entretien des salles propres).

Les fréquences d'entretien

On peut classer les opérations de nettoyage et d'entretien en 4 catégories en fonction de leur fréquence d'application :

1. Entretien "journalier" ou entretien "régulier"

L'entretien journalier est par définition celui qui se pratique quotidiennement. Il ne peut s'agir, dans la plupart des cas, que de mettre en œuvre des techniques dont l'exécution est rapide et facile à appliquer.

2. Entretien hebdomadaire

L'entretien hebdomadaire est théoriquement constitué par les opérations que l'on réalise une fois par semaine.

Cette périodicité à la semaine peut, dans certains cas être portée à la décade (période de 10 jours ouvrables), lorsque l'encrassement des supports est peu rapide ou bien lorsqu'on veut réduire le coût global du nettoyage.

Le « niveau d'intervention » retenu pour le nettoyage hebdomadaire est variable en fonction des paramètres « coût » et « exigence ».

Généralement, il consiste en une séquence opératoire qui permet de traiter partiellement le problème de l'entretien, pour obtenir un niveau de propreté compatible avec les exigences des usagers.

3. Entretien intermédaire

Ce sont les opérations que l'on applique ponctuellement pour répondre à une demande ou pour éviter de laisser le sol ou les autres supports s'encrasser de façon trop importante, ce qui permet de retarder la mise en œuvre de l'entretien « à fond ».

4. Entretien "à fond" (ou "rénovation") (ou "remise en état")

Un entretien « à fond » doit normalement traiter le problème du nettoyage d'un local dans sa totalité : sol, murs et parois, vitres, huisseries, accessoires décoratifs, etc.

Exemple : entretien d'un sol dans une bibliothèque
Sol revêtu de moquette

aspiration,
détachage ponctuel (si besoin),

(entretien quotidien dans l'intervalle)

aspirobrossage,
détachage ponctuel (si besoin),
spray moquette,

(entretien quotidien et intermédiaire dans l'intervalle)

aspirobrossage,
détachage ponctuel (si besoin),
shampooing mousse sèche (ou) shampooing au mouillé,

aspirobrossage,
détachage ponctuel (si besoin),
injection-extraction.

L'objectif est non seulement d'éliminer les salissures, mais aussi, à chaque fois que c'est techniquement possible, de rénover les supports (c'est-à-dire se rapprocher autant que possible de l'état du neuf) :

- Sols textiles : injection-extraction.

- Marbre et pierres marbrières : cristallisation.

- Thermoplastiques : décapage au mouillé
+ protection + lustrage.-Parquets : affleurage (si nécessaire)
+ protection.

- Carrelages : lavage mécanisé.

Par nature, l'entretien « à fond » coûte cher, tant en produits qu'en temps de travail (coût main d'œuvre) ce qui fait que sa périodicité dépend non seulement de son opportunité (degré d'encrassement plus ou moins important des supports, mais aussi (et parfois surtout...) de contingences budgétaires.

METHODE

Plan d'entretien

Quels sont les paramètres qui peuvent déterminer le plan d'entretien ?

LES CONDITIONS PRATIQUES

Nature des supports

Le choix des méthodes d'entretien doit tenir compte de la nature des supports et des systèmes de pose (se reporter à l'étude des matériaux).

Conditions d'utilisation du sol

Intensité de passage (trafic) :
- trafic intense,
- trafic moyen,
- trafic faible.

- Nature des salissures.
- Localisation (rez-de-chaussée ou étage).
- Protection éventuelle des abords.
- Environnement :
  - rural,
  - urbain,
  - commercial,
  - industriel propre ou industriel sale,...
  - conditions météorologiques.

Les contraintes de salissures caractéristiques du chantier vont influer de façon décisive sur le plan d'entretien : à surface et résultat égaux, il faudra mettre en œuvre beaucoup plus de moyens (temps, produits...) pour entretenir au rez-de-chaussée un magasin de vente que pour entretenir un bureau situé au 3e étage.

APPLICATION

LE CAHIER DES CHARGES

Exigence du client

(en terme de moyens à mettre en œuvre).

Le client (le donneur d'ordre) peut indiquer son exigence en terme de **moyens mis en œuvre :** exemple : intervention de 2 ouvriers pendant 2 heures, chaque jour de 6 h à 8 h, avec utilisation de matériels et de produits définis.

Degré de propreté exigé

(en terme de résultats à obtenir).
- Haut degré de propreté.
- Degré moyen.
- Propreté minimum.

Le donneur d'ordre peut aussi indiquer son exigence en terme de **résultats**. Plus l'exigence est élevée, plus le coût de la prestation est important. Le degré d'exigence est donc à mettre en relation avec l'enveloppe budgétaire.

Conditions économiques

- Budget important accordé au nettoyage/entretien.
- Budget moyen pour le nettoyage/entretien.
- Budget restreint.

C'est principalement ce critère qui va déterminer la fréquence des différentes opérations. En effet, le coût d'une opération de nettoyage est avant tout celui de la main d'œuvre (85 % en moyenne), donc du temps passé.

GESTION

43 La maintenance des locaux

Objectif

La maintenance des locaux est un ensemble d'interventions préventives ou correctives ayant pour but de maintenir les locaux dans un état aussi proche que possible de l'état neuf et de maintenir leurs équipements en ordre de fonctionnement. Cet objectif peut être atteint si l'on effectue au fur et à mesure les réparations qui s'imposent.

			à détecter et signaler	à faire
Sols	Carrelages	Joints de ciment absents ou abîmés		
		Carreaux décollés ou cassés		
	Bois (parquets)	Lame de parquet défectueuse		
	Moquette	Effilochures, trous (cigarettes)		
		Dalles à remplacer		
Murs	Carrelages	Carreaux décollés ou cassés		
	Plâtre	Défectueux (trou, effritements)		
	Peinture	Rayures, cloques, écailles		
	Moquette murale	Décollements ou déchirures		
	Papiers peints	Décollements ou déchirures		
Serrurerie, Quincaillerie	Plaques de portes	Dévissées		
	Paumelles	Dévissées, mal graissées		
	Gâches de serrures	Mal graissées		
	Crémones	Mal graissées, dévissées		
Électricité	Prises électriques	Dévissées		
		Ne fonctionnent pas		
	Ampoules	{ Hors d'usage ou		
	Tubes néon	{ Empoussiérés		
	Fusibles	Hors d'usage		
Plomberie	Tuyaux	Fuites aux raccords		
	Robinets	Joints usés = fuites		
	Filtres « tambours »	Entartrés		
	Siphons sanitaires	Bouchés		
	Siphons de sol	Bouchés		

METHODE APPLICATION GESTION

QUAND FAIRE APPEL AU SERVICE D'ENTRETIEN ?

Toutes les opérations de maintenance qui ne peuvent pas être réalisées immédiatement, par manque d'outillage approprié ou faute d'avoir la compétence nécessaire, doivent être signalées au service chargé de l'entretien. La demande doit être écrite et il est préférable d'utiliser une fiche de demande d'intervention, qui donne tous les éléments d'information :

Demande d'intervention/de réparation	émise par : (nom, prénom)
SERVICE DESTINATAIRE	Date
Local concerné	Bâtiment
NATURE DES RÉPARATIONS À EFFECTUER	
	Émargement

44 La maintenance des matériels de nettoyage

Objectif

Maintenir les machines et matériels de nettoyage en bon état de fonctionnement :
- pour augmenter leur durée de vie,
- pour optimiser leur taux d'utilisation,
- pour s'assurer des conditions d'hygiène et de sécurité.

Pourquoi la maintenance est-elle indispensable ?

Dans la plupart des cas, le matériel de nettoyage est soumis à de rudes contraintes d'utilisation. Bien que ce matériel soit généralement de construction robuste, des défaillances peuvent se produire à la suite de son maniement par des opérateurs peu soigneux ou peu compétents.

On observe souvent que le matériel est immobilisé pour peu de chose (câble d'alimentation partiellement arraché, perte d'un écrou de fixation de timon...). Il aurait suffi d'une petite intervention au bon moment pour éviter une grosse perturbation par la suite.

Maintenance corrective et maintenance préventive

Maintenance préventive → BONNE UTILISATION DU MATÉRIEL → **Peu de pannes** → Bonnes prestations / Satisfaction des clients / Bonne rentabilité / Bonnes conditions de travail

La maintenance préventive ne présente que des avantages. L'investissement en main d'œuvre et en moyens financiers est compensé par le retour de rentabilité.

Mauvaises utilisations / Conditions difficiles / Surcharge / Défaut de maintenance → **Pannes fréquentes** → (surcoût de main d'œuvre) → **MAINTENANCE CORRECTIVE**

Désorganisation des chantiers
Mécontentement des clients
Mauvaises conditions d'exploitation

La maintenance corrective coûte plus cher : Au coût inévitable des réparations, il faut ajouter celui de la non-qualité (délais non respectés, clients mécontents, pénalités, etc.).

COMMENT AMÉLIORER LA MAINTENANCE DES MATÉRIELS ET DES MACHINES ?

Pour motiver les opérateurs à la maintenance préventive, il faut :

1. Leur confier des machines en bon état
- et leur faire constater cet état initial satisfaisant.

2. Les former
- à l'aide de fiches méthode, de schémas,...
- attirer leur attention sur les bonnes pratiques d'utilisation du matériel.

3. Les responsabiliser
- en mettant en place un suivi individualisé des machines.

4. Les inciter à anticiper les problèmes
- en effectuant les opérations élémentaires de maintenance.

COMMENT ETABLIR UN TABLEAU GÉNÉRAL DE MAINTENANCE DU "PARC MACHINES" ?

Deux sortes d'opérations de maintenance régulière peuvent être réalisées :

- celles qui sont communes à presque tous les matériels, par exemple resserrer vis et boulons, graisser les axes, les pièces en friction,...
- celles qui sont spécifiques d'une machine : détartrer/déboucher les buses d'injection d'une machine à injection-extraction...

Par ailleurs, certaines opérations de maintenance sont à exécuter très fréquemment, d'autres avec régularité et d'autres encore de façon plus espacée. La mise en place d'un tableau général récapitulatif permet d'apprécier d'un coup d'œil ces différentes contraintes.

Le tableau présenté ici n'a qu'une valeur d'exemple. Il concerne trois appareils différents (autolaveuse à batteries, injecteur-extracteur, nettoyeur à haute pression). Toutes les autres machines de nettoyage pourraient être représentées de la même façon.

Opérations de maintenance — peu fréquentes (1) régulières (2) très fréquentes (3)	Autolaveuse à batteries	Injecteur Extracteur	Nettoyeur haute pression
Nettoyer les carrosseries, les cuves, les cables, les flexibles	(3) Oui	(3) Oui	(3) Oui
Vérifier, resserrer la visserie, les colliers de serrage	(2) Oui	(2) Oui	(2) Oui
Vérifier les tuyaux et flexibles	(2) Oui	(2) Oui	(2) Oui
Remplacer les tuyaux et flexibles	(1) Si besoin	(1) Si besoin	(1) Si besoin
Nettoyer sacs à poussière, filtres coton, crépines...			(1) crépine réservoir
Remplacer sacs à poussière, filtres coton, crépines...			(1) crépine réservoir
Nettoyer les brosses	(3) Oui	(2) (sabot brosseur)	
Vérifier, nettoyer, changer caoutchoucs, suceurs....	(2) (vérifier) (1) (changer)		
Contrôler les joints de cuve les changer si besoin	(2) Oui	(2) Oui	(2) Oui
Contrôler, changer les clips de serrage		(1) Oui	
Contrôler les flotteurs (propreté, coulissement sur l'axe)	(3) (très important)	(3) (très important)	
Contrôler les niveaux d'huile			(2) (très important)
Graisser axes et pièces mobiles			
Vérifier les câbles d'alimentation et les interrupteurs	(2) Oui	(2) Oui	(2) Oui
Brosser et resserrer les cosses des batteries et les recharger	(2) (très important)		
Nettoyer, détartrer, déboucher les buses d'injection		(2) Oui	(2) (lance)
Inventorier et contrôler les accessoires de l'appareil	(3) Oui	(3) Oui	(3) Oui
Autres opérations spécifiques	Contrôler de façon régulière le niveau d'électrolyte dans les batteries. Compléter au besoin.	Avant rangement, nettoyer le circuit d'injection, le rincer avec soin. Rincer le tuyau d'aspiration.	En fin d'opération rincer le circuit de l'appareil à l'eau claire. Bien purger la lance.

45 La gestion du matériel et des produits

Objectif

Pour mener à bien les différentes opérations de nettoyage, il faut :

- **disposer du matériel approprié et que celui-ci soit en bon état de fonctionnement...**

C'est l'objectif des opérations de maintenance (se reporter à cette fiche).

- **disposer des produits adaptés aux tâches à accomplir, aux méthodes que l'on veut appliquer et cela en quantités suffisantes...**

C'est l'objectif de la gestion des stocks.

La gestion rationnelle des stocks est nécessaire car :

- **des stocks trop lourds** (trop abondants), même si cela est sécurisant ;
  - **coûtent cher ;**
  - **sont difficiles à gérer rationnellement** car il faut à la fois beaucoup de place... et beaucoup de temps pour les tenir en ordre ;
  - **incitent au gaspillage ;**
- **des stocks bien adaptés aux besoins :**
  - **permettent de réaliser des économies** : moins de frais de mise en place, moins de temps de travail pour les gérer,...
  - **permettent de faire face à toutes les situations.**

Mode opératoire

1. Définir les besoins

Qualitatifs et quantitatifs :

- de quels produits a-t-on besoin ?
- en quelles quantités ?

C'est sans doute le plus difficile ! Seule une observation attentive quotidienne des demandes peut faire apparaître la notion de stock idéal. Trop souvent, on s'encombre de produits inutiles (dont on n'a pas vraiment besoin, ou qui se révèlent peu efficaces). Il faut savoir écarter tout ce qui n'est pas indispensable... et résister aux tentations (publicité, représentants trop persuasifs...).

2. Mettre en place un système de suivi efficace

Les fiches de stock

On tient à jour une fiche par produit.

Chaque fiche comprend plusieurs rubriques :

NOM DU PRODUIT STOCK MINIMAL (ou « stock d'alerte »)	CONDITIONNEMENT	FOURNISSEUR	ADRESSE

DATE	ENTRÉES	SORTIES	SOLDE	VALORISATION (prix unitaire, prix total)

Si le travail est bien suivi et correctement fait, on sait à tout moment de quoi on dispose. Ce système manuel est maintenant presque toujours informatisé.

La gestion informatisée des stocks

Deux éléments sont indispensables :

- un micro-ordinateur (sur le site, c'est-à-dire au magasin) pourvu d'une imprimante,
- un logiciel de gestion de stock.

Comment procède-t-on ?

- **Toutes les livraisons font l'objet d'une entrée de stock :**
  le magasinier indique à l'ordinateur les natures et quantités des marchandises livrées. La machine garde l'information en « mémoire ».
- **A Chaque fois que l'on opère une sortie de produit ou marchandise, le magasinier saisit l'information sur l'écran de l'ordinateur :**
  - **soit en se servant du clavier,** ce qui est très simple puisque le logiciel est toujours du type «conversationnel» : il pose des questions les unes après les autres, auxquelles il suffit de répondre en tapant les informations sur le clavier ;
  - **soit au moyen d'un scanner,** petit appareil qui permet de lire optiquement les codes barres imprimés sur les emballages.

Le reste est l'affaire du système informatisé :

- les sorties de chaque article sont automatiquement déduites du stock initial **et on peut donc connaître à tout moment l'état du « stock physique »,** en appelant très simplement une fonction à l'écran de l'ordinateur ;
- **la machine est capable d'éditer elle-même les commandes au bon moment,** c'est-à-dire dès que le « stock d'alerte » est atteint. Pour cela, il faut évidemment que les bonnes indications lui soient données au niveau de la programmation des paramètres de gestion (indications modifiables à tout moment) ;
- bien d'autres fonctions existent qui ont toutes pour but de faciliter le travail du magasinier : valorisation globale ou par famille, consommations journalières, hebdomadaires, mensuelles... par article, par famille, par service demandeur, par genre d'activité... La liste des possibilités ainsi offertes serait très longue. Chaque logiciel est un cas particulier, même si les fonctions de base restent les mêmes.

3. Faire preuve de rigueur

Aucun système ne peut donner satisfaction s'il est mal exploité.

En matière de gestion des stocks, aucun retard ne doit être accepté : le travail doit être très régulièrement suivi, surtout en ce qui concerne les sorties.

Les documents relatifs à la gestion des marchandises

La fiche de stock

Il en existe une par produit.

Elle indique à tout moment la quantité disponible de chaque article, ce qui permet de lancer la commande à temps, c'est-à-dire avant la rupture de stock.

La feuille d'inventaire

Elle permet d'apprécier l'état global du stock et surtout d'en calculer la valeur.

Le bon de commande

Document descriptif de la commande, il est adressé au fournisseur et doit obligatoirement préciser :
- la nature des marchandises commandées,
- la quantité de chaque article.

D'autres indications peuvent figurer (le prix notamment).

Adresser un bon de commande à un fournisseur, c'est s'engager à accepter la livraison des marchandises que l'on a commandées.

Le bon de livraison

Il décrit avec précision les marchandises livrées :
- nature,
- quantités,
- éventuellement le prix unitaire hors taxes.

Dans le cas où une partie de la commande n'a pu être livrée, le bon de livraison mentionne les marchandises en situation de « livraison différée ».

Signer un bon de livraison revient à reconnaître que les marchandises désignées sur le bon ont bien été livrées et que le fournisseur est en droit de les facturer.

La facture

Elle doit correspondre strictement au bon de livraison.

C'est le rôle du service comptable de vérifier cette correspondance avant de mettre la facture en paiement.

Exercices

CHANTIER N°1 - **Entretien d'un revêtement sportif**

CHANTIER N°2 - **Rénovation de parquet**

CHANTIER N°3 - **Entretien d'un stade**

CHANTIER N°4 - **Bionettoyage en cuisine de collectivité**

CHANTIER N°5 - **Entretien d'un salon de réception dans un hôtel**

CHANTIER N°6 - **Entretien des sols dans une grande surface**

CHANTIER N°7 - **Entretien d'un hall d'accueil**

Chantier N° 1

Entretien d'un revêtement sportif

Descriptif

Piste d'athlétisme en forme d'anneau longueur 330 mètres, largeur 4 mètres.

- Nature du revêtement
  Enrobé souple PVC.
- État initial du chantier, des supports
  Présence de nombreux déchets et macrosalissures sur la piste.
- Environnement
  Zones sableuses (sautoirs), arbres à feuillage non persistant, pelouses, zones bitumées, zones gravillonnées.
- Fluides disponibles sur la chantier :
  Eau : non.
  Électricité : non.

ENTRETIEN DEMANDÉ

Élimination de tous les gravillons, sables, feuilles et autres éléments de salissures qui mettent en péril la longévité du revêtement, et qui diminuent l'efficacité du drainage des eaux pluviales, en obstruant progressivement les évacuations.

- **Temps alloué à l'opération :** le plus bref possible, étant donné le plan de charge des installations sportives.

TRAVAIL À FAIRE

- Déterminer la méthode la mieux adaptée à cette situation.
- Indiquer le matériel choisi.

Corrigé

Méthode préconisée

Aspiration

En effet, le revêtement est fragile et ne supporterait pas sans dommage des balayages répétés.
Cela exclut l'emploi d'une balayeuse mécanique, car cette machine exerce sur le revêtement une friction importante.

Le travail sera donc réalisé avec un ***aspirateur à déchets***.

Remarque : le nettoyage à la haute pression est compatible avec ce revêtement, il pourrait procurer un résultat satisfaisant. Mais l'absence de prises d'eau et d'électricité rend cette méthode inexploitable sur ce chantier.

Choix du matériel

Aspirateur à déchets à moteur thermique

Ce matériel ne nécessite aucun branchement.
Il autorise des rendements élevés : largeur d'aspiration 80 cm (la piste peut donc être nettoyée en 5 tours).

La grande capacité du sac de récupération des déchets (300 litres environ) évite des interruptions fréquentes du travail.

Autre choix possible

Aspirateur à déchets à batteries

L'autonomie serait suffisante, mais le poids de l'appareil (140 kg environ) le rend légèrement moins maniable que son homologue à moteur thermique (85 kg).
Cf. Étude des matériels : balayeuse aspirante, aspirateur à déchets.

Chantier N° 2

Rénovation du parquet

ENTRETIEN DEMANDÉ
(commande client)

Avant d'emménager dans son appartement, le client souhaite une rénovation complète de son parquet. Il demande, en plus d'un aspect esthétique aussi parfait que possible, une préparation du parquet permettant un entretien simplifié, tout en conservant les qualités intrinsèques de ce type de sol.

- **Temps alloué à l'opération :** non précisé.

TRAVAIL À FAIRE

- Déterminer la méthode de travail la mieux adaptée à cette situation, dans le respect des ordres donnés par le client.

Descriptif

Remise en état du sol dans un appartement (habitat ancien).

- Nature des revêtements et des supports

  Parquet traditionnel (posé sur lambourdes) en chêne.

- État initial du chantier/des supports

  Le parquet est apparemment en mauvais état. Il est abîmé par endroits (rayures), usé sur les zones de fort passage. L'usure apparaît cependant assez superficielle, il n'y a pas de dégradations profondes du bois. Il s'agit surtout d'un parquet dont l'entretien a été très négligé pendant plusieurs années.

- Environnement

  Urbain. L'appartement est situé à l'étage. Il est parfaitement vide.

- Fluides disponibles sur le chantier

  Eau : oui (froide seulement).

  Électricité : oui (220 V).

- Évacuations des eaux usées : oui (éviers).

Corrigé

Le ponçage du parquet n'est pas nécessaire, car l'usure n'est que superficielle.

Il convient donc de pratiquer un simple **surfaçage** (ou **affleurage**), au moyen d'une monobrosse standard équipée de disques abrasifs type « Scotch mesh » ou de disques à poncer en papier de verre de grain de plus en plus fin (voir fiche méthode « mise en état et entretien des parquets »).

Après ce surfaçage, plusieurs techniques de protection sont possibles :

Technique de préparation/protection	Entretien courant ultérieur
- Pose d'un vernis vitrificateur (polyuréthane) (*).	- Balayage humide, lavage (avec très peu d'eau) si besoin.
- Application de cire à chaud puis lustrage (*).	- Balayage humide, spray méthode.
- Application d'une émulsion puis lustrage à la haute vitesse(*).	- Balayage humide, spray méthode.

(*) Voir fiche méthode.

Chantier n° 3

Entretien d'un stade

Descriptif

Stade avec terrain de football.

Capacité : 18 000 spectateurs.

- **Nature des revêtements et des supports**
  - Zone de jeu : pelouse.
  - Gradins : enduits ciment.
  - Allées et zones d'accès : bitume et allées gravillonnées.
- **État initial du chantier/des supports**

  Très nombreux déchets et macrosalissures : papiers, journaux, canettes de bière et petits bidons métalliques de boissons...
- **Fluides disponibles sur le chantier**

  Eau : non.

  Électricité : non.
- **Évacuations des eaux usées**

  Réseau d'égoûts sur une partie des allées d'accès aux tribunes.

ENTRETIEN DEMANDÉ
(Commande client)

Nettoyage de l'ensemble du stade : (après une rencontre ayant rassemblé plus de 15 000 spectateurs)
- pelouse,
- abords de la pelouse,
- gradins,
- zones d'accès du public (allées gravillonnées et allées bitumées).

- **Temps alloué à l'opération :** non précisé

TRAVAIL À FAIRE

- Déterminer les méthodes de travail le mieux adaptées à cette situation.
- Préciser les matériels choisis pour réaliser la prestation demandée.

Corrigé

Le problème à traiter est d'éliminer des déchets et des macrosalissures non adhérents.

Il convient donc d'avoir recours à des méthodes de balayage et d'aspiration.

L'importance des superficies à traiter impose d'employer du matériel performant.

Inventaire des techniques et machines :
- balayage manuel et/ou ratissage → matériel manuel (balais larges type « cantonnier »),
- « soufflage » des déchets sur les gradins → souffleurs dorsaux autonomes (à moteur thermique)
- balayage assisté → balayeuse mécanique non motorisée (à pousser),
- balayage/aspiration mécanisés → balayeuse autotractée ou autoportée,
- aspiration → aspirateur à déchets.

Le choix du matériel dépend ici :
- de la nature des déchets à éliminer,
- des caractéristiques des supports, de la nature du sol, de la largeur de travail autorisée par la configuration des lieux,
- du rendement de chaque machine, à mettre en relation avec la superficie à traiter.

Choix des techniques et du matériel

Techniques / matériels — Zones	Balayage manuel Ratissage	Balayage assisté Balayeuse mécanique non motorisée	Balayage/aspiration mécanisés		Aspiration
			Balayeuse autotractée	Balayeuse autoportée	Aspirateur à déchets
Pelouse et abords	X				X
Gradins et escaliers, dégagements	X (1)	X (dans travées et dégagements)			
Allées gravillonnées	X (2)				X
Allées bitumée			X pour les zones peu étendues	X pour les zones les plus vastes	X

(1) Balayage manuel ou soufflage - (2)Ratissage

Pelouses et abords

L'emploi des balayeuses n'est pas possible, en raison de la nature du support. En effet, le gazon serait endommagé par le passage de ces machines.

Par contre, l'aspirateur à déchets permet de réaliser un travail rapide et efficace, sans aucun dommage.

Étant donné la superficie de la pelouse (10 000 m²), la mécanisation du travail est indispensable.

Gradins et escaliers, dégagements

Les zones à nettoyer sont étroites et se prêtent mal à la mécanisation du travail, la plus grande partie devra être faite manuellement, en utilisant des balais larges en coco (dits « balais de cantonnier ») qui se manient « au poussé ». Les petites balayeuses mécaniques non motorisées pourront passer dans les travées les moins étroites (largeur de travail de l'appareil : 50 cm environ). Il est également possible d'employer des « souffleurs dorsaux » à moteur thermique qui permettent de pousser tous les déchets vers le bas des gradins où il est facile de les collecter.

Allées gravillonnées

La nature du support rend tout balayage/aspiration mécanique impossible, car les machines entraîneraient de grandes quantités de gravillons en même temps que les déchets. Il faut donc recourir au ratissage manuel.

L'aspirateur à déchets peut cependant être employé, mais uniquement en utilisant le flexible d'aspiration, qui permet de ramasser ponctuellement les déchets rassemblés en tas.

Allées bitumées

Les balayeuses aspirantes trouvent ici leur meilleur terrain d'application.

On choisira la machine en fonction de la superficie à traiter :

- *balayeuse aspirante autotractée* pour les surfaces de moyenne importance, pour ce type de nettoyage, il convient de privilégier la maniabilité de la machine (rendement théorique 2 500 à 5 000 m²/heure) ;
- *balayeuse aspirante à conducteur porté (« autoportée »),* (rendement théorique 5 000 à 10 000 m²/heure). Pour les grandes surfaces, bien dégagées, dont le nettoyage nécessite d'excellents rendements.

Chantier N° 4

Bionettoyage en cuisine de collectivité

Descriptif

Cuisine de collectivité et ses annexes (légumerie, plonge batterie, plonge vaisselle). Surface totale 200 m².

- **Nature des revêtements et des supports**

  Sols : grès cérame antidérapant (à relief), avec plinthes à gorges (sauf en quelques endroits).

  Murs : jusqu'à 2 m de hauteur : carrelages grès émaillé,
  - au dessus : enduits lisses peints.

Équipements :
- système de captage et d'extraction des buées : acier inoxydable (18/10) ;
- appareils de cuisson, tables de préparation, bacs de lavage et de plonge, meubles de rangement : acier inoxydable (18/10).

- **État initial du local/des supports**

  L'entretien a été négligé, la cuisine est assez sale, particulièrement dans les zones d'accès difficile.

- **Environnement**

  Les locaux sont situés de plain-pied.

  Les sols sont pourvus d'évacuations des eaux usées.

  Le circuit électrique est conforme aux normes de sécurité.

- **Fluides disponibles sur le chantier**

  Eau : froide et chaude.

  Électricité : 220 V et 380 V.

ENTRETIEN DEMANDÉ
(Commande client)

Bionettoyage dans le cadre d'un entretien approfondi.

- **Temps alloué à l'opération**: 1/2 journée.

TRAVAIL À FAIRE

- Déterminer la procédure de travail la mieux adaptée à cette situation, dans le respect des ordres donnés par le client (proposer une séquence opératoire).
- Indiquer les produits nécessaires ainsi que les dosages.
- Indiquer les moyens à employer pour contrôler la qualité de la prestation.

Corrigé

1. Observation du chantier

Cuisine n'ayant pas été conçue pour faciliter le nettoyage : nombreuses zones d'accès peu facile.

Les locaux sont relativement encombrés (emprise du mobilier sur le sol, piètements des appareils et meubles, présence d'entrées/sorties des conduites et tuyauteries au niveau du sol sans entourage de plinthes à gorges,...).

Incrustation de salissures dans les recoins, sous les appareils de cuisson, autour des piètements du mobilier.

Système de captage et d'extraction des buées assez fortement encrassé.

2. Proposition de procédure de travail

Séquences opératoires	Matériel	Produits Dosages	Renvoi aux fiches méthode
1. Débarrasser le sol de tous déchets	raclette	—	—
2. Déposer les éléments filtrants du système d'extraction et les mettre à tremper dans une solution dégraissante	bacs de trempage	dégraissant basique 5 % à 10 % (*)	33
3. Laver (dégraisser) et rincer, puis sécher le système de captage et extraction des buées	mouilleur coton raclette à vitres	dégraissant basique 0,5 % à 4 % (*)	33
4. Après trempage, rincer les éléments filtrants. Les replacer	nettoyeur à haute pression	eau chaude	33
5. Lessiver, rincer, sécher les parois peintes (au-dessus des surfaces murales carrelées) ainsi que les éléments de rangement en acier inox	mouilleur coton, raclette à vitres	détergent neutre ou basique (zones les plus encrassées) 0,5 % à 3 % (*)	6
6. Effectuer une application de mousse sur les parois carrelées, les tables de travail, les bacs de plonge et de lavage, les piètements des appareils et le sol : - respecter le temps d'action préconisé par le fabricant du produit, - les appareils de cuisson dont certaines zones ne peuvent être rincées à grande eau seront traités manuellement ;	canon à mousse	détergent spécifique agréé alimentaire 3% à 5 %	8
7. Passer sur le sol une monobrosse afin de renforcer l'action chimique de la mousse par une action mécanique	monobrosse vitesse standard brosse nylon	—	11
8. Rincer - attention aux joints des carrelages Remarque : les raclettes doivent être désinfectées au préalable, sous peine d'invalider la qualité du bionettoyage	nettoyeur à haute pression raclettes à sol raclettes à vitres	eau chaude	9

(*)concentration à déterminer selon encrassement et directives d'emploi du fabricant.

Commentaires

Le choix de la méthode de nettoyage à la mousse se justifie par des conditions particulières de ce chantier : sol encombré, recoins encrassés, etc., ainsi que par la brièveté du temps imparti (0,5 journée).

D'autres choix techniques auraient été possibles :

- lavage manuel puis décontamination (des plans de travail, des bacs de lavage et des plonges) par application au vaporisateur d'une solution de détergent désinfectant non moussant,
- traitement manuel des zones inaccessibles à la machine.

Contrôles de qualité de la prestation

Par prélèvement de surface avec boîtes (ou lames) de gélose, puis culture et interprétation.

Effectuer 3 prélèvements :

- 1 sur une paroi carrelée.
- 1 dans un bac de lavage.
- 1 sur le sol.

(Cf. fiche méthode n°39).

Chantier n° 5

Entretien d'un salon de réception dans un hôtel

Descriptif

Salle de réunions (capacité 80 personnes) dans un hôtel de luxe (4*).

Particularités : cette salle est occupée quotidiennement par des groupes de travail, des séminaires. Elle est également employée à l'occasion pour des réceptions, buffets et cocktails.

- **Nature des revêtements et des supports**

  Sol : moquette en dalles (30 cm X 30 cm) en polypropylène (majoritaire).

  Revêtements muraux : tissu tendu sur thibaude.

  Huisseries extérieures : aluminium anodisé.

  Huisseries intérieures et portes : bois verni.

  Mobilier :
  - tables piètements chromés, plateaux mélaminés ;
  - chaises piètements chromés, assises et dossiers tissu.

  Matériel audio-visuel : magnétoscope, écran de télévision, rétro-projecteur, écran blanc escamotable.

  Matériel de communication : téléphones, télécopieur.

  Décoration murale : cadres et sous-verres.

  Plantes vertes.

  Voilages polyester.

  Rideaux d'opacification en polyester.

  Luminaires : Appliques d'éclairage et lustres

- **État initial du chantier/des supports**

  L'entretien régulier prévient l'accumulation des salissures. La moquette n'est donc pas encrassée.

  Cependant, du fait de l'utilisation occasionnelle de la salle pour des buffets et cocktails, il arrive que le sol soit souillé de taches d'origine alimentaire.

- **Environnement**

  La salle est située au premier étage de l'hôtel.

- **Fluides disponibles sur le chantier**

  Eau : (chaude et froide) dans l'office attenant à la salle.

  Électricité : 220 V.

- **Évacuations des eaux usées :** dans l'office attenant à la salle.

ENTRETIEN DEMANDÉ (Commande client)

Le client (direction de l'hôtel) demande une salle **impeccable** dès le matin 8 h 30, heure à partir de laquelle elle peut être louée. L'exigence porte donc sur un **degré élevé de propreté** du sol, des éléments de mobilier, des équipements audio-visuels, des vitres, parois, huisseries, etc. Le donneur d'ordre (client) vérifie tous les jours par un examen visuel la qualité du nettoyage avant que la salle ne soit louée.

Temps alloué à l'opération

L'entreprise de propreté peut intervenir à partir de 6 heures du matin chaque jour. Tout doit être terminé pour 8 h 30.

En cas de besoin, la direction de l'hôtel accepte de laisser la salle une demi-journée (après-midi) à la disposition de l'entreprise de propreté.

TRAVAIL À FAIRE

- Déterminer la méthode de travail la mieux adaptée à cette situation, dans le respect des ordres donnés par le client : proposer un plan d'entretien.

Corrigé

Le travail est à organiser en fonction d'une **obligation de résultat** : le donneur d'ordre (client) ne se soucie pas du temps passé à l'entretien, ni des moyens mis en œuvre.

L'exigence concerne uniquement **la qualité du résultat**, qui correspond au niveau de propreté que les clients d'un hôtel de luxe sont en droit d'attendre. Il convient donc de définir un plan d'entretien adaptable en fonction de l'état de la salle :

- étant donné le degré d'exigence du donneur d'ordre, un passage quotidien est indispensable. Dans la plupart des cas, un entretien rapide est suffisant. **(Entretien quotidien)** ;
- il peut arriver, notamment quand la salle est utilisée pour un buffet ou un cocktail la veille au soir, que des opérations d'entretien plus approfondies soient nécessaires. **(Entretien quotidien renforcé selon besoins) ;**
- enfin, il convient d'effectuer périodiquement un nettoyage « à fond », en mettant en œuvre des techniques de « rénovation ». Cela permet de maintenir le degré élevé de propreté qu'exige le donneur d'ordre. **(Entretien périodique « à fond »).**

Opérations	Renvoi aux fiches méthode	Entretien quotidien	Entretien quotidien renforcé selon besoins	Entretien périodique « à fond »
Aspiration du sol	2	X	X	X
Aspiration assises et dossiers chaises	2			X
Shampooing moquette (mousse sèche)	21			X (1)
Spray moquette	23			
Injection extraction moquette	20			X (1)
Injection extraction assises et dossiers sièges	20			X
Détachage ponctuel du sol	19	X (SB)	X (SB)	
Détachage ponctuel des rideaux	19	X (SB)	X (SB)	
Détachage ponctuel des sièges	19	X (SB)	X (SB)	
Dépoussiérage humide du mobilier	35	X (2)	X (2)	X (2)
Dépoussiérage des plantes vertes	35			X (3)
Nettoyage à sec des rideaux d'opacification	....	....	ce travail peut être confié à une entreprise sous-traitante	X
Lavage des voilages	....	....		X
Dépoussiérage humide cadres et sous-verres	35		X	X
Dépoussiérage humide matériel audio-visuel et communication	35	X (4)	X (4)	X (4)
Dépoussiérage humide huisseries intérieures et portes	35			X
Dépoussiérage des éléments d'éclairage	35		X (SB)	X
Essuyage des poignées de porte	....	X	X	X
Nettoyage des huisseries en aluminium anodisé	7			X (5)
Lavage vitrerie	4		X	X
Vidages réceptacles à déchets	35	X	X	X
Vidage, lavage cendriers	35	X	X	X

(SB) : selon besoin.

(1) Le choix entre l'injection-extraction et le shampooing moquette (mousse sèche) est dicté par le degré de salissure à traiter et par le temps de séchage dont on dispose. La méthode d'injection-extraction est sans doute la plus conseillée dans les cas de fort encrassement, mais son application nécessite un temps de séchage de 6 à 8 heures, dans le cas le plus favorable (température douce et hygrométrie peu élevée).

(2) En employant soit une lavette non-tissée humide bien essorée, soit un agglutinant.

(3) On peut employer une bombe aérosol spéciale plantes vertes qui élimine la poussière, prévient sa redéposition et fait briller les feuilles.

(4) Employer un agglutinant spécifique antistatique.

(5) Employer un produit de nettoyage spécifique pour l'aluminium anodisé.

Chantier N° 6

Entretien des sols dans une grande surface

Descriptif

Superficie totale accessible au public : 2 000 m^2.
Les surfaces à entretenir sont constituées par des allées de 3 m de largeur en moyenne, entre les « gondoles ».

- **Nature du revêtement de sol**
  Grès cérame lisse (10 cm x 10 cm).
- **État initial du chantier/des supports**
  Encrassement très variable selon les zones :
  - faible dans les zones de vente non alimentaires (droguerie, librairie, hi-fi, vidéo, etc.),
  - moyen à fort dans les zones de vente alimentation épicerie (bris fréquents de bouteilles de vin, sirop, huile, présence au sol de sucre ou farine quand un emballage est éventré, etc.),
  - fort dans la zone de vente fruits et légumes, marée, boucherie et volailles.
- **Environnement**
  Urbain (vaste parking autour du magasin)
- **Fluides disponibles sur le chantier**
  Eau : froide seulement.
  Électricité : 220 V.
- **Évacuations des eaux usées :** oui (siphons de sol).

ENTRETIEN DEMANDÉ
(Commande client/Cahier des charges succinct)

La demande porte sur deux points distincts mais complémentaires :

1. Entretien quotidien du sol, pendant les heures de fermeture ;
2. Maintenance permanente, en présence des usagers (clientèle), de façon à assurer **en permanence** un excellent degré de propreté visuelle des sols.

Temps alloué à l'opération

L'entreprise de propreté peut intervenir le matin entre 4 h et 9 h (ouverture du magasin) et le soir après 20 h (fermeture) et jusqu'à 22 h 30.

TRAVAIL À FAIRE

- Déterminer la méthode de travail la mieux adaptée à cette situation, dans le respect des ordres donnés par le client.
- Choisir sur le descriptif technique comparatif (doc. annexe) une laveuse dont les caractéristiques permettent de réaliser le travail demandé.

Corrigé

Méthode de travail

Seule une laveuse de sol à batterie (modèle dit autonome) peut permettre de répondre à cette demande.

L'entreprise de propreté va donc installer une laveuse à demeure sur ce chantier.
Un balayage humide préliminaire et dans certains endroits le passage de la raclette caoutchouc sont indispensables. Le détourage doit se faire manuellement (balai faubert ou rasant) avant le passage de la machine.

Choix du modèle

Étant donné le plan de charge imposé à la machine, il convient de choisir un appareil de **forte capacité**, équipé de batteries de traction.

Les salissures à éliminer peuvent être très adhérentes (liquides alimentaires gras ou sucrés, etc.). Il faut donc que la machine exerce une **très forte action mécanique** sur le sol (pression des brosses). La machine doit être **très fiable**, par conséquent il est souhaitable de ne pas la choisir sous-dimensionnée par rapport au travail qui lui sera imposé. Par ailleurs il faut tenir compte du temps de recharge des batteries.

Il faut savoir également que le rendement annoncé par le constructeur (capacité de travail) doit être considéré comme théorique (il est calculé en faisant le produit de la largeur de travail par la vitesse d'avancement de la machine). Dans la pratique, le rendement réel n'est en général que le tiers (au mieux la moitié) du rendement théorique.

Descriptif comparatif de différents modèles

		SE 40	SE 42	SB 42	SB 50	SE 50	SB 66	SB 83	SB 108
Largeur de travail	mm	400	410	410	510	510	660	830	1080
Largeur de l'essuie-sol	mm	660	660	660	740	740	976	1075	1270
Nombre de brosses		2	2	2	1	1	2	2	3
Diamètre des brosses	mm	205	210	210	510	510	345	430	390
Pression maxi des brosses	kg	17	30	30	60	60	80	80	80
Vitesse des brosses	t/min.	500	500	500	170	170	200	180	180
Moteur des brosses	V/HP	200/0,75	24/0,6	220/1	24/0,75	220/1,3	36/1,2	36/1,5	36/2
Type d'avancement		manuel	variateur électronique				autotraction mécanique		
Avancement et marche arrière	m/min.	-	-	-	0/60	0/60	0/70	0/70	0/70
Moteur traction	V/HP	-	-	-	-	-	36/0,5	36/0,5	36/0,5
Moteur succion	V/HP	220/0,75	24/0,75	220/0,75	24/0,75	220/0,75	36/1	36/1	36/1
Dépression de succion	mm/H^2O	1350	1350	1350	1350	1350	1600	1600	1600
Réservoir de la solution	l	16	25	25	40	60	60	80	80
Réservoir de récupération	l	18	27	27	45	65	65	85	85
Longeur de la machine	mm	600	780	780	1300	1300	1530	1580	1550
Hauteur de la machine	mm	760	975	975	930	930	1010	1010	1010
Poids (batteries excluses)	kg	50	73	73	125	130	240	265	280
Capacité de travail	m^2/h	900	1000	1000	2000	2000	2500	3000	3500

(Doc. Prodim)

On peut choisir le modèle **SB 108 de PRODIM** par exemple, qui se caractérise par :

- une largeur de travail de 1,08 m («suceur» essuie-sol : 1, 27 m), ce qui permet de traiter chaque allée en trois passages ;
- une pression au sol des brosses de 80 kg, ce qui représente une garantie d'efficacité dans le cas de fort encrassement ;
- un moteur d'entraînement des brosses puissant (2 CV, soit 2 x 736 W = 1 472 W), ce qui est important si l'on recherche à la fois efficacité et fiabilité ;
- une très bonne valeur de la dépression au niveau du suceur de récupération de l'eau sur le sol (1 600 mm à la colonne d'eau). C'est de cette valeur de la dépression que dépend en partie la qualité du travail de nettoyage car une laveuse doit laisser le sol derrière elle aussi sec que possible ;
- des réservoirs de solution et de récupération assez largement dimensionnés (80 et 85 litres), ce qui permet d'améliorer le rendement effectif en limitant la fréquence des arrêts pour remplir le réservoir de solution et vidanger le réservoir de récupération (eau « sale »).

Chantier N° 7

Entretien d'un hall d'accueil

Descriptif

Hall d'accueil d'une entreprise commerciale.

- **Nature des revêtements et des supports**
  Sol revêtu de dalles de marbre 50 cm x 50 cm.
  Autres supports : vitreries baies vitrées hauteur 3 mètres, total 45 m^2 (1 face).
  Parois murales : lambris chêne vernis.
  Ascenseur : façade et parois intérieures en aluminium anodisé.
  Comptoir de réception : verre et marbre.
  Sièges d'attente : cuir.
  Plantes vertes naturelles.
- **État initial du chantier/des supports**
  Apport de salissures : moyen.
  Trafic : important (2 000 personnes/jour).
- **Environnement**
  Urbain. Situation : rez de chaussée. Protection des abords : tapis de propreté longueur 5 mètres.
- **Fluides disponibles sur le chantier**
  Eau : froide seulement.
  Électricité : 220 V.
- **Évacuations des eaux usées :** oui (éviers seulement).

ENTRETIEN DEMANDÉ
(Commande client/Cahier des charges succinct)

Etant donné l'importance des conditions d'accueil en terme d'image de marque, le client demande un entretien de très bon niveau.

Temps alloué à l'opération

L'entreprise de propreté peut intervenir le matin de 6 h à 8 h et le soir de 20 h à 22 h.

TRAVAIL À FAIRE

- Déterminer un plan d'entretien adapté à cette situation, dans le respect des ordres donnés par le client.

Corrigé

Plan d'entretien

Renvoi aux fiches méthode

1/ Tous les jours
- Aspiration du tapis de propreté 2
- Balayage humide du sol (le matin avant l'ouverture de la société + passage à 13 h) 1
- Lavage manuel du sol + lustrage (monobrosse avec disque blanc) 3
- Nettoyage manuel de la banque de réception et cabine de l'ascenseur (sol) 35
- Élimination des traces de doigts et de mains sur les portes d'entrée 35

2/ Une fois par semaine
- Lavage des vitres des portes d'entrée 4
- Nettoyage de la cabine de l'ascenseur (parois) 7

3/ Une fois par mois

- Essuyage humide des plantes vertes....................35
- Lavage mécanisé du sol....................11
- Lustrage du sol (monobrosse avec disque blanc)
- Lavage complet des vitres....................4

4/ Une fois par trimestre

- Cristallisation partielle du sol en marbre (zones de passage intense)....................24
- Essuyage humide de toutes les parois murales....................35
- Traitement des sièges cuir (bombe-spray spéciale cuir d'ameublement)....................35

5/ Une fois par an

- Cristallisation de la totalité du sol....................24

Glossaire

ABS

Matière plastique (Acrylonitrile Butadiène Styrène).

Abrasif

Substance plus ou moins dure capable d'user et de polir par frottement.

Aérosol

Suspension dans un milieu gazeux de particules solides ou liquides dont la vitesse de chute est négligeable.

Affleurage

Méthode utilisant une monobrosse équipée d'un disque spécial ou d'un treillis abrasif destiné à «user» la surface du bois ou de la pierre afin d'obtenir une surface plane et lisse. Ne pas utiliser le terme décapage.

Agent de surface

Voir tensio-actif.

Agglutinant

Produit employé pour imprégner les gazes de balayage humide et qui permet de capter et de retenir un maximum de particules.

Anti-mousse

Produit empêchant l'apparition de la mousse ou diminuant fortement sa stabilité.

Aspirateur étalon

Appareil permettant d'évaluer la quantité de poussière en surface d'un revêtement textile.

Autolustrant
(ou émulsion autolustrante)

Produit de protection pour sols durs, riche en polymères et dont la caractéristique est de briller après séchage sans opération mécanique.

Bactéricide

Se dit d'un produit permettant de tuer les bactéries dans certaines conditions.

Bactériostatique

Produit ou procédé ayant pour propriété d'inhiber momentanément la multiplication des bactéries dans des conditions définies.

Balayage humide

Opération permettant l'élimination des micro et macrosalissures présentes sur le sol en limitant la mise en suspension des particules dans l'atmosphère.

Bassoumètre®

Voir patin de mesure.

Biodécapant

Produit neutre destiné au décapage des émulsions et permettant d'obtenir en une seule opération la propreté optique, chimique et bactériologique des surfaces par fragmentation du biofilm et destruction totale des micro-organismes.

Biocontamination

Contamination d'une surface inerte ou d'un fluide par des micro-organismes.

Biodégradabilité

Possibilité pour un composé organique d'être transformé, «dégradé» en produits simples et non toxiques par l'intermédiaire d'organismes vivants présents dans le sol ou dans l'eau.

Bionettoyage

Procédé de nettoyage applicable dans une zone à risques, destiné à réduire momentanément la biocontamination d'une surface. On utilise un produit détergent-désinfectant ou un désinfectant.

Bouche-porage

Technique utilisant un produit spécifique appelé bouche-pores, appliqué en couche première sur un sol neuf ou sur un sol ancien décapé. Il diminue la porosité et sert de couche d'ancrage à un produit de protection.

Brillancemètre (ou réflectomètre)

Appareil permettant de mesurer la brillance d'un sol en utilisant la réflexion d'une source lumineuse sur la surface à analyser.

Cadence

Rythme de travail pour une opération de nettoyage déterminée dans un environnement défini. Est souvent exprimée en m^2/heure.

Cahier des charges

Document contractuel qui définit le niveau de la prestation de nettoyage.

Cire à chaud

Méthode permettant d'appliquer une cire en pâte fluidifiée par la chaleur afin de la faire pénétrer dans les revêtements poreux (bois).

Colmatage

Obturation, progressive ou non, d'une couche poreuse ou fibreuse, d'un filtre, d'un appareil, par dépôt de particules solides ou liquides.

Consommation

Quantité de produit nécessaire pour effectuer un travail donné sur une surface de référence (1 m^2).

Contrôle microbiologique

Opération permettant de valider une procédure de bionettoyage après prélèvement et culture puis dénombrement des micro-organismes et éventuellement identification.

Contrôle normalisé

Contrôle de l'état de propreté d'une surface selon une méthode normalisée.

Contrôle visuel (ou contrôle optique)

Il permet de s'assurer de l'absence de salissures visibles.

Corrosion

Phénomènes chimiques ou électrochimiques résultant de l'influence du milieu ambiant sur les matériaux.

Coulure

Trace verticale, terne ou de teinte différente de celle du support, laissée par le ruissellement d'une solution.

Cristallisation

Traitement des surfaces de pierres marbrières conduisant à une transformation physicochimique de la couche superficielle des pierres, le résultat en étant une augmentation de la brillance et de la résistance ainsi qu'une diminution de la porosité.

Cycle d'entretien

S'adresse aussi bien aux revêtements textiles qu'aux revêtements plastiques, il s'agit de l'ensemble des opérations d'entretien courant, intermédiaire ou de remise en état que l'on peut effectuer sur un support.

Décapage à sec (ou spray de rénovation)

Nettoyage des sols thermoplastiques protégés par une émulsion ou une cire. Mise en œuvre à l'aide d'une monobrosse standard ou haute vitesse et d'un produit spécifique décapant.

Décapage au mouillé

Mise à nu des revêtements de sol protégés en enlevant la totalité des couches anciennes de produits de protection.

Décaper

Nettoyer une surface en éliminant la couche d'impuretés, de salissures ou autre élément indésirable (cire ou émulsion ancienne) qui la recouvre.

Décontamination

Opération au résultat momentané permettant d'éliminer, de tuer ou d'inhiber les micro-organismes indésirables en fonction des objectifs fixés.

Dégradation

Détérioration d'une surface. Il faut distinguer les dégradations irréversibles correspondant à une modification de l'état de la surface excluant toute possibilité de retour à l'état initial, des dégradations réversibles le permettant.

Dégraissant

Substance qui permet d'éliminer les salissures grasses.

Désincrustant

Substance acide, détartrante, utilisée pour le nettoyage des sols, des parois planes, des accessoires et qui permet d'éliminer les dépôts calcaires.

Désinfectant

Produit utilisé pour la désinfection ou la décontamination dans des conditions définies.

Désinfection

Opération au résultat momentané permettant d'éliminer ou de tuer les micro-organismes et/ou d'inactiver les virus indésirables portés par les milieux inertes contaminés, en fonction des objectifs fixés.

Détartrage

Méthode utilisant un produit acide permettant l'élimination de dépôts calcaires sur les éléments sanitaires. Très souvent les détartrants WC font partie d'une catégorie à part.

Détergence
Action résultant de la mise en œuvre de plusieurs phénomènes physico-chimiques dans le but d'éliminer par l'eau des salissures non hydrosolubles (salissures grasses).

Détergent (ou détersif)
Se dit d'un produit composé favorisant l'élimination par l'eau des salissures non hydrosolubles. Contient toujours un composé tensio-actif.

Donneur d'ordre
Le client, signataire du contrat.

Eau déminéralisée
Eau dont on a éliminé les composés minéraux dissous.

Eau désionisée
Eau ayant été débarrassée de ses ions par passage sur une résine échangeuse d'ions.

EDTA
Sel disodique de l'acide éthylène di-amine tétra-acétique.

Émulsion
Dans la profession, ce terme désigne un produit de protection d'apparence laiteuse contenant des polymères de diverses sortes et/ou des cires naturelles ou synthétiques en suspension dans l'eau.

Encrassement
Fixation de salissures adhérentes sur une surface.

Entretien intermédiaire
Il peut se situer entre un entretien courant et une remise en état ou rénovation, il fait appel à une mise en œuvre plus simple.

Épaufrure
Altération de surface d'un revêtement de sol.

Essuyage humide
Opération de nettoyage d'une surface (autre que le sol) visant à éliminer les micro-salissures tout en limitant au maximum leur mise en suspension dans l'atmosphère.

Fongicide
Produit ayant la propriété de tuer les champignons et leurs spores dans certaines conditions.

Fongistatique
Produit ayant la propriété d'inhiber momentanément le développement des champignons dans certaines conditions.

Frange (ou MOP)
Garniture pour balai, amovible et réutilisable, constituée de fibres absorbantes naturelles ou synthétiques.

Fréquence
Permet de caractériser le nombre d'opérations identiques dans un intervalle de temps déterminé.

Glacification (ou polissage)
Méthode de traitement des sols en pierres marbrières ayant pour but de réaliser silmutanément un bouche-porage et un polissage afin d'obtenir un aspect brillant.

Godille
Technique de balayage humide consistant à effectuer des mouvements décrivant des « S » avec un balai trapèze sans jamais le décoller du sol.

Hydrolyse
Décomposition de certaines molécules par l'action de l'eau.

Hygiène
État de ce qui est exempt (ou qui comporte une quantité acceptée) de micro-organismes indésirables. L'hygiène est un des critères de qualité des opérations de nettoyage et de désinfection.

Imprégnation
Voir bouche-porage.

Lessivage
Action de laver des parois verticales ou des plafonds.

Lustrage
Opération qui permet d'obtenir une brillance par l'action d'un disque approprié et de la vitesse de rotation d'une monobrosse ou d'une lustreuse.

Maintenance 1er niveau
Réglages simples prévus par le constructeur, sur les organes accessibles, sans aucun démontage ou ouverture de l'équipement, sans échange d'éléments consommables.

Maintenance 2e niveau

Dépannage par échange standard d'éléments prévus à cet effet et opérations mineures de maintenance préventive telles que graissage ou contrôle de bon fonctionnement.

Maintenance des locaux

Ensemble des actions qui permettent de maintenir ou de rétablir un bien dans un état spécifié ou en mesure d'assurer un service déterminé. Le nettoyage fait partie intégrante de la maintenance des locaux.

Maintenance du matériel

Peut être préventive ou corrective: ensemble des opérations d'entretien permettant de maintenir en état de bon fonctionnement matériel, équipement et installations.

Métallisation

Pose d'une émulsion autolustrante contenant des ions métalliques.

Mise en état

Opération (ou ensemble d'opérations) ayant lieu à la suite d'un chantier de construction, visant à mettre en état les locaux en vue d'une utilisation première.

Mode opératoire

Ensemble d'opérations se déroulant dans un ordre chronologique.

Pad (ou disque)

Élément en fibres de nylon ou polyester chargées de particules abrasives. Il existe différentes couleurs correspondant à différents types d'opérations, selon le potentiel d'abrasion requis.

Patin de mesure (ou bassoumètre)

Appareil permettant de mesurer la propreté d'un sol dur en utilisant la friction d'un élément de référence sur celui-ci.

Polissage

Opération qui consiste à donner un aspect lisse et brillant à une surface.

Ponçage

Opération permettant de rectifier l'état de surface d'un sol (bois ou pierre marbrière) par élimination de matière au moyen d'un abrasif.

Pose d'émulsion

Opération de protection utilisant divers matériels en vue de déposer sur un sol un produit de protection.

Prestation

Opération de nettoyage ou d'entretien effectuée à la demande du client et dans le respect du cahier des charges préalablement défini.

Produit spray

Produit dont la formulation chimique permet de nettoyer, protéger et rendre brillant une surface protégée par vaporisation.

Propreté visuelle
(ou propreté apparente)

Absence de déchets de toutes sortes de salissures visibles à l'œil nu sur une surface. Aspect esthétique de cette surface.

PVC

Matière plastique poly-chlorure de vinyle.

Qualité

Aptitude d'une prestation à satisfaire les besoins de l'utilisateur.

Ragréage

Opération consistant à redonner à un sol une surface lisse, par apport de matière.

Récurage

Opération de lavage avec un détergent mettant en œuvre une action mécanique forte afin d'éliminer les salissures adhérentes d'une surface.

Remise en état

Opération permettant d'obtenir un revêtement dont l'état esthétique est proche de celui d'un état neuf.

Rénovation (ou entretien à fond)

Opération de nettoyage approfondi sur un revêtement textile, plastique ou assimilé, sur un sol dur ou sur des métaux (aluminium), ayant pour but de retrouver un état aussi proche que possible de l'état neuf.

Salissure

Dégradation réversible: corps ou substances indésirables de toutes sortes et de toutes dimensions, adhérant ou non et qui souillent les supports.

Salle propre

Enceinte à empoussièrement contrôlé, dans laquelle tout est mis en œuvre pour contenir la contamination (particulaire et/ou microbiologique) dans les limites définies à l'avance et compatible avec l'activité exercée.

Sealer
Produit d'imprégnation ou de bouche-porage réservé aux surfaces en bois.

Shampooing
Méthode de nettoyage des revêtements textiles au moyen d'une mousse détergente plus ou moins humide.

Solvant
Composé liquide capable de dissoudre un corps et qui sert généralement de diluant ou de dégraissant.

Spore
Forme de résistance (particulièrement à la chaleur ou à la dessication) de certaines espèces de micro-organismes.

Sporicide
Produit ayant la propriété de tuer les spores dans des conditions définies.

Spray de rénovation
Voir décapage à sec.
Méthode de décapage superficiel des sols.

Spray méthode
Méthode de nettoyage des sols protégés par une émulsion ou une cire à chaud.

Spray moquette
Méthode de nettoyage superficiel des moquettes, utilisant un produit de nettoyage spécifique que l'on vaporise, ainsi qu'une monobrosse et un disque textile.

Substrat
Employé dans le sens de «support»: surface sur laquelle sont accumulées des salissures et que l'on veut nettoyer.

Suceur
Partie du système d'aspiration qui demeure en contact avec le support à nettoyer.

Support
Revêtement de sol, de paroi et d'autres surfaces sur lesquelles se sont déposées des salissures que l'on veut éliminer.

Surfaçage
Voir affleurage.

Surfactant
Voir tensio-actif.

Tensio-actif (on dit « surfactant » ou « agent de surface »)
Molécules qui placées en solution dans l'eau en abaissent la tension superficielle ce qui permet donc une plus grande mouillabilité d'une surface par l'eau.

Tension superficielle
Forces de cohésion des molécules d'un liquide.

Thibaude
Sous-couche d'un revêtement de sol textile qui peut être tissée ou feutrée.

Ultra propreté
Niveau mesurable (et accepté à l'avance) de contamination des surfaces, des fluides, de l'air ambiant.

UPEC (classement)
Classification des revêtements de sol établie par le Centre Scientifique et Technique du Bâtiment selon 4 critères différents (voir début partie 2 : les matériaux).

Usure
Détérioration d'une surface, provoquée par le frottement.

Zone à risque
Local géographiquement défini et délimité dans lequel les personnes ou les produits sont particulièrement vulnérables à l'impact de la biocontamination.

D'après :
- Guide du Bionettoyage (ASPEC).
- Glossaire (ASPEC) 3e édition mise à jour.
- Norme AFNOR T72-101.
- Cahier du Coq (FEP/FNEF) « Lexique de la propreté ».
- Guide pour le nettoyage des locaux (GPEM/CP - 09 - 88).
- Manuel *Hygiène et qualité de l'environnement* Éd. L.T. Jacques Lanore.
- Larousse L4.

Dans la même collection...

COLLECTION SCIENCES ET TECHNIQUES BIOLOGIQUES

Dirigée par Jean Figarella

LA NUTRITION

Alimentation en secteur social

Y. Ravary - N. Pierre
V. Maillet-Vérité - S. Perras

Sous presse

Refonte totale de la première édition de Nutrition. Orienté vers le BEP Carrières Sanitaires et Sociales, le CAP Petite Enfance, cet ouvrage peut également servir de support aux révisions pour l'épreuve d'admissibilité des concours d'aide-soignante et d'auxiliaire de puériculture.

Au sommaire : *Les constituants des aliments - L'étude des aliments - Physiologie de la nutrition (spécificité des appareils digestifs du jeune enfant et de la personne âgée) - Les besoins nutritionnels et apports recommandés - L'alimentation rationnelle (alimentation de l'enfant, de l'adulte, les régimes) - Le comportement alimentaire (comportements et habitudes, maladies nutritionnelles, analyse sensorielle). Les chapitres sont complétés de résumés et contrôles des savoirs.*

Broché - 19 x 28

LA MICROBIOLOGIE

Générale et Appliquée

G.. Leyral - M. Terret - J. Figarella

Cette nouvelle édition plus simple entièrement en couleurs réunit en un seul volume la microbiologie générale et appliquée. Destinée aux élèves de BEP (Carrières sanitaires et sociales, Bioservices), elle donne les connaissances fondamentales nécessaires, comporte résumés et exercices sous une présentation facilitant la compréhension.

Au sommaire : *Diversité du monde microbien - Diversité du monde bactérien - Conditions de vie des bactéries - Les virus - Micro-organismes et milieux - Les agents antimicrobiens - Les biocontaminations, Techniques d'aseptisation : désinfection - Techniques d'aseptisation : stérilisation - Distribution et traitement de l'air - Hygiène et comportement du personnel - Hygiène des transports et circulations - Distribution et traitement de l'eau.*

Broché - 286 pages - 19 x 27

Extraits du catalogue...

Carrières sanitaires et sociales Biotechnologie

Techniques d'animation des personnes âgées

Eliane Ruiz

L'animation, les techniques de maintien de l'autonomie doivent être aujourd'hui une partie intégrante de la prise en charge de la personne âgée. Ces savoirs et savoir-faire nécessitent une formation. Dans le cadre du programme l'auteur aborde le délicat problème du maintien de l'intégrité de la personne âgée autant à domicile, qu'en institut spécialisé qui intéresse tout le secteur médico-social.

Broché - 224 pages - 19 x 25

Connaissance des milieux professionnels

Michèle Terret - Sylvie Krumhorn

"Collection Mini-Maxi"

Traite de la communication professionnelle, organisation de l'entreprise, hygiène, sécurité et conditions de travail destiné à la préparation du CAP MHL rénové.

Broché - 21 x 29,7 - 96 pages

Vie sociale et professionnelle

Françoise Lasnier (CAP - BEP)

Cette nouvelle édition, largement remaniée, enrichie de nombreux jeux, exercices et photos permettra de mieux répondre aux attentes des jeunes. L'Euro est privilégié dans cette édition qui devrait faire des élèves de CAP et de BEP des consommateurs à l'aise dans le monde du 3e millénaire. VSP, c'était déjà Vouloir, Savoir Plus, ce sera peut-être aussi Vivre Sans Problème.

Broché - 19 x 27 - 224 pages

Techniques professionnelles sanitaires et sociales
Tome 1 et Tome 2

Nathalie Vouriot-Gieure

Cet ouvrage présente les connaissances indispensables pour une préparation efficace des épreuves de techniques professionnelles au BEP Carrières Sanitaires et Sociales et au CAP Petite Enfance et s'adresse également aux élèves de BEP Bioservice et aux autres formations d'auxiliaires de santé.
Exercices et fiches ressource viennent renforcer l'acquisition des techniques.

Sommaire T.1 : *Soins des personnes - Techniques de prévention et de sécurité - Animation*

Sommaire T.2 : *Techniques de nettoyage et de décontamination - Techniques de stérilisation - Techniques de préparation des collations - Techniques de service des repas et collations.*

T.1 : Broché - 144 pages - 21 x 29,7
T.2 : Broché - 120 pages - 21 x 29,7

La biologie humaine

J. Figarella - P. Bourgogne
M. Achard - N. Pierre

Destiné aux élèves de BEP Carrières sanitaires et sociales, l'ouvrage couvre le nouveau programme de biologie de BEP. Chaque chapitre est introduit par des travaux pratiques ou des travaux dirigés. Les travaux pratiques mettent en œuvre des observations ou des dissections d'organes, des examens microscopiques, des expériences biochimiques. Les travaux dirigés décrivent des expériences et présentent des résultats. Dans sa finalité professionnelle, cet ouvrage aborde des notions de physiopathologie et de pathologie utiles pour l'enseignement des sciences médico-sociales et des techniques professionnelles (techniques de soins, d'hygiène et de confort, techniques de secourisme). Il donne les connaissances indispensables pour acquérir les compétences nécessaires aux fonctions de soins, d'assistance, d'information et de communication des métiers d'aide à la personne.

Broché - 480 pages - 19 x 25

LT LANORE - JF
CTP
Achevé d'imprimer par CLERC S.A. - Saint-Amand-Montrond
N° d'imprimeur : 8882
Imprimé en France
Editions Delagrave - N° d'édition : 3135 - R2 - Novembre 2004